本书是 2015 年度粤台客家文化传承与发展协同创新中心特别委托课题（15CXQX01）成果之一

粤台客家文化研究丛书

丛书主编　宋德剑

粤台客家
民间信仰论集

YUETAI KEJIA MINJIAN XINYANG LUNJI

宋德剑　主编

暨南大学出版社
JINAN UNIVERSITY PRESS

中国·广州

图书在版编目（CIP）数据

粤台客家民间信仰论集/宋德剑主编 . —广州：暨南大学出版社，2018. 12
（粤台客家文化研究丛书）
ISBN 978 - 7 - 5668 - 2396 - 0

Ⅰ. ①粤… Ⅱ. ①宋… Ⅲ. ①客家人—信仰—民间文化—研究—广东、台湾
Ⅳ. ①B933

中国版本图书馆 CIP 数据核字（2018）第 112892 号

粤台客家民间信仰论集
YUETAI KEJIA MINJIAN XINYANG LUNJI
主　编：宋德剑

出 版 人：徐义雄
策划编辑：李　艺
责任编辑：王莎莎
责任校对：徐晓越
责任印制：汤慧君　周一丹

出版发行：暨南大学出版社（510630）
电　　话：总编室（8620）85221601
　　　　　营销部（8620）85225284　85228291　85228292（邮购）
传　　真：（8620）85221583（办公室）　85223774（营销部）
网　　址：http://www.jnupress.com
排　　版：广州市天河星辰文化发展部照排中心
印　　刷：佛山市浩文彩色印刷有限公司
开　　本：787mm×960mm　1/16
印　　张：19.75
字　　数：350 千
版　　次：2018 年 12 月第 1 版
印　　次：2018 年 12 月第 1 次
定　　价：65.00 元

总　序

　　嘉应学院是一所百年老校，前身是创办于 1913 年的梅县女子师范学校。经过几代人的努力，特别是 20 世纪 90 年代以来，学校在人才培养、科学研究方面取得了长足的进步，形成了"植根侨乡，服务山区，弘扬客家文化"的办学特色。

　　地处客家腹地的区位优势，加之学校一以贯之的重视客家文化的办学理念，使学校的客家文化研究在学界具有一定的影响，经过 20 多年的积累，客家研究院在民俗、方言、文学、艺术、社会经济等方面积聚了一批研究实力较为雄厚的学术团队，并产生了一些较具影响力的研究成果。

　　随着研究的深入，我们也在不断地进行总结与反思，相邻的赣南、闽西也为客家腹心区域，两地的高校赣南师范学院、龙岩学院也成立有客家研究院，也一直在开展客家文化研究，并取得了丰硕的成果。如何与赣南和闽西的客家文化研究形成错位发展，凸显自身的客家文化研究特色和长处，共同把客家文化研究这个事业做大做强，这个问题一直是我们在研究过程中努力思考的问题。

　　经过仔细分析，认真思考比对，我们发现一个现象：粤台两地一衣带水，同文同种，特别是客家人作为台湾社会的第三大族群，其文化一向为台湾族群文化中最具特色与活力之文化；同时，台湾的客家人又多以梅州为原乡，且历来两地客家文化互动频繁，联系密不可分，将客家文化置于粤台两个地域空间进行研究，不仅具有地域文化研究的意义，更具人类学、社会学、历史学等多学科研究的学术意义。

　　2011 年恰逢教育部在全国高校推出"2011 创新强校计划"，次年学校便在客家研究院的基础上成立了"粤台客家文化传承与发展协同创新中心",并于 2014 年成功申报为广东省首批协同创新中心。中心力图通过机制体制的创新,为粤台两地高校、科研机构搭建一个开放创新的学术平台,在粤台客家文化研究、粤台客家文化传承等诸领域不断凝练方向,将学校的客家文化研究提升到一个新的、更高的水平。

最早关注粤台两地客家人问题研究的是客家研究的奠基人罗香林先生,他在其 1933 年出版的《客家研究导论》中对客家人迁台有这样的记载:"同时而台湾一岛,亦因初为清廷克服,旧日郑氏部众,多半逃亡南洋诸岛,因致全台空虚,人烟寥落;嘉应各属客家,得此良好机会,又复盛向台湾经营……当时留台客家,虽数目并不很多,然因台生活较易,客人受经济引诱,其后,愈来愈众,愈殖愈繁。"后于 1950 年出版的《客家源流考》,又对其进行了更为细致的考证:"康熙时迁移台湾的客家,虽数目不很多,然因台湾生活较易,客家人受经济引诱,接着便愈来愈众,几乎占了台湾全人口的三分之一。"进入二十世纪七八十年代后,台湾和大陆的客家学术研究者分别站在各自角度研究两岸客家问题,台湾地区有代表性的成果包括连文希《客家入垦台湾地区考略》、陈运栋《谈客家先人的渡台》、庄英章《唐山到台湾:一个客家宗族移民的研究》等;大陆地区有代表性的成果包括陈春声《三山国王信仰与台湾移民社会》、陈支平《客家源流新探》、刘正刚《东渡西进:清代闽粤移民台湾与四川的比较》等。检视以上成果我们可以发现,以往的研究大都只是停留在正史文献,缺乏系统的实地田野考察,论述往往流于宏大的历史叙事,而更重要的是,尚缺乏两岸客家人血脉联系及文化渊源的系统性论述以及在微观研究基础上的宏观把握。

基于以上认识,粤台客家文化传承与发展协同创新中心从成立伊始,通过开展一系列课题研究以及举办相关的学术会议等形式,凝聚了粤台两地高校、科研机构一批长期致力于研究客家文化的专家学者,共同开展粤台客家文化的深度研究。

总体而言,这些研究呈现出以下三个研究面向:

一是研究者学科背景的多元化。以往的研究以历史研究为主流,研究者以历史学的学科为主,且多以清代以来客家人渡海迁移为历史场景,来勾勒客家人从大陆向台湾迁移的历史进程,进而探讨粤台两地客家文化的源流及发展变迁。中心牵头倡导的研究则更加凸显出学科交叉的立体研究态势,力求从历史学、人类学、社会学、语言学、政治学等多元的学科视野开展粤台客家文化研究,实现客家研究成为人文社科研究的综合"试验场”，打造客家研究的国际学术平台效应。

二是研究视野的现代转向。传统的客家研究多以宗族、民俗为主要研究取向，这主要源于客家是一个以宗族为聚居单位的族群，且因生活环境和悠久历史等社会因素至今保存有丰富的传统文化，其要旨在于通过对一个“古老”族群的文化内核进行分析解剖，来认识中华传统文化的特质所在。中心倡导的研究则在延续传统研究面向的基础上，注重客家传统宗族、信仰、民俗等在现代社会中的传承与变迁，特别是作为传统文化部分于现代民众社会生活之意义所在，关注现在流行的“文化产业”“古村落的保护”“美丽乡村建设”等议题，从而彰显人文社会科学的现代社会功能与价值。

三是注重粤台客家文化“关键文化因子”的历史人类学研究。客家文化内涵丰富，其中“宗族”“神明”“女性”“传统建筑”等文化要素向来为研究者所青睐，然而这些研究主体一直被研究者剥离出其依附的时空场域，进行“真空化”式的抽象研究。研究者在其研究叙事中很难给人还原研究个体的真实历史图景。中心倡导的研究则一直秉承20世纪90年代兴起的“眼光向下”历史研究的价值转向，即现在史学界流行的华南学派的历史人类学的研究方法，注重田野与文献相结合，将客家文化的不同事项还原到客家人生活的鲜活场景中去，参与观察客家民众日常的生活，并对其行为、观念、信仰、风俗等诸文化事项予以分析、诠释与解读，从而探讨粤台两地客家文化形成、发展、变迁的轨迹。

正是基于以上思考，中心推出这套“粤台客家文化研究丛书”，丛书包括学术研究专著、田野调查报告、研究论文集等，内容涉及粤台客家宗族、神明、女性、风水、节日、礼俗、文化产业等诸面向。可以说这套丛书的出版既是对以往粤台客家文化研究成果的一个小结，亦是粤台客家文化研究的一个新的起点。

以上寥寥数言，权当对丛书编辑出版初衷的一点交代，是为序！

宋德剑

嘉应学院粤台客家文化

传承与发展协同创新中心执行主任

2018 年 2 月

自 序

民间信仰是一个极其开放的文化范畴，其内涵、外延相当丰富。民间信仰是指那些广泛存在于民间，基于自发性的一种心理、情感需求而产生的对某种圣灵崇敬的行为和行动。其与制度化宗教相比表现出来的特征是没有自己的经典教义、专业的神职人员以及模式化的仪式、组织等。

民间信仰广泛存在于乡土社会，与老百姓的日常生活息息相关，"实际上是一种独特的世代沿承相袭的生活方式，内含一套相对稳固的需求体系、价值体系、行为体系"[①]。作为一种文化的表达方式，民间信仰相当稳固地保存了其所蕴含的社会文化内涵，因此最能反映一个地域社会或者生活在该地域民众族群的观念、价值与心理诉求，成为研究该区域族群社会文化的重要标本。

粤台两地客家文化在客家语言、民俗、建筑、艺文等方面具有很大的共通性，其中主要原因是台湾 460 多万客家人中有 180 多万的原乡是粤东梅州地区，客家人迁移台湾的历史进程中也将原乡的文化带到台湾，在台湾生根发芽、传承发展。

客家人散居全球，分布广泛。就民间信仰而言，客家人的观念是"举头三尺有神明"，信仰对象极其繁杂。就粤台两地而言，民间信仰也极其多杂。然细考两地较具代表性或信众广泛、影响力久远的神明，可以发现神缘相近，表现为台湾客家信仰的神明多为粤东原乡耳熟能详的神明，最

---

① 唐婷婷、甘代军、李银兵等：《文化变迁的逻辑》，昆明：云南大学出版社，2014 年，第 146 页。

具代表性的如惭愧祖师、三山国王、伯公、义冢崇拜、祖先崇拜等。以致很多台湾友人来到梅州，或是梅州人去到台湾客家地区，都能感受到从自然生态到文化生态的"亲切感"，感到两地乡土文化的"心灵契合"。当然由于时空的因素，台湾的客家民间信仰在几百年的传承、发展过程中也发生了一些变迁。

近年来，粤台两地高校、科研机构的专家学者见仁见智，共同关注到民间信仰在粤台两地客家文化的传承与发展中所表现出来的"文化显示度"，从历史学、人类学、宗教学、文化学等不同的学科角度对粤台两地民间信仰进行了多向度、深层次的挖掘、整理与研究，产生了诸多研究成果。

本研究就是透过两地学者特别是台湾学者的努力，通过对粤台两地民间信仰中"符号性"的神明如惭愧祖师、三山国王、伯公等进行历史人类学的解读，勾勒出一幅客家民间信仰在地方社会的发展、演变及客家民众社会生活的"全息图景"。力图从信仰与族群、仪式与社会、信仰与文化变迁等层面，去诠释民间信仰在时空转换的发展脉络中变迁发展的社会机制与文化规则。

2018 年 7 月

目 录
Contents

信仰与族群研究

客家人与北台湾的开发及两岸民间信仰比较

——以粤东梅州与北台湾为重点考察

房学嘉①

客家人迁台的时间，虽然比闽南人迟，但他们在参与台湾岛的开发与建设中，所作出的巨大贡献不容小视。关于客家人对北台湾的开发，以及梅县与北台湾民间信仰的研究，学界已有相当多的成果，本文是笔者在参考学界成果的基础上，根据田野考察与地方文献资料所作出的初步分析，意在探讨客家文化的传承，祈望学界多多教正。

一、客家人与北台湾的开发

施琅平定台湾并主政台湾之初，大陆人民赴台被严格控制，尤其是粤东客家人属不能自由出入台湾岛的群体之一。当时清政府实施了渡台禁令："一、欲渡台者，先给原籍地方照单，经分巡台厦兵备道稽查，台湾海防同知查验，始许渡台，偷渡者严处。二、渡台者，不准携眷；既渡者，不得招致。三、粤地向为海盗渊薮，以积习未脱，禁其民渡台。"三条禁令充满了对粤东先民（当然也包括客家人）移垦入台的鄙视。实际上，虽然施琅实施了三条禁令，但在台湾宝岛的开发与建设中，还是留下了粤东客家人的身影。

客家人赴台参与台湾岛的开发建设，以大的区域分应始于台湾的北海岸。现淡水、三芝、石门一带的客家人其祖先主要来自粤东的嘉应州②和

---

① 房学嘉：嘉应学院客家研究院原院长、教授。

② 清嘉应州领程乡县（即今梅县）、镇平县（即今蕉岭县）、平远县、兴宁县（即今兴宁市）、长乐县（即今五华县），简称嘉应五属。

闽西的汀州府，如新店老街区的萧、罗家族即来自嘉应州。总的来说，在北海岸的客家人，人数最多者首推汀州永定县，其中又以江姓为最多。江氏主要在三芝乡的各处经营农垦，传说当地最早的杂货铺"茂兴店"，就是由旧庄的江氏族人怀品所开设。以具体的垦区分，18世纪初期，永定胡姓组成了"胡林隆"垦号，以及粤东饶平县客家人刘和林家族，开垦了淡水河南岸的平原上观音山脚下水源充沛的地带，范围北起今天三重市头前里的头重埔，南至北桃交界的丹凤、回龙。就是在现台北大都市之内湖也有不少客家人，如内湖的陈姓即是饶平县客家人，陈氏族人先后建立顶陈、下陈两个聚落，部分移居桃园。入住内湖的还有来自蕉岭县的黄其滞家族，其后裔有不少迁往苗栗头份。在中山区原先有饶平刘姓入垦。在松山区则有蕉岭的张姓入垦致富，并曾捐出田产建立新庄老街上的关帝庙。（邱彦贵，2001：38-40）以入垦的时间分，永定胡氏宗族为先，早在18世纪60年代，胡氏宗族就在当地建立了北台湾最早的学府——泰山的明志书院，以及新庄街上的关帝庙、五股名刹西云岩寺。目前，泰山乡14个世居大家族之中，有5个属于客属：嘉应州邓姓、大埔县黎姓、饶平县林姓、陆丰县张姓、永定县胡姓。据此推理，客家人赴台开发北台湾的时间当在此以前，估计在17世纪末18世纪初。

北台湾客家村落最密集的要数桃竹苗地区。这里客家人口密集，客家话也保存完好。但粤东客家人何时入垦桃竹苗地区，目前尚未见可资参考的官方文献记载。但通过民间族谱，仍可探寻其踪迹。雍正末年，嘉应州人曹高英、曹高雄、曹高腾兄弟，率族人进入苗栗通宵湾从事开垦。通宵湾于乾隆中叶，随着垦民日众而发展为市。乾隆二年（1737），嘉应州白渡堡之谢雅仁、谢昌仁、谢鹏仁、谢成仁兄弟率族人赴台垦荒，初居后龙底，后入垦维祥、玉清附近。（黄鼎松，1998：61、93）乾隆五年（1740），蕉岭县塘福岭人陈世荐，率族人由沙辘社北迁，在嵌顶开垦设庄。乾隆十六年（1751），蕉岭县林洪、吴永忠、温殿王、黄日新、罗德逵等之裔孙两百余人，在今头份与中港间搭田寮开辟。尔后，粤东垦民接踵而至，先后有：梅县谢永江垦殖社寮冈（今上苗、北苗里）及嘉盛、芒埔的一部分；蕉岭县张清九、梅县刘明周开垦嘉志阁（今嘉盛）；梅县罗开千兄弟开发大田庄（今福星里）；蕉岭县徐华均兄弟开发西山（今福丽、文山里）；蕉岭县汤子桂开垦五只寮（今腾利里新东街东段两侧）；陆丰县何子报开发羊寮坑（今新川）；陆丰县彭祥瑶殖垦嘉志阁大墩下。乾隆中叶，有徐金升、张仁琳、汤玉新、叶朝利到苗栗各地垦芜。据地方文献统计，其时粤东垦民在苗栗已垦辟田地800余甲。乾隆二十年（1755），谢雅仁发起捐造猫里三汴圳，灌溉维祥、嘉盛、南兴、西山、中兴、大田等六庄农田。该圳后称龟山大陂圳，为苗栗农田灌溉的大动脉。乾隆三十年（1765），蕉岭县人徐明桂、吴有浩率族人百余，至头份东兴茄冬坑一带开拓辟荒，垦成上、中、下东兴及桃仔园等地。同年，蕉岭县人徐德来为垦首，拓垦沙菁埔、兴隆、粪箕窝等地。（黄鼎松，1998：35－36、69）

自乾隆中叶至嘉庆年间，粤东嘉应五属及海丰县、陆丰县之客家移民，陆续入苗栗开垦者，不下百余户。

嘉庆二十五年（1820），梅县人黄祈英、张大满、蔡细满等率族人入南庄拓殖垦荒。黄祈英于嘉庆十年（1805）由粤东赴台，先后在头份斗焕里受雇于闽南人经营之商号，负责与原住民交换物品等事务，由于黄生性豪爽，且能厚待原住民，深得原住民的信任，被原住民称为"多阿奈"（为同庚之意）。后来，因亏空所经手之款项，闽南人加以私刑，几濒于死，被樟加礼所营救，并将爱女许配黄祈英。尔后，黄认识张大满、蔡细满并结为兄弟，先后邀他们入垦南庄。黄祈英对以后陆续而至的粤籍垦民，都以宽厚待之，并发明"腰牌"（类似现在的入山证），作为安全之保障，客家垦民遂得以源源进入南庄，从事垦荒耕作。（黄鼎松，1998：74－75）

苗栗县的客家人，其先祖大部分迁自嘉应州的蕉岭县。蕉岭人移居台湾的情况，该县清代的县志已有记载。丰饶的台湾，使无数蕉岭乃至嘉应州属各县的农民，离开山多田少的家园，"竟（终）以台湾为外宅"。但早期的客家移民，从严格意义上来说，应属季节性的移民或"打工族"。久而久之，这些移民先后在台定居下来，尤其是随着清廷携眷渡台禁令的放松，有的带着家小赴台，有的娶平埔族原住民妇女为妻，落地生根于台湾岛。他们为免年年回乡祭祖之苦，将家乡的祖先神牌分香赴台，同时又捐资积极参与原乡宗祠的修建，从他们在台湾另立祭祀公业等可初步推断，嘉应客家人至迟在清中叶就已经定居落户，成了台湾的一部分。由于蕉岭移台人数甚多，并经几百年繁衍，如今在台的蕉岭移民人口多出祖居地两倍以上，该县的钟、徐等大族在台湾客家人中也成了超级大姓，因此，台湾一般所称的"四县话"，严格来说指的就是蕉岭方言。（邱彦贵，2001：46）

参与苗栗开发的客家人中，影响最大者为黄南球。黄南球为晚清苗栗内山武装拓垦的传奇人物，他白手起家，经十余年时间的艰苦奋斗而成为晚清台湾屈指可数的富家。连横的《台湾通史》将其列名《货殖列传》，与陈福谦、李春生并列近代台湾的三大货殖家。1863年，年仅24岁的黄南球集股创办了"金万成"垦号，自大坪林（今大坪村）入垦大河底，再向南垦殖狮潭大湖。光绪二年（1876）助平吴阿来乱，被授六品衔；光绪七、八年间，受知于巡抚岑毓英，奉派招抚中、北两路土著，改授五品衔。适清施行"开山抚番"政策，黄又被委以"新竹总垦户"，并兼办内山垦务。其间曾助工300名，修筑地方大桥堤，旋以捐例授贡生。光绪十四年（1888）初，创办"广泰成"垦号，招佃在今南湖、东兴、栗林、新开等地进行大规模垦殖。（黄鼎松，1998：42）黄尔后还承揽"陆成安"隘务，适遇国际樟脑价格飞涨，除从上游伐木制脑外，与金广福和板桥林家、雾峰林家等豪门巨室携手合作，适时承包行销。此外，刘铭传主持兴修的台北至新竹的铁路，所用枕木，多半来自黄南球前半生的事业区。至今，苗栗内山地区的老一辈人还记得"阿满头家"黄南球，因为以往要向他家纳租。（邱彦贵，2001：47－48）

新竹地区的开发，始于雍正三年（1725），盛于乾隆年间（1736—1795），到了道光年间（1821—1850）就初具规模。参与新竹开发的客家人中，影响最大的要数姜秀銮。（钟孝上，1991：71）姜秀銮的曾祖父姜朝凤是1737年赴台落居新竹的，至18世纪晚期，姜家已发展成为当地的重要家族，而姜秀銮是姜家迁台第四代，成年后领导民防团，表现杰出，素为官府所倚重，因此被委以重任。随着农垦区的推移以及清朝"开山抚番"政策的施行，且恰逢19世纪末国际樟脑市场的兴盛，长期从事樟脑生产的姜秀銮，旋与福佬绅商周邦正在新竹共同创办了全台最大的隘垦"金广福"，进垦新竹东南山区，即今北埔、宝山、峨眉。

台湾的物产丰富，其中茶为大宗，早在清代已远销北非摩洛哥，联结上国际商品网络。据文献考证，台湾茶的生产几乎与客家密不可分，除了大台北地区广义的文山茶为泉州安溪移民所栽种外，北海岸与桃竹苗的茶产区，都属客庄。甚至客家山歌的传承盛极于北台湾，亦得助于茶业的繁荣。（邱彦贵，2001：126）

樟脑在清代被政府指定为专卖事业，民间不得私自采制。而煤、石灰、玻璃砂、天然气等矿产，也因政府规定（清朝法律：私挖煤炭者立毙），或须有专门技术，或有庞大资本，因此桃竹苗矿产往往掌握在非客属手里，客属多半只是雇工。

二、北台湾客家民间信仰特点

北台湾作为一个移垦社会，由于族群关系的原因，使当地的社会结构经历了一个从血缘化到地缘化的转换过程。在适应这个过程中，北台湾的客家人带去了与原乡一脉相承的民俗与文化，如惭愧祖师信仰。惭愧祖师是嘉应州的代表性信仰，由清末客属吴光亮在率兵开辟中路越岭道时带去。（邱彦贵，2001：86）而惭愧祖师即粤东阴那山灵光寺的开山祖师，为唐代高僧，其信众遍布嘉应州各属乃至粤东地区。从灵光寺正殿主祀惭愧祖师，陪祀左为六祖慧能大师，右为定光古佛，足见嘉应州与汀州的两大代表性的民间信仰之关系非同一般。而定光古佛是汀州府的代表性信仰。在北台湾淡水镇学府路有一座鄞山寺，其主祀就是汀州客家的乡土神定光古佛。定光古佛俗家姓名为郑自严，是北宋时期的高僧，其祖庙在武平县的岩前镇，从乾隆年间该寺重修时即有来自台湾信徒的捐款看，定光古佛信仰很早就随客家人传到台湾岛。北台湾客家人还形成了具有地方特色的义民信仰。北部客家人由于迁入的时间不一，且定居垦殖的区域广，虽不像南部客家人有一个共同的六堆组织，但也有一个中心，即义民信仰，这就是著名的新竹枋寮义民庙和苗栗的义民祠。俗民利用历史上的义民精神建构使之成为当地客家人自身社区意识的文化象征体系。义民信仰圈在北台湾客家区域内的形成，标志着北台湾客家人由经常往复迁移的"打工族"到完整的客家社会的确立。

所谓"义民"，是指在开垦、发展北台湾的过程中为保卫乡土、家园而死于战事者。乾隆五十一年（1786）林爽文起事，以反清复明号召四方，乃得以前后维持三载，然其党人部卒乃乌合之众，良莠不齐，所到之处横行肆虐，焚杀劫夺，无所不为，人民惨遭迫害，牺牲者不计其数。其时在新竹有垦首林先坤联合陈资云、刘朝珍率乡民配合官兵抗敌。而在苗栗，则有蕉岭籍士绅钟瑞生、刘维纪、谢尚记等招募后龙十八庄粤籍民众，守御西山（今属苗栗市）、南北河（今属公馆乡）等处，后参加大甲（台中大甲）、下埔心（在彰化埤头乡）等战役。平定林爽文动乱后，在新竹，有地方先贤林先坤、刘朝珍、陈资云等，醵资发动人员巡察各地，以黑色义旗为据，将义军尸骸二百余具运达枋寮埋葬，随后林先坤倡建庙宇崇祀。在苗栗，乡民则将阵亡者遗骸收葬于中兴庄（今苗栗市北苗、上苗、清华三里），立为义冢，后又建立义民祠。当时福建巡抚皋夔感念义民军杀贼有功，以"精忠"题奏朝廷，乾隆皇帝初封"义军"，继封"褒忠"，三赐御笔"褒忠"。义民信徒几乎涵盖了全台客家人及部分闽南人。义民庙分布全台，其中北部的桃园、新竹、苗栗三县共有九座，中部的南投、嘉义二县共有十二座，南部的高雄、屏东二县共有六座，东部的花莲、台东二县共有七座。（平镇褒忠祠，1991）其中被尊为祖庙的新竹县枋寮褒忠义民庙与苗栗义民祠均在北台湾的桃竹苗地区。笔者曾于2001

年，在罗烈师博士的帮助下，先后考察了这两座祖庙。枋寮义民庙最初仅为创建本庙的林、刘（饶平籍），陈、戴（蕉岭籍）等几个士绅家族祭祀，道光十五年（1835）轮值祭典雏形开始出现，有了十三庄的名号。"枋寮义民庙目前已有三十九座分香庙，遍布全台，奉祀义民爷已成为台湾人的普遍信仰。"（林光华，2001）自从1878年新竹内山的金广福大隘地区加入后，义民爷祭典已成为北台湾客家族群最大的宗教盛事。至今它辖下已达十五大庄。苗栗义民祠信仰范围包括苗栗、头屋、公馆、西湖、铜锣、三义等地。目前，全台恐怕罕有其他的祭祀组织可与义民爷相类比。（邱彦贵，2001：97-98）

义民庙祖庙祭祀义民爷，各分香庙回祖庙过香（或曰过火）等活动的时间与内容已程式化。到了过香的季节，各分香庙就组织信徒抬着义民爷的神牌、带着祭品到祖庙祭祀。

义民庙每年最大的法会是中元节（七月十五），其时要举行普度超生的祭祀活动，通过这一活动，怀念先人创业之艰难，整合迁居北台湾地区的各地客家人，加强各庄、乡、镇之间的和睦团结。

三、粤东梅州客家民间信仰特点

客家人对于粤闽赣边山区的开发建设，学界已出版大量的研究报告，此不赘述。客家人在开发建设粤东山区的历史长河中，对一些特殊的神灵格外重视，形成了极具地方文化特色的民间信仰，而公王崇信即其中典型，笔者根据田野考察略述如下，并将其与北台湾客家民间信仰作一比较。

粤东梅州的地方神明公王从广义上来说是地方的守护神，它扮演了瘟神与土地神的角色，而公王则是俗民对神灵的特殊称呼。在俗民的心目中，公王是一个福神，是社区的守护神，是一个或几个宗族的风水核心。而其风水范围又仅限于神灵游神圈。

1. 公王信仰是梅县民间的地方文化特色之一，其俗甚古

据王之正编乾隆《嘉应州志·疆域》载：松口之溪南在明永乐年间（1403—1424）已经建有汉帝宫庙，因此，俗民崇信公王之俗，起码可上推至宋元之际。因为从信仰而至建宫庙，中间有一个漫长的过程。那么这深受俗民崇信的公王指谁？民间有说是历史上的帝王，也有说是祖神及土地神的。在梅县民间，虽公王宫庙随处可见，但各宫所崇祀对象有所不同。如松口镇之王明宫、王济宫祀梅溪公王，而五显宫则祀华光大帝等。如汉帝宫仅松口镇就有两座，所奉神灵，俗民称为"汉帝公王"，其原型

为南汉高祖刘䶮。考南汉高祖刘䶮于梁末帝贞明三年即皇帝位，国号大越，改元乾亨，二年，改国号曰汉。"六年四月，汉主用术者言游梅口镇（即今松口镇）避灾，其地近闽之西鄙，闽将王延美将兵袭之，未至数十里，侦者告之，汉主遁逃仅免。八年四月，汉主引兵侵闽，屯于汀漳境上，闽人袭之，汉主败归。由此言之，州地与闽之汀州接境，闽人必有侵我封疆之事，其时海道未通，汉主前之避灾梅口镇，后屯汀漳境上，曾两至州地，故州人立庙祀，其为南汉高祖无疑矣。"①

在客家民间信仰中，俗民将有德望的祖先奉为公王神灵崇祀的个案随处可见，如松源镇龙源宫公王之原型为钟姓祖神。据《松口象湖塘钟氏族谱》载，龙源宫公王是钟姓的宗祖钟友文、钟友武、钟友勇三兄弟。"友文公，宋英宗治平四年丁未岁（1067）进士，官都察院左右都御史。""友勇公，宋丁未科与兄友文同中进士，官光禄寺卿。""友武公，宋神宗庚戌（1070）进士，由吏部左侍历任大中丞。徽宗时五凤楼失火，友文公兄弟阴灵助国，封为助国尊王"②，民间建龙源宫奉祀。龙源宫坐落在梅县松源镇的园山。据王之正《嘉应州志》卷8《寺庙》载："旧志载其神姓钟，武平人。"随着岁月的推移，这个宗族神又慢慢演变为社区神。每年春秋两季，俗民要抬龙源公王木雕像巡游社区内各村落。（详见房学嘉主编《梅州地区的庙会与宗族》，此不赘述）又如梅县的泮坑公王，为揭西县河婆镇三山国王庙之分香，所奉之神灵，其原型为隋代的民间英雄陈某等。再如李姓大始祖李珠原葬于福建上杭县胜运里丰朗榕树坝，后"广东梅县松口贤德公裔孙将珠公金骸取去更葬于松口倒车之间佛子高"，"原丰朗珠公坟，因年长月久，子孙少管，该地变成丰朗人的公王坛，石碑上换上了'福主公王神位'。每逢初一、十五，或逢年过节及小孩惊吓、牲畜生病都到该坛烧香祈祝祷，保佑小孩无事，六畜平安"，"直到现在香火不断"。

2. 公王神灵与地方宗族的互动关系：以梅县水车镇小桑村抬公王为例

梅县水车镇小桑村自然村包括小桑、坑尾、新湖、双湖4个，现有5 000余人，共13姓，40多个自然小村。民俗活动最突出的是小桑公王崇信。

小桑公王传说为三兄弟，老大为明主公王、老二为出巡公王、老三为射猎公王。三兄弟各有庙宇。关于小桑公王的来历，俗民众说纷纭：一是土地神救驾有功封王，二是助杨广有功封王，三是廉吏化身，四是驱邪逐

---

① 温仲和编：（光绪）《嘉应州志》卷17，《祠祀》，第17页。
② 钟万振：《松口象湖塘钟氏族谱》，第59、62页。

恶神。关于上举传说，笔者无意考证其真伪，但公王对小桑社区的影响非常重大，在村民心目中的作用是不可替代的。

小桑人每年最盛大的节日是公王出巡活动，俗称"等公王"，其时俗民要抬着公王巡视全村各姓40多个祖宗屋，接受所有男性俗民的祭拜。

公王出巡的时间、路线、顺序等已程式化。活动时间为四月三十日至五月初四。四月三十日早晨神头们齐聚出巡公王宫举行出巡仪式，作出巡祭文，名为"祭出巡公王"。公王出巡形如古代帝王出门，前有彩旗、锣鼓、零刀、大斧、画戟等十八般武艺，以及"回避""肃静"牌板等，旁有小公王打凉伞，后有"龙船"，龙船里装着大簿、宝香，盖着虎皮，一行数十人，浩浩荡荡。

公王出巡只进祖宗屋，不进私宅。村民们都手拿一炷香集中在门前的禾坪上等候。公王轿到祠堂门口，男女老少上前作揖，轿子放下后就把香插进公王炉。接神人从公王轿里抱公王炉进入厅堂，安奉于临时的神桌上，在墙上挂起公王神像图。待神头公请好各路神明后，祖屋所属男性开始祭拜公王。老人先拜，他们穿长褂长衫，非常严肃、敬重，其次是后生、小孩。只有男性才能跪拜，女性只能作揖不能跪拜。整个仪式持续时间依村落人数而定，短者十几分钟，长者一两个小时。各祖屋拜公王的程序大致相同。

公王对小桑社区的影响，在俗民看来，归纳起来大致有以下几方面：

一是御灾捍患。小桑有一条连接丰顺与水车、梅县的古道，旧时常有客商、官兵守卒来往，明清时令官府头痛的海盐走私，也有部分经过这里。以下故事至今仍为俗民所津津乐道：社区凡有动乱，公王就会"显灵"守住村口，不让乱军进村。传说19世纪60年代，长毛（太平天国军队）要来小桑抢东西，公王托梦给有"仙"的人挑了几筐谷壳倒在村口的山顶上，长毛一到村口，谷壳就变成大黄蜂，叮在长毛身上，把长毛刺退了，于是长毛不敢进村。

二是消除瘟疫。四月底五月初，正是春夏之交的梅雨季节，天气炎热，在山深林密之处，很容易形成瘴气，使人畜中毒，发生人瘟、牛瘟等。为驱瘟逐疫，消灾纳福，人们把公王抬出来，在各村落的中心地——祖屋点香放炮祭拜。在爆竹硫黄烟雾的杀菌消毒后，瘟疫被控制、消除，而俗民却认为是公王的功劳。公王出巡时首先唱的就是要把"五瘟毒气押上船"。仪式结束时把"龙船"扔进河里让水冲走，名为送"瘟神"。

三是缓和社区矛盾。小桑村共有13姓，40多个祠堂。即在小桑地盘上，共有13个较大的利益集团，又分为40余个较小的利益集团。在宗法社会里，尽管宗族间矛盾重重，有时甚至拔刀相向，但在每年"等公王"时均不敢表露出来。仇家来接公王，或送公王来时，双方都客客气气，招呼吃喝。在吃喝过程中，往往能心平气和地道出原委，互相沟通，共同分析是非曲直，从而相互谅解，缓和矛盾，很多冤家又和好起来。其中一个重要因素是神头们本身就是由各姓各房人员组成，他们来往于各祠屋，相互合作，共同完成公王出巡活动，客观上也起了互相沟通、缓解矛盾的作用。

四是丰富山区文化生活。小桑地处山坑，文化娱乐活动十分贫乏。"等公王"是小桑人的节日、大盛会，不少人整天跟着公王凑热闹。新神头公选定后往往请戏班演戏以示庆贺。打醮时请和尚日夜念经，同时请戏班演木偶戏、汉剧，短者一天，长者三天三夜。祈福、暖福、酬福、做喜等活动，以及日常求拜、抽签等，都很大程度上丰富了小桑人的文化生活。

总之，公王对小桑社区的生产、生活、信仰等各方面产生了深远影响。它受到每个宗族的拥戴和崇信，同时又超越各个宗族，成为共同信仰，各宗族在这点上达到高度的统一。公王是各宗族矛盾的"调停者"，是小桑13姓40余祠这个大集体和平共处的核心。

3. 公王官与俗民生命礼俗有关的法事活动

一如上举，正因为公王与俗民的关系密切，故民间形成了带规律性，有时甚至对俗民产生制约作用的集体性的公王崇拜活动。每个公王都有一个特定的纪念日，到时俗民要举行集体性的祭拜活动敲锣打鼓抬公王老爷巡视社区内的每一个村庄。如梅县松口镇五显宫，敬奉华光大帝，俗民称五显公王或五显老爷。五显宫公王的巡视圈为松郊附近三里，俗民的主要姓氏为李、饶、邱等，共约有村民2 000人。旧时三里内各宗姓每年元宵、三月、七月、八月、九月均要抬五显公王或巡游各村，或到松口墟市"做福首"。其中七月十五前后，五显宫要在鱼子坝举行度孤活动。报导人说"度孤时坐道（即主持）[①] 的和尚，要真斋和尚（即出家的和尚）才能坐得稳，不然会倒台"。（房学嘉，2002）一年中大型法事活动安排如下：每月初一、十五拜伯公，元宵节许首、做福首，三月抬公王巡境，五月端午节敬公王，七月半或八月初三暖福、度孤，九月廿八日公王生日，十一月完福。

---

① "坐道"为客方言，即坐坛。

四、思考

综上所述，笔者有如下四点思考。

一是客家人在北台湾垦拓的历史地位与贡献不容小视。关于客家人赴台的历史，传统的说法是，客家人较之福佬人"比较晚"才参与台湾岛的开发建设。

从华侨史研究发现，早在宋末元初，就有大批客家人赴南洋谋生，尤其是在西加里曼丹，有梅县白渡镇人罗芳伯等向荷兰东印度公司承包矿区的开发，创建兰芳公司，整整集合了数万客家矿工。因此，当荷兰人开发台湾时，有可能也带了一批客属农工赴台。因此，德国史学家 Riess 在研究荷兰史料后发现，荷兰人刚来台湾与原住民沟通时，大多是由客家人居间翻译的。且因为来台甚早，所以他们讲的客家话混杂了台湾少数民族说的南岛语。笔者认为，这样一批农工商，估计人数不会多，不会影响传统的"关于客家人比闽南人晚参与台湾岛的开发"的观点。总的来说，客家人大批迁台的时间，由于受历史与社会的复杂因素影响而比闽南人迟，但他们在参与台湾岛的开发与建设中，所作出的巨大贡献不容小视。

二是义民成为台湾客家的普遍性信仰的原因。200 多年来，由于义民文化对保境安民、维护社会治安作出了重大贡献，其义举受到官方与百姓肯定，壮烈成仁的义民，可以安息于义民冢，义民的忠魂在神坛上也有一席之地，褒忠亭或义民庙广受民众礼拜，义民爷已形成一种民间信仰，因此，清朝官方虽然防范义民，但是，对义民庙的修建及义民爷的崇拜采取宽容的态度。（庄吉发，2001）从象征意义上看，义民遗骸不属于任何宗族，不被祭祀，也因此他们可以成为人人祭祀的对象；从族群关系上看，义民都是族群对抗之下的牺牲者，因此可以成为族群团结的象征。（罗烈师，2001）

三是梅县的公王崇信特点。其信仰圈或单一宗族，或社区若干个宗族联合奉祀，各圈有重叠现象；信众主要分布在同一社区，在单一信仰圈内，信民少则几百，多则数万。公王宫不但是社区的信仰中心，而且是族群间对外交流的窗口。随着这个窗口的开启，信仰圈也在不断变化之中。

四是北台湾义民信仰与梅县"公王"信仰作为一种文化，是一脉相承的。如果用简单的类比，义民信仰所奉神灵的原型与公王信仰所奉神灵的原型一样，都是从人变"鬼"，继而又从"鬼"变"神"，但前者是一个大群体，有几百个义民，而后者或是一个有德望的贤者的精灵，或是一个小群体的几个精灵；义民信仰圈比公王信仰圈大，前者信民以百万计，后

者信民或几百人或几千人；义民信仰的历史比公王信仰的历史短，前者仅
200多年，而后者则四五百年甚至上千年；义民庙所奉义民爷神像脸谱与
公王神像相似。如果从深层文化上作比较，北台湾义民庙一年中安排与俗
民生命礼俗有关的法事，与原乡梅县的各公王宫相似。从义民庙一年活动
的主要科仪看，与义民爷有关的法事一年有三次，一是清明祭义冢，二是
七月义民节，三是八月度孤，其奉祀对象都是阴人或祖宗神。这些时间的
安排或法事之内容均与原乡松口五显公王宫一致，稍有不同的是，原乡是
八月初一"开墓门"，苗栗是七月初一"开龙门"。梅县原乡八月也是民间
祭祖的主要季节，俗谓"八月小清明"。从公王、义民信仰形成之历史与
文化背景看，这些阴人也罢，神也罢，其原型都是人，是社区祖宗神。因
此，邱彦贵、吴中杰先生在其论著中以"以祖神之间义民爷"来概括台湾
的义民信仰是中肯的。（邱彦贵、吴中杰，2001）此外，在义民庙中一年
要举行七次的伯公许福、酬福大型活动，而在原乡是每月的初一、十五要
拜伯公。（苗栗义民庙管理委员会，1997：99）不论是义民庙还是公王宫
奉祀伯公，其对象都是"土地神"。土地是人类赖以生存的基础，而人又
以入土为安。从庙中的这些法事安排，不难透视俗民的价值取向。通过深
层文化类比，则不难理解，不论是粤东的公王信仰还是北台湾的义民信
仰，虽其产生的历史与文化背景不尽相同，但俗民所崇拜的都是祖先演变
的神，俗民祈求神灵的功能也大同小异，这并不是偶然的现象，而是客家
传统文化的积淀与延续。

参考文献

[1] 中坜平镇仁海宫、褒忠祠联合庆成祈安福醮醒务局编：《仁海宫、褒忠祠联
合庆成祈安五朝福鲢荣典纪念特刊》，1997年。

[2] 平镇褒忠祠编：《褒忠祠二百周年庆典纪念特刊》，1991年。

[3] 庄吉发：《义民与会党：新竹义民与林爽文之役》，载《义民心乡土情：褒忠
义民庙文史专辑》，台北：新竹县文化局，2001年。

[4] 房学嘉：《客家源流探奥》，广州：广东高等教育出版社，1994年。

[5] 房学嘉：《粤东古镇松口的历史变迁》，广州：花城出版社，2002年。

[6] 房学嘉主编：《梅州地区的庙会与宗族》，香港：法国远东学院、国际客家学
会、中文大学海外华人研究社，1996年。

[7] 房学嘉主编：《梅州河源地区的村落文化》，香港：法国远东学院、国际客家
学会、中文大学海外华人研究社，1997年。

[8] 林光华：《把历史的还给历史》，载《义民心乡土情：褒忠义民庙文史专辑》，
台北：新竹县文化局，2001年。

[9] 苗栗义民庙管理委员会：《苗栗义民庙沿革史》，1997年。

［10］陈运栋：《客家人》，台北：联亚出版社，1981 年。

［11］陈运栋：《台湾的客家人》，台北：台原出版社，1990 年。

［12］陈运栋：《林爽文之役与义民》，载《苗栗义民庙沿革史》，1997 年。

［13］罗烈师：《竹堑客家地方社会结构的拱顶石：义民庙》，载《义民心乡土情：褒忠义民庙文史专辑》，台北：新竹县文化局，2001 年。

［14］邱彦贵：《从祭典仪式看北台湾义民信仰：以枋寮褒忠亭丁丑年湖口联庄值年中元为例》，载《义民心乡土情：褒忠义民庙文史专辑》，台北：新竹县文化局，2001 年。

［15］邱彦贵、吴中杰：《台湾客家地图》，台北：猫头鹰出版社，2001 年。

［16］钟孝上：《客家的过去、现在与未来》，屏东：中菱印刷公司，1991 年。

［17］黄鼎松：《苗栗的开拓与史绩》，台北：常民文化事业股份有限公司，1998 年。

［18］新竹县文化局编：《义民心乡土情：褒忠义民庙文史专辑》，台北：新竹县文化局，2001 年。

台湾各族群宗教信仰的比较

林本炫[①]

一、前言

台湾社会目前被认为由四大族群构成，分别是闽南（福佬）、客家、外省及原住民，前三者属于汉族，原住民则属于南岛语族。在此之前，台湾有所谓的省籍问题，即本省籍和外省籍之分，而原住民则被说成是"山地同胞"。在同化政策下，谈论省籍问题的省籍意识或地域意识，被认为是不当甚至是有害的。从省籍问题转化到族群问题，不但是政治运动与社会文化运动的结果，也是从同化思维转化到多元文化主义思维，符合当代的世界思潮。

自罗香林（1981）以来，客家人被认为是中原汉人南迁形成的民系，近来房学嘉（1994、2008）和谢重光（2001）则相继提出不同见解，既质疑客家先民由中原汉人为主构成，也质疑士族在客家形成中的重要性，而提出了客家乃是"南方汉人主体说"以及"汉、畲融合论"。客家作为中原汉文化正统继承者的说法，不再毫无疑问。而在台湾，论述既然从省籍的分类转为族群的分类，而族群（ethnic group）一般被认为是具有相同的语言、文化与风俗习惯的人群所构成，如 Schermerhorn 所说，族群是"存在于大社会中的集体，成员拥有或为真实或为假设的共同祖先，有共同的历史记忆，以及拥有定义自我的特别文化表征。这些文化表征的要素，举

---

① 林本炫："国立"联合大学文化观光产业学系教授兼主任。

例说，有亲属模式、直接交往（表现在地域主义与区域派系）、宗教信仰、语言或方言、部族、国籍、生理特征，或者任何上述要素的综合"（引自张茂桂，2001：243）。宗教作为文化的重要部分，是了解一个民族、社会或族群的世界观内涵的重要范畴，探讨台湾四大族群的宗教信仰差异，乃有其重要性。

本文利用1999年第三期第五次台湾社会变迁基本调查资料，比较台湾各族群在宗教态度与宗教行为上的异同。受限于样本数，暂时先将原住民移出，只讨论客家、闽南和外省三个族群。

二、文献探讨

在整体信仰上，陈运栋（1978：377 – 378）认为"客家人对于宗教神明的崇奉极为复杂"。又说"客家民性比较保守，崇拜祖先，信奉鬼神，对于宗教的信仰更是先入为主，因此对于后来输入的基督教和天主教，都表现得比较冷淡"。除了佛教和道教之外，在民间信仰神明的部分，除了充分表现出中国民间信仰的特质之外，客家地区对宗教神明的信仰，比起闽南地区来还算颇为单纯，地方神、乡土神的种类不多。而闽南地区不但乡土神、地方神种类繁多，甚至还有"来路不明"的。陈运栋所认为的客家乡土神祇有妈祖、三山国王和义民爷，虽然有待商榷，但指出了客家民间信仰的相对单纯性。

庄英章（1998：47 – 71）在台湾北部崁顶和六家两个闽客村落的比较研究发现，虽然两地不论村庙还是超村际庙宇，每年都有盛大的宗教活动，但村民宗教活动的重心却有不同。崁顶村民到村庙拜拜的频率相当高，而经常上庙者，虽然不是每天上香，但只要有空，随时会到庙里拜一拜。村民非常重视村庙，尤其是前往土地公庙的比例非常高。而六家村落中的村庙，祭祀与居民的岁时习惯相配合，村民的祭祀活动并不频繁。而除了村庙之外，村外的庙宇也在居民的祭祀活动中占有重要的地位。村民很少有每天或经常到庙里拜拜的情形。两个村落居民参加进香的情形差不多，但是供奉神明的情形则差异颇多。崁顶村民家中多数供奉有神明金身，六家居民则多是前往家族的公厅拜祖先及神明，除非不得已，例如从外地移入，无公厅或公厅较远，才会在家中供香炉祭祀。

而在祖先牌位的崇拜方面，李亦园以祖先牌位的安置地点，将祖先牌位崇拜分为厅堂牌位崇拜和祖祠牌位崇拜，前者设于私人家宅之厅堂，后者正式安置于祭拜祖先牌位的场所。（庄英章，2004：255）在祖先崇拜方面，庄英章（1998：70 – 71、178 – 183）指出，闽南人兄弟若分家独立，大多将祖先牌位填至自己家中，客家人则无此风俗。六家居民的祖先牌位几乎都供奉在祠堂或公厅，即使兄弟分家，很少将祖先牌位填回自家厅堂之列，除非外迁而回来祭祖不方便。在祖先牌位的表现上，六家显现较强的宗族团体性格，崁顶则凸显个人中心的自由取向。

罗烈师（2007）则指出客家和闽南的民间信仰彼此之间同中有异的情况。一方面，客家民间信仰与闽南并无本质上的区别。二者在共同的宇宙观之下，拥有共同的神格体系。闽南重要的妈祖信仰，在客家地区也拥有相当大的影响力，观音无论在客家还是闽南地区都一样重要。闽客之间的信仰差异并不在于用某一神明简单地区隔人群，但是仍然可以发现妈祖、王爷、开漳圣王、清水祖师、观音、佛祖、保生大帝在某些闽南小区的影响力较大，而三山国王、三官大帝与五谷农神在某些客家地区有较高的影响力。主神之外，王爷庙必备的五营，在北部客家闻所未闻，八家将阵头与乩童，闽南地区则盛于客家地区。不过罗氏认为虽然以宗教作为族群界限的论述行动存在而且仍在进行，但是以全岛为范围的民间信仰力量更为强大，此说意味着宗教作为族群界限可能越来越模糊。

在宗教作为族群界限方面，桑高仁（Sangren，1987：69、117）在大溪的研究指出，在大溪（观音亭附近）有一部分客家人，虽然也说着闽南话，但被认为和大溪居多数的漳州人不同。桑高仁认为这可能是因为这部分客家人以观音为该地区的主要崇拜（村级祭祀圈），从而免于被纳入以漳州人的神明为主的更高层级祭祀圈（跨村祭祀圈）。另外，妈祖作为台湾普受敬拜的神明，妈祖进香的经验凝聚了台湾的客家、泉州及漳州等不同族群的民众，但妈祖信仰则区别了战后从大陆来台的外省人。（Sangren，1987：91）

在客家人的信仰特质方面，刘还月（2001：9）认为，"台湾福佬人的民间信仰，主要的对象都是神明，但在客家社会，重点却在于以家族为主体衍生出的信仰，接着是自然万物崇拜，最不重要的反而是神明与鬼怪的信仰"。

在风水问题上，从罗香林以来，就认为客家人"颇迷信风水，这虽然亦是汉族固有的遗业，然其在客家社会，实较其他各地为尤甚"（转引自刘还月，2001：51）。因此无论是建庙堂、盖房子，还是筑墓地等，都有所谓的地理问题。而这是因为客家人更在乎子孙的繁衍与发展，也因此，客家人更重视风水与地理。（刘还月，2001：51、71）刘还月认为直到今日，客家人依旧十分重视风水，从房子内部的龙神、化胎、屋旁的伯公，到家屋大门前方的照壁，甚至祖坟都很讲究。（刘还月，2001：71－78）

房学嘉（2005：106 - 140）讨论粤东客家民俗时，认为在客家的民间信仰当中，除了龙神伯公崇拜和祖先崇拜之外，以公王崇拜和巫觋崇信为特征。三山国王崇拜被列入公王崇拜之一种，而所谓的巫觋崇信则是对巫师和巫术的信仰。谢重光（2001：311 - 319）则认为客家信仰受畲族影响的主要有六个方面：定光佛信仰、猎神信仰、三山国王信仰、妈祖信仰、蛇崇拜、石崇拜和树崇拜。姑不论此说法能否成立，其中的猎神信仰和蛇崇拜，在台湾客家都见不到。汪毅夫（1995：14 - 18）则以两个很微小的事例，说明闽西客家和闽南民间信仰的差别：客家民间以天公炉代表天公，闽南则兼用天公炉和天公灯代表天公。在闽西客家看不到民居梁上悬挂天公灯，闽南地区则常可发现。在财神祭拜方面，闽南地区常将关帝当作武财神，客家地区也常有关帝庙，却罕见有将关帝当作财神的做法。

瞿海源（1997）曾利用台湾社会变迁基本调查资料，进行有关台湾民众宗教态度、宗教行为以及算命、风水等术数行为之探讨，其中的"社会背景变项"通常包括性别、年龄、受教育程度、居住地区以及职业等，但是籍贯并未被纳入"社会背景变项"当中加以分析，以至于这些分析虽然有相当具体的研究发现，但无法了解族群在以上这些方面的差异。有关族群在信仰上的比较，主要是在《台湾宗教变迁之探讨》一文中，以"本省人口比例""外省人口比例""山胞（原住民）人口比例""一级行业人口比例""教育人口比例"作为自变项，以"寺庙教堂数"为依变项，探讨不同社经人口对佛教、基督教及天主教发展的影响。该文基本上发现，本省人口比例越高者，基督教的教堂数就越少，反之，外省人口比例高的地区，基督教教堂数目就较多。大体上，外省人口是和基督教比较有亲近性。但是此一分析受限于数据性质（只区分本省、外省，没有区分闽南和客家），无法知道两者之差异状况。并且该文是利用次级数据进行分析，对于各族群人口的宗教信仰只能作有限的推论和理解。

以上有关族群与宗教信仰的文献，主要有以下四个特征和问题：

（1）依据过去文献上的记载，缺乏实际的田野调查和经验研究。这些文献记载主要来自作者主观片面观察。

（2）历史学家的研究，指出客家人在风俗习惯与宗教信仰上的特性，但是因为没有比较，难以确认是客家人所独有之宗教信仰特征，抑或是其他各族群亦所共有者。

（3）若干文献是人类学家的田野调查。在闽、客不同村落的比较，如庄英章、桑高仁和罗烈师，这些比较具有相当的贡献和重要性，但缺乏大规模数据之比较。

（4）有些次级数据属于总体性数据（aggregate data），受限于资料性质，研究发现有限，且未必能推论到个体层次。

三、台湾社会变迁基本调查的运用

台湾社会变迁基本调查是台湾重要的基础调查数据库，自 1984 年起，由"国科会"补助推动，早期由"中央研究院"民族学研究所执行，社会学研究所成立后，由社会学研究所执行，至今已有 30 余年。自 1989 年起的第二期，则以五年为一个周期，每一年有两份问卷，每一份问卷调查一个主题，其中第五年的调查主题是"宗教行为与态度"。在这个规划之下，1994 年二期五次调查和 1999 年三期五次调查的问卷一，是以宗教行为与态度为调查主题。2004 年的四期五次调查和 2009 年的五期五次调查，则将原本第五年调查的宗教组问卷（问卷一）和文化价值组问卷（问卷二）合并为一份调查问卷，但主要仍为宗教行为与态度的调查。

除了每一次调查都会有的宗教信仰类别题项之外，这几次专门以宗教行为与态度为主题的调查问卷，在宗教态度方面，包括有祖先、灵魂、缘分、风水、神的存在与位阶、神人关系、气、对宗教功能的评估等调查题组，而在宗教行为方面，则包括祭祀祖先、安置祖先牌位、到寺庙拜拜、担任义工、参与小区神明圣诞活动、参加进香、为自己的房子和办公室看风水等术数行为，以及算命、参与新兴宗教，提供了丰富的有关宗教行为与态度长达二十年的问卷调查资料。

在这四次、横跨二十年的资料当中，2009 年刚完成调查的五期五次问卷数据，数据最新，照说应该成为分析的对象，但因为五期五次调查要和国际 ISSP 调查接轨，因此必须删除原有各期第五次调查中的问卷题目，容纳 ISSP 中有关宗教的调查题目，以便于进行国际比较。因此许多原本调查的宗教行为与态度题目被删除，减少了调查问卷在宗教主题上的丰富性和完整性。2004 年的四期五次调查虽然和 1994 年的二期五次及 1999 年的三期五次调查一样，保有完整的宗教行为与态度的调查题目，但因为该年度的调查问卷中，有关受访者的"母亲籍贯"这一题遭到删除，无法完整呈现受访者的族群特性，而在宗教行为与信仰方面，母亲可能也具有相当大的影响力，因此乃就暂不考虑以 2004 年的四期五次问卷数据作为分析对象。

1994 年的二期五次和 1999 年的三期五次，是问卷题目相似度最高的两次调查，并且都有受访者父亲和母亲的籍贯问项，而 1999 年是较新的资料，所以本文先以三期五次调查数据作为分析对象，该次调查之详细抽样方式等实施情况，可参见章英华相关论著（1999）。在此基础上，未来可以再合并1994年二期五次数据，乃至于2004年和2009年相同题项数据，进行跨年度比较分析。

准此，本文运用1999年三期五次台湾社会变迁基本调查资料，探讨并回答以下三个问题：

（1）族群属性是否影响个人的宗教信仰类别和信仰动机？

（2）族群属性是否影响个人的宗教行为和态度？其差异主要表现在哪些方面？

（3）除了宗教态度与传统宗教行为之外，在（作为社会变迁之指标的）新兴的宗教行为方面，族群之间是否存在着差异？这些差异主要表现在哪些方面？

四、变项界定、数据性质以及分析方法

本文以族群作为自变项，受教育程度作为控制变项，依变项是宗教类别、宗教态度和宗教行为。在分析方法上，有关宗教行为的类别数据采用交叉分析，并同时控制受教育程度。有关宗教态度的量表组，则以变异数分析（ANOVA）比较三个族群之间的差异。不论是交叉分析还是变异数分析，在比较各族群之差异时，皆以父亲之籍贯和母亲之籍贯各分析一次，并比较两次分析之结果是否有差异，以厘清父亲和母亲籍贯各自之影响。各变项之界定和分类如下：

（1）族群：三期五次社会变迁基本调查问卷的第8题是"请问您父母亲的籍贯是"，选项有①本省闽南人、②本省客家人、③本省原住民、④外省人（大陆各省市）、⑤侨胞、⑥其他六个选项。其中父亲籍贯为"本省原住民"者只占3.4%（65人），"侨胞、其他"则更少，因此这三类在本研究中暂时先予以剔除不讨论。三期五次总样本数为1 925人，如以父亲籍贯看，其中"本省闽南人"有1 451人，占75.4%；"本省客家人"有181人，占9.4%；"外省人（大陆各省市）"有224人，占11.6%，合计1 856人。如以母亲籍贯看，其中"本省闽南人"有1 560人，占81.0%；"本省客家人"有183人，占9.5%；"外省人（大陆各省市）"有108人，占5.6%，合计1 851人。

台湾社会变迁基本调查各期虽然都有父母籍贯这一题项，但很少被用来分析。本文以父母亲的籍贯作为受访者族群身份的指标，但为了避免某一类别的受访者人数过少而影响分析结果，因此将父亲、母亲籍贯分开分析，不以父亲和母亲籍贯之交叉类别作为族群身份之分类。

本文虽不以父母籍贯的交叉类别作为族群属性之指针，但如以族群相互通婚情形来看，父亲为闽南人者，其母亲籍贯亦为闽南者有98.5%，父亲为客家人者，其母亲籍贯亦为客家的有87.8%，但是父亲籍贯为外省者，其母亲亦为外省的比例只有46.4%。这一情况可能造成了父亲籍贯和母亲籍贯在宗教态度与行为上的不同影响。

（2）受教育程度：三期五次社会变迁基本调查将教育分为十六个选项，为了便于分析，本文将受教育程度重新分类为"小学""初中""高中（职）""大专以上"四个类别。受教育程度在本研究中主要作为控制变项。根据蔡淑铃（1988）之研究，台湾各族群之平均受教育程度有差异存在。而受教育程度对若干宗教态度与宗教行为有影响（瞿海源，1997），因此对受教育程度进行控制，才能看出族群因素对宗教态度与宗教行为的真正影响。其他需要控制的变项还有性别、居住地区、职业等，由于样本数的限制，本文暂不对这些变项进行控制，但可作为日后进一步分析时考虑之范围。

（3）宗教信仰类别：三期五次社会变迁基本调查将宗教信仰分为十大类，每一大类之下再分中类。本文只取大类别，并将十个大类别再合并为八个类别。

（4）宗教态度：主要在问卷中的第31题至第39题，每一题中还有子题。选项分为"很相信""有点相信""不太相信""很不相信"或者"很赞成""有点赞成""不太赞成""很不赞成"四个有效选项，另外还有"不知道""不了解题意""不愿意回答"三个由访员填写的无作答选项。在本文实际分析时，将这一类无作答选项的受访者作为遗漏值，从分析中剔除。

（5）宗教行为：询问受访者是否从事某些宗教行为，选项分为"有""无"两项。

（6）术数、风水与神秘经验：和宗教行为一样，选项分为"有""无"两项，询问受访者是否从事这些行为。

五、分析结果

（一）宗教信仰的类别和信仰动机

台湾社会变迁基本调查从1999年的三期五次调查开始，对宗教信仰类别有不同的调查方式，先问受访者有没有到寺庙拜神明，又问有没有到佛寺礼佛，然后问"那么你是信哪一种宗教信仰"。本文经过整理，将宗教信仰类别分为"没有宗教信仰""民间信仰""佛教""道教""一贯道""基督教""天主教"以及"其他"八类。这个信仰类别虽然是受访者主观认定，但在分析上仍具有一定的意义。

表1　以父亲籍贯为指标的各族群宗教信仰类别比较（$P < 0.001$）

族群	没有宗教信仰	民间信仰	佛教	道教	一贯道	基督教	天主教	其他	总和
台湾闽南人	167 （11.5%）	524 （36.1%）	386 （26.6%）	217 （15.0%）	36 （2.5%）	47 （3.2%）	6 （0.4%）	67 （4.6%）	1 450 （100%）
台湾客家人	22 （12.2%）	77 （42.5%）	58 （32%）	14 （7.7%）	1 （0.6%）	0 （0%）	1 （0.6%）	8 （4.4%）	181 （100%）
大陆各省市	71 （31.7%）	41 （18.3%）	60 （26.8%）	13 （5.8%）	2 （0.9%）	19 （8.5%）	9 （4%）	9 （4%）	224 （100%）
总和	260 （14%）	642 （34.6%）	504 （27.2%）	244 （13.2%）	39 （2.1%）	66 （3.6%）	16 （0.9%）	84 （4.5%）	1 855 （100%）

从表1的交叉分析可以看出，不同族群的宗教信仰存在着明显的差异（$P < 0.001$），且控制受教育程度之后，除了初中组之外，也都达到至少0.05的显著水平。大体来说，父亲籍贯为客家者在民间信仰和佛教这两个类别特别突出，而父亲籍贯为闽南者在道教和一贯道的比例，明显较客家人和外省人（父亲籍贯为大陆各省市者）高，至于外省人则在"没有宗教信仰"和基督教、天主教的比例高于客家人和闽南人。如以母亲籍贯进行交叉分析，得到的结果类似，一样达到显著水平，而各宗教信仰类别的分布也大体类似以父亲籍贯的分析。值得注意的是，所谓的没有宗教信仰，未必是真正无神论者，而可能是比较游离的民间信仰者。而自称是信仰道教和佛教者，也有一定比例其实是民间信仰者。（张茂桂、林本炫，1993）从笔者田野调查的观察，在民间信仰者当中，曾经为宫庙管理委员、慈惠堂信徒等的，都倾向于说自己是信仰道教。闽南人当中自称信仰道教者比例较高，可能和这个因素有关。从表1也可以看出，一贯道在台湾是一个高度闽南化的宗教。

在信仰目前宗教的动机方面，包含"其他"类一共有17种原因，是一个复选题，三个族群在这些原因方面，有差别的是"将来升天或死后的福乐""寻求平安""跟父母信的"这三项，不论以父亲籍贯还是母亲籍贯都达到0.05的显著水平。父亲、母亲籍贯为客家者，选择"将来升天或死后的福乐"此一原因的分别有3.31%和3.83%，高于闽南和大陆各省市者，后两者的比例在0.93%~1.79%之间。但因选择此项原因之受访者偏少，呈现不稳定情况，也无法进行受教育程度的控制。至于"跟父母信的"和"寻求平安"这两项则是因为父亲或母亲籍贯为大陆各省市者选择此一原因的比例偏低所造成，闽南和客家之间在这方面并没有差异。有趣的是，父亲的籍贯影响到"解决困难"这一原因的选择，而以籍贯为外省者有较高比例。母亲的籍贯则影响"趋吉避凶"这一原因的选择，而以客家人有较高比例。

（二）宗教态度

三期五次台湾社会变迁基本调查问卷中，和宗教态度有关的题组非常多，大致上可以分为以下几类："对神鬼死亡之看法""灵魂、祖先、报应、缘和债之看法""气、阴阳五行的观念""宗教功能认知"。由于测量宗教态度的题项是四点式李克特量表，在去除选择"不知道""不了解题意""不愿回答"的遗漏值之后，将受访者在各题组的回答进行总加，总分越低表示越同意题组中的问项。而后以变异数分析比较客家、闽南以及外省三个族群在各量表中的平均总分。

在"对神鬼死亡之看法"方面，问卷共有两题组，不论是在总分数还是各题组，以父亲籍贯或母亲籍贯作为族群身份之界定，客家、闽南和外省三个族群"对神鬼死亡之看法"都达到显著水平。但若仅比较客家和闽南，不管是从父亲还是母亲的籍贯来看，其间的差异都不显著。而进一步控制受教育程度的结果，父亲籍贯的差异也消失了，母亲籍贯在总分数及一个题组上，其态度差异仍达到显著水平。

在"灵魂、祖先、报应、缘和债之看法"方面，问卷分别设计了题组，含"灵魂之看法""祖先之看法""报应之看法"及"缘和债之看法"四题组。从总分数来看，分析的结果与前一题"对神鬼死亡之看法"呈现一致性，即不论是父亲籍贯还是母亲籍贯三个族群的差异都达到显著水平，但客家与闽南之间的差异不显著。控制受教育程度后，以母亲的籍贯看，三族群间之差异依旧达到显著水平，以父亲的籍贯看，则三族群间之差异消失。

当分别分析"灵魂、祖先、报应、缘和债之看法"四题组的结果时，可以发现"祖先之看法"与"缘和债之看法"两题组，与总分数的结果是完全相同的。而"报应之看法",仅在母亲籍贯中,三个族群之间的差异达显著水平。如仅观察客家与闽南,或者控制受教育程度,从父亲或母亲的籍贯看,三族群间都没有差异。有趣的是"灵魂之看法"这题组,父亲籍贯是客家、闽南或外省者对"灵魂之看法"其差异未达显著水平。而母亲籍贯是客家、闽南或外省者,无论有无控制受教育程度,其差异都达显著水平。此一差异主要是由外省和闽南两者之间的差异所造成,客家与闽南在"灵魂之看法"上并没有差异。从各族群总分的平均数来看,就是外省比较不相信灵魂观念(平均数较高)。

在"气、阴阳五行的观念"方面,总共有三题组,无论是总分数还是各题组,父亲籍贯与母亲籍贯之三族群间、客家与闽南比较,以及控制受教育程度后,全部未达显著水平。

在"宗教功能认知"方面,总共是四个单题,加总计算后,呈现在父亲籍贯的显著度高于母亲籍贯,甚至控制受教育程度后,父亲籍贯的差异仍达显著水平。进一步来看,值得注意的是,父亲籍贯在闽南和客家之间没有差异存在,外省和客家两者之间也没有差异,只有外省和闽南之间的差异达到显著水平。也就是说,其间差异乃是由外省和闽南所造成的,从总分的平均数来看,外省人更认同宗教的功能(平均数较低)。从母亲的籍贯来看,在"宗教功能认知"上,各族群间的差异皆未达显著水平。

以上分析结果显示,外省和闽南、客家族群在"对神鬼死亡之看法""灵魂、祖先、报应、缘和债之看法"两项宗教态度上的差异达到显著水平,而控制受教育程度后,父亲籍贯的差异就消失了,显示出母亲籍贯的影响似乎更为明显;然而,在"宗教功能认知"部分,父亲籍贯的影响却较母亲籍贯显著。族群间唯一完全没有差异的是"气、阴阳五行的观念"。

(三) 宗教行为

宗教行为可以分为传统宗教行为和新的宗教行为。三期五次台湾社会变迁基本调查中的传统宗教行为有"请问您有没有去寺庙拜神明""请问您有没有去佛寺拜佛或礼佛""请问您过去一年内有没有参加某一个(些)寺庙或是宗教团体的活动""您现在的住家中有供奉祖先牌位吗""您家有没有祭拜祖先""您平常有没有拜土地公、妈祖、关公及其他神明",以上皆属于祭拜寺庙神明、祖先的宗教活动。

"请问您有没有去寺庙拜神明""请问您有没有去佛寺拜佛或礼佛""请问您过去一年内有没有参加某一个(些)寺庙或是宗教团体的活动""您平常有没有拜土地公、妈祖、关公及其他神明"这四个题项可以说是一组有关联的题项。从父亲籍贯或者母亲籍贯来看，三个族群在"有没有去寺庙拜神明"这一题有差异，但主要是由外省族群造成，闽南和客家之间并没有差异。"平常有没有拜土地公、妈祖、关公及其他神明"，也是一样，虽然有差异，但主要是外省族群偏低所造成。但是如果观看"过去一年内有没有参加某一个（些）寺庙或是宗教团体的活动"，这一题虽然有差异，则又呈现闽南和外省有较高比例，而客家比例最低的情形。回到"有没有去佛寺拜佛或礼佛"这个题项，则母亲籍贯为客家者去佛寺拜佛或礼佛的比例又同时高于闽南和外省。这些差异在控制了受教育程度之后，并没有全部消失，显示父亲或母亲籍贯对宗教行为的影响依旧存在。这四个宗教行为的题项显示的差异是：父亲或母亲籍贯为外省者较少去寺庙拜神明，母亲为客家者较高比例去佛寺礼佛，但在过去一年里，父亲或母亲之籍贯为客家者，较另外两族群受访者较少参加寺庙或宗教团体的活动。

"有没有祭拜祖先"和"住家中有无供奉祖先牌位"这两题是关于祖先崇拜的，也呈现出重要的差异。父亲或母亲的籍贯对于"有没有祭拜祖先"的差异达到0.001的显著水平，但这主要还是由外省族群有较低的比例祭拜祖先造成，闽南和客家之间并没有差异。但是"住家中有无供奉祖先牌位"的差异，则是由闽南较高的比例所造成。控制了受教育程度之后，这些差异基本上都还存在。更细地说，客家人和闽南人一样有较高比例拜祖先，但是客家人则相对有较高比例将祖先牌位放在祖厝或祠堂或叔伯家，而不放在自己家里；闽南人如果没有在自己家中放置祖先牌位，则有较高比例是放在父母家；而外省人如果不在自己家里放祖先牌位，则有极大比例是放在父母家或其他地方。

"您自己或家人是否有参加邻近的土地公庙所办的重大庆典，例如神明圣诞、做醮等""您自己或家人是否有参加本地区神明（如：角头庙、村庙）所办的重大庆典，例如神明圣诞、做醮等""您自己或家人是否有参加做大醮""您自己或家人是否有参加本地区以外的神明所办的重大庆典，例如神明圣诞、做醮等"这四个题项，可以看作是受访者对小区（村庙、跨村庙）宗教活动的参与情形。三个族群在这四个题项的差异，不论是以父亲籍贯还是母亲籍贯来看几乎都达到0.001的显著水平，而且只看闽南和客家，其差异也达到至少0.05的显著水平。其中，前三个题项的模式是，父亲或母亲的籍贯为客家的受访者，参与这些小区宗教活动的比例高于父亲或母亲籍贯为闽南者，更是远远高于父亲或母亲籍贯为外省者。而在"您自己或家人是否有参加本地区以外的神明所办的重大庆典，例如神明圣诞、做醮等"这一题，则虽然三个族群有差异，但父亲或母亲籍贯为闽南者参与的比例反而较父亲或母亲籍贯为客家者高，不过两者差异并未达显著水平，而父亲或母亲籍贯为外省者依然是参与最低。这一组题项的分析显示，父亲或母亲籍贯为客家者，比闽南及外省族群更积极参与小区宗教活动，但是对于小区外的宗教活动则并不如此，至多维持着和闽南族群一样的参与度。如果前述"参加某一个（些）寺庙或是宗教团体的活动"指的是小区外的寺庙，则客家族群的参与情形甚至还更低。

"长期吃素""参加进香""捐钱印经书或善书""捐款给寺庙教会或宗教组织"，也是很常见的传统宗教行为。后两项在三个族群之间没有差异，不论是从父亲还是从母亲的籍贯来看都如此。但从父亲或者母亲的籍贯来看，"长期吃素"和"参加进香"则有差异存在，这个差异主要存在于闽南、客家这两者和外省之间，也就是说，相较于闽南和客家，外省族群有较低的长期吃素和参加进香的比例。在"长期吃素"上，在"吃纯素""初一、十五、早斋""方便素"三种长期吃素形态中，客家和闽南的吃素由"初一、十五、早斋"的文化传统造成，另外两类的吃素并没有明显的族群差异。

在参加宗教团体方面，则有令人意外的发现。以总体来说，父亲或母亲籍贯为客家者，自己有参加近年新出现的宗教团体的比例，是闽南的两倍多，是外省的四倍多。以父亲的籍贯为例，三个族群分别是 6.08%、2.28% 和 1.35%。而在问卷中列入调查的七个宗教团体[①]当中，三个族群之间只在慈济功德会存在差异。父亲或母亲的籍贯为闽南者，参与慈济功德会的比例最高，说明了慈济功德会是一个高度闽南化的宗教团体。不过，只考虑母亲的籍贯时，闽南和客家的差异才存在，父亲的籍贯是客家或闽南，并不影响参与慈济功德会的比例。说明了在参与慈济功德会这一宗教行为上，存在着族群和性别之间的交互作用。而由于慈济功德会之外的其他六个宗教团体，其差异都未达显著水平，因此客家族群何以有较高比例参与宗教团体，无法从这些团体中得到说明。

（四）风水、术数与神秘经验

"您或您的家人最近五年有没有看过风水""您或您的家人有没有为目前住的房子看过风水""您有没有为您的办公室看过风水""您或您的家人

---

① 包括佛光山（星云）、印心禅学会（妙天）、法鼓山（圣严）、中台山（惟觉）、显相协会（宋七力）、禅定学会（清海）、慈济功德会（证严）。

有没有为祖先摆灵骨的位置看过风水""您或您的家人有没有为祖先坟墓看过风水"是有关看风水行为的五个题项。第一题是询问总体情形,二、三题是询问阳宅,四、五题则是关于阴宅。

"最近五年有没有看过风水"这一题,受到父亲籍贯和母亲籍贯的影响,但这个影响主要来自外省族群,闽南和客家之间并没有差异存在。控制受教育程度之后,则只有大专以上这一组仍达显著水平。[①] 整体来说就是,父亲和母亲为外省者较不倾向于看风水。

表 2　父亲籍贯和房子看风水的交叉分析（$P < 0.05$）

族群	有没有为目前住的房子看过风水		总和
	有	无	
台湾闽南人	423 （29.40%）	1 016 （70.60%）	1 439 （100%）
台湾客家人	66 （36.87%）	113 （63.13%）	179 （100%）
大陆各省市	53 （23.98%）	168 （76.02%）	221 （100%）
总和	542 （29.47%）	1 297 （70.53%）	1 839 （100%）

"为目前住的房子看过风水"这一题,是极少数只受到父亲籍贯影响,而母亲籍贯的影响却没有达到显著水平的题项,说明了这一宗教行为是受到父亲传承的影响。值得注意的是,仅比较父亲籍贯为闽南和客家两族群,则这种差异依然达到显著水平,而且在三个族群中,父亲籍贯为客家者从事此一风水行为的比例最高。"有没有为您的办公室看过风水""有没有为祖先摆灵骨的位置看过风水""有没有为祖先坟墓看过风水"这三个行为则都同时受到父亲籍贯和母亲籍贯的影响,但还是由于外省族群比例较低所造成,闽南和客家之间的差异并未达显著水平。尤其是后两项,父亲或母亲籍贯为客家者,从事这两项风水行为的比例甚至高过闽南族群,

---

① 在本文所有的控制受教育程度的分析当中,由于交叉分析的细格过多,抽样误差扩大。并且造成有些格子里的观察值个数小于5,或者某一类别的边际总数偏低,各项百分比极不稳定,所以这部分的分析结果只能作参考。

但由于两者的差异未达显著水平，因此并不能说两个族群在这方面有差异存在。

总的来说，外省族群较不从事风水行为，而闽南和客家在风水行为上的差异，表现在客家人有更高比例"为目前住的房子看过风水"。重视祖先崇拜的客家人，并没有在"为祖先摆灵骨的位置看过风水""为祖先坟墓看过风水"这两项行为上有更高的比例。

择日（看日子）是另一个和风水类似的术数行为，风水表现为空间的区分，择日则表现为时间的区分。在四个有关择日的题项上，也有了重要而有意义的发现。在"结婚""搬家""公司开张"和"外出旅行"四个事件中，母亲籍贯对外出旅行是否要看日子有影响，父亲籍贯则没有影响。如果只比较闽南和客家，则母亲籍贯的影响也消失。这意味着，如果母亲的籍贯是外省，受访者认为出外旅行要看日子的比例就会降低。而在"结婚""搬家""公司开张"这三件事上，不论是父亲籍贯还是母亲籍贯都造成影响，如果仅比较闽南和客家也都达到显著水平。仔细观察交叉分析的内容，则外省和闽南、客家之间的差别，在于外省族群认为"根本不必做"的比例较高，而闽南和客家之间的差别，不在于比例，而在于强度，因为父亲或母亲籍贯为闽南或客家者，虽然认为做这些事情必须看日子的比例大致相当，但客家族群认为"非做不可"的比例远远高于闽南。

表3　父亲籍贯和结婚是否要看日子的交叉分析（$P < 0.001$）

族群	结婚是否要看日子				总和
	非做不可	做总比没做好	做与不做都无所谓	根本不必做	
台湾闽南人	740 (51.78%)	455 (31.84%)	148 (10.36%)	86 (6.02%)	1 429 (100%)
台湾客家人	119 (65.75%)	43 (23.76%)	14 (7.73%)	5 (2.76%)	181 (100%)
大陆各省市	72 (32.58%)	73 (33.03%)	36 (16.29%)	40 (18.10%)	221 (100%)
总和	931 (50.85%)	571 (31.19%)	198 (10.81%)	131 (7.15%)	1 831 (100%)

在广义的术数行为方面，一共有12个题项，分析的结果大致上可以分

为三种情况。第一种情况是以父亲籍贯或者母亲籍贯分析都完全不显著，也就是在三个族群之间没有差异存在。第二种情况是以父亲或母亲的籍贯来看，闽南和客家没有差异，但外省人和这两个族群有差异。第三种情况则是在三个族群之间全都有差异存在。

　　第一种情况包含有"摆设符咒""摆设避邪镜、金钱豹、蟾蜍、门神、剑狮、照壁""摆设其他的物品""找灵媒""戴平安符"。第二种情况则有"摆设八卦""改运""安太岁""安斗""点光明灯"。第三种情况只有"家里摆神像"和"收惊"这两项。第二种情况和第三种情况在控制受教育程度之后，多半都还至少保持部分显著的状况。[①] 也就是说，在"摆设符咒""摆设避邪镜、金钱豹、蟾蜍、门神、剑狮、照壁""摆设其他的物品""找灵媒""戴平安符"这些行为上，不论父亲或母亲的籍贯，都没有影响。而"摆设八卦""改运""安太岁""安斗""点光明灯"这五项术数行为，可以用来区别外省人和闽南、客家两者，至于"家里摆神像"和"收惊"，则是用来区分闽南和客家的宗教术数行为。

表 4　父亲籍贯和家里摆神像的交叉分析（$P < 0.001$）

	家里有无摆神像		总和
	有	无	
台湾闽南人	769 （53.03%）	681 （46.97%）	1 450 （100%）
台湾客家人	69 （38.12%）	112 （61.88%）	181 （100%）
大陆各省市	91 （40.81%）	132 （59.19%）	223 （100%）
总和	929 （50.11%）	925 （49.89%）	1 854 （100%）

---

　　① 所谓控制受教育程度之后的"部分显著"，意思是控制受教育程度之后，某些类别受教育程度下的分析，父亲或母亲的籍贯和宗教行为的关系仍然达到显著水平。但如前面说过的，控制受教育程度之后，由于交叉分析的细格过多，且某一类的人数过少，因此会有不稳定情况出现。

表5　父亲籍贯和最近一年有无收惊的交叉分析（$P < 0.001$）

族群	最近一年有无收惊		总和
	有	无	
台湾闽南人	308 （21.29%）	1 139 （78.71%）	1 447 （100%）
台湾客家人	15 （8.33%）	165 （91.67%）	180 （100%）
大陆各省市	29 （13.00%）	194 （87.00%）	223 （100%）
总和	352 （19.03%）	1 498 （80.97%）	1 850 （100%）

神秘经验上，问卷包括"觉得自己所到的某地似曾相识，但又确知以前从未到过该地""觉得自己好像可以在梦中接收到远方亲人的讯息""好像看见前世或来生发生的事情""经验到神明附身""看到神显灵""看到鬼""灵魂附身""看到灵魂附身在别人身上"等八项，除了父亲籍贯对于"觉得自己所到的某地似曾相识，但又确知以前从未到过该地"造成差异，而这些差异主要是由外省人较低的比例所造成，其他七项全部没有差异。此一结果说明神秘经验是随机地分布到各人群身上，不受到族群的不同文化观念所影响，或者说，如果宗教神秘经验受到特定族群的宗教观念、宗教氛围所影响，那么三个族群的宗教观念即使有差异，并没有强到形塑宗教经验的差异。

在算命的行为上，询问受访者"过去您有没有主动找人算过命"，不论父亲或母亲的籍贯都没有影响，而在询问算命原因的复选题的九个选项上，父母亲的籍贯也没有任何影响。

六、结论与未来延伸研究

从既有文献来看，客家人被描写成信仰比较单纯，是因为对寺庙活动比较不热衷，重视祖先崇拜，不重视神明与鬼怪的信仰，但比较热衷于风水。而且因为生性保守，所以比较不信仰基督教、天主教，乃至于任何新的宗教。而相对地，闽南人则是比较热衷于寺庙的宗教活动，经常上庙，比较会在家中供奉神明，比较热衷于神坛、乩童等宗教活动。外省人因为信仰基督教和天主教的比例较高，所以对台湾民间的寺庙宗教活动、风水等较不热衷。

本文以1999年的第三期第五次台湾社会变迁基本调查的宗教组问卷资料，分析客家、闽南和外省之间的宗教信仰差异。研究结果发现，台湾的客家、闽南和外省三个族群，在宗教信仰上表现出大同小异的情况。

在宗教信仰类别的自我认定上，闽南族群在道教和一贯道上较为突出，客家则在民间信仰和佛教上有相对较高比例。外省人则在没有宗教信仰、基督教和天主教上有相对较高比例。此一分布状态说明台湾各族群在宗教信仰上仍有其各自的特色所在。

在宗教态度上，外省人对神、鬼、死亡和灵魂有"比较不相信"的倾向，但对宗教功能有较强的肯定态度，闽南和客家在宗教态度上则几乎没有什么差别。但在宗教行为上，则有一些细致而微小的差异存在。外省人较少去寺庙拜神，客家人较常去礼佛，客家人对附近寺庙宗教活动的参与并不如文献所描写的不如闽南人热衷，但是对小区外的寺庙活动的确较少参与。在祖先崇拜上，客家人和闽南人并没有差别，只是客家人较少将祖先牌位放在家里，这一点和人类学家的研究相互呼应。以新的宗教团体的参与来说，客家人并不像想象的那样保守，反而是参与比例最高的。不过在慈济功德会的参与上，客家人和外省人都较偏低，显示慈济功德会是一个高度闽南化的宗教团体。

在重视风水程度上，在三个族群中，外省人是最不重视风水的，从事各项风水行为的比例都较低。而客家人则只有在"为目前住的房子看过风水"这一项的比例高于闽南和外省。这一结果和文献所描写的接近，但也只有这一项。客家人尽管重视祭祀祖先，但是对祖先坟墓和祖先灵骨的风水的重视，和闽南人并没有差异，这一点和文献上所描写的并不一致。倒是在择日这件事情上，外省人依然是比较不重视，而客家人和闽南人虽然同样重视，但是客家人更为坚定，认为"非做不可"的比例高出许多。在术数行为方面，分别可以有不同的行为指标区分客家、闽南和外省。客家人较少在家里摆神像，也较少去收惊，前者和文献的记载相呼应，而后者则和一般观察相符合。

受限于台湾社会变迁基本调查的问卷并非专为族群宗教信仰比较而设计，所以无法比较不同族群祭拜的神明，尤其是客家和闽南，这是所有运用次级数据库进行研究必然会遇到的问题。在本文目前的基础上，未来还可运用台湾社会变迁基本调查进行以下之延伸研究：

（1）跨世代的比较分析：年龄变项的带入，以及不同世代各族群的比较。

（2）不同年度社会变迁数据的合并分析与比较，可观察时间因素对不同世代、不同族群的影响。

（3）有些宗教行为题项因为选答人数太少而难以比较分析，或者呈现不稳定情况，未来合并多年度数据后，可进行比较分析。

参考文献

［1］汪毅夫：《客家民间信仰》，福州：福建教育出版社，1995 年。

［2］房学嘉：《客家源流探奥》，广州：广东高等教育出版社，1994 年。

［3］房学嘉：《客家民俗》，广州：华南理工大学出版社，2005 年。

［4］房学嘉：《粤东客家生态与民俗研究》，广州：华南理工大学出版社，2008 年。

［5］庄英章：《家族与婚姻——台湾北部两个闽客村落之研究》，南港："中央研究院"民族学研究所，1998 年。

［6］庄英章：《田野与书斋之间——史学与人类学汇流的台湾研究》，台北：允晨文化，2004 年。

［7］陈运栋：《客家人》，台北：东门出版社，1978 年。

［8］张茂桂、林本炫：《宗教的社会意象——一个知识社会学的课题》，《"中央研究院"民族学研究所集刊》，1993（74）。

［9］张茂桂：《种族与族群关系》，载王振寰、瞿海源主编：《社会学与台湾社会》，台北：巨流图书公司，2001 年。

［10］章英华：《台湾地区社会变迁基本调查计划第三期第五次调查计划执行报告》，南港："中央研究院"社会学研究所，1999 年。

［11］蔡淑铃：《社会地位取得：山地、闽客及外省之比较》，载杨国枢、瞿海源编：《变迁中的台湾社会：第一次社会变迁基本调查资料的分析》，南港："中央研究院"民族学研究所，1988 年。

［12］刘还月：《台湾客家族群史（民俗篇）》，南投：台湾省文献委员会，2001 年。

［13］谢重光：《客家形成发展史纲》，广州：华南理工大学出版社，2001 年。

［14］瞿海源：《台湾宗教变迁的社会政治分析》，台北：桂冠图书股份有限公司，1997 年。

［15］罗香林：《客家研究导论》，台北：众文图书公司，1981 年。

［16］罗烈师：《宗教信仰篇》，载徐正光编：《台湾客家研究概论》，台北："行政院客家委员会"、台湾客家研究学会，2007 年。

［17］SANGREN P. S. History and magical power in a Chinese community. Standford, CA：Standford University Press，1987.

惭愧祖师信仰与族群关系
——以南投竹山与鹿谷地区惭愧祖师庙为例

王志文①　黄如辉②

一、前言

从目前文献资料发现，惭愧祖师信仰几乎以南投县为主，在台湾其他地区并未出现大规模的奉祀，属于地区性质的小众信仰。而在南投县其分布又以山区乡镇如竹山镇、鹿谷乡、中寮乡等为多数，所以惭愧祖师信仰在自然环境中有其特色。本文选定鹿谷乡、竹山镇两个乡镇进行田野调查。竹山镇境内自然环境处于西部平原与竹崎丘陵的交界处，鹿谷乡则全境几乎为山区地形，在自然环境中有其相同之处与差异性。

本文希望通过文献资料与田野调查方式，能对南投区域研究提供不同看法，寻找出惭愧祖师的共同信仰特色与差异，进而通过祭祀圈的方式，了解先民族群与自然环境之间的关系。

二、惭愧祖师简介

祖师俗姓潘，字了拳，别号惭愧，福建省沙县人，唐元和十二年丁酉（817）三月廿五日生。出生时左手屈拳，到了弥月一游僧在其握拳中书写"了"字，指立伸，故名"了拳"。十七岁出家，二十五岁到阴那山下建灵光寺，与韶关南华寺、广州光孝寺、潮州开元寺并称广东四大名刹。唐咸

---

① 王志文：台湾师范大学国际与侨教学院助理教授。
② 黄如辉：淡江大学历史学研究所夜间部硕士生。

通二年辛巳（861）九月廿五日圆寂，年四十九。①

从唐元和十二年至咸通二年，祖师年龄应为四十四岁，文献却记录祖师圆寂为四十九岁，并未说明。此外，王志文描述祖师为"头冠僧帽、衣着僧袍，手执扇子或拂尘，为佛教僧人的打扮"。与田野调查中的"王爷"造型不同，并将广东阴那山改为福建阴林山。

图1 惭愧祖师"王爷"样式

图片来源：黄如辉拍摄（2003年5月25日）。

其"惭愧"法号说法不一：

（1）治愈皇太后痼疾后，皇帝封赏时遗漏潘家，潘家没有因此而有怨言，反而自谦称为"惭愧"。②

---

① 有关惭愧祖师各种说法大致相同：王志文：《台湾原乡神明的演变——以佛僧变武将，南投南中寮惭愧祖师信仰为例》，载《台湾史迹研究会九十六年会友年会论文集》（下册），台北：台北文献委员会，2007年，第529页。段文：《纵横古今》，《人间福报》，2001年9月30日第10版。林衡道口述、杨鸿博整理：《鲲岛探源》（三），台北：稻田出版有限公司，1998年，第498页。

② 黄宗辉主编：《南投史话篇》，载《南投县乡土大系》，南投：南投县政府，1994年，第83页。

（2）祖师自认为佛祖宏演法乘，自便以度人，但祖师内心一直认为自己未能如佛祖一样宏法度人，内心自觉惭愧，圆寂后葬骸于塔，墓塔外额曰"惭愧"。[1]

（3）祖师因为替皇后医治痼疾，后来皇后得以痊愈，皇帝要论功封赏时，赏了一件战袍给祖师，因为祖师年龄尚小，穿上战袍竟然手舞足蹈地跑出，后来自觉失态，便自己取了法号为"惭愧"。[2]

南投县竹山镇、鹿谷乡主祀"惭愧祖师"调查表

庙名	地址	主祀与配祀	祖师样貌	沿革志
三元宫	竹山云林里前山路一段 61 号（竹围仔）	主祀：大、二、三公 配祀：观音、福德正神	武将帽、着官袍、跣足、手中持剑	相传有一乡贤，随征来台时，由广东梅县灵光寺恭迎惭愧祖师公及香炉渡台……该香炉底有"大明宣德年制"字样
明德宫	桂林里中正巷 5 号（内坑）	主祀：大、二、三公 配祀：三太子、玄天上帝	武将帽、着官袍、跣足、手中持剑	无沿革志。奉祀于聚落公厝。管理人表示其祖父小时就已经奉祀，推断不应晚于清末。祖师诞辰前往凤凰山寺进香
镇天宫	秀林里光林巷 2 号	主祀：大、二、三公 配祀：三太子	武将帽、着官袍、跣足、手中持剑	无沿革志。奉祀于聚落公厝。住民表示早年已奉祀，祖师诞辰前往鹿谷新寮灵凤宫割香，推断不应晚于日据时期
灵凤庙	鹿谷乡鹿谷村中正路 107 号	主祀：大、二、三公，三太子，观音 配祀：邱国顺禄位	武将帽、着官袍、跣足、手中持剑	无沿革志。奉祀于聚落公厝。住民表示原为邱姓家族所奉祀，目前附近以罗姓为主

---

① 黄宗辉主编：《南投史话篇》，载《南投县乡土大系》，南投：南投县政府，1994 年，第 86 页。

② 黄如辉记录，黄民孝先生口述资料。

（续上表）

庙名	地址	主祀与配祀	祖师样貌	沿革志
祝生庙	彰雅村中厝巷21号	主祀：大、二、三公 配祀：许万青牌位、西秦王爷	武将帽、着官袍、跣足、手中持剑	来自福建省阴那山，来台为乾隆庚申年（五年，1740），命名祝生庙。庙中存有道光十二年（1832）"祝生庙"石碑及光绪元年（1875）"开山佑民"匾
凤凰山寺	凤凰村庙口巷10号	主祀：大公至九公 配祀：观音、妈祖、开台圣王与土地公	头戴僧帽，部分手中持剑，跣足特征不明	清嘉庆年间有庄阿昧者，由福建率数十人渡海来台……奉有惭愧祖师香火……址在顶城，世称"顶城祖师公"。内存光绪元年（1875）"佑我开山"匾
武圣庙	秀峰村	主祀：大、二、三公，关公，玄天上帝 配祀：土地公	武将帽、着官袍、跣足、手中持剑	嘉庆廿四年（1819）大坪顶七庄……拓垦所奉祀神尊符令……道光八年（1828）募捐建造公厝奉祀阴那山惭愧祖师……
灵光庙	广兴村	主祀：大、二、三公 配祀：钱姓祖先灵位	武将帽、着官袍、跣足、手中持剑	无沿革志。奉祀于聚落公厝内
福兴宫	福兴村	主祀：大、二、三公 配祀：济公、妈祖	武将帽、着官袍、跣足、手中持剑	无沿革志。为聚落内公庙
鹤山庙	和雅村	主祀：大、二、三公，玄天上帝，三太子 配祀：注生娘娘、土地公、地基主陈朝魁	武将帽、着官袍、跣足、手中持剑	本庙奉祀之主神是阴林山得道惭愧祖师……传说是竹山三块厝奉请至本庙，在嘉庆年间林万清祖先由福建奉请……同治年间有陈朝魁计划垦拓深坑……尚有凶番出草杀人……向林家恳求二公至深坑开垦……

（续上表）

庙名	地址	主祀与配祀	祖师样貌	沿革志
德峰寺	竹丰村	主祀：大、二、三公，玄天上帝 配祀：观音、关公、济公、土地公	武将帽、着官袍、跣足、手中持剑	惭愧祖师源自福建省阴林山，金身被带到台湾是乾隆五年（1740），先民奉在崎头庄民宅内，至今200余年，尚未筑庙……

数据来源：作者整理。①

根据上述的调查，针对竹山与鹿谷地区 11 座主祀惭愧祖师的庙宇，提出几点信仰特色：

（1）来源不明：目前的调查中可以发现上述的 11 座庙宇，对惭愧祖师的来源说法大多认为来自"福建省阴林山"，有些文献资料更认为出生于"福建省平和县阴林山"，只有祝生庙提到来自"阴那山"，但仍认为来自福建省。而竹山三元宫虽然提到"广东梅县灵光寺"，最为接近原乡，但其落款碑文时间为近几年所作，故怀疑受近代文献所影响。

（2）分身者众：台湾神明分灵者众，惭愧祖师信仰亦有此一特色，每一主祀庙宇大多为"大公、二公、三公"。其说法大多为"福建省平和县阴那山有位潘姓的乡贤，生达孔（大公，精通地理学）、达德（二公，精通岐黄）、达明（三公，精通医学）三个儿子"，而且也分别习有专长。

（3）样式统一：访查的各庙中惭愧祖师的样式大多相同，为"武将帽、着官袍、跣足、手中持剑"的"王爷"造型。除了凤凰山寺为"僧帽，部分手中持剑"的造型。②

---

① 竹山镇部分，根据王志宇《竹山地区的公庙——以玄天上帝与惭愧祖师信仰为中心》（《逢甲人文社会学报》2005 年第 4 期）进行调查，其主祀惭愧祖师的庙宇总共 6 座，但田野调查时被调查者说可能不止 6 座，加上本文调查时正巧为除夕，碍于时间限制，故而本文采所调查的 3 座。鹿谷乡十三村落，皆以各村公庙为主，所以除瑞田、清水、竹林外皆列在本表。

② 笔者在 2003 年前往调查时，凤凰山寺主祀惭愧祖师的确有手持"拂尘"，但今年再度前往调查却发现全部改手持"宝剑"，其原因为何仍待调查。

图2　凤凰山寺惭愧祖师像

图片来源：黄如辉拍摄（2003年5月25日）。

（4）祭祀圈特色：根据林美容教授的定义（祭祀圈指一个以主祭神为中心，共同举行祭祀的居民所属的地域单位①），调查的11座庙宇中，有3个聚落没有设立公庙，而设立公厝祭祀。祭祀圈范围不大，所以一些跨聚落的互动几乎没有。祭祀圈内没有属于自己的子弟戏或狮阵团体，而丁钱或提缘金大多为自由乐捐，此外头家或炉主大多由掷筊来决定，较小的聚落则按行政单位来划分责任或轮值庙中工作，以维持祭祀圈的存续。

（5）进香互动不多：受访的几座庙宇以公厝的进香活动最为常见，通常每年在惭愧祖师诞辰前往进香。但是其余庙宇却很少出现这样的进香活动来联络情谊，换句话说，也就是大多属于聚落内的活动，而很少有跨聚落的活动。

从上述的五点发现，大约可以推论惭愧祖师在台湾普遍的信仰，是属于一种小众文化信仰，根据《南投县寺庙名录》② 的统计，以惭愧祖师为主祀神明的庙宇总共有18座。所以惭愧祖师信仰也是以南投县为最主要地区。

而其"分身者众、来源不明"是台湾的信仰中的通病，惭愧祖师信仰

① 林美容：《由祭祀圈来看草屯镇的地方组织》，载《乡土史与村庄史——人类学者看地方》，台北：台原出版社，2000年，第121页。

② 赖文吉：《南投县寺庙名录》，南投：南投县民政局，1997年。

也不例外。但是其样式却与大陆原籍的神像有着很明显的差异，再者从祭祀圈的经营与进香互动都可以发现，聚落人口不但会影响祭祀圈与进香活动，而且聚落的自然环境影响人口增长，也使祭祀圈出现一种属于聚落的特色，如公厝奉祀而不另外盖庙，人口按行政区域划分，人人轮流参与祭祀，用非常见的掷筊等方式选出头家或炉主来参加祭祀活动。

三、自然环境下惭愧祖师祭祀圈特色

南投县是台湾唯一不临海的地区，其自然环境比面临海岸的县市单纯。而信仰也容易受到这样的影响，刘枝万对惭愧祖师进行调查时提到"偏重于靠山地带，即往时汉人开拓前线，民番交界之处"① 这样的自然环境。鹿谷与竹山其境内因为山区地形影响，使其祭祀圈内有其特色。

目前文献资料中提到竹山与鹿谷两地惭愧祖师信仰，最早的资料是在《云林县采访册》中的记录：

> 祖师庙：在林圮埔下福户，祀三坪祖师。街众于每年十一月初六日演剧祀寿。前为里人公建。一在大坪顶漳雅庄，祀阴林山祖师。七处居民入山工作，必带香火。凡有凶番出草杀人，神示先兆；或一、二日或三、四日，谓之禁山，即不敢出入。动作有违者，恒为凶番所杀。故居民崇重之，为建祀庙……②

从上述这段的形容可以了解：①竹山与鹿谷地区对于祖师的信仰分为三坪祖师与阴林山祖，三坪祖师俗称广济禅师③，阴林山祖即为惭愧祖师，但是文中却没有记载台湾民间最常见的清水祖师。②竹山地区未记录有关惭愧祖师的信仰，反而位于山区的鹿谷出现记录。③漳雅庄为今鹿谷乡彰雅村，其当时记载的人口有"五百七十八户，四千二百一十四丁口"，据此推测当时的鹿谷地区已经有不少汉人进入开垦。④惭愧祖师的形象成为预防凶番的祭祀的对象。⑤记录中并未特别载明为闽粤族群所奉祀。

由上述的记录配合田野调查数据，可以发现几个祭祀圈内特色：

1. 祖师信仰

台湾民间常见的祖师信仰，一般为清水祖师，民间俗称"乌面祖师公"。大多认为是泉州府安溪县乡土神明，而在赖文吉的调查中，却未发

---

① 刘枝万：《南投县风俗志宗教篇稿》，第 75 页。

② http://www.sinica.edu.tw/ftms-bin/ftmsw3? ukey =1597521980&path =/2.22.12.23.1。

③ 三坪祖师法号"广济"，其祖庙位于福建省平和县文峰乡，建有三坪院。

现清水祖师的信仰，而三坪祖师的信仰在南投境内只出现在竹山地区，所以祖师信仰就以惭愧祖师为最多。根据王志宇调查，竹山地区多为漳州后裔①，而鹿谷地区亦多为漳州后裔②。

根据王志宇的调查，惭愧祖师属于嘉应州阴那山，而惭愧祖师为福建闽西沙县人，也就是说惭愧祖师源自闽西，但发源于广东梅县。而台湾客家族群中也未见以惭愧祖师为主祀神明，故而推论漳州与梅县等地虽只有一山之隔，可能移民因此受影响。③ 漳州境内多为山地又常遭到番民侵扰，而惭愧祖师在其原乡就有这样的防番功能，也许就因为地利与功能使其成为鹿谷地区的主要信仰。

而竹山地区惭愧祖师信仰根据田野调查发现，三处全为地方的角头庙宇：三元宫为竹围仔地区林姓居民所建公庙，顶林镇天宫多数由陈姓所奉祀，内坑明德宫位于以林姓为主的聚落。三者中除三元宫为公庙形式，余者其祭祀圈仅限于角头内居民，并未向外拓展，而三者皆位于竹山镇郊区，其地理特殊性更显其惭愧祖师在防番上的功能。

2. 地理环境

上述主祀惭愧祖师的庙宇，鹿谷因为全境位于山区，所以似乎无其特殊地理性，但鹿谷的七座惭愧祖师庙宇分布大多以"县151"为主要交通路线，也就是以竹山地区为主要的出入口。清水村受龙宫、瑞田村瑞龙宫主祀神明为三山国王，受龙宫与瑞龙宫表示其分灵自彰化县溪湖镇荷婆仑霖肇宫，进香路线只要越过浊水溪即进入彰化平原，有其地利之便。

竹林村天林宫奉祀妈祖，为苏姓人士由福建奉祀来台，但是一直奉祀在苏姓公厝，到1953年才建庙奉祀④。永隆村为开山庙，奉祀庄开山王，其缘由不明，但鹿谷地区类似这样的开山王，似乎很常见于聚落外，但不管其源，究其名可知与"开山"有关系，为本区最为特殊的信仰特色。

竹山地区主祀惭愧祖师的庙宇，内坑明德宫与顶林镇天宫皆是公厝型庙宇，位于竹山镇郊区，由镇上往其聚落仍需些许时间，聚落呈现出一种自给自足的形态，且周遭为山区地形。三元宫由云林县林内乡进入竹山街内的地区，仍然是属于竹山街内最外围的地区。

---

① 王志宇：《竹山地区的公庙——以玄天上帝与惭愧祖师信仰为中心》，《逢甲人文社会学报》2005年第4期，第201页。

② 苏汝评：《冻顶苏氏宗谱》。苏氏源自漳州府平和县石古社。

③ 鹿谷乡清水村、瑞田村以三山国王信仰为主，从当地的一些墓碑中发现大埔的客家族群踪迹，而当地人也表示未发现有惭愧祖师信仰。

④ 《天林宫庙志沿革》。

台湾西部平原可以常见营头的安置，而山区因为地形关系，营头的安置通常简化成为在庙中安置五营，而未在聚落内外交界之地设置，原因在于山区地形起伏绵延较大，聚落与聚落之间距离较大，所以在公庙中安置五营，可使祭祀的区域不因未安置五营而有聚落之外的感觉。

如有安置五营的，也只是简化成一个铁皮箱，其神像也简化成用草绳扎捆而成，用五方所代表颜色作为取代意境，与台湾西部用竹竿或是扎纸兵马截然不同。而每月初一或十五对于各营头犒赏（俗称"饷兵"的祭祀）时，如果未安置营头，便在庙中举行饷兵，可避免各营头距离过远而有所疏忽，足见地形影响使主祭神范围扩大，而营头象征聚落内外的方式被地形所取代。

由上述可以发现惭愧祖师的庙宇，在地理环境上山区地形是聚落内最常见的特性，属于角头庙宇。竹山地区的惭愧祖师庙宇位于郊区，并未进入竹山街内成为主要庙宇。而鹿谷的惭愧祖师庙宇除全为山区之外，大多以竹山地区作为出入口，早期也是属于公厝型庙宇。由此可知，地理环境中的封闭地形，使聚落产生一种自给自足的情形，信仰受地形影响亦如此发展。

3. 交陪关系

台湾的庙宇中以进香或割香作为庙宇之间的互动，上述的惭愧祖师庙宇皆未说明其源由，除了竹山内坑明德宫前往凤凰山寺进香、顶林镇天宫前往鹿谷村新寮灵凤宫进香，其余皆未说明是否互为往来。

根据刘枝万的调查，分灵自祝生庙的有秀峰村武圣庙、鹿谷村灵凤庙、凤凰村凤凰山寺与竹山三元宫，但1座庙宇沿革却未载明，调查中除了公厝型庙宇有明确说明之外，未发现互相交陪的关系。这样的情况可能因为山区地形不便，所以庙宇之间的互动并不热络。11座庙宇只有祝生庙留有道光十二年（1832）的石碑说明立庙时间，故而要说明这些庙宇的主从关系甚难。

而上述的交陪关系，却与台湾的开发路线截然不同。台湾的开发路线"由南往北、由西往东"，如果依这样的开发路线看惭愧祖师信仰，按理竹山地区应该是奉祀惭愧祖师最早的地区。但依刘枝万教授的调查，对惭愧祖师的奉祀却是由彰雅村祝生庙往周遭扩散，甚至回到竹山地区也未进入竹山街内，说明其边缘信仰的特殊性。但因为所调查对象皆未说明其来源与历史，故推论时仍应避免卷入庙宇历史之争。

4. 祭祀圈内互动

祭祀圈是以主神为中心，共同举行祭祀的居民所属的地域单位。在调查的11座庙宇中，为祝贺每年的三月廿五日惭愧祖师诞辰，除了竹山顶林镇天宫、内坑明德宫于祖师诞辰分别前往新寮灵凤宫、凤凰山寺进行割香的仪式，其余的庙宇会以做戏或办桌的方式庆祝。

这种属于聚落内部的活动，在访查中因为聚落不大且人口外流严重，所以参与活动的人丁，大多按照现在的行政区域划分，如顶林镇天宫一户一丁、三丁一组按年轮流承办祭祀活动。内坑明德宫平时由公厝旁住家负责，进香活动则由全聚落共同参与。

其余庙宇因盖有公庙，所以祭祀圈内的祭祀活动也较大，头家与炉主还是利用掷筊的方式产生，祭祀圈范围相当严谨，如凤凰山寺以凤凰村和永隆村两村为主①、祝生庙以彰雅村和鹿谷村为主②，不会有越区的现象。可见大小聚落所产生的祭祀圈对于活动的人力也会有不同配置。

而祭祀圈内最重要的事项就是由头家与炉主义务向祭祀圈内的人收取丁钱来应付未来一年内公庙的开销。访谈的庙宇中，大多是以成人男性为一丁，一丁收五十元，有的小聚落则连妇人也算一丁或半丁。内坑明德宫虽然不收取祭祀圈的丁钱，但是聚落内很少有人不参与，值年的头家与炉主则负责当年祭祀的香油钱，而不向聚落内收取，可以显见聚落内的祭祀圈的义务关系。

而祭祀圈内的权利关系则不明显，一般而言主祭神诞辰当天，通常会以绕境的方式保佑合境平安，让祭祀圈内的人有一种对价的心灵安慰。但是访谈的庙宇中，大多只是集中在庙宇活动，不见有绕境的仪式。早期祝生庙还有子弟戏作为谢神的仪式③，也是由聚落内的人担任，这样的仪式主要是因为位于山区，欲聘请外地歌仔戏或布袋戏不易，只好由聚落内的

---

① 笔者根据凤凰山寺重建碑文统计，捐献信徒大多为凤凰与永隆两村的住民，虽然永隆村有属于自己的信仰的开山庙，内奉祀庄开山王，但仍属于角头庙的性质，永隆村的住民仍大多以凤凰山寺为公庙。

② 《鹿谷祝生庙管理委员会97年度第8届第一次信徒大会手册》，2008年。祝生庙信徒代表总共124名，笔者计算鹿谷村61名、彰雅村63名，并没有其他村落的信徒代表，足见鹿谷地区很少出现跨聚落的信仰。

③ 黄如辉记录，黄庆先生（时年92岁）口述（访述地点：祝生庙，访述时间：2003年5月3日）。黄庆先生于年幼时曾经跟随老一辈先人学习北管——子弟戏，原为庙前彰雅村邱姓人家出来教授北管，学习的曲目就是一般的滥弹调。与其他地方最大的不同是，别地唱法较会拉长尾音，而在地较不拉长尾音。后来聘请永靖（今彰化县永靖乡）师傅"芋头仙仔"与北斗（今彰化县北斗镇）师傅"玉宝仙仔"来教子弟戏与出场脚步等。黄庆先生说：虎旁的配祀，是曲馆成立之后就有的，之前是邱姓人家家中奉祀，后来子弟戏成立才迎奉于庙中让戏团中人所祭祀。根据资料"芋头仙仔"应为"詹芋头"；黄庆先生所说的曲馆成立，应指雅乐轩子弟阵。黄宗辉主编：《南投史话篇》，载《南投县乡土大系》，南投：南投县政府，1994年，第243－245页。

人来担任，但受聚落内人口减少影响，使绕境的对价关系退化。

5. 八通关古道

鹿谷与竹山地区清代合称水沙连：

> 沙连堡，旧生番水沙连社。乾隆五十三年，生番献地归化，属彰化县。光绪十四年，设云林县，建署于堡内之林屺埔。十九年，移治斗六。今隶云林县。①

竹山地区的开垦与明郑将领林屺有关，但是官方力量正式大规模进入竹山与鹿谷地区，与乾隆五十年（1785）发生的林爽文事件有关：

> 福康安等带领官兵剿捕逆匪，由鹿仔港一带进兵，解围攻破贼巢，擒获贼首；经过各紧要地方，贼匪据险抵拒，经官兵奋勇攻扑，所向克捷。此等处山川形势，自必极为险要。着福康安即将此路一带险峻要隘处所，如平林仔、小半天、集集埔、斗六门、水里社、水沙连、大里杙及逆首林爽文被擒之老衢崎等处地形山势，详悉绘图呈览，以志战功。②

上述鹿谷几个主祀惭愧祖师的聚落，其建立时间也大多在此前后，而鹿谷地区的开发不得不提到八通关的开辟。同治十三年（1874）恒春发生牡丹社杀害琉球渔民事件，引发日本出兵台湾，史称"牡丹社事件"。由于日本入侵台湾引起清廷重视，光绪元年（1875）福建巡抚沈葆桢奏请朝廷开辟台湾后山，先后筑三条路通往后山，时任南澳镇总兵吴光亮领兵参与整个开通中路的工程：

> 兹迭据吴光亮禀称：自年底探路归报后，本年正月初九日起即率勇由林屺埔、社寮两路分开，至大坪顶合为一路；进而大水窟，进而顶城，计共开

---

① 倪赞元：《云林县采访册·沿革》，http：//www. sinica. edu. tw/ftms－bin/ftmsw3？ ukey＝－926842814&path＝/2.22.12.4，2008 年 1 月 24 日。

② 福康安：《钦定平定台湾纪略》卷 55，载"中央研究院"台湾史研究所：《台湾文献丛刊》（102），http：//www. sinica. edu. tw/ftms－bin/ftmsw3？ ukey＝－926842814&ri d＝5，2008 年 1 月 24 日。

路七千八百三十五丈有奇。二月初七日，复由顶城开工，直抵凤凰山麓。①

上述为吴光亮开中路的情形，光绪元年（1875）元月从竹山地区开始往鹿谷的方向前进，到了大坪顶合为一路，而大坪顶一处究竟在哪儿？

> 大顺岭，俗名大坪顶崎，在县东三十余里。自凤凰山迤逦而来，崎岖通幽，岭高二里许。前台湾总镇吴光亮，从此修筑为入后山八通关等处之路。山路平坦，行十余里，即大坪顶七处；民居稠密，烟火万家。七处山产，甲于全堡。岭上下竹林、树木，布满岩隈。崎脚溪水左旋而出岭。②

> 崎脚溪，在县东三十里大顺岭下。源出于内山溪头湖；至深坑、火烧蒙、柯树坪等处，总汇各山泉水入小半天为北势溪，以达东光蒙、漳雅庄等处，均有山水注之。至新蒙街外。③

大顺岭相传因为福康安擒获林爽文而改名，山形从凤凰山延伸而来，地理位置大约在今鹿谷乡和雅与内湖两村。而崎脚溪流经今彰雅村，虽然只概略提到大坪顶七处，但是并未说明究竟为何处，不过秀峰村武圣庙沿革志提到嘉庆二十四年（1819）大坪顶七庄与上述记载，推测应该为鹿谷乡的粗坑村、鹿谷村、彰雅村、凤凰村（含永隆村）、内湖村、和雅村、秀峰村七处。

吴光亮率领飞虎营通过东埔蚋溪进入鹿谷地区，沿着现在的"县151"由初卿（114 户；531 丁）来到鹿谷的新蒙街（376 户；1 512 丁）再到漳雅庄（587 户；4 214 丁），所以在祝生庙中可以发现由吴光亮之弟吴光忠所献的"开山佑民"匾（图3），其落款的时间为"光绪元年正月吉旦"，约半个月的时间就从竹山来到鹿谷的记录是确定的。到了大坪顶广泛地说为上述七处，如严谨地说应该指的就是鹿谷与彰雅两村，吴光亮由大坪顶来到大水窟（134 户；828 丁），也就是现在的麒麟潭，二月初就到了顶城

---

① 沈葆桢：《福建台湾奏折·北路中路开山情形折》，载"中央研究院"台湾史研究所：《台湾文献丛刊》（37），http：//www. sinica. edu. tw/ftms－bin/ftmsw3？ukey＝－531300287&rid＝7，2008 年 1 月 24 日。

② 倪赞元：《云林县采访册·山》，http：//www. sinica. edu. tw/ftms－bin/ftmsw3？ukey＝1945059380&path＝/2. 22. 12. 6，2008 年 1 月 24 日。

③ 倪赞元：《云林县采访册·川》，http：//www. sinica. edu. tw/ftms－bin/ftmsw3？ukey＝1945059380&path＝/2. 22. 12. 7，2008 年 1 月 24 日。

（68 户；427 丁），也就是现在的凤凰村，吴光忠又赠予凤凰山寺"佑我开山"匾，其时间落款为"光绪元年贰月吉旦立"（图 4）。

图 3　祝生庙"开山佑民"匾

图片来源：黄如辉拍摄（2003 年 5 月 25 日）。

图 4　"佑我开山"匾

图片来源：黄如辉拍摄（2003 年 5 月 25 日）。

根据《云林县采访册》对于这几个聚落的人口统计（有 7 000 多名丁口）可以得知，吴光亮当时辟中路从竹山到鹿谷速度相当快，而其原因推测应该与当地的汉人进入拓垦有关，所以才能短短一个多月的时间由竹山进入鹿谷，吴光亮也为途经的两座庙宇献上匾额。

吴光亮，字霁轩，广东韶州英德人，时任福建福宁总兵，率兵两营开辟台湾中路。① 而吴光忠跟随兄长来到台湾，时任副将：

中路迭接前南澳镇总兵吴光亮文称，自五月初九日起，至八月初八日止，所开之路，曰铁门洞、曰八同关、曰八母坑……凡七十九里有奇，建设塘坊卡所十处。副将吴光忠等各率所部填扎，其前开之牛辒辘，查有旁路三条；一庄上至茅埔，一庄至龟仔头，并坝边一坑口至回龙庙，凡三十里有奇，并予开过，以利行人。②

清代开中路到后山共分为两路，一路由哨弁邓国志由璞石阁开来，另一路则由吴光亮、吴光忠兄弟领军由竹山往后山开去。由上述可知当时吴光忠是跟随兄长来到台，真正完成整个开通过程者为吴光亮。

吴光忠担任的应为后勤补给工作，所以其停留在牛辒辘（水里乡玉峰村）开辟至龟仔头（玉峰村）、茅埔（鹿谷乡永隆村）等路线，推测其驻扎地应该在彰雅村与永隆村附近，这应该也是吴光忠分别献匾额给祝生庙与凤凰山寺的原因。

吴光亮所领的兵究竟有多少人不得而知，但在竹山与鹿谷地区开路速度甚为迅速，仅花费一年的时间就大致完工。

而鹿谷其他地区主祀惭愧祖师的庙宇，大多未留下足以证明与吴光忠或开路时士兵所携带原乡信仰有关的证明，无法证明惭愧祖师信仰与吴光亮兄弟有关，惭愧祖师信仰也未因开路有扩散的现象。

四、当地信仰与族群关系

根据在鹿谷清水村实地田野调查，该村受龙宫后为墓地，概略调查后发现墓碑主人大多为漳州籍南靖、漳浦、平和与少部分粤籍大埔的移民，

---

① 沈葆桢：《钦差大臣沈葆桢等会奏·甲戌公牍钞存》，载"中央研究院"台湾史研究所：《台湾文献丛刊》（39），http：//www. sinica. edu. tw/ftms－bin/ftmsw3？ukey＝－1380057076&path＝/1. 40. 2. 172，2008 年 1 月 24 日。"中路开山，经黎兆棠招募营勇，业已成军。惟该处途径百出，岩壑阻深……新军无多，不敷分布，现饬南澳镇吴光亮率粤勇两营赴之。"

② 沈葆桢、文煜、李鹤年等：《台湾抚番开路情形疏》、《道咸同光四朝奏议选辑》（选集上），载"中央研究院"台湾史研究所：《台湾文献丛刊》（288），http：//www. sinica. edu. tw/ftms－bin/ftmsw3？ukey＝－1380057076&rid＝8，2008 年 1 月 24 日。

其祖籍地大多以漳州与梅县为主，在地缘上漳州平和与广东梅县、嘉应州只有一山之隔。而清水村主祀三山国王，其缘为杨灶奉请三山国王香火落脚外城，[①] 该庙以溪湖镇荷婆仑霖肇宫为祖庙。

瑞田村原与清水村同为受龙宫的祭祀圈，"九二一"地震之后，因为争取到补助款，瑞田村才脱离受龙宫独立自建瑞龙宫。境内仍有少部分人会说客家话，但大多改说闽南话。

鹿谷坪顶苏氏据族谱所载以漳州府平和县石古社移民为主，竹山内坑林氏据族谱调查其祖籍地为福建省平和县云霄二府小坤堡宜古社龙兴城。由此可以发现，竹山与鹿谷地区以漳州府移民为主，如果再缩小范围推论似乎以平和县为多数。

如果以上述数据，以祖籍地信仰的方向推论，按理说漳州平和县移民其境内三坪祖师最为著名，但只有竹山内坑地区有建庙奉祀，鹿谷与竹山其他地区并未发现有祭祀。漳州府境内偏东南地区的诏安、云霄、长泰等县在田野调查中并未发现此信仰，仅以漳浦、南靖、平和、龙溪（今龙海市）为主，如果以此为推论，竹山或鹿谷地区漳州籍移民，似乎有可能以漳浦、龙溪（今龙海市）作为移民的港口。

如果再以上述例子推论原乡，惭愧祖师在其原乡广东梅县并未形成较大的信仰文化，也未透过韩江流域将其信仰范围扩大，所以在台湾的客家族群区域（如桃园、新竹、苗栗或高雄、屏东）可以广见三山国王信仰，却未见有惭愧祖师信仰。

如果以此推论移民路线，似乎可以发现，平和县似乎是关键，其县境内大芹山最高[②]，往东、南、西方向倾斜，由于福建省诏安县境内多山，传入不易，加上韩江流域大多以三山国王信仰为主，使位于韩江上游的惭愧祖师无法往南由潮州府传播。惭愧祖师信仰改由并行转移，由广东省大埔县进入福建省平和县，随着移民脚步由漳浦来台，使惭愧祖师信仰得以依移民者路线辗转来台。

而此一原乡信仰特色就是祖师信仰特别多，如永定地区定光古佛曾经

---

① 《受龙宫庙志沿革》，2008 年 2 月 3 日。
② 王秀斌：《福建省地图册》，福州：福建省地图出版社，2003 年，第 40 页。

为民除蛟伏虎①；平和地区三坪祖师平蛮族，稳定地方②。加上由广东梅县传入的惭愧祖师，其信仰各有雷同之处。如果再加上泉州府安溪县清水祖师③，闽南地区对得道高僧的信仰可见一斑。

虽然此区的祖师信仰兴盛，但三坪祖师与惭愧祖师的信仰与传说更为雷同。其境内大多位于山区，与所面对的少数民族自然不免交战，来到竹山与鹿谷开垦的先民，也遇到与原乡类似的自然环境，两位祖师都以降服蛮族的功能形象出现，自然成为民众的信仰。

三坪祖师诞生于唐德宗兴元元年（784），卒于唐懿宗咸通十三年（872），时年八十八，在其记录中却为九十二岁。惭愧祖师生于唐元和十二年（817），唐咸通二年（861）圆寂，理应四十四岁，却记录年四十九岁圆寂。三坪祖师年龄记录相差四岁，惭愧祖师年龄记录相差五岁。两者皆卒于唐懿宗年间，也同为唐代高僧，连降服蛮族的传说也颇为相同。故而笔者怀疑三坪祖师与惭愧祖师有强烈的重叠特质。

如果依祖师信仰推论族群，三坪祖师是发迹于漳州平和的神祇，而惭愧祖师却是发源于广东梅县，所以其缘由不同。三坪祖师信仰也只可能在竹山地区，鹿谷地区并没有发现，如将两者皆认定为漳州乡土神祇，笔者认为存在如下问题：

（1）竹山地区开发时间甚早，下横街、祖师路是竹山早期重要的街道，三坪祖师庙就位于下横街与祖师路的路口，接近竹山地区信仰中心连兴宫④，附近形成竹山地区重要的市集。而三元宫奉祀惭愧祖师位于市郊边缘，从其地理位置可以说明，三坪祖师信仰远早于惭愧祖师信仰。

（2）鹿谷地区未发现有关三坪祖师信仰，根据鹿谷主祀惭愧祖师的庙宇沿革，祝生庙最晚不应晚于道光九年（1829），凤凰山寺创建于嘉庆年间，武圣庙创建于嘉庆廿四年（1819），鹤山庙创建于同治年间，德峰寺则记录"金身被带到台湾是乾隆五年（1740）"，这也说明鹿谷地区最早开

---

① 林国平：《定光古佛探索》，《圆光佛学学报》1999 年第 3 期。

② 《文建会文化资产部落格》，http：//chmis. cca. gov. tw/chmp/blog/why1745vs991/myBlogArticleAction. do？ method ＝ doListArticleByPk&articleId ＝ 5668&isBlogAddHitRate ＝ true&relationPk ＝ 5668&tableName ＝ blog_ article。其平定蛇侍者与毛侍者在竹山三坪祖师庙中也成为配祀。

③ 林国平：《清水祖师信仰探索》，《圆光佛学学报》1999 年第 4 期。清水祖师俗称祖师公、乌面祖师、麻章上人等，坊间也有试剑削巉石、比法渡悦巾、脸黑被火熏、袈裟收鬼众等与番人作战的传说。

④ 笔者根据《南投县寺庙名录》所载得知，竹山连兴宫奉祀妈祖，创建于清乾隆六年（1741），与三坪祖师庙创建年代相同。

发时间可以推论为乾嘉年间。

（3）综观上述两点，惭愧祖师的信仰产生与原乡相同的特色并行转移，而三坪祖师几乎由林姓的后裔供奉，所以范围也局限在竹山地区。惭愧祖师由原乡直接并行转移台湾，跟随移民者的脚步进入鹿谷与竹山周围，其并未进入竹山市区形成主要信仰文化。而这样的并行转移因为竹山地区并未有主要奉祀惭愧祖师的庙宇，使竹山外围如内坑明德宫、顶林镇天宫也形成平行的信仰特色，分别以鹿谷凤凰山寺与新寮灵凤宫作为进香的对象。

（4）以地理位置而言，惭愧祖师大陆祖庙位于广东梅县，与大埔县一山之隔，而平和与大埔也是一山之隔，三地平行排列。以台湾客家族群而言，惭愧祖师并未成为主祀神，所以在这样的挤压下，产生平行的移动，并未随客家族群的移动由韩江流域来台，而是由大埔进入福建平和。而祭祀三坪祖师的三坪院靠近漳浦、龙溪（今龙海市）地区，惭愧祖师、三坪祖师皆进入平和，容易产生信仰重叠。这样的重叠效果在竹山地区最为明显，同为平和的移民，竹山地区却分别有三坪祖师与惭愧祖师的信仰。而汀州定光古佛与泉州清水祖师因未在移民路线中，所以并未出现与惭愧祖师、三坪祖师重叠的部分，故而地理环境与移民者路线是影响惭愧祖师信仰圈最大的因素。

五、结论

由上述推论得知，惭愧祖师信仰随着移民者的脚步，由原乡广东梅县进入大埔，来到福建平和，惭愧祖师与三坪祖师在平和地区产生信仰的重叠，所以传说的起源与记录都显示出大同小异。

两信仰来到台湾的发展与影响，仍需要更多的移民族谱来互为确认，但可以发现三坪祖师进入竹山市集后，信仰却呈现出停滞的状态，始终停留在竹山林姓的奉祀范围内，加上竹山地区主要公庙连兴宫出现，排挤之下使三坪祖师祭祀圈并未扩大，也未经由移民路线向外扩散。

但是惭愧祖师信仰也呈现出原乡的特色并行转移，其分布在竹山地区周遭与鹿谷地区，其信仰的地理形势与原乡地理环境有雷同之处。惭愧祖师信仰并行转移于竹山边缘地区，而鹿谷地区移民以竹山作为拓垦前进的基础，陆续经过竹山地区辗转进入鹿谷地区，三坪祖师进入竹山地区后，随着开发饱和之后发展缓慢，远不如移民者扩散的速度，其角色功能更符合移民者的内心所需，这可能也是惭愧祖师信仰大于三坪祖师的原因。

　　笔者认为不能因为惭愧祖师发源于广东，便认定竹山与鹿谷地区在惭愧祖师祭祀圈内多为客属移民，因为仍不能排除客属移民随着平和移民加入信仰中。但从移民路线上推敲，可以发现大埔移民也来到鹿谷地区，所以惭愧祖师信仰跟随着移民的脚步来台大致可以确定。

　　但惭愧祖师非漳州当地原始信仰，推论应属于进入福建平和地区的一种信仰，加上与三坪祖师信仰有部分的重叠，产生一种属于这条移民路线上的族群特色，而形成特有的惭愧祖师信仰圈。而其来到南投时间为乾嘉之后，台湾西半部平原开发殆尽，随着移民者进入山区拓垦而各自形成聚落中的主要信仰，使其信仰圈无法扩散。竹山与鹿谷地区与原乡梅县、大埔或平和的自然环境相似，信仰文化也随移民者进入，从而形成属于南投地区的特殊信仰文化。

台湾花莲二次移民客家信仰的形成

——谈乡土神的竞争

邱秀英①

一、前言

2004 年的夏天，笔者开始着手花莲县吉安乡的调查，虽然研究的重心是客家聚落中的公庙——五谷宫，然而让笔者好奇的是家庭祭祀的义民爷，它同样出现在客家人口密集处，却被当地多数客家人称为"阴的"，尤其在五谷爷诞辰迎请境内诸神及土地公入庙参与盛会时，将义民爷隔绝在外。对比于西部经验，代表客家人登上大雅之堂的是义民爷而非五谷爷，然而宣称岛内二次或多次移民的地方，在信仰的选择上，有着和西部不同之处。

本文主要探讨的重心在于乡土神跃升到地方信仰的过程，透过花莲县吉安乡客家人的信仰，讨论经由长时间转变成"在地客家人"的移民群，如何看待信仰神祇与其背后的意义。

二、花莲的客家移民

花莲客家移民的移入时间主要集中在日据中期到晚期，清代的记载虽有，但多属以汉人为统摄，并未有汉系内族群的区别。② 即使如此，客群在

---

① 邱秀英："国立"花莲教育大学人文社会学院助理教授。

② 张永桢：《清代台湾后山开发之研究》，私立东海大学历史学研究所硕士学位论文，1986 年。孟祥瀚：《台湾东部之拓垦与发展：1874—1945》，台湾师范大学历史学研究所硕士学位论文，1988 年。

清朝"开山抚番"的政策下，移往东部拓垦的人数仍无法统计，仅能推测客家人并未在移民潮中缺席。而东部地区的人口，直到清末透过日本总督府的调查才有比较精确的人口数。也因此对日据时期东部人口的迁移开始有了完整的论述和讨论，汉人也依祖籍省别区分为福建籍和广东籍。①

针对日据时期花莲的研究，历来可见。陈彩裕②透过日据时期人口、殖产及农业资料，运用统计方法，分析出新竹州人口移入花莲港厅，以佃农为主。然而影响佃农迁徙的原因，除了经济面向、种族的关系外，也考虑到心理的层面：迁徙后安定与否。孟祥瀚③从统计数据中的人口数据爬梳出日据时期的主要客群聚落分布，认为政府政策与移民的期待是造成花莲地区客家移民的诱因。陈正祥④则从环境条件，探讨垦殖和移民的可能性。文中多从自然环境与土地利用的相关、开拓移民与农业以及聚落、交通等方面，重新思考东部纵谷地带的开发及影响。施添福⑤则讨论日据时期台湾总督府在东台湾的开发，土地拓垦与产业经营的特征，以及对于东台湾区域的相关影响。除了对日据时期花东地区的产业以及区域的发展提供了完整的叙述外，有助于了解日据时期日本人对花东地区开发规划和经营。最后提供花莲地区最完整的客家调查资料——《续修花莲县志·族群篇》⑥ 中的客家族群，按照花莲县各乡镇由北而南的顺序依次介绍，主要针对客家族群分布、历史、人口、产业类型做介绍，希望能提供花莲县内客家族群分布之梗概，文中所提之客籍人数、产业类型和信仰形态，依据的是 2003 年 12 月各乡镇村里的户籍人数，并参照文献、村里耆老之口述交叉确认后，再估计出各聚落客籍人口的比例与数量。这是迄今以来对花莲县客家族群的描述最为完整的数据。

---

① 田代安定：《台东殖民地豫察报文》，第 39 – 41 页。

② 陈彩裕：《台湾战前人口移动与东部（花莲）的农业成长》，《台湾银行季刊》1983 年第 34 卷第 1 期，第 155 – 196 页。

③ 孟祥瀚：《日据时期花莲地区客家移民的分布》，《客家文化学术研讨会——语文、妇女、拓垦与社会发展》，2002 年。

④ 陈正祥：《台湾东部纵谷地带农垦与移民可能性之研究》，《台湾银行季刊》1954 年第 6 卷第 4 期，第 125 – 144 页。

⑤ 施添福：《日据时期台湾东部的热带栽培业经营和区域的发展》，《台湾史研究百年回顾与专题研讨会》，1995 年。

⑥ 康培德：《续修花莲县志·族群篇》，花莲：花莲县政府，2005 年，第 221 – 303 页。

三、吉安乡的开拓与族群分布

吉安在清代的族群分布较为单纯，虽然也有少部分的汉人进入开发，但主要族群还是以南势阿美族为主。日据时期，由于七脚川社的抗日事件，引发日本人将七脚川的社域毁坏，强迫七脚川社的住民分散居住在其他南势阿美族的社域或其他地区。而后以整个日据时期而言，居住在这里的除了原先的阿美族人外，还有居住在移民村内的日本人，以及移民村外的福佬人和客家人，多样的族群面貌在日据时期展现，然而也形成了以族群为单位的群聚形态。到了战后，多样的族群面貌依旧，不过整体而言，混居式的形态已经把族群的分类做了翻转。

在清代甚至更早以前，从相关的文献来看，这片土地的住民以南势阿美族为主，从事渔猎农牧的生活，然而汉人的活动，早期仅限于和住民交易，渐渐到了光绪时期，开始有一小部分的汉人移入，从事农耕。①

日本在 1895 年接管台湾前，官方就曾派遣多位专家来台湾本岛做有系统的自然调查，以便因应在正式接管台湾后的种种考验。尤其在东台湾，人口以原住民为主，对原住民的教化和安抚，与东部的开发生产息息相关，直到七脚川事件后，整个区域的族群分布产生了变动。

1908 年，七脚川社由于日方在隘勇勤务分派不公而叛变，然而日方对七脚川社采取灭族的方式，除了以军事镇压外，也毁坏部落、杀害壮丁，借以没收土地和枪弹，对残存的番人采取迁移政策，日本正式接收这片土地，而这片土地，就是日后由日方所设的移民村的区域。移民村开始设立后，所移入的都是日本农民，开始呈现为日本人与阿美族人在这片土地上活动，不过从调查数据上显示，不少汉人也悄悄来到这片土地开垦，然而移民的数量在人口比例上并不高，而且由于移民政策的成效不彰，土地也不开放让台民开垦，任由荒芜，造成台民要求前往开垦的呼声日益高涨。

七脚川社瓦解后其住民被强制迁移，原本属于七脚川社社域的土地也因而成为日本移民村的所在地。除了七脚川社多数住民被迁移到靠近山边外，其他如豆兰社、薄薄社、里漏社等都分布在移民区的东边近海之处。然而汉人在这个时期，主要还是分布在移民村的外围，协助日本人开发，其中客家人的据点主要是草分（永兴村）和现今的稻香村一带，以苗栗为多，新竹次之；福佬人的据点主要是清水（福兴村）、宫前（庆丰村）和

---

① 邱秀英：《花莲地区客家信仰的转变——以吉安乡五谷宫为例》，2006 年，第 81 – 82 页。

现今的太昌村一带，主要以宜兰移民为多。

从 1956 年的统计数据来看，[①] 在吉安乡，福佬、客家、原住民、外省人、其他等族群人口比例分别为 32.2%、36.2%、23.0%、8.4%、0.1%，可见此时的客群人数较其他族群为高。而且客群人数大多集中在永兴村、稻香村以及仁里一带，而福佬人主要分布在南华、福兴村的旧村、吉安、太昌和庆丰一带。也就是说，战后初期所呈现的分布情形延续日据时期的状态，大抵分成四区，其中光华和干城外省人为多，原住民主要分布以昌字村为多。不过 60 年代以后，移入的居民渐多，除了县内移动外，外来移民也逐渐增加，整体而言，战后主要还是呈现与日据时期族群分布大致相同的情况，不过原本属于阿美族的分布范围，也渐渐有外来移民移入，也因为外来人口的变动，不再明显可区别。

四、花莲地区客家信仰的两大系统及其他信仰

花莲地区的客家信仰，以祭祀神祇的来源区分，可分成以农业神——五谷先帝为主的苗栗系统及以义民爷祭祀为主的新竹系统。回到两大系统的原乡来看，同样以桃竹苗为主的北客，向来以新竹枋寮义民庙著称，邱彦贵[②]更以"义民信仰是北台湾客家最重要的信仰"来说明义民信仰凝聚北台客属的族群认同。虽然在整个北台湾，桃竹苗在信仰上被并为同一个义民爷系统，然而移居花莲的桃竹两地居民，由于移民从各自的原乡所携带的神明香火的不同而分成两大系统，这两大系统的出现，完全摆脱西部的区分。

以五谷先帝而言，花莲地区的神源几乎都来自于苗栗五鹤山。五谷先帝在台湾民间有诸多的尊号，如神农大帝、先帝爷、五谷先生，或称药王大帝、开天炎帝以及五谷王、栗母王等，除了农民以外，药种商、米谷商、医师也供奉。另有一说五谷先帝为土神，《礼记·月令》中注："土神称神曰农者，以其主于稼穑"，说明五谷先帝的执掌与田地有关。在客家族群的祭祀中，多集中在农业神的神职部分，主要是因为以农业为主的移民社会，尤其在花莲，多数客群移入，大多从事与农业相关的工作，所以

① 这是战后最后一次以族系为调查的统计资料。然而平埔族没有被归类在统计资料的字段中，根据判断可能已经将平埔族分散到各个族群里。1956 年陈绍馨的调查资料，转引自潘英：《台湾拓殖史及其族姓分布研究》，台北：自立晚报出版社，1992 年。

② 邱彦贵：《从祭典仪式看北台湾义民信仰》，《第四届国际客家研讨会论文集》，2000 年，第 7 页。

携带五谷先帝的香火，往后除了成为移居者早晚祭拜寻求神明庇佑的寄托外，更在当地族群间扮演着平和的角色。所谓平和的角色，主要在于五谷先帝并非属于某一族群专祀的神祇，其多样的角色，提供给移民者不同的需求。此外，在医药不发达的时期，五谷先帝的确也扮演着医疗的功能性角色，在当时移民社会实为重要的信仰。无论是福佬还是客家，即使在两个不同族群之中，同样的神祇，给予移民社会相同的信仰意义，不因为族群的不同而有所争执。

义民爷祭祀在客群的信仰中被视为特殊，许多关于义民信仰的文章多有谈论过。而义民信仰的形成，除了清代的民乱之外，还有族群的分类械斗，这也就是义民爷多为客家人所祭祀的原因。

在花莲，义民爷的信仰都是从新竹枋寮义民庙的分香而来，无论是成为主祭神还是庙宇中的随祀，与当地移民的来源有关，更进一步来说，与当地的新竹客群人口比例高低有关。此外，关于义民爷的祭祀，对祭祀对象是神、是灵还是祖先，有不同的说法。徐启智[1]认为义民爷的神格位置会随着祭祀圈的变动而产生相应的变化，从最早的祖先、厉鬼上升到有应公等级，而后再进阶到地方守护神，甚至被称为族群的守护神。他认为是因为客家人面对自然与人文环境，选择在地的义民爷成为混有族群守护性格的地方守护神。由以上叙述，在花莲的义民爷，除了因为客群移民的归属感而多在日据后迎请外，推测迎请的来由更包含有分辨我群与他群的意义存在。学者李丰懋亦提出："台湾移民史上的分类械斗的结果，都是促使着族群间一再寻找凝聚、整合的力量，然而从原乡、祖籍所带来的香火、神明，常成为凝聚的力量。"[2] 上述中所认为的分群，主要由于分类械斗。然而在花莲，族群的复杂性不同于西部，早期的客群移民在区域的分布上已可见其中心信仰，而且信仰的时期已维持长久，但为何还需要在后期迎请义民爷祭祀呢？

其他如寿丰、光复和瑞穗等三乡，无义民爷的祭祀，除了上述三乡的客群人数较少之缘故外，也与当地客群居住的背景有关，如寿丰乡的移民村背景、光复乡的蔗农信仰以及瑞穗乡的早期信仰等。然而吉安的义民爷祭祀则是属于家庭的祭祀，早期有乩童可供问卜及替人办事，相较于其他义民爷的庙宇，实为其特殊的一环。

---

① 徐启智：《新埔褒忠亭义民爷的神格属性》，"国立"政治大学民族所硕士学位论文，2003年。

② 李丰懋：《苗栗义民爷信仰的形式、衍变与客家社会——一个中国式信仰的个案研究》，《"国立中央图书馆"台湾分馆建馆七十八周年纪念论文集》，1982年。

苗栗系统（苗栗移民）　　　新竹系统（新竹移民）

神祇　　　　五谷先帝　　　　　　　义民爷

社会意义　　农业移民多　　　　　　新竹移民后期迎请
　　　　　　族群整合（闽客皆祀）　族群区别（我群与他群）

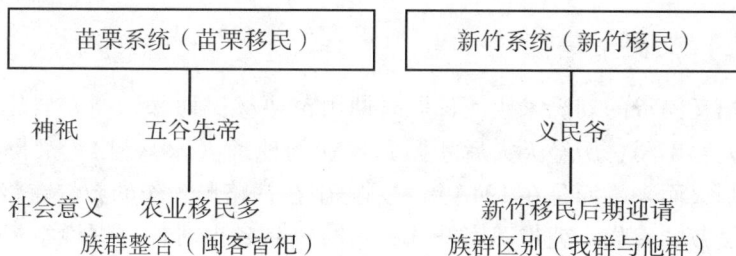

花莲地区客家信仰分析

五、吉安乡的客家信仰

（一）五谷宫

五谷宫位于吉安乡中山路旁，主祀五谷神农，香火来自苗栗公馆五鹤山五谷宫。日据时期由苗栗移民陈绍承奉祀于永兴村家中，1961 年由地方乡贤黄水旺等商议建庙奉祀。在当时一方面寻求建庙之地，另一方面筹募建庙费用，后来觅得建庙的土地（原属海军基地），日据后由于乡民公地占有，直到政府实施公地放领后，土地才由八户村民所有。而筹募建庙的费用方面，由于当时居民生活贫苦，而以香油谷取代金钱，由建庙筹备处派人拖着两轮车到各家收，经由任职于粮食局的黄水旺变卖换成金钱，慢慢筹足费用购买土地及建庙。根据庙方所提供之文史录，可知在日据时期五谷神农已成为当地普遍信仰但未整合，建庙奉祀后，除了成为当地重要的信仰中心外，庙方也将坐落于附近的关圣帝君迎请入庙，共同奉祀。

向信众收香油谷的时间从建庙前到 1976 年，此后改每年收两次香油钱，以五谷爷诞辰及建庙登龛活动前收。当时还是以全乡为主要的征收对象，直到 1983 年北昌村与光华村退出。据庙方表示，北昌村由于靠近市区，商业人口较多，所以渐渐不再参与庙里的活动。而光华村以原住民与外省人居多，也不参加了。在 2001 年后，缘金改为一年收一次，也就是在五谷爷诞辰时收，范围还是以全乡十五村为主，各户可以自行决定是否缴纳，只不过相较于过去，参与者人数已不如往昔。

五谷宫除了有管理委员外，更有属于该庙的炉主会。在信仰的各村，也有属于各村的炉主会，由各村轮流担任值年炉主，负责庙里整年的祭典活动，其他村则负责配合。炉主编制为首士，多为邻长，负责代收缘金。庙里还有妈祖会，每月的初一、十五都有诵经活动。

（二）义民爷信仰

祭祀义民爷的刘氏家族，日据时期由苗栗移民而来，原先居住的地方由于靠近寿丰溪，历经天灾后才搬到现在的地址（永兴村）。义民爷的起源并非割火而来，而是在 1945 年，刘先生在铁路局工作的叔叔在路上捡到一个义民爷的香袋，就带回家祭拜，当时仍是日据时代，据说祭祀的义民爷会找相应的男子来当乩童，后来找到了居住在附近姓李叫薪传的一位男子，而后姓李的先生就给刘先生的祖母认做儿子，刘先生就称他为叔叔。而后在"二二八"事件后，才到枋寮去割火。

从前刘先生的叔叔做童子（客家话，乩童之意）的时候，永兴村的人大多会来这里问事，像是看风水、看病、问事情什么的，每个礼拜周末可以问事。义民爷在当时的香火非常旺盛，据说因为非常灵验，连玉里那一带的人都会来问事。当时主要是看病开药、看日子、做法事等，只要有需求都会去问。每年的七月二十日就开放让村民来拜拜。不过在刘氏的家叔往生后，香火渐渐就不再兴盛。每次拜拜的时候，都由刘氏家族做东请村民吃点心，不过没有捐香火钱或作大戏的事情了。

永兴村之外有南昌村的义圣宫以及稻香村的义民爷祭祀，前者是私坛，后者仍为家庭祭祀，皆是由这里的义民爷分香出去的，两者的负责人都姓彭，是兄妹关系。原本姓彭的两个人都是跟着刘先生的叔叔学习作乩童的，据说后来其中一位宣称在河霸捡到一块木牌，上面有写着义民爷的字眼，就连忙拿去义民爷前掷杯笅询问，结果就这样分香出去了。据当地人说，当年也是很多人建议要立庙，但刘家主要考虑的是管理问题，尤其刘先生提到目前庙宇的管理方式，很容易和政治做结合，而且金钱上的管理很麻烦，所以刘氏家族坚持不盖庙，只是纯粹的家庭信仰而已。

吉安乡重要的客家祭祀比较表

	苗栗系统	新竹系统
神祇	五谷先帝	义民爷
神源	苗栗五鹤山	原非分香，后期才到新竹枋寮义民庙分香
携带者	苗栗移民	非携带，路边捡到，苗栗人奉祀，与新竹移民无关
祭祀者	多为客家人（亦有其他族群）	客家人
供奉空间	庙宇	家厅
乩童	无	早期香火鼎盛时期有（有分香）

数据来源：根据笔者田野调查资料整理。

六、结论

首先从移民来源的角度上来看，五谷大帝成为客家地方的主要神祇，原因可能与原乡经验有关，尤其吉安乡的客家人大多数是苗栗移民（新竹移民较少）。其次从战后整个汉人分布来看，要整合地方的势力，透过信仰是再好不过了，且在信仰神祇的选择上，必然是以大家所认同的信仰为主。义民爷对于福佬体系的人群而言，既陌生又显得奇怪，虽然当时义民爷在永兴村，但仅属于家庭式的信仰而已，也只有客家人在特定的节日，准备牲果去拜拜。同样的时间点，五谷爷也位于永兴村，也与义民爷扮演同样的角色，就是作为村民的寄托中心，只是功能不同罢了。义民爷的乩童提供了问事、驱邪、看日子、治病等功能性的服务；而五谷爷是属于运势、开药类的神灵，且与农业有密切关系。在当时的确有居民是两边都在祭拜的。只不过，五谷爷并不仅是客群祭祀，连福佬人都来参与祭祀，也就是说，五谷爷并不区分福佬与客家两个族群，作为当时的神祇，从功能性的角度上来看比较符合汉人体系下福佬与客家的整合。再次以神祇出现的过程而言，五谷爷与义民爷的起源都是家庭祭拜，而且一开始的奉祀者都是属于苗栗移民。据义民爷家庭祭祀的报导人说，义民爷是捡到的，而且捡到的是香袋，当时义民爷会抓乩童，笔者所访谈报导人的叔叔就是被抓的乩童。而后越来越多人知道义民爷很灵验，才会开始聚集在家中共同祭拜。以原乡作为神祇的分别，或许对于苗栗与新竹的移民来说有不同的观点，还是有许多老一辈的人，依旧认定义民爷是"阴的"，不能进入庙宇中奉祀。

总之，移民群在进入新的区域后，除了环境的适应外，还依赖各自所带来信仰的力量。而在长时间的过程中，地方居民透过功能性的角度看待神明为人民提供的服务，而后以整体居民皆能够接受的信仰为考虑。此外，更透过地方精英的操弄，将家庭祭拜的神祇跃升为公庙祭祀的形态，主要是操弄整合地方势力派别，并整合不同地区的移民纷纷加入信仰的行列，甚至最后随着外在环境的变迁，而转型作为地方上重要族群性信仰的代称，这背后所呈现的意涵，实为有趣。另外，在苗栗地区也祭祀的义民爷，却被苗栗移民冠上"阴的"名号，相较于凤林镇及富里乡，似乎没有这样的情形发生。这样的称谓是如何形成的，背后隐藏的是什么意义，有待进一步研究与探讨。

信仰仪式与组织

文庙释奠仪礼之延续、再造及其社会意涵

——以六龟新威客家聚落之"祭义冢"为例

柯佩怡[1]

一、前言

在台湾南部的客家聚落中，特别是在右堆客家地区[2]，每逢公众的岁时祭仪，或是个人的生命礼俗，抑或因特殊缘由而举行的临时祭仪，我们都不难见到一套近似于文庙释奠仪礼——"三献礼"[3] 的祭仪方式被执行

---

① 柯佩怡：法国巴黎大学博士生。

② "六堆"，是台湾惯用的对于南部客家聚落的总称，由"前堆""中堆""后堆""左堆""右堆""先锋堆"所组成，各堆则涵盖数个客家村落。"六堆"的形成源自于清朝时期粤东客家移民渡海垦台后，为因应环境的需要而产生的乡勇团练组织，根据这些组织所在地而衍生成今日我们所指称的客家地区。六堆客庄除了对于南台屏东平原的开垦产生极大的影响外，由于曾经助清军平定朱一贵、林爽文以及其他大小事变，一方面团练组织获得官方的认可，另一方面却也强化了原先已经存在的闽客冲突。虽然"六堆"不是一种官方的行政区划分，但由于历史上的关联性，使它仍是学者对于台湾南部客家研究上相当倚重的一种地理单位。对照现今行政划分而言，各堆的范围为——"前堆"：长治、麟洛；"中堆"：竹田；后堆：内埔；"左堆"：新埤、佳冬；"右堆"：高树、六龟、杉林、美浓；"先锋堆"：万峦。郭维雄：《黄衮〈邀功纪略〉所载清代台湾南路六堆义军参与平定林爽文事件始末探究》，载《义民信仰与客家社会》，台北：南天书局，2006年，第41－42页；罗肇锦：《台湾客家的入垦与分布》，载《台湾客家话概论》，台北：五南出版社，2005年，第101－104页。

③ 在祭孔大典中所执行的仪式为规模较大的"九献礼"，但其基础则是建立在"三献礼"之上。

着。事实上，"三献礼"的起源甚早，就如同《中国礼仪大辞典》中对"三献"一词的解释，它意指祭祀中献酒三次，起于周礼①。而随着时间的推移以及不同朝代对礼制的修改与调整，"三献礼"一方面在"初献""亚献"与"终献"的基本结构上逐渐加入"请神""迎牲""读表""送神"等仪节，增添了祭仪的完整性；另一方面它也合并了舞、乐的使用，并且被普行于许多大型的祭祀活动中。从历代史书的记载中我们可以得知，"三献礼"无论是在"吉礼""军礼"还是在"凶礼"② 三种不同性质的祭仪中，都曾被广泛地使用，这些仪典的层级跨越了国家、皇室、地方官祀乃至士绅家族之祭③。虽然这套仪法被广为运用，但是在舞、乐编制上的采用有清楚的阶级之分④。

在帝制瓦解后，由于政体、社会形态以及社会结构的转变，目前，"三献礼"似乎只有在祭孔大典的释奠礼中才得以复见，释奠礼采用三献的做法很早就已开始，根据清朝《文庙祀典考》的记载，北齐时已经规定必须以诸侯之祭的乐舞规格以及三献之礼来祭孔⑤，此后各代的祭孔虽或有调整，但大多在三献的礼制上发展。自帝制时期开始，一年春秋两次由天子带领全体官员与学子们进行全国性祭孔，直到今天，祭孔大典仍成为唯一保留下来的封建仪典⑥，使"三献礼"逐渐被视为儒家祭仪的代表。若将舞、乐的部分略去，"三献礼"这套祭法事实上也颇为完整地保留在台湾民间以闽客为主的汉人仪式活动中。若我们更进一步从仪节内容的稳定性、执行频率以及执行目的与对象等方面观之，"三献礼"对于客家社会而言显然较其之于闽人社会有着更无可或缺的重要性，特别是在台湾南

---

① 另外，"三献"亦指祭祀中三种生熟不等的牲体。

② 五礼分别为："吉礼"：祭祀之礼；"嘉礼"：喜庆相欢之礼，如饮食、婚冠；"宾礼"：指处理人与人之间、中央和地方之间、国际之间的各种关系时所遵行的礼仪规范；"军礼"：指与军事有密切关系的礼仪制度；"凶礼"：指丧葬哀悼之礼。

③ 虽然"三献礼"的使用见之于家族性祭仪，然而因其搭配之祭品与祭器有一定的规模，并需要音乐的配合，这套祭法并非平民家族所能负担，可说是一套行之于贵族阶层的祭祀方式。

④ 自周朝以降即习惯以仪式中舞、乐的阶级化来表示仪典的层级与主祭者的身份，例如天子之祭为四面钟磬舞八佾，诸侯则三面钟磬舞六佾，卿大夫两面钟磬舞四佾，士则一面钟磬即可。

⑤ 庞钟璐：《文庙祀典考》，台北：中国礼乐学会，1977 年，第 211 页。

⑥ 台湾祭孔的礼、乐主要是承袭清朝的制度，而清朝又是依据明朝制定的礼、乐章而来。事实上，祭孔的典礼称为"九献礼"，但其结构是本于"三献礼"的基础。关于祭孔大典的一切礼制请参见由中国礼乐学会所出版的《文庙祀典考》。

部的右堆客家聚落，当地许多重要的仪式活动皆是以"三献礼"的执行作为仪式进行的主体，是当地祭仪文化最重要的元素之一。然而，右堆客家人并非仅是如实地借用这套古礼，一般而言，族人们可以依据祭仪性质的不同以及聚落特有的信仰，而在"三献礼"前后增加适当的仪节，形成一种"前典"（可变）—"正典"（不变，行"三献礼"）—"后祭"（可变）的模式。右堆客家聚落中的婚丧仪礼或重要的庙会祭典，都可见到族人们用这套模式表达最高致礼，尽管在不同的聚落间仪式的执行方式呈现出同中有异的特性，然而，在正典部分行三献是共同遵循的法则，由此也形成了一种右堆客家祭仪文化，族人们称之为"儒教"。

"鸾堂"①，对于右堆"三献礼"文化的塑形以及客家"儒教"说的支持也扮演着重要的角色。就信仰组织与活动而言，右堆各个客家聚落大多以结合"鸾堂"形式的庙堂作为该地的信仰中心，祀奉的主神为三恩主公，即关圣帝君、孚佑帝君与司命真君。事实上，散布在右堆各聚落的几个主要鸾堂是同源而生，皆属高雄县杉林乡月眉村的鸾堂——"乐善堂"②系统，因此在仪轨上很自然地会互相学习、彼此影响，这个背景对这些不同聚落的仪式能够维持某种一致性有很大的影响。平日，村民可以依个人意愿到庙堂学习仪式所需的经文吟诵，而鸾堂的管理委员会除了负责堂务的工作以外，聚落内的一些公共性祭仪常常也是由其来承办，因此，鸾堂很自然地成为仪式的交流与指导处所。而即便仪式活动不一定由庙堂主办，也不难发现，指导仪式的礼生或协助完成仪式的人员是具有鸾务经验的鸾生③。"鸾堂"与右堆客家"三献礼"间的紧密关系也直接表现在仪

---

① 李世伟与王志宇对于鸾堂有共同的解释，都认为这是一种使用"扶鸾"进行人神沟通的组织，而王志宇则更进一步对其作狭义的定义，意指以三恩主公信仰为核心所发展出来的"儒宗神教"。而李世伟对于"扶鸾"也有简单的解释，"扶鸾"意指神仙透过人推动桃枝笔于沙盘上写字，旁边则有人唱出神意，并有人笔录之。实际上，"扶鸾"的形式有很多，但透过文字来传递天人感应后的神意的基本规则是不变的，而扶鸾后所记录下的内容则称为"鸾文"。由于"扶鸾"所具有的文字特性，再加上"鸾文"常以韵文诗歌形式出现，所以具有强烈的文人色彩，常常被视为一种带有宗教色彩的儒教结社活动。

② 美浓的信仰中心为"广善堂"，旗山圆潭福安庄的信仰中心为"宣化堂"，六龟新威的信仰中心则为"劝善堂"，这些鸾堂都是以结合庙宇的形式而存在，它们皆属于高雄杉林乡月眉村的"乐善堂"系统。"乐善堂"是右堆地区成立的第一个鸾堂，依据其碑文所示，此堂于1913年自苗栗玉清宫迎奉香火而来，又与新竹鸾堂有来往。

③ "鸾生"泛指参与"扶鸾"活动或有经过"扶鸾"训练的信徒。

节之上，例如在庙堂行"三献礼"前，必须和"扶鸾"时一样先进行"请诰"① 的吟诵，这些请诰文并非右堆客家鸾堂所独有②，但吟诵的曲调极具当地的特色。另外，右堆客家在"三献礼"的运用上并没有如一般鸾堂般的局限，一方面，它的祭祀对象更为多元，另一方面，它超脱了鸾堂的空间限制，从家屋到信仰中心的庙堂，乃至于分散各处的土地伯公庙都可见到"三献礼"的踪迹，在不同的情境下，这套礼法深入当地族人的各个生活角落。

右堆客家族群透过"三献礼"的实践来表达"儒教"的这一个思维形式与鸾堂也有很大的关系。就如同台湾其他鸾堂一般，右堆客家鸾堂发展的初期皆由文人士绅作为领导，并以儒家的道德思想作为最主要的依归③，而基于"三献礼"与释奠仪礼的关系，鸾堂对于"三献礼"的采用无疑也是借此表现出"尊儒"，以及信鸾与佛、道的不同，因此，"三献礼"的实践变成了一种兼具儒家思想与宗教性质的象征，当它不断出现在右堆客家社会中时，"儒教"的说法也因而被具体的仪式行为所强化。

虽然，台湾南部客家族群在承袭三献礼法的同时并没有将传统的祭祀雅乐一并采借，但音乐对于当地的祭仪而言，是另一个不可或缺的元素。盛行于台湾南部客家聚落的器乐合奏——"客家八音"——几乎担负起了仪式音乐的全部责任，其中也包含了"三献礼"的部分。它强烈的地方色彩以及限定的服务对象与服务区域，不仅凸显闽、客八音的差异，也表现出了台湾南部客家八音与其他地区客家八音的不同。以右堆地区的客家八音为例，虽然其他地区的八音团为了视觉或听觉的效果而常常随性增加乐师人数与乐器，但右堆客家八音始终维持着三到四位乐师的组合，即便如此，在乐器的使用上却吹、拉、打无一不备。唢呐、二弦类乐器及小型打

① "请诰"简而言之就是请神，内容包含有除秽净身的"咒文"以及颂扬神德的"宝诰"，因此，不同的神祇有不同的宝诰。

② 例如"儒宗神教"是台湾众多鸾堂中一个重要的派别，其形成主要与鸾生阳明机（1899—1985）的推动有关，它虽已成派别，但因台湾鸾堂整体而言具有强烈同中有异的特质，因此鸾堂派别很难有一个清楚的界定。例如文中的右堆客家鸾堂与"儒宗神教"鸾堂所诵念之经诰大多一致，儒家思想的追求与三恩主公的信仰亦相同，然而，右堆客家鸾堂却也结合许多聚落特有的仪式习惯或仪式元素，使得两者之间仍是有所差别。关于"儒宗神教"的形成与仪式经诰的使用参见王志宇：《台湾的恩主公信仰——儒宗神教与飞鸾劝化》，北京：文津出版社，1997 年。

③ 台湾右堆客家鸾堂的兴起与日据时期活跃于新竹鸾堂的鸾生杨福来有很大的关系，杨氏本身即为一汉学书房教师，从月眉、美浓、旗山到新威等地的客家鸾堂都可见到他协助扶鸾的记载。

击类乐器是它最基本的编制①，仪式进行时，曲目的使用则多锁定在乐师们师承自口传心授的传统客家八音乐曲之上。虽然右堆的各个客家聚落在"三献礼"的礼法系统下，仍因聚落信仰的一些差异而有不尽相同的祭仪方式，却无妨于八音乐师们穿梭于不同聚落间为仪式提供服务，一方面归功于当地客家八音乐师大多具备丰富的仪式经验，另一方面也得益于右堆客家八音与仪法间在经过长时间的发展后，已经存在一套清楚的规则，这些规则主要表现在仪式空间、仪式行为与乐器编制的对应关系上。

另外，客家八音对右堆客家仪式的重要性也表现在它的多重功能上。首先，由于礼、乐的交错使仪式与八音音乐无法分离，虽然仪式伴奏是客家八音主要的功能，但音乐有时也会跃居主角而独立完成一个仪节。其次，右堆客家族群善用的象征手法以及声音的传递性，使客家八音在右堆客家仪式活动中发挥了高度的表意功能，例如利用唢呐仿号角声音来召唤神灵以便开启人神之间的沟通之门；同时也利用音乐所负载的文字意义来达到特殊目的，就像在"三献礼"进行的尾声时，借由《普庵咒》曲牌的演奏而达到驱邪避凶的目的，或是仪式结束前必定演奏《小团圆》曲牌来象征仪式的完满。此外，客家八音也提供了一种仪式空间与时间上的整合功能，当仪式空间有所转换时，乐师们在行进间所演奏的乐音使空间上的距离在无形中被消弭。而在阶段性仪式结束后所产生的某些空白时刻里，客家八音乐师便会适时地以表演者的姿态演奏大型的乐曲，如此一来，客家八音不仅弥补了仪式在空间与时间上的断层，还提供了娱乐的功能与效果，同时，也让零散的个体透过音乐的存在而产生了一种共同的网络关系。

目前，仪式几乎已经成为右堆客家八音乐师们唯一的舞台，从中国的音乐观而言，客家八音与"三献礼"的结合在意义层面上改变了它作为民间娱乐音乐的初始身份，然而，在仪式进行时，礼、乐之间虽然遵循着一定的法则，这套法则却有许多适时适地的考虑与留白空间，乐师们得以在其中依凭个人意愿或仪式情境而有所调整与即兴发挥，使客家八音即使在仪式中，也能保留民间音乐高度机动与自主的特性。宴乐抑或雅乐？右堆客家八音呈现了两者的兼容性，也体现了严肃音乐与俗民音乐两者间始终存在的模糊性与流动性。

---

① 台湾北部客家八音的编制通常较南部为大，从四人到八人的组合皆有，乐器使用上则普遍会加入扬琴及弹拨类乐器，唢呐的使用亦常见多把的情形。而在右堆以外的南部客家地区，有时也会见到乐师在基本乐器上加入其他乐器，其中亦不乏西洋键盘乐器的使用，但此现象并非多数。

　　相对于器乐的外放多变，人声的使用在右堆客家仪式活动中则显得稳定而低调，也因此常被研究者所忽略，但它对于我们想要了解右堆客家聚落中的仪式脉络系统有着莫大的帮助。对于参与庙务或鸾务的右堆客家人而言，经文吟诵很明确地分成两个部分：一为属于鸾堂系统的吟诵，一为属于佛经系统的吟诵。前文已提及，右堆各聚落的信仰中心皆是鸾堂与庙堂的合成体，它们之所以为鸾堂而有别于一般庙宇，最主要的因素在于"扶鸾"活动的执行①。鸾堂系统的吟诵可视为"扶鸾"的产物，因为就如同前文所言，无论在扶鸾前还是行"三献礼"前，都必须先由一位信徒于庙堂内殿执行"请诰"的吟诵，凡有意愿学习者便在此时与吟诵者一同随拜。而除了请诰文以外，尚有来自"扶鸾"结果的经文，这些经文则有时也会在适当的仪式中被吟诵，而有些聚落更因为特别偏重于某部经文的使用而形成该聚落独特的文化现象②。由于当地鸾堂始终保持着仅允许男性入堂与"扶鸾"执事的习惯，鸾堂的吟诵很自然就只在男性族人之间自发性地世代相承。

　　至于佛经吟诵部分，也是借由庙堂的场所来传承。目前右堆各聚落的情形大致一样，意即每星期当中在固定的日子里，无论男性还是女性，凡有兴趣的族人便会相聚于庙堂进行经文的吟诵，一方面这已是庙堂例行事务，另一方面就如同"扶鸾"时的吟诵一般，佛经生们借着例行的仪式活动而进行世代传承。虽然，佛经吟诵与"三献礼"并没有直接的关系，也没有如"三献礼"一般居于右堆客家仪式的核心地位，但它仍在部分的仪式活动中被相当倚重着，与"三献礼"共同分担着右堆客家信仰的实践。

　　"三献礼"，一个历经朝代递嬗却总是被纳入国家祭典的礼法，经过与上述种种元素的糅杂而于今日深植在台湾客家社会当中。虽然儒、释、道的融合是汉人信仰的普遍现象，但从仪式的实践层面而言，是以释、道为大宗。在这样的背景下，"三献礼"这套现今被视为儒家的祭法，其在台湾客家社会中的普行与制度化则显得特别突出。"儒家"的宗教色彩以及

---

　　① 虽然至今"扶鸾"活动在台湾右堆客家主要的鸾堂已不复当年建庙时期的景况，但目前美浓"广善堂"以及旗山"宣化堂"每月仍然例行扶鸾活动，至于新威的"劝善堂"则是逢有族人需要问事时才会开盘扶笔。在扶鸾之前，也是必须先行请诰，有志担任诵经生的族人则可利用此刻于一旁随拜学习。

　　② 一般而言，当逢族人新居落成时，便可吟诵灶神司命真君的经文来安灶。另外，属于关圣帝君的经文《桃园明圣经》对于许多台湾的鸾堂而言是一部经常使用且重要的经文。而旗山圆潭的客家聚落则特别注重《玉皇真经》的使用，无论是庙堂的祭祀还是家族之祭，凡行"三献礼"前，必会吟诵此部经文来表达对天的敬意。

"儒教"的定义直至今日仍然存在着众多的歧见，可以预见这些问题仍将继续被讨论。本文并不试图为此提出一个通适性的定见，但可以在具体的仪式实践层面探讨"儒教"在民间信仰中的一种被诠释的方式。台湾右堆客家社会选择了最亲近于"儒家"祭仪的"三献礼"作为表现的主轴，对当地客家人而言，这是他们为自身信仰的定位作了最具体的表态，也为他们的"儒教"之说提供了一个可观性的依据（即便那些"非儒"或"微儒"的元素充斥着他们的信仰）。"祭孔释奠礼"与"三献礼"长久而深刻的关系，在不同的时空下有着不同的意义。过去，"三献礼"作为国家一种重要的祭法，其礼、乐规格赋予了孔子或儒家至高的地位，如今，依旧行之的祭孔大典成了"三献礼"曾作为帝制时期国家礼法唯一实体的范例，这也让它成了尊儒思想的符号与象征，当这个符号与象征融入民间丰富多彩的信仰时，则显得更为深刻而突出。

台湾六龟新威①客家聚落每年三月初八皆有一连串的仪式活动，祭祀的对象涵盖了天神、河川乃至已故的亡魂，是非常具有聚落特色的祭典②。透过这些仪式活动，本文将试图呈现祭孔释奠仪礼在台湾右堆客家民间信仰中如何被延续、如何被变形、为何被变形，再造后的这套礼法又如何获得当地客家社会的认同，它提供了当地客家社会何种功能与意义，而我们又能够从这些礼、乐的实践中看到右堆客家社会的哪些特质，最后，我们如何去解释这个混杂了许多"非儒"或"微儒"元素的右堆客家"儒教"。

二、礼的实践——三教合一的新威客家信仰

本文所探讨的新威客家庄是由新威与新兴两村所组成，行政上隶属于台湾南部高雄县六龟乡，位居在荖浓溪西岸海拔 550 米以上的山坡地，目前两村共计 649 户，有 1 800 人左右③。客家话是当地的通用语言，一般推

---

① 此处所指新威村为旧时新威庄的范围，意即包含今日仅一街之隔的新威与新兴两村。这两村有共同的信仰中心，凡遇庙会活动都是由两村共同合力完成。

② 本文标题所指之"祭义冢"事实上涵盖了三个祭典（见后文），三个祭典是同一天举行，也由族人一并规划统筹。本文以"祭义冢"作为三祭典的统称，一方面是为行文方便，同时也是当地客家人借义冢的特殊性而在口语上对三祭典的简称。

③ 此处人口与户数统计参考高雄县六龟乡户政事务所于 2009 年 4 月由官方网站（http：//www. liouguei - house. gov. tw/style/front001/bexfront. php？sid = bmdhsum&class = A）所公布之统计结果。

测新威庄形成于乾隆年间，开基祖先为来自广东梅县的客家移民①。

位于庄内的"劝善堂"与"圣君庙"相距约为 500 米，是两村共同的信仰中心，前者为鸾堂，供奉的主神为三恩主公；后者则为一般庙宇，供奉的主神为张、萧、刘、连四位圣君②。两个庙堂所有的仪式活动皆由两村村民共同募集资金完成。为管理方便，圣君庙的庙务皆由劝善堂的管理委员会所管理，其成员亦是由两村村民所共组。每年的三月初八是圣君庙一个重要且繁忙的节日，一方面当天是庙里主神张公圣君的圣诞，村民会以"三献礼"的方法举行大祭来祝祷，另一方面，当天也是前往聚落赖以维生的荖浓溪畔"祭河江"以及在聚落的公墓举行"祭义冢"的日子。这三个祭典是由前述劝善堂的管委会一并统筹并确定执行团队的成员名单及个人所需负担的行政职责。基本上成员可以分成佛经忏诵以及"三献礼"两大部分，不同仪式阶段虽有主客之分，但实际执行时，则是互相支持。祭典当天所有人员首先由圣君庙迎神轿出发至荖浓溪畔，伴随的队伍有锣鼓队以及客家八音乐团，待"祭河江"的仪式完成后，再将神像迎回圣君庙；回到圣君庙众人即着手布置祭场，接着便举行"三献礼"为主神祝寿；中午稍事休息，约莫午后两点时分，众人重聚于圣君庙，将原已备妥的祭品带上，由客家八音陪同驱车前往邻近的义冢进行祭拜，所有仪式于下午五点之前结束。以下将依序对这三个祭典作重点说明。

（一）走纸灰、祭河江

清晨七点前，信徒们已经聚集在圣君庙为祭河江的工作做准备，待主要的仪式人员于庙堂上香祭拜后，执事们便将主神"张公圣君"以及配祀神"王天君"与"李哪吒"的神像请出上轿，再由四位壮年男士将神轿固定于小货车后方。另一辆车子则承载着锣鼓队，在鼓声锣声中，车队缓慢

---

① 关于新威开庄的时间根据当地信仰中心——圣君庙的碑文所载为乾隆五年，然而与学者石万寿、刘正一以及陈祥云等人所认定的时间并不一致，但于乾隆十五年之前即已开庄完成的看法是一致的。

② 劝善堂，起源于 1918 年，由邻近的美浓镇鸾堂广善堂分香而来，主祀三恩主公，初时奉祀于私人家中，1924 年由当地士绅捐地，信徒共同出资兴建土砖平房之庙宇以供奉之，主神另有玉皇大帝与司命天君，而陪祀神为关平、太子爷和释迦牟尼佛，经 1937 年、1974 年及 2002 年改建与扩建后而成今日之规模。至于圣君庙则起源于 1740 年，由广东梅县二十余户客家居民于此地定居开垦时，为求神明护佑而自九芎林圣君庙分香，恭迎张、萧、刘、连四位圣君到庄内的私人家中奉祀，陪祀神有妈祖、王天君及太子爷。1945 年时，由庄中善人捐地，信徒集资而筑成新庙，并定名为"圣君庙"。

驶离，前往第一个祭场——茗浓溪畔。

"祭河江"的对象有几个，一是茗浓溪的"河水伯公"，二是掌管降雨开晴的天神"王天君"，三是各路"无主孤魂"，四是"龙宫水府暨列尊神"，五是"大成至圣孔圣先师"。就如同大部分的客家人，右堆客家人将赖以维生的河川视如伯公一样尊而可亲，如神一般敬而可求。由于祖先开庄时便是仰赖这条溪水的灌溉才能拥有肥沃的土地进行垦殖，也才能够繁育今日的后代，因此祭河水伯公成了年年的大事。族人们会在祭典当天备妥丰盛的祭品前来祭拜，除了感谢河水伯公的恩典滋润了大地，也祈求河水伯公维持河川的平稳并庇佑来年的丰收。然而，水患与干旱又受到天候的直接影响，因此，信徒们也迎请掌管降雨开晴的"王天君"至河边接受仪式的供奉，借以祈求风调雨顺。至于"李哪吒"则是民间信仰中所谓的中坛元帅，有镇邪驱魔的作用，而圣君庙的主神"张公圣君"则是受邀前来观礼，共襄盛举。河川之德虽为人们所赞颂，但历年来亦有许多意外溺毙的亡魂于此飘荡，"抓交替"① 的观念也在族人们的心中深植着，为了安抚这些死于非命的灵魂，避免他们的打扰与作乱，每年于此之际，信徒们便会举行经忏吟诵为其超度，盼望孤魂借仪式而能轮回转世，或者至少透过施食的方式使阴阳两界能够和平共处。最后，若天界有一个如人世间的行政组织在管理众神，那么"龙宫水府"则是管理海底世界的神职机构，是掌管溪流的河水伯公的上级单位，当祭河江时，隶属龙宫水府的众神很自然地也就被列入为祈求与祭祀的对象之一。

"字"，在右堆客家社会中有着甚为特殊的地位，虽然敬字的习惯曾经普遍流传在民间社会②，但随着社会风俗的改变，由敬字而衍生的仪式已经凋零没落至几乎消失殆尽，然而右堆地区的美浓与新威两个客家聚落至今仍默默地努力维持着这个传统。对于视鸾堂为聚落圣地的右堆客家人而言，除了尊敬于仓颉造字为华人历史所带来的贡献外，在扶鸾时"天不言，人不语"的通则下，"文字"与"书写"成为传达天意的唯一途径，"字"，不再只是记录与传递知识的工具，它更因承载了天意与神训而具备了强烈的神圣性。所以，传说中的造字先祖"仓颉"理当受到供奉，而开启平民教育使人民识字、读字进而得到思想启迪的孔子更是受到尊崇。于

---

① 一般民间相信那些于河边溺毙之亡魂必须再寻获一个受害者才能顺利去投胎转世，因此，每年才会有人在河边溺毙。"抓交替"是闽人的说法。

② 焚烧字纸的敬字亭是敬字习俗的最佳说明，它不是客家人所独有，却在客家地区特别盛行。虽然右堆的敬字亭也有部分已经废弃不用，但在美浓与新威的鸾堂至今仍然每年举行较大规模的送圣迹（送字纸灰）活动。

是，在右堆客家聚落最重要的鸾堂当中，都配有仓颉的神像，也立有孔子牌位来接受人民的奉祀，而对于那些欲丢弃而又写有文字之纸，族人们往往将其集合焚烧，利用每年祭河江的机会，再将其倒入河水回归自然。新威客家在每年三月初八祭河江的这一天，便会一并举行走纸灰的仪式。祭场中会设有一个"大成至圣孔圣先师"的祭坛，在礼生带领信徒念读"送字纸文"后，信徒便会将这些收集来的纸灰倒入著浓溪的河水中任其放流①。

"祭河江"的仪式虽然包括了多个不同的对象，目的也不尽相同，但仪式并不是太过复杂，祭场配置的说明有助于我们了解仪式的进行。以往祭场总是紧临河边，近年来由于河川整治之故，祭坛便设于河堤之上，但祭场的布置基本上并没有太大的差别。首先，祭场的中央是由两个圆桌前后并置而成的祭坛，第一个上面放有河水伯公与无主孤魂的牌位，在它后面则为"龙宫水府暨列尊神"的坛位。而祭典最主要的少牢祭品——全猪与全羊②便是放在前述祭坛的左右两边。在这些祭品与坛位的四方另各设有一个面向外边的祭坛，上面仅有香炉祭品而无牌位，主要的用意除了作为祭场中央神圣空间的界定与保护外，也有向其他各方神祇致敬之意。此外，"王天君""李哪吒"与"张公圣君"则放在另一个桌上形成一个共同的坛位，与"河水伯公"及"无主孤魂"的坛位相对。至于孔子的坛位一般而言则是面向河川，与上述各坛位相近即可。信徒可于祭场自由走动，客家八音乐团则固定于一旁为仪式伴奏。

仪式首先由礼生带领信徒持香祭拜神像，再转身对其他各坛位的奉祀对象祭拜，在这个过程中由八音乐团进行伴奏。接下来信徒所组成的佛事诵经团则于"河水伯公"及"无主孤魂"坛位以及"龙宫水府暨列尊神"的坛位前吟诵《小蒙山施食》的经文本。诵经最重要的目的在于普度孤魂，同时，领导的经生也会读念《龙宫水府诸神及本溪属内诸魂河伯祭文》，内容主要是说明仪式目的与祈求福佑，祭文将与金纸于河边一并火化，整个祭河江的仪式在诵经完毕后，由客家八音演奏《小团圆》曲牌的音乐片段作为结束。所有仪式在两小时内完成。

无主孤魂的普度与施食是整个祭典的主体，即使掌管河川之神以及天候之神的地位远高于无主孤魂，但对于村民而言，后者更直接影响平日的

---

① 目前因顾及环境保护之故，纸灰的倾倒只以少部分作为象征。

② "大牢"与"少牢"是古时祭祀时的祭品规格，《礼记·王制》中记载："天子社稷皆大牢，诸侯社稷皆少牢。"其中，"少牢"即是全猪与全羊，"大牢"则是全猪全羊加上全牛，意欲用祭品来表现身份等级的区别。

生活，他们相信那些飘荡的亡魂充斥在整个人世的空间，由于种种因素而无法获得轮回或者无法成为祖先，因此也无法获得子孙在仪式上或祭品上的供养，但同时又被阳世所不容，于是在阴阳两界，这些亡灵成了"秩序"之外或是"体制外"的个体①。这种难以捉摸却又无所不在的特性，加深了一种神秘与恐惧感，为了怕其"挟怨报复"，或为了"供其所需"，新威客家人选择用丰盛的祭品来安抚亡灵，用佛教经文弥补他们所需要却欠缺的那些仪式，盼借此使其得到安宁并有所归。在这个过程中，我们见到族人浓浓的佛、道观，那么族人口中的"儒教"将在何处呈现？

（二）行三献，祭圣君

新威圣君庙所奉祀的主神为张、萧、刘、连四位圣君，其神职主要是统领四方天兵天将②，负责守卫庄中的平安，因此很受族人的重视。完成"祭河江"后，众人回到圣君庙，仪式执行人员随即换上仪式服装展开祭场的布置。除了将神像归位外，最重要的是祭品的摆设。这个阶段主要是为了替"张公圣君"祝寿，所采用的仪式为"三献礼"。如同"祭河江"一般，"三献礼"的祭品以全猪、全羊的少牢礼为主。除了猪羊之礼之外，其余则为一般常见的干果、圆形水果，以及祭仪中所不可或缺的米酒等③。

"男女有别"是客家"三献礼"给我们最初的印象，就像传统的客家社会一般，男女有着清楚的分工。仪式执行团队皆由男性来担任，并且一律身着祭仪用的蓝袍，服装并无阶级或角色之分。所有的工作亦由男性负责，主要的原因在于女性因生理的因素，基本上被视为不洁，也因此被禁止进入庙堂内殿。然而女性并非完全被摒除在仪式之外，在祭典中，她们拥有在外殿观看及参拜权，意即在仪式执行者执行的同时，她们被允许于一旁观礼，而在男性跪拜之后，她们亦能在外殿行跪拜之礼。

整场"三献礼"的执行，接近于一种哑剧形式的仪式表演，从角色分配、角色的定位与走位，到角色的动作与少数的言辞等，都遵循着一定的

---

① 此处所言的"秩序"意指一般民间习俗对于亡灵何去何从的观念，除了进入轮回转世的循环外，更重要的是亡灵能否受到子孙的供奉而得以安宁。

② 这四位圣君即一般民间信仰中的神军。民间相信天上有三十六天罡的天兵，地下有七十二地煞的地兵，他们被分成东、西、南、北、中五营，新威圣君庙所供奉的主神即是分别镇守四方的神将。

③ 除了文中所提的少牢礼外，当地最常使用的祭品还有几种，依据当地的说法为"粄仔"：米制作成的甜点；"五牲"：猪头、猪肉、鸡肉、蛋、鱼；"五湖四海"：米粉、木耳、金针、花生、香菇。此外，也有一般祭祀用的水果、干果、水、酒等。

轨道在进行。祭场空间主要分为内、外两殿，在仪式开始前，所有人员必须就位。在内殿会有一位"通生"为每个步骤下达指令，通常他也兼任礼生的角色，负责撰写与诵读仪式表文。而摆放祭品桌面的两侧则各有一位"执事"协助祭品的传递与就位，另有"主祭者"以及"陪祭者"各一位，他们是信徒的代表，立于外殿面内的祭坛，等待接受指示执行仪式，而在他们的旁边则站有一位"引生"，他主要负责指引主祭者与陪祭者的行进方向以及指导他们一切仪式行为。当一切就绪后，通生依照顺序唱诵仪节，引生则一边复诵仪节，一边指导两位祭者或于外殿，或于内殿进行跪、拜、起、行等行为。仪式进行时，除疏文的诵读以及通生与引生的仪节名称唱诵外，其余人员皆没有任何语言的行为，而每个仪节都有客家八音的乐音作为搭配。"三献礼"在一种充满礼节气息的氛围下进行，虽然牺牲的献祭表现了浓厚的宗教色彩，然而各角色间的进退有据以及相敬如宾的态度使整个仪式看起来更像在呈现一种人际礼仪的互动进退。相较于佛、道强调透过仪式而能获得灭罪或消灾解厄的超自然力量，"三献礼"似乎更着重在"诚敬"的表现上。

虽然圣君庙不是一个鸾堂，仪式上却充满着鸾堂的色彩，这当然与它受劝善堂管委会管理有很直接的关系，而最显著的则表现在"三献礼"的使用上。"三献礼"是圣君庙在各重要岁时祭仪时所奉行的祭法，仪式与劝善堂的"三献礼"并无二异。然而，圣君庙并不进行"扶鸾"的活动，但偶尔可见"乩童"出现提供族人问事的服务①。除了乩童的部分，相对于鸾堂的儒家特质，圣君庙有着较多的道教色彩，凡遇村庄有神像出巡的需要，皆是由圣君庙的主神来负责，此时亦常见到乩童的随行起驾以及锣鼓的伴奏。圣君庙与劝善堂之间，事实上存在着很有趣的关系，一般而言，圣君庙的活动年轻人参与度较高，特别是当乩童出现的时候，但这并不意味着长者在仪式中的缺席，然而，在耆老们的眼中，一则乩童并非庄中信仰的传统，再者，相较于"扶鸾"问事的免费服务，乩童问事时的收费常是长者所诟病的事情。虽然如此，长者们多以冷漠而不作太多涉入的态度处之，对年轻人的喜好亦没有太多纠正，但在长者认为不妥时则有权利阻止乩童的出现。例如，之前每年祭河江时，偶尔会见到乩童的参与，但在族中耆老提出异议后，乩童就在祭河江的仪式中消失了。

圣君的祝寿随"三献礼"的完成而结束，此时已是中午用膳时间，大

---

① 新威的乩童目前仅有一位，年纪介于三十至四十岁，是在近十年出现神明附身的现象而成为乩童，起乩问事的地点都是在圣君庙，颇受年轻人的支持，其与劝善堂免费的"扶鸾"问事不同，前者会酌收费用。

家聚集在一楼的宣讲堂前食用庙方聘请外烩厨师所准备的午餐，食材则是由祭品中取得。用过午膳后，众人皆返家稍作休息，待下午两点时再回到圣君庙集合，准备前往邻近的义冢公墓，举行当天最后一个祭典。

（三）度孤魂，祭义冢

在距离圣君庙一两公里外的羊肠小道里，坐落着一个专门收容无主骨骸的义冢，凡是庄中没有后嗣可供奉或后嗣无力安葬祭拜的亡者，其骨骸皆可收容于此接受族人的祭拜。客家人所称的义冢类似于一般台湾闽人所称的"有应公"庙，但在建筑形制上两者有所不同，前者（至少在右堆地区）多以祭亭后接坟冢的形式呈现，与当地客家家族公墓的形制相近，后者则多为庙宇形式。从新威义冢的碑文得知，该义冢是 1927 年时由劝善堂的鸾生所发起兴建，50 年后因不敷使用而于 1980 年予以重建而成今日的形式。

新威义冢的建筑造型非常典雅，祭亭前方以矮墙围起一个大型半圆之地供作祭祀之用，举行祭义冢时，村民会在此处设立"南无大愿地藏王菩萨香座"的坛位，仪式活动的范围主要集中于此。而祭亭上方则挂有一石刻的横匾，写有"集菰园"三字，亭下立有一"古老大人共同灵魂之佳城位"的石碑，前面有一小祭坛可供摆放祭品。左右两侧各有两道门，其上分别写有"男庄""女肃"，而门内便放着历年来收容的无主骨骸，男归"男庄"处，女归"女肃"间。在"男庄""女肃"之侧还各有一道小门，写着"男暂放区""女暂放区"，里面的空间作为新骨骸的暂放处所。在仪式开始前，仪式人员会先打开最外侧的这两道小门，检查是否有新增的骨骸，若有，则取出请专业的"检骨师"进行骨头排列以及亡者性别鉴定。完成后则将骨骸依性别的不同而移至冢内长期存放并接受族人的礼拜。义冢的各门与石柱上均书有对联，这些对联多以"义""冢"两字为句头，对韵的文句搭配古朴的祭亭以及两旁清幽的树林使新威义冢呈现出雅致的一面。

在布置完祭场后，众人便持香祭拜，客家八音则于一旁伴奏。接着仪式的进行又回到了佛经的忏诵，如同祭河江一般，是以施食度化为主，吟诵文本为《甘露施食要集》。"张公圣君"的地位高于义冢无主骨骸的亡魂，因此，原先行"三献礼"的祭品可挪至此处继续使用，也就是说，原先的少牢礼将被作为祭义冢祭品。义冢的祭祀过程与祭河江几近相同，以佛经吟诵为主，最后再以客家八音的乐音作为结束，当天所有的仪式活动便在祭义冢的完成后画上句号。次日中午，则在圣君庙办有宴会，宴请族人共享祭品。

事实上，祭义冢的方式在这几年曾历经一些变化，在 2003 年以前，族人皆采用"三献礼"的方式来进行，后来因为族中有人提出异议，认为这样的祭法并不适切，因此改成了佛经度化的仪式。关于仪式祭法的选择对族人而言是犹豫难定的，虽然族人仅说明仪式的改变是基于亡魂的度化应以佛事行之的想法，但长期以来，新威义冢却是以"三献礼"祭之。既然是针对度化亡魂所做的调整，或许从义冢亡灵的定位问题可以更加清楚地解释族人的犹疑。对新威客家人而言，这些亡灵与祭河江中来自各路的无主孤魂不同，因为他们是已故的族人，现世的族人视他们有如祖灵一般，只要族人诚心相求，亡灵便会庇佑后人，所以，当行"三献礼"时，有些族人便会在仪式中许愿，这些愿望困难度较高，但他们相信义冢的亡灵有能力帮助自己完成这个心愿。愿望完成后，在来年祭义冢时，许愿者便会备妥祭品前来答谢。然而，义冢亡灵虽能够有所依归，但没有子孙常态性的奉祀仍是一个事实，所以，严格说来，亡灵只获得了一半的照顾，在仪式的部分则仍有欠缺，而这些不足只能等待特定的时机才能得到些微弥补。另外，族人对待义冢园区的态度透露了他们视义冢亡灵为孤魂野鬼的想法，对他们来说，那里就像一块禁地，平日甚少涉足该地，面对该处的亡灵时，一方面需要以礼待之，另一方面也惧之畏之而远之，深恐冒犯而招致厄运。在这样的情形之下，义冢亡灵的定位便显得极为尴尬，也使"三献礼"的使用有了争议。

在右堆，传统的客家丧葬仪式亦是以"三献礼"来进行，然而，就像前文所言，义冢亡灵的身份难以定位，使这些亡灵在某种程度上就像无主孤魂般，是存在于"秩序"外的个体，因此适用于"体制内"或"秩序内"的丧葬"三献礼"便不适用于义冢亡灵的祭祀，而要使其能够回到体制内，就必须借由具有度化力量的佛经吟诵才能达成。义冢亡灵的模糊性让新威客家在"三献礼"与佛经忏诵间摇摆不定，但也凸显了儒、佛、道观念在客家信仰中的流动性。

从"祭河江""祭圣君"到"祭义冢"，在这当中，三教的祭法或观念彼此互相支持，但仍然可以看出以儒为尊的倾向。虽然对于如何祭祀义冢亡灵出现了不同的意见，但以"三献礼"礼拜祖先神界，以佛法服侍阴间鬼魂似乎是很清楚的共识，在这个原则下，再冠以道教的宇宙观，似乎可以作为对客家"儒教"结构上的一种解读。

三、乐的执行——人声、器乐共构的右堆客家仪式音乐

（一）客家八音

今日，每当谈及客家仪式或客家传统艺术时，以唢呐为主奏的器乐合奏客家八音经常是第一个被提起的。唢呐（客家八音）与客家人之间的密切关系就如同台湾"好客乐队"的唢呐手郭进财在 2006 年应邀于法国坎城演出时所言：

> "……客家文化若是一部电影的话，唢呐就是它的配乐，……小孩子出生吹唢呐，小孩子生日吹唢呐，小孩子长大娶媳妇吹唢呐，后来死的时候，还是吹唢呐……"①

然而，客家八音并不纯粹是仪式的产物。在过去的农业时代，客家八音虽然担任仪式音乐的工作，但在客家社会中，它同时具有很强的娱乐功能。在当时，聚落中凡遇喜事时刻，如结婚、新居落成等，主人家总会在宴客时请客家八音乐团进行演奏，受邀参与宴席的宾客也可以即席指定演奏曲目，达到主客尽欢的效果。另外，直到二十世纪七八十年代，台湾南部客家社会亦盛行走江湖的卖药郎中，为了吸引人潮的驻足，这些郎中通常都身怀十八般武艺，在叫卖的过程中，与其家庭成员或穿插演出客家八音，或演唱客家山歌，或上演说、学、逗、唱的小戏，借以娱乐围观的人潮来增加人气，提高销量。然而，在社会形态改变后，行走江湖的卖药郎中亦逐渐绝迹，而喜事场合的表演主角也渐渐以西式流行乐团或者卡拉OK 取代传统的客家八音，以至于到了今日，除了偶然在一些活动得到一些演出机会外，仪式几乎成了客家八音仅有的、稳定的却也是独享的舞台。即便娱乐功能已经被高度弱化，仪式的舞台却仍然为客家八音保留了许多与族人互动的空间。

右堆客家八音的编制在当地的仪式中扮演着极为重要的角色，音乐与仪式间的对应关系主要就表现在编制的变化上。右堆客家八音有几种不同

---

① 此段访谈收录于由郑胜仁与 Jean-Robert Thomann 所拍摄之纪录片 *Hohak Band @ Midem*，该片为 2006 年底台湾流行音乐团体"好客乐队"受邀参加法国坎城 MIDEM 国际唱片展演出之纪录。在该次演出中，"好客乐队"也以改编自传统曲目的《大团圆》（亦有乐师称之为《小团圆》）作为音乐会的开始与结束，乐师们表示，这是遵照客家八音在仪式上的传统，并取其吉祥之意。

的惯用编制，一般而言这些编制在同一个祭典中都可以看见。

1. 乐器与编制

四人组的右堆客家八音是最常见的组合，这个组合包含唢呐手、高音椰胡琴手、低音椰胡琴手、打击乐手各一名。使用的乐器则有属于吹管类的唢呐与直笛；拉弦类的高音椰胡以及低音椰胡；打击类的则有一个平面吊锣、一个平面座锣、一个堂鼓、两个板子、一个叮当（小铮锣）、一个钞等①。

虽然每个乐师有主要负责的乐器，然而在不同的编制时，乐师们负责的乐器也会有所调整。依据乐师对右堆客家八音编制的分类，主要有"大吹""弦索调""笛子调"以及简单的行路四件组四种。由于演奏时乐器摆设之故，乐师们大多时候会围绕着一张桌子而形成一个乐团形式，这张桌子便被通称为"八音桌"。"大吹"的编制为一人吹奏唢呐、一人负责座锣与吊锣、一人负责堂鼓、一人负责小铮锣。"弦索调"则是客家八音编制的精髓，除了直笛以外，由唢呐加上其他所有乐器，是客家八音最具表现力的编制。"笛子调"则是"弦索调"的变形，简单而言，即是唢呐手改吹直笛，其余皆维持不变。行路四件组则是因应右堆客家仪式当中常常会有离开主祭场行礼的时刻，为顾及乐器携带的方便性，通常乐师们会各自携带一件乐器，当然，唢呐手与两位椰胡乐师便会携上最重要的唢呐与胡琴，而打击乐手则是携带体积最小却又响亮的叮当。

就乐器之间的协调与功能性而言，唢呐虽是一团的主奏，然而，好的胡琴手会帮助唢呐手展现他的功力。唢呐负责的是乐曲中主干音的吹奏，虽然亦可见到加花②技巧的使用，但相较于胡琴显得朴素得多。胡琴最大的功能在于协助唢呐，减轻唢呐手的负担，同时也让客家八音的音乐更加丰富。胡琴手，特别是高音椰胡琴手往往会在骨干音之间加入许多经过音或倚音、滑音来作为装饰③，可说把加花技巧极度发挥。少了胡琴的搭配，

---

① 右堆客家八音乐师所使用的唢呐一般为管身 34 厘米，吹嘴 12 厘米；直笛则为约 42 厘米长的竹制直笛；高音椰胡的琴颈约为 67 厘米，椰制音箱横切面之直径约为 10 厘米；低音椰胡则各为 80 和 15 厘米；平面吊锣的直径约为 31 厘米；平面座锣的直径约为 22.7 厘米；叮当又名小铮锣，为另一种形式的平面锣，放置在方形木架上，直径约为 10.4 厘米；堂鼓为圆筒鼓，木制的鼓身高约 21 厘米，具有双面直径约 18 厘米的鼓皮，但演奏时仅以两根鼓棒敲击其中一面；钞的直径约为 15.5 厘米。

② 即装饰奏，是中国民间音乐的说法。

③ "倚音"意即在主要音的上方或下方加入一个短小的两度音作为装饰；滑音的装饰技巧主要是用在唢呐旋律上，较为常见的为下滑音的使用，通常用于乐句的结束音上。虽然装饰音的使用极为普遍，但仍以五声音阶的结构音为主。

音乐就像有骨无肉般的空洞。而据乐师们表示，唢呐的吹奏时常也得靠胡琴来提示，关于这点，我们可以从田野调查的观察中得到印证。

在仪式中，我们观察到一个细微的特殊现象：每次配合仪节开始演奏时，表面上似乎所有乐器一起发声，然而事实上，胡琴常常微早于所有乐器出声，这个小细节呈现了一个有趣的现象，就乐器的主属地位而言，唢呐虽为客家八音乐团的首领，但在仪式当中，胡琴是乐曲进行的主导者，它那微微提早的出声，一方面就如同乐团指挥一般，为乐团下达演奏的指令，另一方面，客家八音并非每次都是由固定乐师组成，然而，这些乐师们仪式前并无所谓的彩排，仪式进行时大多数的时候也没有特定使用的乐曲曲目，演奏时是靠乐师们借由彼此聆听而快速搜寻共同的乐曲记忆，因此胡琴旋律的提醒有助于唢呐手更迅速进入状态。另外，唢呐手与胡琴手在合作之余也存在一种竞奏的关系。以客家八音最具表现力的"弦索调"编制而言，唢呐乐段以及胡琴乐段的相互交替是常见的乐曲进行模式，一方面，听众能在唢呐的阳刚跟胡琴的柔顺间，感受到客家八音的多样性；另一方面，这种主奏乐器相互交替的乐句经常以对话式或回应式的音型呈现，并且全曲常在持续不断的加速中结束，这些音乐手法使得唢呐与胡琴间竞奏的意味更浓厚，带动了一种音乐情感的"堆积"与"高潮"。

2. 音乐曲式与风格

乐器的使用常常对于音乐风格产生极大的影响，右堆客家八音亦然。客家八音的音乐曲风与不同的编制使用有着相当的对应性，以下即就各种编制的曲风来作说明，并兼论它们与仪式间的关系。

"大吹"，在仪式当中主要是用在开始与结尾处。仪式开始时的请神或是众人的上香致意皆要以"大吹"来伴奏。"大吹"的曲风一般而言是在中庸的速度上表现出庄重的气氛，这种庄重的气氛除了有赖于唢呐在旋律上的表现外，也有赖于打击乐器的节奏形态来表现。普遍来说，当"大吹"被用于仪式的上香与请神仪节时，打击部分会较少出现快速密集的节奏音型。然而在做表演性质的演出时，则会见到乐师利用整体速度由中庸渐快的方式来增添乐曲的活泼性。而在曲式方面，大多由一小段锣鼓作为开始，再加上多次反复的一段体，最后再接一个尾奏的乐段作为结束。

"大吹"乐曲中的《小团圆》[①] 片段是仪式中最常见也最重要的乐段，在祭典的收尾时必须演奏此一曲牌乐段才可算是完成所有的仪式工作，其功能就有如佛经诵念结束时的收经偈一般，没有这个片段，仪式就尚未结

---

① 有些乐师将此首乐曲称作《小团圆》，但亦有部分乐师称之为《大团圆》。

束。对某些已经远离家乡的客家人而言，这个短短的乐段仍是遥远记忆中仪式的代表，因此也常被流行音乐创作家采用，对族人而言已经成为客家仪式声响上的代表性符号之一。

以"弦索调"编制所演奏的乐曲特色在前文中已有说明，此处则简短整理条列于下：

（1）乐曲速度由缓慢开始全曲持续渐快，以至于最后在缤纷热闹的气氛下结束。

（2）乐曲的进行是由唢呐主奏的乐段与胡琴主奏的乐段互相交替，并时常使用对话与模仿的音型，搭配上渐快的速度，而形成一种"竞奏"的效果。

（3）乐曲的曲式有一段体，也有二段体，整体而言，会先由锣鼓乐段开场，接着加进一段散版的序奏，再进入乐曲主体，而无论是一段体还是二段体，都会反复多次，在不断循环当中加快速度，最后则接以一个尾奏乐段结束。

事实上"弦索调"并不使用在任何的仪节当中，但每当仪式尚未开始前，或仪式的空档间，八音乐团总会在此时以"弦索调"的编制为信徒演奏，这些信徒则在此刻稍作休息，也会与乐师们闲话家常或要求演奏特定曲目，这是仪式中最轻松的时间。

相较于以"大吹"与"弦索调"编制演奏的乐曲而言，以"笛子调"编制与简单的四件组所演奏的乐曲则在曲风上变化较少，这与乐器及使用场合亦有关联。基本上，直笛仍被视为"笛子调"的主奏乐器，然而由于其音量受到许多限制，乐器能支持的技巧变化也有限，因此在这种编制下主奏似乎已由胡琴来负责。虽然乐师们表示，凡"弦索调"使用的乐曲皆可用"笛子调"编制来演奏，然而实际田野调查中我们发现，"笛子调"演奏的曲牌其旋律大多偏向小曲风格的乐曲，旋律进行少有大跳的情形，乐曲反复的次数较少，也没有直笛与胡琴交替的情形，乐曲速度稳定，整体的声量变化不大。虽然"笛子调"显得较为朴实，但它却是在仪式中被大量使用的一种编制。在仪式进行时，凡遇有跪、拜、起、行的仪节时，大多以此种编制来伴奏，而其稳定性也很适合调度祭拜者行礼节奏，是仪式中与"大吹"互相交替的主要编制。简单四件组则是只有在仪式中才能见到的编制，因为仪式之故，乐师时常须在小货车上演奏，或在没有桌椅的小庙边演奏，因此这个组合着重的是便利性，演奏的乐曲和"弦索调"或"笛子调"无异，而当祭典回到主祭场时或当客家八音演出时便不见它的使用。

3. 客家八音与三献礼

右堆客家八音编制在仪式中与仪节的对应性特别表现在"三献礼"当中，在一个一个持续不断的仪式步骤里，客家八音的声响也随之没有间断地以不同姿态出现。乐器的使用必须遵守礼制，因此在这部分乐师们没有自我决定权，相反地，在曲牌的选择上乐师们却有相当程度的决定权。下表是"三献礼"的仪节与进行方式以及客家八音使用的说明①：

右堆客家三献礼仪节与音乐使用

仪节	仪节内容	八音编制与曲目
请礼生	主祭者与陪祭者手持托盘，其内置有香烟、祝文以及红包礼金，由外殿行至内殿交由指导仪式的礼生，以示敬意	大吹，奏《小团圆》片段
击鼓三通	八音打击乐手击鼓三段	堂鼓，无演奏曲目
鸣金三点	八音打击乐手敲锣三下	吊锣，无演奏曲目
奏大乐	八音乐师以"大吹"演奏《小团圆》片段	大吹，奏《小团圆》片段
奏小乐	八音乐师以"笛子调"演奏曲牌	笛子调，曲牌任选
连三元	唢呐手以唢呐仿号角吹奏三声	唢呐，无演奏曲目
主祭者、陪祭者就位，行盥手礼	主祭者与陪祭者就位，由引生指引至盥手处沐手以示洁净	大吹，奏《小团圆》片段
降神	主祭者持香朝外祭拜，有跟天公致意之意	笛子调，曲牌任选
参神	两位祭者行三跪九叩之礼参拜神明	笛子调，曲牌任选
行香席礼	两位祭者一人持香一人持酒祭拜	笛子调，曲牌任选

---

① 右堆客家"三献礼"在实际运用时，仪节上因礼生的见解或者各庙堂的习惯会有些许差异，但大体上与表中所列之仪节相符。而除了"三献礼"之外，另有如祭孔所使用的"九献礼"，但并非每个聚落皆可见到它的执行，相对于"三献礼"的普遍，"九献礼"则显得极为罕见。

（续上表）

仪节	仪节内容	八音编制与曲目
行初献礼	外殿两位执事手持一杯酒、一份馔交由内殿执事，引生再引两位祭者自外殿进入内殿，后者接过酒与馔后，跪拜奉献。完成后则回到外殿	笛子调，曲牌任选
读祝文（疏文）	引生引领两位祭者至内殿，陪跪于礼生两旁聆听礼生宣读祝文。结束后退回外殿	由唢呐仿号角一声，意味着有事上报
行亚献礼	同初献礼	笛子调，曲牌任选
行终献礼	同初献礼	笛子调，曲牌任选
主祭者容身暂退，各生分献	两位祭者退至一旁，其余村民信徒分批上前行跪拜礼	笛子调，曲牌任选
主祭者复位	仪式执行人员复位	无音乐
加爵禄	由两位祭者持酒敬神，再交由两旁的执事将酒陆续倒至神桌上的各酒杯内，最后则洒于猪羊祭品上	笛子调，奏《留新娘》
焚祝化财望燎	两位祭者手持纸钱祭拜，再交由两旁执事至燎所焚烧，两位祭者并随之于一旁观望。礼生则将祝文焚烧于内殿供桌上的香炉或大钵内	大吹，奏《小团圆》
主祭者辞神	两位祭者于外殿行三跪九叩之礼辞别神明	笛子调，奏《普庵咒》
礼毕	无	大吹，奏《小团圆》片段

　　归纳上表的礼乐关系可以发现，"大吹"主要用于仪式的起、讫，并且当使用"大吹"时，一定会演奏曲牌《小团圆》的片段，这是取其曲牌名称吉祥团圆之意，事实上，在右堆客家所有祭仪中，无论是否行"三献礼"，只要仪式结束便必须演奏这个片段，就像本文所讨论的"祭河江"或是"祭义冢"时一样，虽然整个祭典是以佛教诵经为主，但经忏结束后仍是必须以这个片段的音乐作为结束，代表一切事物皆归于"圆满"。在仪式中，这个片段可以多次反复，乐师可视祭典的实际情形自行决定反复

次数，但必须是完整的段落。

另外，当主祭者以及陪祭者开始行跪拜之礼时，客家八音的编制则转换成"箫仔调"，此时曲牌的内容多可由乐师自行决定，演奏的长短不一，必须依据祭祀者行礼的节奏来定，当祭祀者完成跪、拜、起、行回到原来的位置后，即使该乐句尚未结束，音乐也必须停止。而在最后一次"加爵禄"的仪节时，则必须演奏《留新娘》曲牌。据乐师介绍，这是借新娘的喜事性质来为祭典增添吉祥如意，并有劝进一杯酒之意。至于"辞神"时必须演奏曲牌《普庵咒》的原因是"普庵咒"原为佛教咒语之一，具有驱魔镇邪之效①，佛曲当中亦有以此作为取材而创作的作品，客家八音亦然。族人们认为在"三献礼"完成之际，演奏此曲能够达到净场的目的，同时带给村落和谐平安。唢呐仿号角的声音仿佛也成为客家仪式的象征符号之一，乐师们将这种模仿称为"号筒"。"声音之号，所以诏告于天地之间也……"号筒的使用便有这样的意味。当"三献礼"开始时，"连三元"的仪节是将古时三元及第时，鼓吹报喜、鸣炮庆祝的想法借用于仪式中，号筒之声与响炮之声势意在报启神界仪式即将开始。另外，在上报"祝文"时亦须吹奏号筒一声，盼此表文能够送达天听。

综观右堆客家"三献礼"的礼与乐，首先，编制使用的法则、曲目的自由使用以及旋律的片段性等都反映出了声响的重要性，而声响与仪式行为间的对应关系则使声音具备了影像的性质。对熟悉仪式的族人而言，聆听"三献礼"的声音就犹如亲眼观看仪式一般，不同的声响代表着不同的符码，对于没有亲自列席的族人而言，当符码跨越了空间的限制而传递到他们的耳中时，依据符码的前后关系与他们对符码的认识，便能够轻易地解读仪式内容，仿佛亲临祭场一般，也因此，祭场的范围延伸了。

虽然，"三献礼"中的客家八音与传统"三献礼"中所使用的祭祀雅乐是两个完全不同的音乐系统，不过我们还是可从一些细微之处看到两个系统所遵守的礼乐规则的相似性。参照现今台北祭孔大典中所使用的雅乐祭祀乐曲，我们发现，祭孔时，在行"初献""亚献"与"终献"的仪节时，所使用的曲目并不同，然而，仪式的起、讫以及"焚祝化财望燎"时却是使用同一首乐曲作为伴奏，祭孔曲目上的可变与不变就像右堆客家"三献礼"中的编制使用法则一般，只是前者反映在曲目使用上，后者则

---

① 普庵是 12 世纪初南宋时期的一位得道高僧，属临济法系，擅长为人治愈疾病与驱魔去毒。《普庵咒》为普庵所作，许多信徒相信此咒文有驱魔镇邪之用。

是反映在编制与曲牌的使用上①。

无论在祭孔"三献礼"还是右堆客家"三献礼"当中，在"请神"与"送神"时，音乐都必须是相同的，而在行"初献""亚献""终献"时，皆可变换曲目，但必须与"请神"与"送神"的音乐有所区隔。关于客家八音编制在"三献礼"中的使用法则是如何或为何形成，乐师们通常无法回答，但透过与祭孔当中的礼、乐关系来作比较，似乎可以得到部分的答案。这些相似处虽然与音乐本身无关，却是右堆客家在承袭"三献礼"、舍弃传统雅乐的同时，仍然尊重礼、乐法则的一个印证。

（二）人声吟诵

右堆客家仪式的人声吟诵分成鸾堂系统与佛经系统两大部分，两者皆以客家话发音，旋律都在五声音阶的基础上进行，但在人、事、物等方面却有明显的对比。鸾堂系统吟诵乐的特点有：单音音乐（monophony）；字音关系几乎全为一字对一音（syllabic）；旋律起伏明显；由一人担任吟诵工作；吟诵时必须呈现跪姿；不使用任何法器（或乐器）；流传于男性族人之间；只用于神界，不用于阴事。

至于佛经系统的吟诵特点则为：常见异音音乐（heterophony）的现象②；字音关系有两种，为一字对一音或一字对多音（melismatic）的形式；旋律起伏不明显；由多人同时执行；吟诵时或站或坐；使用几种不同的法器（或乐器）；男女信徒皆可参与，但以男性为领导；常用于阴事的度化。

1. 鸾堂系统的单音吟诵

这个系统的吟诵原则上以一个八度为音域范围，起音高低则视个人习惯的音域而言。行"三献礼"前通常要请诰，请诰时要先吟诵咒文再吟诵诰文，无论是咒文还是诰文皆以四字或五字为一组的韵文结构来呈现。咒文用来净化身心，并净化祭坛与祭场空间，安定元神。诰文通常有十篇，各属于十位负责不同鸾务的神祇所有，文句内容是描述神德及神职。请诰时，每篇咒文与诰文皆须重复吟诵三遍。

2. 佛经系统的复音吟诵

就像大多数的佛经吟诵一般，右堆客家经生会在吟诵经文时使用几种

---

① 关于台北孔庙的祭孔乐章参见柯佩怡所著《台湾南部客家三献礼之"仪式"与"音乐"》。

② 意即众人在追求同一旋律的过程中，有意或无意地产生速度或音准不同步的现象。

法器（或乐器），以 2009 年新威"祭义冢"为例，佛经吟诵团体共由八位经生组成，每位经生皆持一项法器。其中最主要的经生会手持摇铃，其余七位当中则有三位持钹，一位负责木鱼，一位负责引磬，一位则负责平面小锣，另一位则需负责堂鼓与挂钟。就音乐的进行而言，在经文起、讫处的偈文与赞文吟诵时，有较明显的旋律起伏，为一字对多音的文字与音乐关系，而遇咒文时则以一字一音、快速同音反复为最常见的表现形式。①相较于客家鸾堂请诰的特殊性，客家佛经吟诵则与一般民间常见的佛经吟诵雷同。

右堆客家仪式中所使用的音乐类型在一定程度上说明了右堆客家仪式整体的结构系统，而音乐事件中"执行者"的流动性则能够更加精确地解释其结构的方式。客家八音乐师能够毫无障碍地游走于各聚落间，一方面是因为这些聚落彼此间"三献礼"文化的共通性以及仪式与八音音乐执行时的固定法则。另一方面，也不能忽略，除了礼生象征性地接受些许金额的给付外，客家八音乐师是仪式中唯一得到高额报酬的角色，透过"交易"而来的八音音乐如同其他祭品一般，是一种奉献，而信徒真正在乎的是"声响"意向的正确传达，"执行者"的身份反而显得次要。反观吟诵乐的部分，即使各聚落之间鸾堂系统的吟诵与佛经系统的吟诵存在着一些共通之处，我们却不见聚落间吟诵者或经生的流动。这个现象，就仪式层面而言，除了因为不同聚落所着重的经文不尽相同外，还涉及聚落内部认同的问题。简而言之，因为经文的差异性及传承或执行上的封闭性，唯有该聚落的居民对于其居住地上的鸾堂或庙堂有所认同时，才会自发性地前往学习仪式的吟诵，而吟诵时，吟诵者不再是个人而是全体信徒的代表。所以，吟诵者不可被其他聚落的信徒所取代。

我们或许可以这么说，右堆客家八音音乐是各聚落共有的资源，采用这个资源，就像采用"三献礼"一般，代表了整个聚落对于身为右堆客家仪式系统当中的一员的认同——"我是右堆客家人"。而吟诵乐则是表达了一种所属聚落的身份——"我是右堆何处的客家人"。

四、结语

"三献礼"，一套可追溯至中国周朝仪礼的祭法，随时间的推移从"初

---

① 客家佛经的吟诵除了语言上使用客家话之外，音乐的表现形式与一般民间常见的佛经吟诵差异不大。在相关佛教音乐的文献中，有些会以"梵呗"一词来泛指所有的佛经吟诵，有些则以"梵呗"一词来指称佛经吟诵中歌咏的部分，而以"转读"一词来指称同音反复的咏经。

献""亚献"与"终献"的雏形逐渐扩大，千百年来，它以礼、乐、舞合一的形式盛行在中国历朝历代各式各样的官方祭仪中。直到帝制瓦解，旧时的官方礼制走上了"礼崩乐坏"的命运，这套礼法似乎才随之枯萎。然而，祭孔大典挟其象征中国文化思想主体的优势，突破了政体转换的危机，在台湾，它仍以官方祭仪的地位被留存至今，清制的"三献礼"也因而得到了一个实践之处。此外，民间信仰也为"三献礼"的延续与再造提供了更广阔的空间。台湾右堆客家虽不是唯一在信仰仪式中采用这套礼法的族群，然而，这套礼法在他们的采用下而获得极有系统的改造以及极为规律的执行，同时，它也被放置在最高祭法的地位。简而言之，右堆客家人保留了清制"三献礼"的仪节，舍弃当中的舞蹈部分，再以来自聚落的器乐客家八音取代旧有的祭祀雅乐，最后，在许多重要的仪典当中，他们将这个改造后的"三献礼"依据不同的状况而与不同的仪式镶嵌在一起，形成了一种右堆客家"三献礼"文化，当地族人以"儒教"名之。对于信徒而言，"儒教"一词的使用似乎与当地"三献礼"和文庙释奠仪礼的高度相似性有很大的关系，虽然如此，前者却是在佛、道与地方信仰观之下，与许多"非儒"的元素共构了右堆客家所谓的"儒教"。这种看似信仰定位与内容的矛盾，事实上可从右堆客家信仰系统的运作机制获得一些解答。

历史上的"三献礼"并非祭孔释奠礼的专属祭法，然而，它们两者之间的关系因政治的发展而异常紧密。祭孔的发展是中国礼仪史上很特殊的现象，从孔子逝世后鲁哀公的亲祭到汉高祖适鲁以太牢礼祭之而首开帝王祭孔之始，乃至曹魏正始二年（241）始以释奠祭孔于太学，再到东晋孝武帝后，各朝国学皆立孔庙，由天子率领中央文武百官行祭成为国家制度，即便非汉的辽、金王朝亦不例外。元世祖三十一年（1290）天下郡邑庙学无不完葺，自此始完成中央至地方庞大的一统行祭[1]。明清之际，退守台湾的郑氏政权虽处于艰困反清的局势中，却仍于 1666 年在台南设立了台湾第一个太学并建首座孔庙开启台湾祭孔之礼。而由满人掌政的清朝亦将祭孔的参与视为天子乃至于文武官员、士人学子的义务，也因而释奠出席与否的歧见在当时引起西方传教士与清廷政府间很大的争论，对于西方传教士的拒绝与祭，雍正皇帝不仅斥之为不敬，更因此而将传教士定调在

---

① 关于祭孔成为国家大祭之形成与演变请参见庞钟璐《文庙祀典考》。

仅限于数学天文等知识的交流①。祭孔非但没有在汉与非汉的政权递嬗下消失在国家祭礼中，反而因此成为一种君主借力使力的工具，且不论"罢黜百家，独尊儒术"背后复杂的目的成因，就君权借由神授所建立的权威性与合理性而言，代民所行的山川社稷之祭虽是君主承天命的重要宣示，然而从中央至地方的庙学制度是一种中央集权更直接落实的管道，还有什么比天子率全国文武百官与所有士人学子行祭孔之礼的那一刻更能彰显君权直达边疆的效力呢？君权的加持以及庙学的制度强化了"三献礼"与儒家祭仪的深刻关系。到了帝制结束，政体改变，所有的帝制礼法也随之崩解，却唯独祭孔大典并未全然消失，"孔子"这个符号②的追求依旧持续，直至今日，依循清制"三献礼"的祭孔亦是台湾唯一的一个官方祭典。因此，当尊儒祭孔的典礼成了古制"三献礼"唯一存在的意义时，它也就自然而然地被推到了一个尊儒符号的位置。就如同 Roland Barthes 在神话学中所说的："……一件物体可以有多重的意指，但当这件物体被赋予单一明确的意义时，它就成了一个符号。"

在鸾堂成为聚落信仰中心的因缘际会下，右堆客家能够有机会依借鸾堂的采用而使"三献礼"在不同祭法中脱颖而出取得一个至尊的地位，鸾堂以儒为尊的精神也借由"三献礼"与地方信仰的完美结合而散播到聚落中的各个角落。而这符号化的"三献礼"所诉说的"孔儒"之尊，事实上是一种精神方向的指引，也就是林存光所言的一种"符号的孔子"的追求。所以，这个孔子可以是融合地方信仰的，它可以是宗教化的，也可以

---

① Toshihiko Yazawa 在 *L'Evolution du Shidian. Le "culte" de Confucius* 一文中，探讨了中西两方对于祭孔释奠礼在观念上的差异。对当时的西方传教士而言，祭孔是一种宗教性与偶像崇拜的"迷信"行为，教徒是不被允许参与的。然而，对于当时的中国社会而言，祭孔是一种对儒家思想追求与推崇的表现，有别于其他以祈福庇佑为目的的宗教行为，是全国官员士子透过与祭而展现的一种儒家思想的认同与个人身份的确立。因此，虽然清政府并未禁止官员成为基督徒，但基督徒拒绝参与释奠礼，这样的行为等同于对中国核心思想与文化的拒绝，自然成了清廷与西方传教士的争执点，由此之故，当时的西方传教士的传教只能在"非士"的民间底层展开，使得西方基督信仰在当时中国的布教受到了极大的挑战，释奠的与祭之争则是一直到八国联军时才获得解决。

② 林存光在《儒教中国的形成》一书中认为，史上因孔子其人其思想所衍生种种分歧的论述主要在于切入点的不同以及探讨层面的不同，为此，他在李大钊所归纳出的"实在的孔子"与"历史的孔子"两种层面上，再增加了"符号的孔子"。实在的孔子是指具体的孔子；历史的孔子则是历代对于孔子或其思想不同的解读；而符号的孔子则是一种文化符号，在交流与对话、对抗与互动时共同运用的公共符号。

是民间化的，只要"三献礼"有结构性的存在，而且是被放置在最高地位时，这些悬挂上去的附加物都无损于这个符号孔子所承载的精神。因此，右堆客家祭仪中许多的"非儒"或"微儒"的元素，并不妨碍其"儒教"说的形成，事实上，它们是此说更加完备的关键性助力，意即在道教的宇宙观下，并非唯有祭孔才是尊儒的表现，而是各种不同的时机都有可能是这个尊儒符号的体现，符号因此得以充斥在聚落的各个角落；基于右堆客家族群以佛事阴、以儒事阳的清楚原则，使"三献礼"得以在佛教经忏的协助下，维持它在右堆客家祭法上高阶的地位，同时，也弥补了"三献礼"作为纯粹宗教祭法时，其超自然力量色彩薄弱的本质①。

仪式中所使用的音乐系统是右堆客家仪式结构最好的说明。在右堆地区，无论哪个聚落，无论大小祭仪，器乐合奏的客家八音与仪式的进行互相叠置而难以分割。八音的声响与乐音成了当地仪式的一种代言，而在当地礼、乐法则中所呈现出的乐团编制与仪式行为间的对应关系，则是特别清楚地表现在"三献礼"仪节当中。一连串的声响变化就如同一个个的符码，对于熟悉仪式的族人而言，这些符码的串联就有如仪式影像的连续呈现，即使远离了仪式现场，他们仍能透过声响的传递以及大脑中的解码过程而仿佛置身其中。右堆客家"三献礼"所使用的客家八音与祭孔"三献礼"所使用的雅乐虽是截然不同的音乐系统，但两者在礼乐法则上是互相呼应的，只不过前者反映在编制的变换上，后者则反映在乐章的使用上，然而前者在音乐上能够拥有的自由选曲与即兴表现是后者制式音乐所不能及的，更重要的是，身为民间音乐的右堆客家八音不仅巧妙且合宜地将雅乐与宴乐的特质发挥尽致，也让"三献礼"彻底族群化与地方化，透过这种"质"的改变，再加上"量"的增加，使变形后的"三献礼"成了右堆客家身份的一种表征。

右堆客家仪式人声吟诵的两个传承系统：鸾堂经诰吟诵与佛经经文吟诵，透露了隐藏在右堆客家仪式活动背后的两个主要支持信仰运行的机制。鸾堂经诰吟诵虽是来自仪式的需要，与"扶鸾"不见得有直接的关系，但它是"扶鸾"行为下所衍生的"产物"之一。在教育尚未普及以及聚落生活形态仍然封闭的年代，平日为了"扶鸾"学习的聚会成了社交与知识传递的重要时刻，鸾堂的吟诵、文字的学习以及仪式的教育就在这样的聚会中传承下去。但由于视女性为不洁的信仰观，女性族人很理所当然地被排除在这些聚

---

① "三献礼"强调的是进退得宜的礼节式的仪式，佛教经忏强调的是经忏吟诵的超自然力量。

会之外，表面上的结果是"三献礼"执行时所呈现出男性独霸的现象，以及右堆客家鸾堂经诰吟诵中女性的缺席，然而，就社会学的意义而言，这些现象透露了女性如何在过去封闭的社会形态中，因为信仰上的"操作"而被合理化地剥夺了社会参与及受教的权利。今天，"扶鸾"虽大多已徒具形式，参与的盛况亦不复从前，但经诰的吟诵仍在这样的传统下，在男性族人间代代相传。虽然女性在从鸾堂发展出的仪式中被高度边缘化，然而佛经的吟诵则稍微弥补了这个遗憾。佛经吟诵的系统并不如鸾堂经诰吟诵一般排斥女性的参与，庙堂虽然结合了鸾堂而禁止女性入殿，但是它仍给女性提供了一个学习与练习仪式的场域，女性族人可以选择参加平日在外殿的佛经吟诵活动，一方面这是例行性的仪式，另一方面，这是为聚落祭仪中的佛经吟诵所作的准备。

右堆客家仪式活动强烈反映了一种二元的结构，其中充斥着阴阳相对的观念。自鸾堂发展出的经诰吟诵以及鸾堂所推崇的"三献礼"祭法，服务的是人、神，属于阳事；相反地，佛经的吟诵主要是用来超度无人照顾的孤魂或是无法轮回的恶死亡魂，属于阴事的一环，所以，在男为阳女为阴的原则下，前者自是有男无女，后者则是男女合作无所妨碍。而阴阳二元特质也表现在祭祀空间的分配上，就像文中所举新威义冢一般，左右两边始终呈现对称的结构，左阳右阴，左男右女，因此，即便个体生命已经消失，男女的骨骸亦须依据阴阳之异而分别安置。另外，向来被视为客家仪式代表之一的客家八音，虽然近年来渐有女性族人的参与，但在传统上是由男性族人担任乐手，相反地，在婚丧仪式中偶尔可见的电子花车音乐的"演出"，则以女性的参与为主。这种阴、阳间的互补与互助是右堆客家社会在仪式活动中呈现出的极大特色。

台湾六龟新威客家庄每年三月初八一连串的祭仪活动可说是上述右堆客家信仰观与社会结构的一个缩影，来自于古老万物有灵观的"祭河江"、以儒家三献祭仪为主的"祭圣君"以及具有祖灵色彩的"祭义冢"等，这些丰富仪式所呈现的一切就像 Brigitte Baptandier 所言，"中国现今的真实（生活）纳入了历史中非常古老的一些元素，在我们发掘它们的同时，我们会突然看到好几个世纪前的影像呈现在眼前"。而"三献礼"祭法在历史上顽强而悠久的生命力，或许就像 Aurélie Névot 在云南彝族祭仪研究中所形容的一般，"某些中国祭仪特色的存续，历经两千年来仍然是显而易见的。有一种极为强烈的文化联结存在于现代与古老的实际活动中"。借由"三献礼"特殊的时代意义，右堆客家社会创造了他们特有的"儒教"文化，也创造了可以代表地方族群的一种仪式符号。

台湾屏东客家鸾堂信仰研究

吴炀和① 潘奕汝

一、前言

本文所谓"屏东地区",系指以今屏东县内埔乡为核心及其周边之竹田乡、万峦乡三乡之客家聚落。内埔乡位于今屏东县治之东,东临山地玛家乡,西接竹田乡,南系东港溪与万峦乡相对,北接隘寮溪与三地乡、埔盐乡、长治乡、麟洛乡相接。据《内埔乡志》记载,清康熙二十五年(1686),广东省惠、潮、嘉(梅县、蕉岭县居首)地方有赖、李、冯、钟、刘、利、黄、曾等姓客家人士,为谋生计,移居本地,为开垦之始。②内埔地区也是台湾南部六堆客家人开发的核心区;创建于清嘉庆八年(1803)的昌黎祠、天后宫长期以来一直是六堆重大事件商议集会之所,也是六堆客家人的信仰中心;20世纪初,屏东地区客家聚落的鸾堂信仰,亦以此地为核心向周边聚落传播。

鸾堂信仰属于新兴宗教,19世纪末以"三恩主"——关圣帝君、孚佑帝君(吕洞宾)、司命真君(灶君)为主神,透过以乩笔传旨、制印善书、宣教劝善、普施济世为宗旨的新兴宗教——鸾堂,方传入今万峦乡设置广善堂(为与美浓广善堂区隔,以下称万峦广善堂),但信仰范围也仅止于万峦庄一带。20世纪初,另一鸾堂,从台湾北部传入台湾南部,1913年今

---

① 吴炀和:台湾美和科技大学副教授。
② 内埔乡公所:《内埔乡志》,1973年,第3－9页。

高雄县杉林乡月眉村创设台湾南部客家第一座鸾堂——乐善堂；1917 年传至美浓镇创设广善堂，其后以广善堂为核心，美浓、旗山地区陆续开设鸾堂。1930 年，屏东县内埔乡延平郡王祠设立内埔地区第一座鸾堂——新化堂，著造内埔地区第一套鸾书；1931 年内埔乡东势村福泉堂开堂著书；1933 年竹田乡西势村觉善堂开堂著书；1935 年内埔乡兴南村劝化堂开堂；鸾堂以极快的速度在内埔地区设立，形成一种新的信仰形式。1943 年日本人开展"皇民化运动"，鸾堂信仰受到压制，转入地下；1945 年台湾光复后，信仰恢复。

屏东县内埔地区的鸾堂信仰虽传自高雄县美浓地区，然新竹飞凤山代劝堂乩生杨福来幕后协助开堂阐教，是重要幕后推手。当鸾堂信仰传入屏东内埔地区后，以新化堂为中心向各客家聚落推展，各鸾堂间虽有传承关系，彼此互相往来，但不互相统属。内埔地区目前以"三恩主"为主神的鸾堂有福泉堂、劝化堂、新化堂、福善堂、宣化堂 5 座，万峦广善堂、竹田觉善堂，均与新化堂、劝化堂有密切互动，且均为聚落信仰中心，此 7 座鸾堂即为本文讨论重点。近年来因客家整体意识被刻意强调，为强调客家主体性，部分研究有意将某些主题独特化为客家特色，本文无意将鸾堂与客家人关系特殊化，本文写作目的乃是基于现有研究中，有关客家地区的鸾堂信仰，研究甚少，特别是内埔地区的鸾堂信仰，因此尝试初步探讨鸾堂信仰在内埔地区发展过程，至于他处鸾堂发展及相关议题，非本文探讨重点，略而不谈。①

二、发展沿革

台湾屏东县内埔地区的民间信仰发展蓬勃，据统计，内埔地区儒释道三教相关庙宇现有 37 座②，在统计分类上，习惯将佛教以外的庙宇归类为道教，鸾堂亦属之；然访问鸾堂信众，则多不认为其信仰属道教，多以为信仰特色为儒释道三教合一，且偏于儒教，并不属于佛教或道教。因此，

---

① 有关鸾堂信仰，可参阅学者王志宇的《台湾的恩主公信仰：儒宗神教与飞鸾劝化》，郑志明的《台湾扶乩与鸾书现象——善书研究的回顾》《台湾民间宗教结社》《神明的由来：台湾篇》等著作及相关论文，对于台湾地区鸾堂信仰的源流、发展、善书、神明等议题，均有详细研究成果。然因研究对象多以一定区域为限，因此对于客家地区的鸾堂着墨不多，而根据实地研究发现，客家地区鸾堂信仰，除了一些共通性之外，亦有其地域上的特性，相关之地域特性，研究成果有限。

② 财团法人六堆文化教育基金会：《六堆客家社会文化发展与变迁之研究——宗教与礼俗篇》，2001 年，第 72 - 73 页。

主管部门将鸾堂信仰归类为道教，与实务上信众之主观认知不符，信众认知亦说明鸾堂信仰与其他民间宗教的差异。

王志宇《台湾的恩主公信仰：儒宗神教与飞鸾劝化》分析"鸾堂"的两层含义："广义的鸾堂泛指使用扶鸾进行神人沟通的组织；狭义的鸾堂所指为以三恩主信仰为核心所发展出来的'儒宗神教'。"① 另根据台中圣贤堂圣贤杂志社《鸾堂圣典》解释："鸾堂乃是圣堂、善堂也，奉祀关帝君为主神，加奉祀孚佑帝君、司命真君，尊称为'三圣恩主'，或加配奉祀文昌帝君、玄天上帝尊称为'五圣恩主'。或有鸾堂加配'先天豁落灵官王天君、岳武穆王'亦称为'五圣恩主'。并以奉祀太上道祖、孔夫子、观世音菩萨等三教圣真为上座，借桃柳为笔，扶鸾虔请神灵降笔，以传神意。盖古圣离世日远，必借桃枝柳笔现身说法，于沙盘浮字，传真警世，教人修道之法，此种组织之善堂，谓之'鸾堂'。"②

"儒宗神教"之名不见于内埔地区，因此本文称"鸾堂"信仰，指以"恩主公"为奉祀主神：奉祀关圣帝君、孚佑帝君、司命真君为"三圣恩主"；另外增加两位主神，如文昌帝君与慈济真君，即为"五圣恩主"的信仰形式。鸾堂在台湾地区属于新兴宗教，台中圣贤堂圣贤杂志社《鸾堂圣典》记载其沿革：

> 台湾省之鸾务开基，以澎湖为最早。溯其始今，传自福建泉州公善社。当时地方之文人学士为祷天消除灾患与匡正人心计，乃于同治三年甲子（1864）六月初三日在马公先开"普劝社"崇拜南天文衡圣帝关及太医院慈济真君许二位恩主，初设沙盘木笔，有时挥鸾阐教，有时宣讲劝人，神人同乐，广行善举。至光绪丁亥年（1887）正月十三日赐号为"一新社"，继设"乐善堂"。于光绪十七年（1891）著作《觉悟选新》一书，分列八卷，亦为全省最早著作之鸾书也。③

以为台湾鸾堂信仰源于澎湖，其后传入台湾本岛；此说学者有不同看法，但无论如何，鸾堂信仰于19世纪中后期方才传入台湾，应无疑义。何时传入六堆地区，根据《六堆客家乡土志》记载：

---

① 王志宇：《台湾的恩主公信仰：儒宗神教与飞鸾劝化》，台北：文津出版社，1997年，第31页。
② 台中圣贤堂圣贤杂志社：《鸾堂圣典》，2003年，第8页。
③ 台中圣贤堂圣贤杂志社：《鸾堂圣典》，2003年，第8页。

六堆客家人士，向来重视文教，地方上有"三圣坛"亦称"广善堂"，奉祀关圣帝君、文昌帝君、孚佑星君。清季道咸年间，蕉岭县人士钟子华先生来台游历时首创。先在万峦建庙。①

记录万峦广善堂兴建缘起清季道咸年间，即 1821—1861 年。若果如此，则六堆鸾堂传入时间早于《鸾堂圣典》记载，且是直接从大陆传至台湾，非由澎湖传入。《六堆客家乡土志》的记载系根据广善堂自载之沿革，然访问广善堂管理人员，均表示记录时间为故老相传，无文字记录。《台湾私法附录参考书》另记录一篇关于广善堂源起的文字：

我万峦庄龙冈上福德神，自开庄之始，即立有坛墠在焉！历百有余年……壬辰之秋，因庄内重建福德祠，值三圣新开乩坛降笔，蒙本福德神临鸾，自言为开庄之主，即自行涓日修坛。②

文系光绪二十年（1894）庠生钟宝鸿撰，文中提及万峦庄在"壬辰之秋"（1892），"值三圣新开乩坛降笔"，"三圣坛"即今万峦广善堂。则万峦广善堂开坛时间不晚于光绪十八年（1892），是内埔地区第一座被记录的鸾堂，但后续发展无文献记载。六堆地区鸾堂则由另一支系传播而来。1913 年，今高雄县杉林乡月眉乐善堂创堂，其后传至高雄县美浓、旗山，屏东县内埔等地，是鸾堂在六堆地区大规模发展之始，根据《月眉乐善堂沿革》记述：

乐善堂之由来，始于大正二年（1913，癸丑）之秋，而我庄中耆老绅士，有感乎世道之衰微，人心之变幻，故有绅士黄锡勋，庠生林清辉，富翁吴彩恭……因议及倡设鸾堂之事……恭设三圣之座位。……耳闻兰阳启化，竹邑从风，至是年之冬，众议派刘文西，前往苗栗之玉清宫恭请三圣之香火，到堂安位祀奉……越明年二月廿四日，请旨开期造书，四月书成告竣，名曰觉梦真机。③

---

① 钟壬寿：《六堆客家乡土志》，屏东：常青出版社，1973 年，第 318 页。
② 临时台湾旧惯调查会：《台湾私法附录参考书》（第二卷上），1910 年，第 192-193 页。
③ 月眉乐善堂：《月眉乐善堂沿革》，《月眉乐善堂开堂 49 年改筑十周年纪念专刊》，1961 年。

《觉梦真机》另一位正乩生刘石恩，来自苗栗公善堂，[1] 初期鸾堂事务及扶鸾著书，皆得刘石恩协助。第二部鸾书《妙化新篇》，则由日据中期客家鸾堂最活跃的乩生——新竹飞凤山代劝堂正乩杨福来，南下协助扶鸾著书。

杨福来为日据时期相当活跃的正乩。日据初期日警以为杨氏为新竹地区降笔会戒烟运动主要的策动者，故对杨福来进行严密的侦查和监控，杨氏为汉学书房教师，一方面教书，另一方面开设鸾堂替人戒烟，因此常受邀传授降笔戒烟之法。明治后期及大正年间，杨氏开始往中、南部拓展其鸾堂人脉，协助扶鸾著书，成为日据时期最有名的正乩。[2] 1917 年鸾堂信仰由月眉乐善堂传至美浓，广善堂开堂，1920 年扶鸾著书《择善金篇》，古阿珍、杨福来为正乩生。

因为六堆往来关系，鸾堂信仰后传至屏东县内埔乡丰田村延平郡王祠。内埔地区的鸾堂与美浓地区鸾堂不同之处在于：美浓地区的鸾堂多属创设庙宇；而内埔地区的鸾堂多为地方上的既成信仰，因原庙宇的主事者倡导，在原有的信仰上，再加上鸾堂三恩主信仰，因此一座庙往往拥有原庙名及转为鸾堂后的堂号。延平郡王祠即属之，1903 年创建庙宇，主要祭祀延平郡王郑成功，至 1930 年创设鸾堂，又名"新化堂"，同年著成《善化新篇》，由杨福来、黄来生、张连凤担任正乩生，钟阿鸿担任堂主；钟阿鸿为当地士绅，日据时期曾担任新北信用组合长，内埔庄协议会员、区委员，对本庄具有影响力；此后新化堂陆续于 1937 年著成《济世金丹》，1960 年著成《警世金钟》，其影响力也陆续拓展至内埔周边地区。[3] 福泉堂，原为内埔乡东势村关帝庙，创设于康熙年间，供奉关圣帝君为主神，原称"后堆福德坛"；1930 年第一任堂主刘凤章、督理李金云召集四方善信兴建，改称"后堆福泉堂"，供奉三恩主，赵云为主席；1931 年扶鸾著书《复醒金箴》。堂主刘凤章出身内埔望族，曾任内埔庄协议会员、信用组合监事等职，为地方上知名实业家。[4] 竹田乡西势村觉善堂也是由既成庙宇转换成为鸾堂，1931 年创建庙宇奉张、萧、刘、连四位圣君；1933 年

---

① 乐善堂：《觉梦真机》卷 2《义部》，1914 年，第 16 页。

② 玉世庆：《日据初期台湾之降笔会与戒烟运动》，《台湾文献》1986 年第 37 卷第 4 期，第 132 页。

③ 根据新化堂于 1961 年发行之善书《警世金钟》记载：新化堂于庚午（1930）秋，欣蒙上帝御赐堂号……倡设鸾堂，著成一部《善化新篇》。则新化堂于 1930 年，因为主其事者提倡，因此新化堂转变为鸾堂。

④ 《后堆福泉堂沿革及崇奉主要圣神略历》，1997 年。

首任堂主吴才华及有志者倡议开创鸾堂，以飞鸾柳笔教化民众，并至福泉堂、美浓广善堂寻师访道，随后开堂，号"觉善堂"，1934 年著善书《觉化良箴》，首任堂主吴才华是实业家，第二任堂主曾德华为台湾光复后竹田乡第一任乡长。① 1941 年劝化堂开堂，1945 年台湾光复后，信众赖永传等人倡设鸾堂，利芹生、邬连金为正、副鸾，并聘请新化堂黄乩生宜福到堂传授鸾生，于 1948 年著书，书名《钦赐劝化良箴编成乾坤二卷》。②

内埔地区几座鸾堂，草创时期皆非鸾堂，后因主事者倡导，转成为鸾堂信仰，其余如上树山宣化堂，创建时间不详，以中坛元帅为主神，三恩主为陪祀，并有扶鸾乩笔的仪式。日据末期，因日本人开展"皇民化运动"，鸾堂发展受到打击，庙宇被拆毁，仪式被禁止，神像被捣毁，万峦乡《广善堂沿革》记载了本段历史：

> 日据末叶，因受日本皇民化政策之压迫，致信徒散漫，庙宇失修，落寞一时。台湾光复……整顿重修，加祀司命真君为四圣，特聘黄宜福先生训练鸾生经生，乃再振作努力，阐教敦正社会风气。③

内埔乡《劝化堂沿革》记载："东亚战争，日政府诚恐人心思汉，肆行破坏宗教，毁拆神坛庙宇。"④ 其他鸾堂，虽无文字记录，也都受到破坏。台湾光复，各鸾堂才陆续恢复各项活动，重修庙宇。内埔地区鸾堂发展，著作善书成为创堂的重要象征，为了训练著作鸾书的正副乩生，后起鸾堂多会向邻近鸾堂求教。一些有名的乩生也会受邀协助，如杨福来曾在美浓镇广善堂、旗山镇宣化堂、内埔乡新化堂协助著书。新化堂乩生黄宜福协助万峦广善堂、内埔乡劝化堂著作鸾书。竹田乡西势觉善堂向内埔乡

---

① 觉善堂：《觉化良箴》，1980 年。

② 根据《劝化堂沿革纪略碑志》记载：1935 年日据时代因村中无庙立祀，每岁春秋二祭均感不便，因此有志如赖永传、赖丁官、林龄魁、赖绍官、林增荣、赖燊官、赖富官、赖禄官等倡，首兴工建筑。于 1941 年仲冬之月告竣，翌年中日发生事变，日政府毁拆神坛庙宇，直到卅四年乙酉岁，全台光复之秋，趁机重新修整。当时……赖永传、林龄魁、赖燊官、林增荣、赖绍官、赖秀官、邬连春等诸同志，倡议开设鸾堂……公举邬接传、杨云祥为正、副鸾……终难摸捉其仙踪而遂其志也。丙戌春……命利芹生、邬连金为正、副鸾……聘请新化堂黄乩生宜福到堂传授鸾生……乃于戊子年（1948）中秋之月请旨著书……五十天期内，辛勤不懈，始获幸观厥成，书名钦赐劝化良箴编成乾坤二卷。

③ 资料来源：万峦广善堂。

④ 资料来源：兴南劝化堂。

福泉堂、美浓镇广善堂求教培训乩生。从这些资料可见各鸾堂彼此间联系密切，互相协助但又维持独立自主的运作模式。

三、鸾堂组织

内埔地区各鸾堂有固定职务分工，鸾堂之职务分工大同小异，鸾堂设正副堂主，负责总理堂上大小事务，堂主一般不兼正副乩生。以堂务分工而言，乩生扮演神的代言人并非神的本尊，因此乩生在鸾堂中虽扮演重要的角色，但实质上堂务仍是由堂主总理。如新化堂《警世金钟》鸾书详细说明对于每个职务的要求，其中对正副堂主的堂谕：

正副堂主，开设鸾堂，无非劝善起见，既晓开堂，须知劝化愚顽，莫辞苦口，先行正己，后能正人，力行善路，日日记功，若使始勤终怠，监督不周，刻刻记过，鸾堂案下，乃是积立功过之地，慎之凛之。[①]

正副乩手的堂谕：

正副乩手，登堂扶鸾，展起精神，目注沙盘，心向神前，目不许斜视，口不得枉宣，以免错杂神仙诗话，免误佛圣真言，能晓诚心诚意，日日赏功，若无至意，心神紊杂，误念神仙诗话，罪罚不容。

对于堂上其他职务如正副乩录生、请诰生、迎送生、司香生、采花生、净坛生、净案生、采办生、校正生、誊正生、坛押生、接驾生、善男信女，均分别针对个人专责具体提出要求。相较于其他一般民间信仰，鸾堂的行为规范相对严谨而具体。

从职务分工可看出男女清楚的特色，以扶鸾运作而言，扶鸾时需进入内殿之所有成员，均由男性担任，女性多担任相关准备工作职务，如采花生、正坛押生、副坛押生、司厨兼买办、接待兼杂役等。扶鸾时男女信众分别，不相杂厕，在空间上，女性不得进入供奉神祇的内殿，严别男女的情况所有客家鸾堂均相同。这种实质组织运作的惯例，反映出鸾堂所传承的传统男女之别的观念，经由具体的行为规范隔绝，避免男女杂处引发的越矩行为，进而破坏鸾堂和谐、组织运作，借以维持鸾堂的清静稳定，从中可看出鸾堂信仰对传统道德礼教的重视；在乩笔扶鸾、各堂堂规中，也

---

① 新化堂：《警世金钟》卷1《礼部》，2003年，第10–12页。

都可以清楚感受到对传统礼教的要求，及希望堂下信众将礼教规范落实到现实生活的宗教思维。

此外各鸾堂皆有堂规，文字稍有差异，内容大同小异，多为教以忠孝节义、伦常举止、道德仁义之行。兹举例新化堂堂规如下：

第一则：老者入堂效劳，须当展起精神，不辞苦口，训示青年之辈凛遵圣训。

第二则：青年入堂供职，在家要尊父母之教，兄弟和睦；在堂要听长者之言，老少和衷。

第三则：为人父兄子侄辈，能晓登堂向善，理当满心喜悦，不可吝惜费用，亦不可错想为荒功废业。

第四则：青年辈登堂效劳，各要殷勤尽职，无论业在士农工商，日时须要努力勤劳，不可往东走西，懒惰自误，持身要以信实为本，不可说谎诳人，在家不可瞒骗父兄，胡言来堂供职堂务忙碌，在堂不可瞒骗堂主，并说家务浩繁，无暇抽火，殊不知人虽可骗神难骗也。

第五则：谨言慎行，烟花赌博，老少同戒。

第六则：到在街市，莫登楚馆，莫入秦楼，时时刻刻谨记圣训。

第七则：对朋友往来交接，仗义疏财，忠厚为本，奸习切戒。

第八则：父慈子孝、兄友弟恭、长幼有序、夫妇和睦、一家和气、家道自得生祥。

第九则：登堂要不苟言不苟笑，稍有闲暇，研诵经文，恭恭敬敬，至诚方得感神。

第十则：不论在堂或在家，或对兄弟，或对朋友，或对亲戚，所讲者道德，所说者仁义，讲善事而劝善信，讲道德而化十方。[1]

堂规内容不外乎夫妇和睦、长幼有序、父慈子孝、兄友弟恭、上下和睦、勤俭质朴、守法重纪等方面，均属贴近个人生活，即个人修养、家庭生活、邻里亲朋的行为规范。内容与家规家训近似，然对个人与统治者的互动关系则均付之阙如。对于惩恶劝善，则多诉之谆谆教诲，于扶鸾乩笔时，由宣讲生宣讲劝善之道，偶或间杂以善恶因果报应故事。功利色彩较为淡薄，而多诉诸个人修养。

---

[1]　新化堂：《警世金钟》卷1《礼部》，2003年，第9－11页。

四、鸾堂的社会功能

内埔地区 7 座鸾堂，创堂之初，多从事扶鸾乩笔，宣讲劝善；或从事慈善工作，施棺施药，印赠善书，设坛宣教，强调教化功能。就其教门之命名（新化、劝化、宣化、觉善、广善、福泉、福善）及教义重心而论，实际上以儒教为主。"诸恶莫做，众善奉行"恰足以说明鸾堂成立宗旨。

（一）扶鸾乩笔

扶鸾乩笔是鸾堂劝善主要仪式，目前各鸾堂多逢农历三、五、九日开堂扶鸾。以万峦广善堂为例，固定在农历每月逢五日晚上 7 点 30 分举行。鸾生穿蓝色长衫，信众在外殿合掌站立恭听圣训。扶鸾程序如下：扶鸾前，鸾生男（内殿）女（外殿）分班排列肃静候驾→上香请诰→鸣鼓击磬→恭诵《列圣恩师宝诰》→司香生二人献香请神→接驾生分捧敬果、敬茶，交由正副鸾生→正副鸾生行三跪九叩之礼后进入内殿候驾→唱鸾生、乩录生行三跪九叩礼后进入内殿候驾→接驾生行三跪九叩礼后立于内殿候驾→钟鼓生鸣钟鼓→全体鸾生恭念《请神咒》→神圣仙佛降坛，神咒随即停念，正副鸾生手扶乩笔，乩笔长约 50 厘米，成叉形，乩笔快速摇动，在桌面上写出诗句，即是神明所降神谕，乩录生记录神谕，若不及记录，乩笔暂停画圈，待乩录生记录完成，再持续降下神谕，神谕完成，乩笔暂停，乩录生未及记录神谕，正副鸾生加以指点，神谕完成，乩录生当众宣读，并加诠释。每一乩笔诗经乩录生诠释完成，外殿信众三跪九叩，过程不断重复，每一神佛降临，接驾生及全体鸾生跪地俯伏接驾。扶鸾最后以鸾堂主席降下神谕作结。退坛时：全体鸾生跪地俯伏送驾→正副鸾生行三跪九叩礼→唱鸾生、乩录生行三跪九叩礼→接驾生、钟鼓生行三跪九叩礼→全体鸾生面向神前行三鞠躬礼→退坛→女信众恭诵《关圣帝君降笔真经》，扶鸾仪式结束，约历时一小时。各鸾堂扶鸾仪式相近。

广善堂扶鸾原用沙盘，后改上香灰，于今已经改用水，其余大致与以往相同。乩笔在沙盘上降下神谕，摇动速度非常快，并无停顿；过程中，乩生顺着沙盘乩笔舞动，以平缓的速度，一字一字念出乩文，旁边的乩录生快速抄录，过程中乩生并未产生如民间乩童入乩时的精神解离状态，一直保持清醒状态。仪式结束，乩录生将所记录乩笔诗交正乩生检视、校正，两名乩录生互相比对抄录之乩笔诗，最后誊缮完成。鸾堂具强烈的儒家风格及充满读书人习气，如乩笔诗均以古体诗词形式呈现，内容则不外劝导行善、激励信众坚持修道之心。对于新进信众，神佛会降下鸾诗，给予鼓励慰勉，透过乩生直接与人沟通。在实际参与中，可强烈感受到仪式的肃穆性，宗教的神秘性反而相对淡化。近年来因为乩生渐趋老迈，后继无人，参与者渐趋老化，因此部分鸾堂扶鸾乩笔，次数时间均有减少缩短趋势。

（二）印造善书

印造善书是鸾堂劝善的重要工作，善书具有浓厚的宗教色彩，也是民间文化意识的投射，反映宗教净化社会的整体气氛。善书与社会慈善活动、社会救济事业的关系密切，因为善书提供慈善事业必要的理论基础，慈善事业提供善书推动教养理念必要的实践支持及管道。以新化堂为例，1930 年著《善化新篇》，1937 年著《济世金丹》，1960 年著《警世金钟》，是内埔地区著造善书最多的鸾堂。鸾书著造需要大量人力、时间。优秀乩生，会受邀至其他鸾堂协助造书，如劝化堂即邀请新化堂乩生黄宜福到堂传授鸾生，1948 年著《钦赐劝化良箴编成乾坤二卷》。

鸾书内容有一定的格式。以新化堂《警世金钟》为例，分为天、地、人三册，其内容如一般书籍，有序有跋，序跋皆是神佛所示："大成至圣先师孔夫子序"、"梓潼文昌帝君引"、"阿弥陀佛赞"、"释迦牟尼文佛颂"、"五殿阎罗天子赞"、"南天文衡圣帝跋"、"南宫孚佑帝君铭"、"斗母元君记"、"九天司命真君箴"、"太上老君颂"、堂规、堂谕、本席恩师柳大真君言、关平太子作新化堂降造言、内鸾生善男供职芳名、鸾生信妇女供职芳名。诗文夹杂，先诗后文。

鸾书开宗明义揭示著书目的：书内诗词歌赋，论文案证，非徒取词句之工雅，概取有益于社会风化者。阅之人，当革面洗心，勿生诽谤。致干天怒。慎之，慎之。[①]"文以载道"的精神昭然若揭。《警世金钟》书首各方神佛题词，思维逻辑如下：感慨世风日下，人心不古，天帝原欲降灾惩民，幸三恩主请求赦免，故天帝派三恩主下凡警示愚民，使能真心悔悟。三恩主透过飞鸾的方式，觉醒愚顽之人，及时回头，如此即能免受伤灾害，如果民风可以趋向教化，崇尚王道，辛勤修道，如此必能脱离俗尘，德厚高明。再辅以劝善惩恶的故事，以达成教化目的。[②]

扶鸾乩笔则是神佛与信众沟通的方法："准于方方阐教，述典援经。处处开堂，引魂判案。借鸾乩而醒愚化世，敲木铎以振聩启聋，且谕劝佛

---

① 新化堂：《警世金钟》，2003 年。
② 新化堂：《警世金钟》，2003 年。

圣群真。枉驾临堂，吟咏诗词，以垂训世。引案述证，以警愚顽。"① 除三恩主外，其余神佛亦会驾临训示，以启愚民。乩笔的目的是希望信众能猛醒悔悟，诱之以善，威之以惩，勤修德业，因此"勉诸下民，善不倦，乐道忘餐。重睹尧天舜日之休风，共享升平之乐事也"。最后自能诚感仙神，化劫除凶福禄臻。对乩笔造书亦深感嘉许："可知阳有阳法制裁，阴有阴律刑典。太上曰：祸福无门，由人自召。善善恶恶，依其轻重较量。恶虽小，不可滥为。善虽微，不可不作。积功积德，名垂不朽。上可以超玄祖，下可以荫子孙。"② 提供理世界，作为信众坚心修道的诱因，乩笔诗文的思维模式自有一套转承过程。

"劝善除恶"是所有扶鸾乩笔的核心思想，所有乩笔诗皆以"善"字为思想主轴，"诸恶莫做，众善奉行"是扶鸾乩笔的中心思想。表现方式则有诗、文、故事等。不为圣贤，便为禽兽，惩恶与行善为一体之两面，惩恶的目的是行善，惩恶的基础在于现实社会："邹鲁之风已杳，郑卫之俗渐萌。道变世迁，今古时异。效法欧风，文明自诩。废纲常，灭伦纪。高唱自由。欺暗室，昧天良。毁贤谤圣。徒逞才智，逆理横行。甚至欺压善良，为非结党。"③ 行善者升天，为恶者下地狱，芸芸众生，茫茫人海，为善为恶，尽在一念之间。人若不能除恶向善，则将由神佛施以刑罚，而审判人民罪行，最有代表性的神祇就是十殿阎王。在《警世金钟》一书终结透过十殿阎王拘提罪犯的审讯方式，达到劝善的效果。

"劝勉"。扶鸾乩笔的目的在劝人为善，但由于不良社会风习的诱惑、个人心志不坚、缺乏立竿见影的实质利益吸引，信众难免出现怠惰、懒散甚至放弃的行为。乩笔诗中不断重复出现勉励、鼓励的话语，积极劝导信众要能坚持求道之心、要诚心诚意、要有始有终。如："瓜田李下念毋差，倚马才高莫自夸，诸子能明听圣训，须行心地证无邪"；"重重鸾务苦心多，难挽狂澜怎奈何，祸福无门人自召，临头知悔已迟么。"因鸾堂强烈的儒家风格及充满读书人的习气，所以乩笔诗多以古体诗的文体呈现；不同的乩生，诗文内容风格亦会有些许差异。目前扶鸾诗文多为七绝、七律，诗句多符合上四下三原则，平仄亦多能和韵；依起、承、转、合方式书写。诗的内容不外应景诗、劝善诗等。虽有不同降乩的神明，但内容亦多大同小异。鸾堂著书是一大工程，须动员众多人力，且鸾生需具有相当能力，方有可能成书。1960 年后内埔地区的鸾堂即未再著书，创堂时著造

---

① 新化堂：《警世金钟》，2003 年。
② 新化堂：《警世金钟》，2003 年。
③ 新化堂：《警世金钟》，2003 年。

的鸾书则视需要再行集资翻印，如福泉堂《复醒金箴》、新化堂《警世金钟》、觉善堂《觉化良箴》均在 20 世纪 80 年代后重新翻印。

（三）施药济世

往昔医药不发达，加以民众普遍贫穷，民众无力就医者，所在多有，因此鸾堂设立后，施药济世，也是鸾堂重要功能之一。如福善堂、福泉堂、万峦广善堂等均有施药记录。施药方法各有不同，以振丰村福善堂为例：

> 堂下鸾生始终不辞艰辛，长途跋涉，攀山越岭，采取青方，固定每逢农历三、六、九晚间八时起，扶鸾阐教、施方济世、指点迷津、解决疑难、救急恤贫等，风雨无阻，从无间断。善信来堂，不论求医治病、取药、问事、过运、收惊、解冤……一律免费，不收取红包或香油钱，也不设捐献箱。①

福善堂施药多为民间草药，系由信众自行采集晒制，庙中设药柜，信众求神之后，依鸾生指示抓取药方用药。根据调查，福善堂并无一定药方。信众求药过程如下：求药者向鸾生说明症状，鸾生点香上告神明，随即写出药方，交予求药者，求药者至药柜处抓药。据了解，开药方之鸾生并未学习中医，亦不懂药理，询其如何懂得抓药，则答以神明指示云云。福泉堂早期供民众求取药签，后政府明令禁止，今民众若有需要，则可先至堂上求神，后至合作的中药店，经由医师诊断，提供必要治疗。

万峦广善堂、新化堂、觉善堂亦有施药记录，然目前已不施药，亦不提供信众求取药签，庙中尚保存药书。以万峦广善堂药签为例，分妇科、儿科、男科、目科、外科五科。② 特别的是有些药方不是实际的药方，而是签诗，如儿科 16 号——仙童无外病，唯是体元虚，吾今受尔药，鸡卵可调医；21 号——尔树既无根，唯赖有天仙，金钟与佛耳，可保尔之生；26 号——详查儿子病心，内有惊惶，神灵多保佑，圣佛护安康。目科 28 号——尔病是不防，只为尔心伤，静养必能愈，何复用良方。外科 44 号——客体风霜染疾成，纷纷浊浊熟求真，祇今若治君身病，须在涵养得自清。鸾堂不提供实际药方，反是一种心理治疗。药签特色是：各科目药

---

① 屏东县内埔乡：《福泉堂沿革志》。

② 本段有关药签解析，系由美和科技大学潘奕汝老师提供中医学相关信息。

签用药剂量偏轻，每一号方之药物配伍应用中，均无法体现出中医方剂君、臣、佐、使的中药配伍原则，然而各科药物的特性、功效及主治仍符合用药原则，但因药物的用量轻，所以无法体现出确切的治疗作用，怀疑各科药签部分疗效来自求签者的心理慰藉。

客观分析，药签有其缺点：药签用药为求书写方便，常使用简写字或使用地方用语书写中药名称，可能造成中药师抓取药物错误，导致降低药效或产生毒副作用。各科号方除明确说明中药使用量外，大部分无说明药物的煎煮方式，可能导致药效降低或毒副作用产生。各科药材使用剂量，虽大部分介于中药的安全使用量，但仍须根据患者的体质对症下药，并且注意毒性药物的副作用。各科目分科确切，但仍可见适合其他科的药方，加上民众自行提供的民间偏方，可能造成民众危害。因此目前政府明令禁止，所以内埔地区鸾堂多不再提供药签、药方；或采取折中方式，民众求药签后至合法中药店问诊抓药。

（四）救难济急

鸾堂亦可视为地方上的慈善组织，如振丰村福善堂，于堂中设立福善堂功德会，明揭设立宗旨为：遵奉圣帝真经"时行方便，广积阴功，救难济急，恤孤怜贫，矜寡拔困，创修庙宇，印造经文，造桥修路"①。福善堂只要接到口头反映或书面申请时，立即由审核委员探访，若属实就地适时办理慰助事宜。

五、鸾堂祭典

鸾堂每年不同时节有不同祭典，各鸾堂祭典仪式简繁不同，普遍来说仪式多庄严肃穆。每逢神圣诞日，鸾堂依例准备鲜花素果，并由鸾生诵经祈福，仪式简朴无华，不请戏班唱戏谢神，也无电子琴花车之喧闹俗艳。年度重要祭典为中元节、关圣帝君诞辰、朝斗祈安法会、春福、秋福等；仪式大同小异，以下就祈安礼斗法会、春秋福各举一例说明。

（一）祈安礼斗法会

根据福善堂相关资料，祈安礼斗法会其意义如下："拜斗，是道教独有为人消灾祈福、延命保寿而设的法会，是道教庙宇最普遍常见的科仪……参加拜斗，即是朝拜自己本命元辰，可使元辰光彩，移凶化劫，消

---

① 资料来源：屏东县内埔乡振丰村福善堂功德会。

灾改厄，祈安赐福。"① 祈安礼斗法会固定于九月初一至初九连续举行 9 天，属于道教的科仪，内埔地区鸾堂，只有万峦广善堂、劝化堂、新化堂、福善堂举行，其余宣化堂、福泉堂并无类似仪式。仪式以万峦广善堂最为繁复完整。万峦广善堂于法会期间，每晚 7 点 30 分，堂下男女鸾生齐聚堂中，诵经祈福，举行拜斗仪式，法会最后一天在初九晚上举行。信众以家庭为单位，全家人设一斗，列名其上，经由鸾堂 7 日法会，祈求家庭幸福。各鸾堂只有万峦广善堂供信众设斗，其余各鸾堂则仅有仪式而不设斗。

（二）祈福、还福

每年农历元月举行祈春福仪式，以内埔乡兴南村劝化堂为例：元宵节祈春福，庄中有新丁之家长会准备龟粄来祭拜诸神，祈求庇佑新丁身体健康、少染灾疾，智慧聪添。② 元宵节有元宵祀典，早期农业社会，众信参加元宵祀典祈福会时每人入会各缴一百斤谷子（折合当时市价缴会费）。每年祈春福时有聚餐，席上管理人将一年来收支向大会报告；有资金需求，须向祈福管理会贷款者，就在此时借让、贷款，所生挈息作为祈福之费用，现今贷款所生挈息不足支付祈福经费，能省则省。

农历十月前后，六堆地区各客家庄头，都会举行"还福"或称"秋福"的祭典，感谢神明一年来的保佑。各地仪式稍有不同，均由各地庄头庙宇主其事。举行时间由地方耆宿、寺庙主事共同商定日期后公告周知。举行"还福"祭典，各庙宇会将祭祀圈内各地伯公、私人神坛神佛迎至庙中，接受信众祭拜，仪式结束后再将神佛送回各地。以劝化堂秋福为例③：以往农业社会本庄各项活动均以劝化堂为中心，完福日期由庙方以扶鸾订定良辰吉日后向村民公告之，现今由村长联谊会订定吉日实施之。祭典第一天从善堂出发，绕行庄境请神：村庄境内的伯公、敬字亭魁星、私人神坛（瑶池金母）诸神等均在邀请之列，伯公轿返回定位后将神榜位牌恭请至内殿，香炉一并放于牌位前，受善信供奉。当天晚上举行"五谷先帝"祝寿仪式，鸾下二人一组向神前三跪九叩首以表诚心，鸾下经生以诵经祝寿。接下来举行祈求秋福仪式（俗称拜天公）。第二天敬送伯公及诸神，其顺序相反，出发前先将神位牌请上伯公轿（须先禀明送伯公之事由）及香炉内需插上九炷香，鸣钟敲鼓恭送伯公及诸神返回本祠、本庙、本宫、

---

① 资料来源：屏东县内埔乡振丰村福善堂。
② 资料来源：屏东县内埔乡兴南村劝化堂正乩生赖裕文先生提供。
③ 资料来源：屏东县内埔乡兴南村劝化堂正乩生赖裕文先生提供。

本院。

此外，各鸾堂祭祀神明，表现出强烈的差异性及地方特色，除了主要祭祀对象三恩主相同之外，各庙宇之陪祀神或主祀神各不相同，信仰神祇涵盖儒、释、道等各宗教派别。即使是有密切关系的广善堂、劝化堂、新化堂亦然，显然民间宗教并无一定规范与限制，呈现各取所需的现象，可视为民间宗教的活泼性。因各地皆因应需要各自发展出地方信仰体系，其信仰圈就有其地域性。各鸾堂间互相联系、支持，并不互相统属，因此各项祭典仪式，也随主事者观念、做法而逐渐改变。

六、结论

鸾堂在内埔地区属于新兴宗教，较早的为万峦广善堂，于19世纪末传入；20世纪初由台湾北部传入高雄县杉林乡、美浓镇，1930年传入屏东县内埔乡，新化堂是内埔地区第一座鸾堂。此后福泉堂、觉善堂、劝化堂、福善堂、宣化堂等陆续在内埔附近各庄头创建，鸾堂信仰在内埔客家地区有强大影响力。著造鸾书是鸾堂开堂的重要工作与神迹的重要象征；鸾堂建庙宗旨：透过鸾书著造、善书发行、宣讲劝善等发挥净化民心功能。鸾堂负责人，亦多地方士绅，受过传统汉学教育，目前鸾堂领导人多为公务人员、教师，这些地方精英加入鸾堂组织，使鸾堂多了一些理性的成分而少了迷信色彩。这是鸾堂与其他民间信仰最大的不同。鸾堂信仰强调做人最重要的是对善恶的坚持，而非利害的追求，重要的对他人的付出而非自己的所得。因强调修行，因此扶鸾乩笔是鸾堂重要的教化手段。因强调行善，因此恤贫救寡、施药济世活动，普遍存在于各个鸾堂。

宗教信仰和社会组织密切相关，因此宗教信仰在某种程度上是以人们的现世生活架构为构成模式，透过宗教的力量，建构一个理想的生活世界。内埔地区鸾堂信仰功利性淡薄，不强调短期眼前的实质利益，强调的是修养自己的过程。以鸾堂信仰与内埔地区客家人的生活结合程度，足以反映人民的生活观及价值观。鸾堂在内埔地区发展至今，逐渐面对时代变迁带来的挑战：目前参与鸾堂事务的多属中老年，缺乏年轻人参与；扶鸾乩笔，需花甚多时间学习，因此部分鸾堂在乩生去世后，后继无人，扶鸾仪式消失，遑论著造新的鸾书；因为整体卫生条件标准提高，施药济世功能衰退；因为普遍社会福利政策，鸾堂原有之救济功能逐渐被取代。鸾堂的功能角色，逐渐退缩到一般村庙的功能，仅供附近居民上香祈福。虽然鸾堂整体上的功能逐渐退化，但是作为聚落信仰中心的地位，仍无法取代。

台湾六堆客家人"还神"祭典仪式研究

谢宜文①

一、前言

"还神"②，在客家地区是个代名词，通常指晚上行"拜天公"。"还神"祭典，是客家人岁时祭典中重要的祭典，客家人的"还神"祭典通常是在深夜子时开始进行，所以它在客家人心中有一些神秘感。虽然"还神"祭典是客家人重要的生命礼俗，可是祭典时除了主事的礼生、引生，其他人对仪典的礼程看似熟悉实则生疏。

在客家地区的生命礼俗祭典中，"还神"是个重要的祭祀仪典，举凡婚、丧、岁时节庆、神佛圣诞之时，年初、年底的春祈秋报，都会以"还神"仪式，进行敬神、祭祖祭典。"还神"带有还愿、感恩、尊敬与禀告的意味，在客家生命礼俗中是个非常重要的祭祀仪典。

六堆地区客家人的"还神"祭典，随着时间、空间、环境的变迁，可以发现屏东地区与美浓地区，以及美浓南边北客来开垦的南隆地区，有些不同。美浓地区客家人的"还神"祭典，不受福佬人的影响，保留着中国之传统祭祀礼仪。六堆地区客家"还神"祭典，从傍晚开始的结坛，到晚上的拜天公，再到最后的行三献礼，祭坛的布置、供奉的祭品等每一项都有其中国传统礼仪之含义。

---

① 谢宜文：高雄县美浓镇福安小学教师。
② "还神"：有些人称作"完神"，本文在此以"还神"称之，因有还愿之意。

有关客家人"还神"的文献资料并不多。有些文献资料将"还神"称作"完神",有关客家人"还神"的文献记载都只简述有"完神"仪式,台北艺术大学柯佩怡的硕士学位论文《台湾南部美浓地区客家三献礼之"仪式"与"音乐"》,其论文在吉礼的仪典中对"还神"祭典的仪典作了比较完整的叙述。其他文献则很少叙述"还神"祭典全过程。

本研究,主要记录六堆客家地区之"还神"祭典,提供一般人认识六堆客家地区之"还神"祭典之全部仪程,再探讨祭典祭坛的布置,供奉的祭品及其含义与目的,进而探讨该差异之原因与影响因素。

二、台湾南部六堆客属组织

自17世纪客家人来到台湾之后,有些客家人在台湾北部垦殖,定居于桃竹苗北部地区;有以饶平腔与大埔音为主的客家人,定居于中部东势和卓兰地区;也有来自广东嘉应州的客家移民,往南垦殖定居于现今高雄、屏东地区。

康熙六十年(1721)朱一贵之乱,定居于下淡水以东的客家移民,遣艾凤礼、涂华煊至台南府城请援,但五月一日府城已陷,他们只好纠集十三大庄、六十四小庄共一万二千余人,于万丹庄立"大清"旗号,推侯观德指挥军务,分七营驻扎于下淡水溪,朱一贵阵营派人来攻皆被拒退。清朝在平定乱事之后,对领导者都加以授官、奖赏,旌其里为"怀忠里",谕建亭为"忠义亭"(现今屏东县竹田乡忠义祠)。

这个在下淡水溪成立的客家人自卫武装民团,后来逐渐制度化,乾隆五十一年(1786)林爽文之乱,他们分配兵力及粮饷,推举各地领导者及总领导者,以忠义亭所在地为中心,冠以前、后、左、右、中、先锋堆之名,长治、麟洛地区为"前堆",内埔为"后堆",新埤、佳冬为"左堆",里港的武洛庄、高树、美浓地区为"右堆",竹田为"中堆",万峦地区为"先锋堆",形成特殊的"六堆客属文化区"。

屏东平原包括今屏东县东部平原及高雄县的大美浓地区,为客家族群来台早期大规模移垦的地区,亦为台湾客族的主要集中区之一。在明郑时代,属万年州;至清朝,属凤山县;而日据时期先属阿猴厅,后改高雄州(1919年后)。1945年,台湾光复,脱离日本帝国统治,一度属于高雄县,1946年废州成高雄县与屏东县,美浓归入高雄县,其他为屏东县。

三、客家人的"还神"祭典

传统客家的"还神"仪式包括"结坛""拜天公"① 与"行三献礼"三大项。

（1）结坛。

傍晚在拜天公祭典的地方，面向外架设上、中、下界坛位。结坛时只在上界摆设神牌、鲜花与简单的水果、糖果等祭品，中、下界有坛无供奉物品。结坛仪式主要是上香禀告结坛的目的，告知上天今天在某地办理某祭典，请值日星君恭请玉皇大帝及通知各星君、菩萨、众神等晚上莅临享用准备的宴食。上香后再奉茶与敬酒、化财（烧金纸）。

（2）拜天公。

晚上行正式"还神"祭典，拜天公要向外向天空行祭典仪式，拜天公仪式有：上香、奉茶、敬酒、请神、读祝文、庇佑、化财、焚祝文、送神等。有些庙堂的"拜天公"仪式，会以"请诰"② 或诵经③方式替代，无拜天公的敬神仪式。

（3）行三献礼。

向天行"拜天公"祭典敬礼后转向，向祖堂或神明行礼，行礼方式为中国传统之初献、亚献、终献三献敬礼，在初献、亚献中诵读祝文，最后化财焚祝文结束仪式。

（一）客家八音与"还神"祭典之关系

客家八音与客家人的生活、文化有着不可分割的关系，六堆地区客家八音从过去到现在，始终与当地客家人的生命礼俗与岁时祭仪活动无法分割，举凡庙会祭典，客家人的婚、丧、喜庆等生命礼俗，都会请客家八音团配合祭典及各项礼仪进行现场演奏。六堆地区的客家八音，只为客家人的民俗活动服务，伴随繁复的礼仪演奏音乐。所以客家八音团成员，除了对客家八音曲调要有深入地了解与高超的演奏技巧外，还必须熟悉客家人的各项礼俗仪式，才能与各项仪典礼俗作完美的配合。客家八音赋予各项

---

① 拜天公：又称敬天公，客家人所谓的"拜"可徒手拜拜，亦可拿香拜，也可准备牲礼祭品祭拜；"敬"表示是有准备牲礼祭品祭拜。因为台湾地区受到福佬的影响，一般人称"拜天公"，因此本文就用"拜天公"。

② 请诰：在庙堂内由一人诵念"请诰"文（奉请庙堂内之神佛的请神方式），通常会用请诰请神的以善堂居多。

③ 诵玉皇真经。

生命礼俗生命力，没有客家八音搭配的祭祀仪典，就像没有生命力的祭典，就像消了音的戏剧，有如少了水灌溉的花朵，失了声的歌手。

美浓地区客家八音的演奏形态，一直维持着传统最简单的四人组演奏形态。一人吹唢呐，二人拉弦乐器，一人职司打击乐器，就像是精美的室内乐团演奏，虽然是乐器的演奏，可是仔细听起来，像乐器与乐器之间在对话，在交谈，在诉说各种传说故事。因为美浓地区的客家八音团，一直都为客家人的生命礼俗演出，他们对客家八音的演奏，融入客家人生命礼俗中，所以有人称美浓的客家八音音乐是有生命的音乐。

（二）屏东客家地区的"还神"祭典

1. 祭坛的设置

六堆屏东客家地区的"还神"祭典仪式，拜天公祭典祭坛的设置有两界与三界。上界用两张桌子，坛前有两根甘蔗，甘蔗上绑着一串黄色纸（"高钱"），祭坛桌上最前方放置二红一黄三个灯座或黑黄红绿四个灯座，上界玉皇大帝神牌，是用黄色纸中间贴红色纸，上书写"昊天金阙玉皇大帝陛下暨列周天满汉星斗星君诸佛圣神香座位"，插于香炉内，也有用木刻牌位的。两旁两束鲜花、一对蜡烛，香炉前依序放置有净香炉、茶杯、酒杯，祭品有五行（金针菇、木耳、冬粉、香菇、笋干）、炸素菜、水果、米果、糖果各5盘，钱粄与红粄各36个，发粄6个，左右各1个菠萝，中间放6瓶酒。

下界亦摆放两张或四张桌子放牲礼等敬奉品，下界神坛有香炉但没有神牌，前桌敬奉品及摆放位置与上界一样。后面桌子上摆放猪头五牲的牲礼、新丁粄、糕饼、水果等祭品。两旁敬奉全猪及全羊（现在也有用面猪面羊代替的），猪羊桌上还有一只全身毛被拔光只剩尾毛的公鸡。

2. 祭典仪式

（1）结坛。

在傍晚先把祭坛摆设好，上香禀告。

（2）拜天公祭祀仪典。

拜天公祭典，应该要在子时才开始，但现在通常在亥时仪式即开始。

上香：执事者点香交给主祭者与参与人员，由礼生带领全体人员上香，上香祭拜后执事者将香收一部分插到香炉内。大家手持着香，礼生诵念请神词请神。

请神：由礼生诵念请神词。请神词念三遍，念至最后一句"开壶酌酒"，执事者敬酒，敬酒后继续诵念请神词，念至"再来酌上第二巡酒第二巡浆"，执事者再为上下两界酒杯内斟酒。敬三次酒，请神毕，礼生将香交给执事者，由执事者将香插至上下两界香炉内。执事者再敬酒，各人行三跪九叩首礼参拜，参拜后休息。休息中会再敬酒。

读疏文：礼生带大家徒手拜拜后，随即走到上界处，主祭者与其他人双手合十立于坛前，礼生从上界神牌内取出疏文，站立于上界椅子上读疏文，疏文读毕主祭者行叩首礼，礼生把疏文放回上界，全体行跪拜礼。

庇佑：疏文读毕，礼生手拿筊立于坛前，其他人亦站立着，执事者先敬酒，然后礼生手拿筊诵念庇佑词，诵念毕走到上界，将筊在炉上顺时针绕三圈，再到下界将筊在炉上顺时针绕三圈，然后回到坛前掷筊，将筊往地上掷，若笑筊或阴筊再继续重复之前的动作直至圣筊。

化财焚疏文：将金纸拿到祭坛旁化财，高钱、灯座、神牌、疏文、香（香炉要留一炷香）都拿到化财烧金处一起焚化。焚化后礼生拿酒在化财烧金处顺时针洒绕三圈。鸣炮。

送神：化财后大家回到坛前，双手合十，由礼生诵念送神词。送神词诵毕，大家徒手拜拜，最后将香炉留下的香拿到金炉内焚化，将蜡烛熄灭，收拾祭坛。"拜天公"仪式结束。

"拜天公"仪式结束后，将上界的坛位与祭品抬至内坛，下界的坛位与祭品、牲礼抬到祖堂或神佛、伯公前摆设，作为行三献礼的祭坛，猪羊换边掉头（头朝内），准备好后即进行三献礼祭典仪式。

（3）行三献礼祭祀仪典。

上香：全体上香，上香后将香插入香炉内。然后执事者奉茶、敬酒。

请礼生：主祭者手持放祝文的托盘（早期放红包和两支香烟），在坛前站一边，通生、引生站另一边，面相对，主祭者向通生、礼生、引生行礼后，将托盘交给礼生，礼生再将托盘拿到内坛。

三献礼祭祀仪式：（通：通生，主持、控制仪式之进行，与司仪同。引：引生，带领主祭者祭祀行礼等）

通：诸生举礼，诸生各司乃职，勿倦缺礼。

通：奏乐生击鼓三通。

通：鸣金三点。

通：奏大乐。

通：奏小乐。

通：连三元。（吹号三声，鸣炮三响）

通：主祭者就位，陪祭者亦各就位。

通：盥洗。

引：引至盥洗所，盥洗。复位。

通：主祭者焚香礼酒，行降神礼。

引：引至降神所，降神。复位。

通：参神鞠躬，跪，叩首、再叩首、三叩首，高升。跪，叩首、再叩首、六叩首，高升。跪，叩首、再叩首、九叩首，高升。

通：执事者焚香礼酒，行上香礼。

引：引至香席前，跪，上香礼酒，叩首、再叩首、三叩首，高升。

通：执事者酌酒奉馔，行初献礼。

引：引至香座前，跪。晋爵进禄，叩首、再叩首、三叩首，高升。复位。

通：读祝文。

引：引至香座前，跪。读祝文。祝文读毕。叩首、再叩首、三叩首，高升。复位。

通：执事者酌酒奉馔，行亚献礼。

引：引至香座前，跪。晋爵进禄，叩首、再叩首、三叩首，高升。复位。

通：执事者酌酒奉馔，行三献礼。

引：引至香座前，跪。晋爵进禄，叩首、再叩首、三叩首，高升。复位。

通：主祭者容身暂退位，陪祭者分献。（休息，各人可以参拜）

通：主祭者复位。

通：加爵禄。（主祭者敬酒）

通：献帛，执事者执帛，读祝者执祝，化财焚祝文。

引：引至化财所，进财宝，主祭者拿金纸至金炉焚化，烧金后礼生拿酒在金炉绕洒三圈。复位。

通：辞神鞠躬。

引：跪，叩首、再叩首、三叩首，高升。跪，叩首、再叩首、六叩首，高升。跪，叩首、再叩首、九叩首，高升。

通：礼毕。

三献礼仪式结束：两位主祭者站一边，通生、礼生、引生站一边，面相对，主祭者向礼生行礼致敬。仪式结束。

（三）美浓地区客家人的"还神"祭典

美浓春祈秋报、伯公生或家族之"还神"祭典，大都还是依传统礼生做的"还神"祭典仪式行之。傍晚先"结坛",晚上行"拜天公"与"三献礼"仪式。庙堂的"还神"祭典并不全依此传统方式,有些无结坛而直接行"拜天公"仪式,有些直接在庙堂内"请诰"或诵玉皇真经后行"三献礼"祭典,也有结坛、"拜天公"仪式用诵玉皇真经方式的。下文为美浓地区传统的"还神"祭典仪式。

1. 结坛

傍晚时,在庙前或祖堂前用三张八仙桌,两张高的长椅,两张矮的长椅,面向外面架设上、中、下三界坛位(也有设两界的)。最外面最高,是上界,结坛时只摆设上界的神牌、鲜花与敬奉的一两项敬奉品。

(1)结坛的摆设。

上界神桌前摆放一面神牌位,牌位上书写"昊天金阙玉皇大帝陛下暨列周天满汉星君宝座位",神桌前中央撑一把凉伞或纸伞①,桌前两旁绑着两根带叶带根的甘蔗,每根甘蔗上再挂一串"长钱纸"②,上界神桌上有:一对蜡烛、两束鲜花、三杯茶、五杯酒,敬奉品简单,只用五盘水果与五盘糖果。中、下界桌子不放神牌与祭品。

(2)结坛仪式。

结坛的目的是要告知上天,今天在此地有拜天公祭典,请值日星君恭请玉皇大帝及通知各星君、菩萨、众神等莅临。结坛时由礼生(或福首、炉主)带领大家上香,上香时主祭者代表向上天禀告,上香后再奉茶、敬酒,行三跪九叩首礼后化财与鸣炮。结坛时间很短,十几分钟而已。晚上要举办敬神仪式则傍晚先告知。

(3)结坛客家八音演奏曲调。

结坛时从上香到奉茶、敬酒、化财,客家八音演奏大吹的响哒等吹场乐,一直演奏到仪式结束,再接着吹奏团圆曲作结束。客家八音在晚上拜天公仪式前并不得闲,整晚上还要演奏,这段时间通常会演奏弦索调或客家歌谣小调,演奏曲目自由不限。

2. 拜天公

晚上拜天公行礼前要把三界坛位与敬奉品准备并摆设妥当。妇女则将天公金与其他金纸钱卷成圆筒状,两边往内压,一则可以固定,二则容易燃烧。早期行"拜天公"祭祀礼仪要在晚上子时以后才开始进行,现在通常都会提早进行,但是整个仪式(含三献礼)结束时一定要超过晚上11点。

---

① 通常神佛的还神会用凉伞,土地公或家里供奉的神佛就用纸伞或黑洋伞。

② 长钱纸:美浓地区称"长钱纸",屏东地区及陈运栋《台湾的客家礼俗》中称"高钱",美浓地区的长钱纸是用红纸剪成长串,屏东地区与圆潭地区是购买的黄色纸。

（1）拜天公祭坛之设置与敬奉品的摆设。

拜天公祭坛设上、中、下三界，各界祭坛与敬奉品的摆设如下：

上界：神桌前中央撑一把凉伞或纸伞，桌前两旁绑着两根带叶带根的甘蔗，甘蔗有"节节高升"之意，每根甘蔗上再挂着一串"长钱纸"，桌前端中间摆放一个斗，斗周围贴着红纸，上界的神牌是用黄色纸中间贴长条红色纸，红纸上书写"昊天金阙玉皇大帝陛下暨列周天满汉星君宝座位"，折一梯形纸贴于上方像屋顶般，再用两根棍子将神牌插在香炉内，各界香炉内再插上一对"金花"。神牌两旁有鲜花两束，蜡烛一对，发糕左右各一个，桃粄一盘、钱粄一盘，茶三杯、酒杯五个。敬奉的食品依礼俗要供奉"斋、蔬、果、品"四种，[①] 上界桌子两旁各放一把长椅。

中界：神牌是用红色纸制作，牌位上书写"南无大慈大悲观世音菩萨莲下暨诸神尊香席位"，敬奉品与上界同，粄不同，上界用钱粄、桃粄，中界、下界用红龟粄与新丁粄。中界、下界亦可用饭团。

下界[②]：神牌也是用红色纸制作，牌位上书写"暨列五方福德正神香座位"，下界前桌敬奉品与中界同，加一张桌子放牲礼，牲礼用猪头、猪肉、鸡肉、鱼、蛋五牲敬奉品。桌前摆放三个拜垫，给礼生及主祭者跪拜用的，后面再置放一些拜垫，给其他人跪拜用。两旁再各摆一张桌子，敬奉一只全猪、一只全羊，羊旁再摆放一条鱼，左猪右羊，现在有些人不杀猪杀羊，改用面猪面羊代替。各界桌前向内要围上"桌围"。

（2）拜天公仪式。

拜天公仪式可分成上香、请神、读表文、庇佑、化财焚表文、送神等阶段。

上香：仪式开始，执事者点燃清香，分发给大家，礼生带领大家一起向天公坛上香，上香后执事者把香收起，插到上界、中界、下界的香炉内，大家行跪拜礼。上香后接着由两位执事者奉茶，从上界开始奉茶，接着中界、下界各界敬奉五杯茶。最后，为每一界神牌位前的酒杯敬酒。奉茶敬酒后执事者站立于两旁。

请神：礼生双手合十立于坛前中间位置请神，主祭、与祭者亦双手合十站于左右两旁，其他人双手合十站在后面。[③] 由礼生诵念请神词，恭请

---

① 供奉品每类都有五盘，有素食菜，五行（金针菇、木耳、冬粉、香菇、笋干），水果，糖果。

② 有些只设置两界，若只有两界的，就没有下界前桌的福德正神坛位。

③ 有些礼生是跪着双手合十诵念请神词。若礼生是跪着，其他人亦要双手合十跪着。

玉皇大帝及诸星君、观世音菩萨及众神明，以及当地土地公、城隍爷等众神明降临享用大家所准备的宴食。

通常请神要请三遍，一请、再请、三请神明降临。请神词诵念到"开壶酌酒"，执事者就要上前为上、中、下三界酒杯中斟酒。敬酒后礼生会诵念简短的请神词，念至"再来酌上第二巡酒第二巡浆"时执事者再为上、中、下三界酒杯中斟酒。敬酒后礼生再诵念简短的请神词，礼生念至"再来酌上美满神酒、美满神浆"，执事者再到上、中、下三界酒杯中斟酒，共敬酒三次。敬酒后大家行三跪九拜礼，行礼后休息。请神后会休息一会，让众神明享用大家所准备的美食，旁有客家八音演奏。休息后执事者再点香，大家再次上香，上香后大家行三跪九叩礼，大家跪着，由礼生读表文。

读表文：读表文又称作读表章、读文子（客家话），或读疏文。表文由礼生用黄色纸手写。内容主要叙述今天举行拜天公的人、事、时、地、物，若之前曾有许愿，现在依所许的还愿方式、物品还愿。读表文由礼生跪着诵读，表文书写于一张黄纸上，若有两份，另一份是副表，有些寺庙或伯公的还神祭典，参与的人员很多，所有参与或有捐助的人名字都要书写上去，名单太多一张写不完，就把主要的人名写在表文上，其他的人名用另一张纸书写，称作副表。表文读毕行三跪九叩首礼。

庇佑：表文读毕行礼后起立站着，大家双手合十，礼生继续诵念请神词后段之庇佑词，请神已经请三次，此时再诵请，有三种含义：第一，怕有未请到的礼貌上再邀请一次；第二，祈求庇佑；第三，预告仪式即将结束，有事者可先行离席。最后诵至"再来酌上美满神酒、美满神浆"，执事者再斟酒敬礼。

化财焚表文：庇佑词诵念毕全体行三跪九叩首礼。然后礼生拿表文与一叠寿金，执事者将长钱纸取下，拿起用纸书写的神牌，将香炉内的香拔起只剩一支，协助工作人员将卷成元宝的天公金与金纸钱全拿到化财所，礼生带领大家到空地或金炉化财所，先将金纸钱点火焚烧，火旺后再把神牌、表文、长钱纸、香等一起焚化。火化后再用酒洒绕一圈，大家向化财所徒手拜一拜后回坛前。

送神：回到坛前，再行三跪九叩首礼，然后由礼生诵念送神词。送神时通常只诵两遍，有人说："请爱三请，送只要二送。"诵念毕，全体人员行跪拜礼后再将香炉内的香全部拔起拿到化财所焚烧，礼生则拿一叠寿金，执事者将垫在猪羊下接流出血水的寿金拿到外面一起焚化，将祭典"牺牲"之猪羊魂送上天。整个"拜天公"仪式结束。

拜天公敬神仪式结束后，坛位、凉伞收起，甘蔗取下摆放在外堂两旁①，上界的祭坛神桌连同敬奉品，抬到神佛前或祖堂里面作为行三献礼之祭祀供桌与祭品，中界祭坛上的敬奉品、物品收起（也可以分给民众），下界的祭坛神桌连同敬奉品及牲礼，抬到外面作为祭祀供桌与祭品。两边的猪、羊要掉头变换位置面朝内。

3. 行三献礼

准备就绪，接着进行"行礼"（行三献礼）的祭祀仪式，"行礼"的主要人员有：通生一人、引生一人、礼生一人（有时会由通生兼，传统的还神行礼应该三人都要）、执事者二人、主祭者二人、陪祭者一人。

美浓地区客家还神仪式，保留传统的祭典仪程，祭典中客家八音必须配合祭典的进行演奏音乐，三献礼祭典仪程客家八音团的配合占有重要的地位，客家八音赋予整个祭典生命力。

美浓地区寺庙或土地伯公的"还神"行礼，主祭者是堂主、炉主或福首，结婚的"还神"向祖先行礼，主祭者必须是新郎，与祭者多是新郎的兄弟，在客家地区祭典时主要祭祀的人都是男的，女人大都是"陪拜"或是在旁协助处理杂务。

（1）行三献礼祭典。

美浓地区传统的三献礼祭典仪式，传承于中国传统祭祀礼仪之三献礼仪典，虽然有些简化、改变，但整个架构上还是保有中国传统之三献礼祭祀礼仪。在美浓地区吉礼、丧礼都会用三献礼之仪式行礼，吉礼与丧礼在用词上会有一些不同但仪式雷同。

上香：准备就绪，执事者点燃清香给大家，大家都拿到香后一起上香祭拜，上香后执事者把香收起，插入香炉内，执事者再奉茶与敬酒。

请礼生：主祭者用内放祝文的"托盘"请礼生，礼生将"托盘"收起，将祝文拿到里面祭坛桌上。

（2）三献礼祭典仪式。

通：诸生举礼，诸生各司乃职，勿倦缺礼。（引生、执事就位）

通：奏乐者，击鼓三通（八音击三通鼓），鸣金三点（敲锣三响），奏大乐（八音奏团圆曲），奏小乐（八音奏箫子调），连三元（吹号三声，鸣炮三响）。

通：主祭者就位，陪祭者亦各就位。（主祭者、陪祭者②两位至祭坛前

---

① 旗山、杉林有些地区会把甘蔗折断。

② 亦称献生。

就位）

通：盥洗。

引：引至盥洗所，盥洗（外面一张长椅，椅上放一个盛水脸盆，脸盆边放一条毛巾，为盥洗所）

通：行降神礼。

引：引至降神所（执事者把香、酒拿到降神处交给两位主祭者，一人拿香一人拿酒），上香礼酒，复位。

通：行香席礼（又称上香礼）。

引：引至香席前，跪（执事者把香、酒交给献生），上香礼酒（祭拜后执事者把香拿到前面香炉内插上，把酒倒入酒杯中敬酒），叩首、再叩首、三叩首、高升。跪，叩首、再叩首、六叩首，高升。跪，叩首、再叩首、九叩首，高升。

通：行初献礼（执事者执爵奉馔，引生引献生行初献礼）。

引：引至香席前，跪（执事者把一杯酒、一盘肉拿到内坛，待献生跪下后把祭品交给献生），晋爵进禄（敬奉后执事者接起肉、酒放桌上，再用全部酒杯敬酒），叩首、再叩首、三叩首，高升，平身复位。

通：读祝文。

引：引至香席前，跪，读祝文。（读毕）叩首、再叩首、三叩首，高升。跪，叩首、再叩首、六叩首，高升。跪，叩首、再叩首、九叩首，高升。平身复位。

通：行亚献礼（执事者执爵奉馔，引生引献生行亚献礼）。

引：引至香席前，跪（执事者把一杯酒、一盘肉拿到内坛，待献生跪下后把祭品交给献生），晋爵进禄（敬奉后执事者接起肉、酒放桌上，再用全部酒杯敬酒），叩首、再叩首、六叩首，高升，平身复位。

通：行三献礼（执事者执爵奉馔，引生引献生行三献礼）。

引：引至香席前，跪（执事者把一杯酒、一盘肉拿到内坛，待献生跪下后把祭品交给献生），晋爵进禄（敬奉后执事者接起肉、酒放桌上，再用全部酒杯敬酒），叩首、再叩首、九叩首，高升，平身复位。

通：诸生容身暂退位，各行分献。

（各司仪生各自参拜后休息，休息后执事者再点香给大家上香祭拜）

通：诸生复位。（引生、执事者、献生就位）

通：加爵禄。（执事者将酒壶交给献生，献生执酒从内坛到外坛一一敬酒，最后再到猪羊周围洒一圈，回原位后将酒壶交给执事者）

通：献帛，执事者执帛，读祝者执祝，化财焚祝文。

引：引至化财所，化财。（执事者将金纸拿到烧金处交给献生，献生走到烧金处将寿金焚烧，读祝文生把祝文于香炉上焚化。客家三献礼祭典献帛并没有献帛，只有化财与焚祝文）

通：辞神鞠躬。（跪，叩首、再叩首、三叩首，高升。跪，叩首、再叩首、六叩首，高升。跪，叩首、再叩首、九叩首，高升）

通：礼成。

献生最后鞠躬参拜后，要去向礼生致谢敬礼。客家八音演奏《大团圆》，鸣炮结束。

结束前全体向神佛或祖先鞠躬，结束后收拾祭品，猪羊翻过来表示已祭拜过。

仪式结束后将敬奉品、祭坛收起，亦可分给大家，通常粄粿会分给大家"吃平安"。"还神"祭典都会请人煮咸稀饭给大家吃，仪式结束后大家用过消夜餐点再回去。伯公坛的祈福、还福或伯公生日"还神"祭典，会先将附近的伯公请来，共同接受敬奉，次日再将请来的伯公送回。

四、六堆客家"还神"祭典之隐喻

（1）六堆地区客家人的"还神"祭典，受到善堂"儒教"之影响，依中国传统祭祀礼仪而行。美浓地区的"还神"祭典，坚持传统礼教的祭典方式。屏东地区后期受福佬的影响，仪式上融入了道教之祭祀方式。

（2）屏东地区在上界最前面摆放三个灯座，南隆地区在上界与中界祭坛神牌位两旁各摆放红黄绿黑四个灯座，美浓地区则没有放置灯座。用四色灯座代表四方，用三个灯座代表三界神，有给来自四方之神或三界之神"登台就座"之意。

（3）屏东地区下界不设神牌位，应是受到福佬以道教方式"拜天公"的影响，较纯客家聚落则与美浓地区相同，美浓地区受到善堂"儒教"的影响，重视祭典礼仪，各界神分清楚不能逾矩。

（4）傍晚"结坛"是礼貌，预先告知不冒失行礼，美浓地区要"还神"，傍晚都会先"结坛"。

（5）坛前的连根带叶红甘蔗，表示有根不忘本与生生不息，甘蔗有"节节高升"之意，屏东地区将甘蔗叶子绑成弓形，有作成拱门之意，美浓地区叶子则自由张开。

（6）长钱纸代表者"长钱万贯"。

（7）桃粄、钱粄、龟粄、红粄和新丁粄代表着"福、禄、寿、喜"与"添丁进财"。发糕代表"发"，"发"客家语之意也是有钱"博"。

（8）敬奉品基本上要有四种，每种有五盘，需具备"斋、蔬、果、品"四种，包括五行中之金、木、水、火、土之祭品，有些地区还准备八盘或十二盘的鸡肉、猪肉、鱼肉等"山珍海味""五湖四海"之供奉品。

（9）下界备有"五牲"与"少牢"，以表示隆重之敬意。依中国传统祭典礼仪，庶民之祭典不能用到"少牢"，客家"还神"祭典为表示慎重，通常都会准备"少牢"祭品。

（10）祭坛各界桌两旁各摆放四组杯子、筷子与汤匙，一边四组杯筷，两边就有八组，意涵给来自"四面八方"神仙用的餐具。在请神词中有提到"请得东来东座，西来西座，南来南座，北来北座，中心结起莲花宝座，千神共盏，万神共杯，神多盏小，合座相容"。无法摆放众神之餐具，就以此代表众多之数量。

台湾六堆客家地区"还神"祭典，拜天公的祭坛不论是两界还是三界，都希望天上人间诸神皆能莅临享用佳肴美食。敬奉品虽然不多，但各项布置摆设与祭品都有其含义与目的，简单中含有极丰富的内涵与意义。祭典也必须要有客家八音音乐，表示天上人间"仙乐飘飘"。

五、结语

客家人在屏东平原的开发比美浓地区早，且屏东客家地区与福佬的接触机会多，美浓地区则属于较封闭之地区，从客家的传统"还神"祭典中可以发现，屏东地区虽保有儒教式之祭典礼仪，但已融入部分福佬道教式之祭祀仪典。美浓地区则还是以儒教式之祭典礼仪行礼。

礼生是"还神"祭典的灵魂人物，祭典如何办理、祭坛如何设置、祭品如何摆放，全以礼生或引生的意见为依归。现在传统礼生也跟客家八音一样，老一辈凋零，年轻人不愿学。美浓地区本是传统客家八音乐团最多的地区，现也屈指可数了，客家"还神"祭典的礼生，也有相同的情况。

传统礼生凋零，生命礼俗与岁时祭典还是要办，庙堂的经生便取而代之。从当地以前老礼生留下的手抄本资料中可发现，现在以诵玉皇真经方式行"还神"祭典的地区，以前也是用传统礼生行礼的方式行祭典，何时改成诵玉皇真经不得而知，但从各方面的数据中可以清楚发现，这跟当地礼生的凋零与当地信仰中心——公庙是否有诵经团，有直接的关联。

三山国王研究

从三山国王崇拜看客家人的环境伦理

潘朝阳[①]

一、前言：山的圣显——宇宙轴心和神山崇拜

当代著名宗教现象学家默西亚·伊利亚德（Mircea Eliade，1907—1986）指出，人类在大地上择址而居，建立其家屋、城市以及神庙，具有一种宗教上的必须过程，即所有这些创造的存有物（beings）均通过"圣显"（hierophany）作用，使其俗世性具有神圣的象征和内涵，如此，人类在大地上的生命与生活才赋予了存有的意义（existential meaning）；被赋予神圣性的存有物可从自然物、人文物直至世界本身。[②]

大地上人类的存有物有所圣显的原因，在于人类对"世界"具有双重性结构的看法，依伊利亚德的观点，大地上所有的存有物在"天上"都有一个"真正的实在"与之对应；人类所处的世界，其存在与人文活动都可被感受到的世界，譬如山岳、耕地、河川、城市、神庙等，在"天上"均有超越大地之上的原型，换言之，人类创造大地之上的安居空间，他必须能认定这样的安居的所有创造，均是来自天上原型的复本（copy）。这些作为往往用宗教仪式加以圣显之后，才算复制原型于大地，他才真正能够安居。为何要加以圣显？主要目的即是赋世界以"形式"，而世界才能从

---

① 潘朝阳：台湾师范大学国际与侨教学院院长兼东亚文化暨发展系主任。

② 伊利亚德著，杨素娥译：《圣与俗——宗教的本质》，台北：桂冠图书公司，2001年，第61–64页。

混沌不实而归于秩序的真实。① 也唯有秩序的世界，人才能获得安居，神祇给予的神圣形式，乃是安居世界的保证。

人类为了贞定在大地上的安居空间，因而加以圣显仪式，但其仪式的实践是必须合于聚焦原则的，换言之，人类会依人类中心主义（anthropocentrism）而在其安居空间中建立神圣中心，有了中心才有大地的四方坐标以及垂直向天的神圣向度，如此创造，主要是使自己在苍茫大地和浩浩宇宙中，拥有一个清晰稳定的中心立足点，这个点建立之后，大宇广宙方才真正建立起来，可以说，这就是世界或宇宙中心的创造。②

伊利亚德进一步指出世界神圣中心的象征体系有三：其一，圣山，乃天地交会之处，位于世界中心；其二，所有神庙和宫殿乃至所有圣城和王居，都是象征性的"圣山"，都是世界中心；其三：圣山、圣城、神庙、王居都是宇宙之轴，是天上、人间、黄泉三重世界的上下沟通连接之通路。③

作为宇宙或世界之中心轴以及上下沟通的圣山，是许多文化体的重要宗教象征。张光直指明中国古代的巫，拥有"贯通天地"的神力；上下贯通来沟通人与鬼神，乃是他们的重要任务，因而，古代宗教仪式的核心性质，就是由巫行使法术而从地面升天，并将天上神祇的旨意带下地面；巫的升降通路就是神圣之山或神圣之树。④

作为宇宙和世界中心轴的神山圣山，多趋于从具象而抽象，其象征符号特色强烈突出，譬如昆仑山成为中国的世界中轴的神圣巨山，其精神和形象就有点类似于印度佛教神话中的须弥山，神圣深奥、神秘无限。然而在大地上，还有很多很具体的大小山峰峻岭，它们在当地，亦成为受到当地人类崇拜的神山。这些当地型神山，可能作为当地局部的神圣中心，但不是"昆仑"或"须弥"。朱天顺认为除了世界中心轴的最高神山之外，有些山峰以其造型、特产以及气候状态等自然条件，往往引发附近住民的想象，因而以为山峰是某种神祇。⑤ 这一类的一般神山，也一样具备当地、

① 伊利亚德著，杨儒宾译：《宇宙与历史——永恒回归的神话》，台北：联经出版事业公司，2000 年，第 4 – 9 页。

② 关于世界或宇宙中心的创造，是许多人类文明体的共通性，有关的论文见：TUAN Y F. Space and place. ［S. I.］: Edward Arnold, 1977: 85 – 100.

③ 伊利亚德著，杨儒宾译：《宇宙与历史——永恒回归的神话》，台北：联经出版事业公司，2000 年，第 9 页。

④ 张光直：《中国青铜时代》（第二集），台北：联经出版事业公司，1990 年，第 121 – 126 页。

⑤ 朱天顺：《中国古代宗教初探》，台北：麦芽文化出版社，1982 年，第 69 – 71 页。

在地的中心轴垂直向度的神力。

然而，无论是中轴型巨大神山还是地方性一般神山，均是人类对大自然环境的交互作用下的宗教神话之投射作用，其中既含藏又显发着崇拜者的环境伦理。

透过上下贯通的通路而沟通天地与人，在中国人的本体宇宙论中，是一种"联系体"的存在形式和内容。

三山国王崇拜是粤东当地居民对潮州地区揭西县一带的三座山峰的宗教信仰，三山国王属潮客两籍民系的共同崇祀神，但移民台湾而崇拜三山国王者，实以客家籍为主，故可视为在台客家人原本的地缘守护神。

本文主旨在于诠释三山国王崇拜的神山圣显现象中的环境伦理，并以台湾苗栗县苗栗市的三山国王造神为例，特予说明。苗栗市属于台湾最纯客的市镇聚落，客家民系在该地的开发和宗教建构，在在反映客家民系的思想和伦理，故苗栗三山国王之造神史，可视为客家人的宗教型环境伦理。

二、三山国王的原乡原型

(一)《潮州府志》记载三神山的地形原型

关于广东潮州地区的三山国王之三山，《潮州府志》曰：

独山距城西一百四十里，高约六百五十丈，周围三十里，南溪源经其下。

明山距城西一百五十里，高约七百丈，周围四十里。山麓有明贶庙，半山天竺岩有石穴，相传有三仙人出于此。

巾山距城西一百五十里，状如巾故名。高约七百丈，周围三十里。悬崖陡壁，有径通长乐，曰七成径，盖关隘也。山顶有石岩，内镌"巾子山白云岩三山国王"数大字。相传隋时有三神人显化立庙于此。宋艺祖时敕封"三山国王"，加赐额曰"广灵"。[1]

依引文，潮州府城西方有三座距离甚近且高度相当的山峰，名独、明、巾山。此三山，实位于今广东省揭西县（清代粤东潮州府揭阳县）境

---

① 《潮州府志·山川》，台北：成文出版社，1967 年，第 195 页。

内的霖田阿婆墟一带。① 三山性质和距离如此相近，在景观和空间上，十分引人注意，因此容易触动当地人的自然崇拜心理，产生神山和山神信仰，逐渐展开了"三山国王"的造神过程。

三山在地形上的差异，促使当地人在圣显三山时，产生了人文伦理的宗教诠释。巾山最为高耸突出，且其形势如巾一般属陡直峭立的崖形山峰，因而巾山神被奉为长兄；明山的地形虽不如巾山，但较诸独山，则稍胜一筹，故独山神为老三，明山神居中。以此标准，《潮州府志·山川》中关于三山的神格的叙述，以巾山最多，明山居次，独山只有自然性质而无神性的叙说。事实上，在三山上的实际宗教活动亦以巾山最多，明山次之，独山殿后。在三山国王庙的神龛上，往往是巾山神坐中间，明山神坐在其左手侧，独山神坐在其右手侧，如此，正好合乎中国历来孟、仲、叔三位序的排列礼制。②

由上所述，三山的自然属性，通过圣显作用，而呈现了中国人固有的兄弟昆仲的人文伦理。其中，是以人伦秩序来投射自然存有物的秩序，所谓"兄友弟恭"的儒家伦常，被用以宗教诠释三座山峰，自然物的山峰在神化中，被要求以人文和谐有序的规范，显然，这里表现了崇拜三山国王的当地人，期盼自然存有者的三山与人文存有者的人之间应该具有和谐之人地关系，其表达了自然与人文的相即相融的环境伦理。

（二）《明贶庙记》的三山国王圣显文本

三山国王崇拜的最重要造神论文本，是元代刘希孟的《明贶庙记》③，兹载录其文句如下：

> 考潮州西北百里有独山，越四里有奇峰，曰玉峰，峰之右有乱石激湍，东潮西惠，以石为界。渡水为明山，西接梅州，州以为镇。越二十里

---

① 仇德哉：《台湾庙神传》，台北：信通书局，1979 年，第 465 页。

② 台湾台南市三山国王庙的三山国王，中间是白脸的巾山神，其左手边是红脸的明山神，其右手边是黑脸的独山神。见刘文三：《台湾神像艺术》，台北：艺术家出版社，1981 年，第 181 页。笔者在台湾苗栗县头份镇的三山国王庙内所见到的三山国王神像，也是相同的排列情况。可见巾、明、独三座山的神格，确实合于孟、仲、叔三位序的兄弟伦理；又，以白、红、黑三颜面饰之，很明显是借用《三国演义》章回历史小说中的刘关张桃园三结义故事而来。

③ 贶，音况，《尔雅·释诂》曰："贶，赐也。"因此，"明贶"即"明赐"，即"神之休庇，人敢不明受其赐"义。

有巾山，其名为霖田。三山鼎峙，英灵之所钟，不生异人，则为明神，理固有之。

世传当隋时（589—616），失其甲子，以二月下旬五日，有神三人，出巾山之石穴，自称昆季，受命于天，镇三山，托灵于玉峰之界石，因庙食焉。地旧有古枫树，降神之日，树生莲花，绀碧色，大者盈尺，咸以为异。

乡民陈姓者，白昼见三人乘马来，召己为从，忽不见，未几陈遂化，众尤异之，乃谋于巾山之麓，置祠合祭，前有古枫，后有石穴，水旱疾疫，有祷必应。既而假人以神言，封陈为将军。声灵日着，人称"化王"，共尊为界石之神。

唐元和（宪宗年号）十四年（819），昌黎刺潮，淫雨害稼，祷于神而霁，爰命属官以少牢致祭之，文曰："淫雨既霁，蚕谷以成，织女耕男，欣欣□□，是神之休庇乎！人也敢不明受其赐！"则大有造于民也尚矣。

宋艺祖（960—975）开基，刘怅拒命，王师南讨，潮守侍监王某诉于神，天果雷电以风，怅兵大败，南海以平。

逮太宗（976—997）征太原，次城下，见金甲神三人，操戈驰马突阵，师大捷，刘继元降，凯旋之夕，复见于城上，或以潮州三山神奏。诏封明山为"清化盛德报国王"，巾山为"助政明肃宁国王"，独山为"惠威宏应丰国王"，赐庙额曰"明贶"。敕本郡增庙宇，岁时合祭，则神大有功于国亦尚矣。

湖及梅惠二州，在在有庙，远近士人岁时走集。呜呼！惟神之明，故能鉴人之诚；惟人之诚，故能格神之明。雨旸时若，年谷丰登，其所以福吾民而宁吾国者，岂小补哉！①

刘氏所作《明贶庙记》是一篇具有严谨时间历史逻辑性的宏文，其文虽短，但义理弘富。潮府三山的圣显过程，依时间历史的脉络，而不断创造转化，逐渐地从纯粹自然存有性的神山转化成"护国佑民"的含蕴道德内容之监管三山之人文存有性显著的神祇；前者只是三座山峰的自然圣显，后者则已在圣显中增益了浓厚的政教意向。

"三山鼎峙，英灵之所钟，不生异人，则为明神"一句点明了三山的圣显；三山已由纯自然物理之"死体"而提升转化为"英灵所钟"的

---

① （元）刘希孟：《明贶庙记》，载《潮州府志》，台北：成文出版社，1967年，第1055页。

神山。

神山的三山，如同昆仑、五岳等大神山是中国大地的神圣中心，实具粤东潮梅惠三州的大地神圣中心之地位。

神山圣显，在中国宗教史上，源远流长。《淮南子》曰：

昆仑之丘，或上倍之，是谓凉风之山，登之而不死；或上倍之，是谓悬圃，登之乃灵，能使风雨；或上倍之，乃维上天，登之乃神，是谓太帝之居。①

据此，昆仑山自上古以来，已经圣显为中国的神山，朱天顺释之曰："昆仑山的高大、险峻，使人难于接近，要登上其山腹或顶峰更难，这必然会引起人们幻想，认为只有具有超人能力的神才能在那里，能到那里的人也会被赋予神力，能长生不死或能使风雨。有时白云缭绕于半山，顶峰在云层之上，古人直观的结果，就认为昆仑山是天上诸神来往地上的必经之道。"②

昆仑山以此而成为中国神山的典型。这种大山圣显而为神山的宗教典型，其来有自，张光直认为中国古代属于萨满式（shamanistic）文明，此文明的世界观将宇宙分成天、大地、地下等层次，古中国人的重大宗教仪式就是在这些层次中上下沟通，尤其是从大地登天或从天降至大地的沟通最重要，此沟通的执行者即巫觋。③

巫觋上下沟通天地的最主要通路或阶梯就是神山。中国古代早有重要神山，譬如《书经》已载舜帝巡狩四岳④；《史记》也记载了完整的五岳封禅的帝王宗教活动。⑤《山海经》提到几座神山，叙述了巫觋上下这些神山的情况，当中有座"登葆山"，是"群巫所从上下也"；还有，"灵山，十巫从此升降"；"肇山，有人名曰柏高，柏高上下于此，至于天"，等等，均记录巫觋依神山而上下天地。⑥

① （汉）刘安：《淮南子·地形训》。
② 朱天顺：《中国古代宗教初探》，台北：麦芽文化出版社，1982年，第69－71页。
③ 张光直：《中国古代史在世界史上的重要性》，载《考古学专题六讲》，台北：稻香出版社，1988年，第4－7页。
④ 《书经·尧典》。
⑤ （汉）司马迁：《史记·封禅书》。
⑥ 张光直：《中国古代史在世界史上的重要性》，载《考古学专题六讲》，台北：稻香出版社，1988年。

大山圣显而成为重要的天地上下沟通的通路或阶梯，如同伊利亚德所说圣显之论，在中国，依张氏考察，古来亦是如此。

先将大山圣显，而以神山建立大地的神圣中心，构造了大地的神圣空间使人们可以获得安居，再从此中心依垂直向度的中心轴，而升降天地，完成了天地人三才的整合，这在中国是有一套本体宇宙论加以支持的。

将天地人的空间，加以一体联系和整合后，从上天神降了圣洁性，大地才真正成为世人安居的家（home），能提供安居的"家宅性"就是"安居于家性"（at homeness）。

三山圣显而成为护国佑土的三山国王，此实潮梅惠三州当地人的神山圣显之宗教文化运动，其作用最主要即在于建立神山的世界神圣中心轴，依此而上下沟通天人，使三州大地成为圣显之后的"洁净乡土"，而可以获得"安居"。这是一种典型的宗教性人地和谐关系的环境伦理。

落实于《明贶庙记》，三山圣显清楚地具有造神的完整过程，其文："有神三人，出巾山之石穴，自称昆季，受命于天，镇三山，托灵于玉峰之界石，因庙食焉。地旧有古枫树，降神之日，树生莲花，绀碧色，大者盈尺。"此文实可解分成：

（1）有神三人，出巾山之石穴，自称昆季。

（2）有神三人，受命于天，镇三山。

（3）有神三人，降神之日，地旧有古枫树，树生莲花。

（4）有神三人，托灵于玉峰之界石。

（5）有神三人，因庙食焉。

此五点，正是三山圣显的历程。首先，自称昆季者，是三座神山圣显拟人而为三山之神的人文化，换言之，从自然性转为人文性，意味着三山从自然物的非血非肉的物质性而成为有血有肉的"道成肉身"，这是宗教的自然往人文转化的趋向。其次，圣显的神圣中心谓之巾山的石穴，事实上，就是风水堪舆术中所言的"龙穴"，巾山的龙穴，也就是作为神圣中心轴之神山的最神圣之聚焦核心。[1]再次，"受命于天，镇三山"，即三山之神以巾山龙穴为中轴核心而上下沟通于上天，蒙上帝的授命，故得以成为三神山的山神。依此，圣显的三山，是神上下贯通天地的通路阶梯，故亦成为潮梅惠三州大地的神圣中心。

接续其成为上下天地之神圣中心轴的功能，既已上至天上蒙天帝之授记，故乃以圣显的神祇身份降返潮梅惠三州的人间，于此，特别彰显了古

---

[1]　巾山石穴，显然是当地风水龙脉的吉穴所在。

枫树的"神树"的圣显意义。《淮南子》曰："建木在广都，众帝之所自上下。"[①] 神树，如同神山，是巫觋或神祇上下天地的主要阶梯，[②] 所以，文中所言"地旧有古枫树"者，就是三山神凭借而上下天地的神树，旧古枫树之旧与古，乃点出了此枫树圣显为神树的悠久历史。而"树生莲花"之莲花，乃佛教之吉祥花，显然，三山国王崇拜已掺进佛教的色彩。

所谓"托灵于玉峰之界石"者，则需回溯《明贶庙记》所言："有奇峰，曰玉峰，峰之右有乱石激湍，东潮西惠，以石为界。渡水为明山，西接梅州，州以为镇"，依此，玉峰之界石，实即潮惠梅三州的界石，而在空间意义上，实可作为三州的中轴核心，三山神出自石穴，上升于天，再降神于大地时，是乃圣显于三州中轴核心性的玉峰界石，此意味以界石的圣显而证成了三州大地乃以三山神为其神圣的点化者。换言之，三山神的造神过程，使潮梅惠三州的大地圣显为洁净之大地，三州人乃得以在此大地上获致贞定的安居。

依据上述四个圣显阶段，巾、明、独三山遂成为当地庙食的重要乡土神祇，后遂经过国家造神运动而终于被封为具有国家祀典荣耀地位的"三山国王"。[③]

三、台湾猫里（即苗栗）的三山国王崇拜——移垦械斗时代客家人的神圣中心轴圣显

清修《苗栗县志》曰：

国王庙，在县治南门外距城半里苗栗街。道光元年，刘兰斯倡捐建造。共六间。祀三山国王；三山者，即广东潮州之明山、巾山、独山也。[④]

此为苗栗地区崇祀三山国王之始。而创建人刘兰斯，见载于清中叶苗栗重要文人吴子光之文：

---

① （汉）刘安：《淮南子·地形训》。

② 张光直：《中国古代史在世界史上的重要性》，载《考古学专题六讲》，台北：稻香出版社，1988年。

③ 关于三山国王的国家造神运动，依《明贶庙记》，发展于宋太祖、太宗两朝。其进一步诠释，见潘朝阳：《粤东原乡"三山国王"神祇的性质》，《地理研究报告》1993年第19期，第69-97页。

④ （清）沈茂荫：《苗栗县志·典礼志》，台北：大通书局。

公姓刘氏，讳献廷，号修堂，原籍广东平远人。祖某公移居台湾淡南蛤仔市尖山庄。至赠公兰斯太学，善治生，累累集赀数万金，门庭焕然，而刘氏遂为此间望族。①

吴子光于文中指出苗栗第一举人刘献廷的父亲就是刘兰斯。刘兰斯随其父移垦"台湾淡南蛤仔市尖山庄"，即今苗栗县公馆乡尖山村，因而致富成为地方望族。文史工作者黄鼎松指出：刘献廷的祖父刘怀莞于乾隆初年来台，拓殖今台中市南门一带，因拓垦有功，清廷授以军功六品职员，殁葬台中桥仔头。怀莞子兰斯则于乾隆四十五年（1780），从台中迁居尖山，向苗栗地区的道卡斯族猫阁社承垦土地，数年间成为当地首富。②

由上所述，刘兰斯就是清代乾隆末叶，垦殖于苗栗公馆一带的重要垦户。其入垦苗栗公馆尖山的乾隆四十五年，正好就是北台第一座三山国王庙——台北盆地新庄街广福宫建成的年份；新庄街三山国王庙，是清初台湾北部客家族系最早的"我族中心"的象征，是客家人圣显其拓垦之新乡土的神圣中心。③直到道光元年（1821），才在苗栗街上兴建第二座三山国王庙，其时距已有四十年之久。

苗栗市三山国王庙，在清道光年间，于闽粤械斗频仍的时代背景和社会结构下，遂成为苗栗客籍汉人的圣显中心轴。

闽粤移民来垦台湾，原本的矛盾对象是台湾少数民族，但随年移岁转，汉族内部闽客民系关系因各种原因而日渐紧张，终于康熙六十年（1721）在凤山县（今高雄县）爆发了台湾首次大规模民变，其时极短，两三个月就被清廷讨平。④虽然如此，却是台湾闽客长期械斗史的滥觞，当时的闽浙总督觉罗满保说：

朱一贵等倡乱台湾。……有南路营下淡水……义民，誓心效力，倡率

---

① （清）吴子光：《直隶州知州衔赏戴蓝翎甲午科举人修堂刘公传》，载《台湾纪事》，台北：大通书局，第 60 - 61 页。

② 黄鼎松：《苗栗史迹巡礼》，苗栗：苗栗县文化中心，1990 年，第 48 - 49 页。

③ 台北盆地新庄街原本属于台北第一个由闽客两籍汉人发展出来的街镇，闽客两籍人士原本互相合作，但因为筑水圳引水产生了争水的矛盾，于是客籍人士遂修三山国王庙于新庄街，建成于乾隆四十五年，此庙遂成为台北客家族系"我族中心"的最大象征。之后，台北发生闽客大械斗，客人败，逐渐退至桃园台地。见尹章义：《闽粤移民的协和与对立——客属潮州人开发台北与新庄三山国王庙的兴衰史》，载《台湾开发史研究》，台北：联经出版事业公司，1989 年，第 340 - 380 页。

④ （清）王瑛曾：《重修凤山县志》，台北：大通书局，第 272 页。

义旗。……查台湾凤山县属之南路淡水，历有漳、泉、汀、潮四府之人，垦田居住。潮属之潮阳、海阳、揭阳、饶平数县与漳、泉之人语言声气相通；而潮属之镇平、平远、程乡三县则又有汀州之人自为守望，不与漳、泉之人同伙相杂。六十年四月二十二日，贼犯杜君英等在南路淡水槟榔林招伙竖旗抢劫新园，北渡淡水溪侵犯南路营，多系潮之三阳及漳泉人同伙作乱。而镇平、程乡、平远三县之民，并无入伙。三县义民内有李直三、侯观德……谋密起义，誓不从贼，纠集十三大庄、六十四小庄，合镇平、程乡、平远、永定、武平、大埔、上杭各县之人……于万丹社，拜叩天地，竖旗立大清旗号，供奉皇上万岁圣旨牌。……拒河严守一月有余，不容贼伙一人南渡淡水。……贼人二万余……犯万丹……（义民）众三面合攻，大败贼众……贼众溺死及杀死者数千人，余俱逃散。①

　　觉罗此疏指出了康熙末年垦拓南部台湾的客家人，包括粤东嘉应州的镇平、程乡、平远、大埔和闽西的武平、上杭的客家移民，结合成为一个对抗朱一贵的民团；而朱一贵造反集团则属闽南的漳、泉两州闽南籍移民以及粤东潮州府潮阳、海阳、揭阳、饶平等地操潮州语的移民。一般史家泛称台湾方言民系械斗为"闽粤械斗"是错误的，因为并非以广东和福建两省来作区分，应该是"闽南语与客家语族系械斗"，勉强可简称为"闽客械斗"。② 此役杀戮甚惨，种下了闽南和客籍的分类仇恨。
　　朱一贵民变之后，南部闽客籍民系发生了一系列的械斗，至乾隆年间，依然如此，乾隆三十三年（1768）南台湾冈山一带发生黄教之变，来台平乱的提督福建水师总兵官吴必达的折子有曰：

　　逆匪黄教未获……又有南路闽粤庄民挟仇互相焚杀之事。……现闽粤之人尚在相持或见官至则止，官去仍生衅端。……忽有南势一带闽人党众

---

① （清）觉罗满保：《题义民效力议叙疏》，载（清）王瑛曾：《重修凤山县志》，台北：大通书局，第 343－346 页。
② 潮州语系，可归为闽语系统，较近闽南语，而全然非客家语；潮州府虽属广东省，但三阳和饶平操潮州语者，于语言上，甚至生活习俗上，较近于闽南。同样，福建省的汀州府，虽在闽西，却操客家语，且在山区，其生活方式反而与粤东嘉应州相类。在南台湾朱一贵之变时，海阳人杜君英会与漳州人朱一贵合伙反清，是同类相吸之故，而嘉应州和汀州两区移民会团结抗拒朱、杜，也是因为同类使然。一般治台湾民变史者，多有强调客家人杜君英与漳州人朱一贵合作云云，根本就是乱说一通。我们习称"闽粤械斗"是不正确的，简称为"闽客械斗"也不太合适，不得已而用之罢了。

焚抢粤人庄社，各有损伤。察看二比构怨已深。……奴才查南路一带，自罗汉门起，至水底寮止，相去一百余里，闽粤村庄联络庄民数万，拥众互斗，一时劝谕不能遍及，是以未得平息。①

闽客两籍移民已经势同水火，每借民变而互相攻杀。这时期的北台湾，其开垦亦已至相当规模，南台湾的族系矛盾之械斗之风，也随之往北部蔓延。陈盛韶说：

闽、粤分类之祸，皆起于匪人。其始小有不平，一闽人出，众闽人从之；一粤人出，众粤人和之。不过交界处掳禁争狠，而闽、粤头家即通信于同乡，备豫不虞，于是台南械斗传闻淡北，遂有一日千里之势。匪人乘此拨为风谣，鼓动全台，闽人曰："粤人至矣。"粤人曰："闽人至矣。"结党成群，塞隘门，严竹围，道路不通，纷纷搬徙。匪人即乘此焚其庐舍，抢其家资。哭声遍野，火光烛天，互相斗杀，肝脑涂地。②

按陈盛韶于道光十三年（1833）七月奉命来台署鹿港厅事，其《问俗录》一书之卷六，专记其在台任事时之见闻，上引文即其记台湾分类械斗之文章，忠实指出康熙以降愈演愈烈的台湾闽客械斗现象。施添福《清代台湾闽粤分籍械斗年表：1721—1862》统计从康熙六十年（1721）一直到同治元年（1862），共141年间，台湾共有19次闽客械斗，乾隆末年以降，此种流血惨剧已由南台延伸到北台，尤其嘉道咸同时朝，械斗已以北台为主；陈氏来台的道光年间，竹堑（新竹）、猫里（苗栗）附近，正如火如荼地进行着闽客械斗。③

与苗栗地区有关的闽客械斗有下列两次：

嘉庆十四年（1809），台湾发生漳、泉、粤三籍大规模械斗，《仁宗皇帝实录》载有该事：八月十九日（丁未），福建巡抚张师诚奏"台湾地方漳、泉民人械斗已息复起"，淡水厅属中港等处，因泉州民人黄红之妻与蔡氏通奸，经黄红查知，将蔡氏殴打，起衅械斗。……九月廿四日（辛巳），四月十六日即风闻淡水地方有漳、泉民人分类械斗之事，当即檄饬查办，系属因奸起衅，互相纠众械斗。武隆阿到彼止斗之后，淡属地方尚属安静。……

---

① 《台案汇录己集》，台北：大通书局，第65－66页。
② （清）陈盛韶：《分类械斗》，载《问俗录》，第138－139页。
③ 施添福：《清代在台汉人的祖籍分布和原乡生活方式》，1987年，第72－73页。

冬十月十二日（己亥），淡水、嘉义近海大路一带地方现已宁静，其彰化近山处所尚有翁仔社粤民借端生衅。……

冬十月廿三日（庚戌），许文谟奏"查看嘉彰地方已就宁帖，惟淡属中港斗尚未息"；"酌派员弁分兵驻守，传谕漳泉籍乡耆、总董人等互相约束，现在漳泉人民俱已陆续归庄，惟淡属猫里等处粤人纠集多人，名为保护村庄，实欲抢攻中港漳庄"。①

这次的大械斗迁延台湾北、中南路，在竹堑一带的中港区域，则又特别剧烈，尤其是与中港只一山之隔的苗栗（猫里）地区，更是紧张，因为他们甚惧漳泉籍人士的攻击，所以才有所谓"猫里等处粤人纠集多人，名为保护村庄，实欲抢攻中港漳庄"之说法；且无论猫里客家人有没有抢攻中港闽南人，彼等已因日趋剧烈频繁的闽客械斗而武装保护自己的乡土，这也就是苗栗客家民系的"我群中心主义"凝聚和抬头的表现。

在此之前，苗栗客家人已因为组民团对抗乾隆五十一年（1786）发生的林爽文之变而在社寮冈庄成立了义民祠，然有祠而无庙，嘉庆年间的中港械斗，苗栗客家人必以义民祠为誓师坛而组成了民团，但经圣显作用而建立的神圣中心轴——义民祠仍然稍有欠缺，因为它只是一座墓坛，尚未有庙，地位仍然不够稳固。②

刘兰斯和刘献廷父子，此时已是苗栗地区的大地主，遂于道光元年（1821）返回潮州揭阳迎来三山国王神像，在苗栗街上建成了三山国王庙，因而真正为苗栗客家人建立了他们的神圣中心轴。根据这座三山国王庙之圣显，客家人才觉得真能安居于苗栗大地上面。

道光六年（1826）中港发生了黄斗奶率客家人和赛夏族杀闽人的大械斗，③苗栗客家人高度戒严，《苗栗县志》曰："刘献廷，猫里街人，性严正，自幼好学，冠年游庠。道光六年，闽粤互斗，黄斗奶乘机率生番乱中

---

① 《清仁宗实录选辑·嘉庆十四年条》，台北：大通书局，第 132 – 156 页。

② 关于苗栗义民庙，乾隆五十一年，林爽文作乱，猫里客家人组织民团，对抗林爽文北进之部队，在后龙和猫里血战而牺牲之遗骸，集中葬于县治北门外半里社寮冈庄，是为义民祠。其立庙时间要到同治二年（1863），距三山国王庙创立的道光元年（1821），已落后 42 个年头。见（清）沈茂荫：《苗栗县志·祠庙》，台北：大通书局，第 161 页。

③ 《清宣宗实录选辑·道光六年条》，台北：大通书局，第 53 页。又见（清）陈培桂：《淡水厅志》，台北：大通书局，第 364 页。

港。献廷领乡勇守御有功，总督孙尔准奏准赏副贡生。"① 刘献廷组织民团保卫苗栗，其誓师祭旗所在，当然是在三山国王庙。

大地能够安居，一方面是神圣中心轴的建立，另一方面则是大地能生能养的功能的发挥，此即水利工程建设促成双冬水稻农业的完成。道光元年（1821），刘献廷在苗栗三汴圳上增筑了副圳一座，长四十丈；道光二十年（1840），刘兰斯修建了公馆的穿龙圳，② 此圳与苗栗的三汴圳互相衔接成为苗栗公馆平原的灌溉系统，因而促进了当地稳固的水稻文明。

总之，在闽客高度矛盾紧张的情势下，刘兰斯家族在苗栗以三山国王崇拜建立了神圣中心轴，圣显了苗栗客家人的乡土空间，同时，他们也修建水圳，促进了当地的农耕生产，符应了三山国王崇拜的大地神性的本质。

四、台湾苗栗三山国王崇拜——苗栗三山国王庙的重建：龙纹神石与原乡谒祖

（一）苗栗市一群市民重建三山国王庙

根据史籍，在三山国王庙之前建成的苗栗市大庙，是嘉庆十六年（1811）的天后宫以及嘉庆二十四年（1819）的玄天上帝庙；此两者其实是在闽客关系高度紧张时，由两籍人士强调地缘互尊互信精神下的产物。在其之后，则有同治三年（1864）的东岳大帝庙、光绪八年（1882）的文昌祠、光绪十六年（1890）的城隍庙等大庙之建成。这些大庙中的大神，其基本性质属于文教、治理等神道设教。真正象征客家人的乡土圣显而得以神祇之护卫，实属三山国王。换言之，真正能代表苗栗客家人的乡土贞定，而与大地的神圣性有直接关系者，应该首推从霖田原乡迎回安奉的三山国王。

光绪二十一年（1895），日本据台，日本人故意选定在三山国王庙址兴建警察派出所。三山国王庙被拆，三山国王从此流离失所，寄居于天后宫、玄天上帝庙，长达 67 年，如此漫长的时间，使三山国王的圣显性褪色，其所本来具有的乡土神圣中心轴，早已丧亡。

当代台湾随着经济的提升，且由于宗教信仰的自由，因此社会上许多人可以广建庙宇，在这样的背景下，苗栗市三山国王庙得以重建。

---

① （清）沈茂荫：《苗栗县志·列传》，台北：大通书局，第 202 页。
② 《台湾的客家人》，《汉声》1989 年第 23 期，第 58－59 页。

三山国王庙重建的主其事者名庄地，人称地仔伯（地仔以闽南语发音；伯则以客家话发音）；地仔伯经营屠宰及贩猪肉业，他是闽南人，但居住在客家人的苗栗市，久而久之，客家话十分地道。地仔伯与苗栗市中苗里中山路上"益寿堂中药号"的赖占祥友善，常相往来。

赖占祥早年原是台湾省立苗栗农校的老师，因为维护学生而与校长冲突，辞去教职，而在中苗街上赁屋开设中药号，并且给人把脉开方。赖氏喜书法、赋诗、谈易，且热衷风水堪舆之术。一些人士常到益寿堂盘桓、喝热茶、论诗文、对对联、谈风水。他们也常结伙去山上探察阴宅风水，或往许多屋宇查看阳宅风水，并且在益寿堂讨论心得。

这些益寿堂常客除了地仔伯之外，还有苗栗市（彼时为苗栗镇）公所的职员刘显荣、县政府秘书徐石生、裁缝师刘泉宾、农人兼风水师涂日和、巫师兼风水师汤得喜、石油公司天然气收费员潘增锦、铁牛车驾驶、草绳场主兼风水师徐水华以及街上耆老阿统伯、黄海伯等人。

这群人实为读书人、中医、屠户、公务员、工人、巫、农夫、风水师以及悠闲老人的共同体，他们其实就是平凡的镇民，正是这样的镇民共同体重建了三山国王庙。主事者是益寿堂的常客闽南人地仔伯，建庙的风水堪舆师也是益寿堂的常客客家人刘泉宾。①

重建的苗栗三山国王庙，明显与清代的三山国王庙有所不同。清道光年间由刘兰斯创立的三山国王庙，作为苗栗平原的神圣中心轴的形象清晰、本体突显，其时的苗栗客家人以之为圣显中心而建立乡土的安居性，是简约至明的；但当代重建的三山国王庙，却只是平原上众多神庙之一而已；苗栗客家人除祭祀三山国王之外，更馨香祷祝妈祖、关公、玄天上帝、城隍爷、东岳大帝等神明，这些大神，尤其是妈祖、关公的香火远胜于三山国王。

李亦园说道：

台湾社会逐渐转变为工商业社会，而跟随这种社会转型的趋势，民间

---

① 这一群人之中的潘增锦，是笔者家父；文中所提的那些人，均是家父的好友。笔者少年时，常随家父到益寿堂或刘泉宾先生的裁缝店听大人们高谈风水术。其中，刘先生生来仙风道骨，又能言善道，少年之笔者一直认为他就是卧龙先生之流，对他钦仰有加。1964年夏日，苗栗因遭台风带来豪雨而泛滥成灾，笔者全家必须疏散逃难，此时风雨交加，刘泉宾先生一人踩着自行车前来助援，笔者和家姐在他家住了三天两夜。其深情厚德，笔者没齿难忘。如今这一群人，只剩八十多高龄的家父，其余均归道山久矣！

信仰也有相当大的改变……显示台湾民间宗教功利主义趋势。……宗教的社群意义较为减弱，而满足个人种种之现实需要的意义则相对增强。早期移民社会中，许多宗教仪式的举行也都以村落或社区为共同范畴，其发生的社群团体共同意义远超过个人需求的意义，但是在现代工业化趋势出现之后，宗教的社群意义逐渐为个人意义所替代。[①]

正如同李亦园所言，三山国王庙已因台湾的高度都市化、工业化而失去了鲜明的乡土大地上之神圣中心轴的存有性，而只是众多神祇中的某种神祇而已。然而，这样的当代三山国王崇拜，又有了它适应时代的调适。此调适有二：一则是从风水术找寻三山国王的原型圣显；另一则是返回揭阳祖庙的谒祖活动。

（二）风水术的龙纹神石圣显

重建苗栗三山国王庙的地仔伯，虽是闽南人，他却主持了客家人的三山国王庙的重建，在实质和象征的双重意义上，均宣告了三山国王崇拜已不是传统时代的地缘分类斗争的指针；换言之，苗栗这个客家人的乡土，其实已随台湾的现代化而成为各籍人士都可定居生活的地方，往昔曾是十分鲜明的客家人神圣土地，已世俗化为一般性市民的地方。宗教崇拜已失去其传统的圣显意义，苗栗平原的大地，亦因都市化和非农化而成为待价自由沽卖的经济型大地。

重新造神，是需要给予新的"圣显"的，此则一方面从宗教的历史传统中获得接续；一方面则产生现代的宗教意义。

关于前者，重建者试图将苗栗三山国王与霖田祖庙的原始巫术神山圣显的神话接上一贯性，因而一方面建立圣显文本，一方面以风水术为三山神重新寻得其上下天地的神山。三山国王庙宇建筑委员会说：

按三山国王，相传系广东省潮州府揭阳县之巾山、明山、独山，在随（按：为隋之讹写）代有神三位出于巾山，自称为结义昆仲，分镇该三山，后来居民乃于巾山之麓设祠合祀。唐元和十四年，潮州刺史韩愈，遭霪雨害稼，曾祷神显灵有所应验，明礼部尚书潮州人盛端（按：应是盛端明，引文中缺明字）庙记中，谓此庙"肇迹于随（按：为隋字之讹写），显灵

---

① 李亦园：《台湾民间宗教的现代趋势》，载《文化的图像：文化发展的人类探讨》（下），台北：允晨文化实业公司，1992年，第117–138页。

于唐，受封于宋"。宋太宗曾分封三山之神国王，赐庙额为"明贶"。①

依此，则地仔伯等地方人士重建三山国王庙时，明显地是从明朝礼部尚书盛端明的《三山明贶庙记》一文中寻得根源。②盛端明此篇庙记，不见载于《潮州府志》，而是刊刻于台湾台南市三山国王的一方木碑上面。其全文包括了盛著庙记本身，再加上乾隆九年（1744）三山国王的信士洪启勋等人为了树造此碑而撰写的后记；此碑全文，被收在《台湾南部碑文集成》中。③

《潮州府志》虽无明人盛端明的《三山明贶庙记》，其收录的却是元人刘希孟撰写的《明贶庙记》，取此两文对比，显而易见乃是盛端明抄袭刘希孟的文章，窃为己有。盛端明，何许人也？查《明史》，盛氏赫然列于《佞幸列传》，其传曰：

> 端明，饶平人。举进士……督南京粮储，劾罢，家居十年。自言通晓药石，服之可长生，由陶仲文以进，严嵩亦左右之，遂召为礼部右侍郎。寻拜工部尚书，改礼部，加太子少保，皆与可学并命（按：可学，即顾可学，无锡人，大奸臣严嵩党，亦巫觋者流，同列于《明史·佞幸列传》）。二人但食禄不治事，供奉药物而已。端明颇负才名，晚由他途进，士论耻之，端明内不自安，引去，卒于家。④

盛氏被归类于佞幸，依中国史家的春秋笔法，则盛氏显然是奸佞之流。但若细读《佞幸列传》，且从正史的道德观跳越出去，则可发现盛氏

---

① 《苗栗三山国王庙圣迹简介》，苗栗：苗栗三山国王庙。此简介为该庙委员何金衡老先生提供，时为 1993 年。

② 粤东潮州揭阳霖田祖庙中原有一篇《三山明贶庙记》，作者是明朝"赐进士第、资德大夫、正治上卿、太子少保、礼部尚书、前左春坊左庶子、翰林侍读、经筵讲官同修国史、郡人盛端明"。盛著的《三山明贶庙记》，今已不见于霖田祖庙（台湾彰化县溪湖镇的霖肇宫，号称为台湾最老的三山国王庙，其管委会曾于 1988 年 3 月返回霖田谒祖，发现祖庙已毁于"文革"）。见杨国鑫：《台湾的三山国王庙初探》，载《台湾客家》，台北：唐山出版社，1993 年，第 83 页。又，苗栗三山国王庙的管委会于 1989 年 11 月往霖田敬谒祖庙时，庙宇已新修，但已不见《三山明贶庙记》此历史文物。

③ 《台湾南部碑文集成》（上），台北：大通书局，第 36 - 38 页。

④ （清）张廷玉：《明史·佞幸列传》，北京：中华书局，1974 年，第 7875 - 7904 页。

实属广大中国土地底层的巫觋者流，而巫觋文化，从神山崇拜中取得了上下天地的诠释权柄。这样的巫觋文化传统，一直在广土众民的大地底层存在着，在汉文化熏陶浸透的台湾亦无例外，苗栗三山国王崇拜的重建群体，其实也是依据巫觋者所操持的风水术而重建其神山崇拜的。以巫者盛端明的圣显文本为重建三山神庙宇的文本，配合以重建群体的巫术信仰，于意识形态上，重建群体取得了思想上的坚定性。①

建庙初始，地仔伯敦请好友风水师刘泉宾堪舆相地，以风水术择庙地，使三山国王庙址具有了圣显之意义。通过风水堪舆的抉择和运作，于是产生了"木铎山龙神"之圣显现象：

1962（壬寅）年，苗栗地方有志……捐资建庙择址于木铎山。农历七月十八日建庙动工之夜，该山上有一颗大石，长五台尺、幅三台尺，突然自劈三片，内有本山龙形纹线现出奇观，一般结论是该山龙神喜欢迎接三山国王到此吉地安奉。故尊敬该石龙神安在本庙后面上段庙宇奉祀。

另外，苗栗文史工作者黄鼎松则说：

1962 年，地方信徒……创议建庙，建庙地点觅好南苗、北苗各一处，惟应建于何地，众说纷纭，建庙委员会也不敢决定。……农历七月十八日，一夜狂风暴雨，雷电交加，南苗木铎山上的一颗巨石，长五台尺，宽三台尺，被劈成三片，石面上出现龙形花纹，组成"山"字，信徒认为这是神灵的启示，决定在该地创建新庙。

现今姑且不论新建的三山国王庙是否早已确定在木铎山，或者只是在南苗和北苗各觅得一地而尚待最后决定一处；引文所言"一夜狂风暴雨，雷电交加……被劈成三片"或"建庙动工之夜……突然自劈三片"，此等叙述均是建庙者乘着木铎山的一块巨石的劈裂现象而造出"圣显"之神话。圣显的神话，对于新建三山国王崇拜，是必须的。大石劈开，其表面有纹路，可以识觉为"龙"，亦可以识觉为"山"；前者则意味着木铎山龙神欢迎三山国王法驾木铎山立庙血食，后者则直接显示为三山国王的圣迹或图腾。

---

① 重建群体，以刘泉宾风水师为择庙址者，其友人中的涂日和、汤得喜、徐水华等人，正如本文前面所述，均属风水堪舆者流，广义的巫觋也。

事实上，重建三山国王庙的这些造神者，是将木铎山山神与粤东三山神巧妙地在一块神化之石上合体了。粤东潮州三山国王，借着台湾苗栗木铎山上的一块神石而转化成苗栗乡土的三山国王。或者说，三山国王的神灵透过一神石而成为木铎山的山神，因此而成为苗栗的"镇州之神"。

苗栗三山国王庙的重建者，其实是从《明贶庙记》获取灵感，如本文前面载录的庙记所言：

明山，西接梅州，州以为镇。

有神三人，出巾山之石穴，自称昆季，受命于天，镇三山，托灵于玉峰之界石，因庙食焉。[①]

依此，我们也可以如是说：三山国王，出粤东揭阳霖田，渡海来台，托灵于苗栗木铎山之龙神石，因庙食，苗栗以为镇。当如此的以巨石来圣显立神庙的工作完成，苗栗又重生了一座圣显为神圣中心轴的"神山型"神庙。三山国王依据木铎山龙纹石的圣显，而成为圣显的木铎山之山神，因而亦成为托灵于木铎山上的山神，守护了当代的苗栗大地。

再者，建庙是根据风水堪舆而择址的，重建三山国王庙，其寻龙点穴，确定中轴线，即是从此块龙纹神石开始，此石的落置点就是三山国王庙的龙脉聚结所在。

《明贶庙记》曰："有神三人，出巾山之石穴。……于巾山之麓，置祠合祭，前有古枫，后有石穴，水旱疾疫有祷必应。"[②] 此段显示了"风水造神"的观点：造神者须寻得"生神"之母体，此母体须是地形或空间中最主要的区位或地点，它能使三山神的"造神"具有圣显性质。所谓"有神三人，出巾山之石穴"之意，实际上是指三山神以巾山之麓的石穴为其生神母体，亦即是由这个母体而创造出神灵。换言之，三山神就是巾、明、独三座山的"龙脉"（"气脉"），经过天长地久的蕴积和酝酿，以及日月雨露之精华之凝练聚结之后，而化生形成。石穴者，即三山神精气之"结穴"处，因此，依据风水堪舆术，置三山神的庙宇时，必建于石穴之前，石穴恰在庙宇正殿背后，且在中轴线上，并于正殿背后地面基础上形成"化胎"之隆起。

同于此理，苗栗三山国王即以木铎山龙纹神石为其聚气藏风之所在，

---

① （元）刘希孟：《明贶庙记》，载《潮州府志》，台北：成文出版社，1967年。

② （元）刘希孟：《明贶庙记》，载《潮州府志》，台北：成文出版社，1967年。

而成为三山国王庙的龙脉结穴之地点。中轴线是由此点，从木铎山往外笔直拉出，三山国王庙即建筑于此龙纹神石之前，以中轴线从神殿中央穿过而左右对称。中轴线从龙纹三山的神石发出木铎山的丰沛气脉，实已转化为三山国王的神灵气脉；气脉从龙纹神石激射而出，通过正殿居中的巾山神之眉心、通过神案主炉，再通过天公炉，然后普照于苗栗平原的大地。在信徒的心中，三山国王的神灵，确实圣显于苗栗的木铎山，于是木铎山三山国王庙遂成为苗栗人得以安居于大地之上的神圣中心轴。

（三）返回霖田祖庙的原乡谒祖活动

20 世纪 80 年代，由于海峡两岸解开了数十年的禁隔，台湾许多个人或团体陆续展开了前往大陆的探亲、旅游以及学术文化等交流。台湾各地的宗教寺庙人员，也纷纷返祖庙寻根谒祖。最早渡海谒祖的神明当推天后（妈祖），三山国王庙也掀起原乡谒祖的热潮，拔得头筹的是宜兰县冬山乡的振安宫，该宫 26 人组成的"探亲团"于 1988 年 3 月 6 日启程，抵达霖田祖庙上香致敬，并于 29 日迎回三尊祖庙神像，且于 4 月 11 日盛大隆重地举行过火仪式。[①]

《宜兰县冬山乡大兴振安宫溯源缘起（三山国王开基祖庙振安宫沿革志）》曰：

振安宫系奉祀广东省祖庙"敕封三山国王"之古庙也。本宫之缘起于明神宗万历十一年（癸未年），公元一五八三年（三九二年前）。为广东省揭阳弟子：

陈振福、魏全汉、彭阿辉、张阿三、戴九秀、吴振秀、邓阿向、孔阿贤、许广新、许阿歹、庄阿甘、许阿康、陈栈发、李阿案、许阿怀、许阿呈、詹阿云、许阿赞、许阿淡、袁阿桂、袁阿提、詹阿养、许阿锦、许阿镇、许阿则、许阿德、许阿盆、范克明、吕阿色、许灶福、刘阿道、袁阿送、黄阿增、邓友兴、陆阿海、林阿钮、邓凤愿、詹阿兴等三十八位。

自故乡恭请霖田庙"敕封三山国王"圣像金身即现新竹南寮港登岸后南行苗栗县，客居二十四年，本振安宫先贤公在当时苗栗北角建立一座小庙奉祀"三山国王神像"。

昔时先贤公闻得新竹县新埔咸菜瓮，就是今之关西（原名）是一个好

---

① 杨国鑫：《台湾的三山国王庙初探》，载《台湾客家》，台北：唐山出版社，1993 年。

开垦种植咸菜之地，就因此先贤公全体三十八位弟子恭请三山国王迁于新埔咸菜瓮地区开始耕作，日月如梭，转眼间，就在关西过了十四年之日月，直到天启元年岁次辛酉年（公元一六二一年）（三五四年前）。

本宫先贤公闻得兰阳地区，即宜兰县，人人皆称鱼米之乡，土地肥沃，水源丰足，是最适宜栽种水稻之地，就此全体三十八位先贤公喜出望外，迁来宜兰县冬山乡大兴村现址附近，即吴姓弟子厝前，建立一座茅屋小庙奉祀自故乡恭请之"敕封三山国王"圣像，不久再迁至本宫地址建庙，至今有三五零年。①

冬山乡振安宫的溯源缘起，其时间点，无论是万历还是天启，只要稍稍明白汉人开发台湾史实者，都知道此是夸大其实的伪史。但若就其所言38位先贤公的姓名多达28位均是"阿"字而言，则颇合乎清代客家男子姓名之习惯；且以其等迁移之路线而言，也甚合乎清时横越雪山抵达宜兰的山道之史实。②

这些揭阳霖田客籍男子，从南寮上岸，至苗栗居住，一住就是24个年头，且筑了茅屋小庙供奉三山国王。

关于此点叙述，全不见于苗栗的任何志书、文献，且清道光元年（1821）刘兰斯创建三山国王庙时，也完全没有提及。问及苗栗人，未有敢确定这样的事情者。恐怕振安宫溯源缘起的38位先贤公于明万历年间居住苗栗之叙述，根本上，似乎是神话造史运动下的产物。

振安宫如此造史，大概是希图将他们的三山国王与最纯客地区的苗栗牵连上地缘关系，如此更能加强他们本属客家大神庙的尊崇和纯正的色彩。

如果站在学术考证的客观立场，冬山振安宫的溯源造史是无法取信于人的，但是若依宗教崇拜的圣显而言，振安宫的造史和谒祖，提供给苗栗三山国王庙管理委员会莫大的"神启"，以此启示，管委会人员乃坚信而无疑。首先，溯源缘起所言"明神宗万历十一年"霖田祖庙的三山国王香火已由38位先贤公恭奉在苗栗，而刘兰斯建立的苗栗三山国王庙，始于道光元年（1821），前后差238年之久。这个两世纪多的时距，给予管委会

---

① 《宜兰县冬山乡大兴振安宫溯源缘起》。本缘起，是苗栗三山国王庙主委罗阿才先生从其办公桌抽屉中拿出，其神态甚敬，且明言只是借笔者当场审阅，非赠送，笔者只好抄录，时在1993年。

② 关于这种路线的论述，请参阅笔者的博士学位论文《台湾传统汉文化区域构成及其空间性——以猫里区域为例的文化历史地理诠释》（1994年）。

人员宗教心灵上不小的压力，因而深思有以弥补。冬山大兴振安宫既以这个素与苗栗深具渊源的圣显文本而建立其客家大神庙的诠释合理性；又第一个返回原乡祖庙进行谒祖，此宗教行动亦是圣显上面的再次圣显。因而振安宫于当年俨然成为台湾三山国王庙联盟的盟主。

于是，苗栗三山国王庙管委会的领袖群决定组团返潮州揭阳霖田祖庙谒祖，希冀通过归返原乡之圣显活动来确立三山国王在苗栗乡土中的神圣中心轴的地位。"苗栗三山国王庙返乡谒祖致敬团"由主委罗阿才率领何金衡、潘增锦、潘增祥、罗阿富、刘双安、刘铠立、何新基、徐启基等委员、善信十数人，于1989年11月18日到广东省揭西县（即以前的潮州府揭阳县）霖田村的三山国王祖庙进香谒祖。

霖田祖庙是"文革"毁庙之后，因应两岸通航而重建的一座新庙。是否位在古籍所称"巾山之石穴"的地点，实有大疑。此庙筑于一小土丘前，丘上树林成荫；庙前为稻田、泥路，左侧有民宅两三间；小丘后疑为田，更远则为山脉。

新庙是一进单栋的黄瓦悬山屋顶式建筑；大殿中供奉比常人大的三山国王塑像，由于"文革"的影响，重建的三山国王将黑脸独山神置中间，白脸巾山神置其左边，红脸明山神置其右边，显然已失去古制。大殿前是长方形拜亭；拜亭里置供桌，供桌前缘横列五个一排香炉，更前又横列置放十二个方形石制香炉。拜亭外，用一排约两人高的木栅设置了庙的大门，使霖田祖庙从外面看很像一座山寨。①

谒祖致敬团先在汕头的佛具店订刻三尊神像，然后从汕头专车前往揭西霖田。他们在祖庙神前供上祭品，并且摆好三尊神像，上香敬拜，恭诵祭文，祭文完全用苗栗客家话（四县客家话）念出，前后恭诵了四篇祭文，再上黄榜文两次，最后由汕头佛具店老板兼巫师举行三山国王神像的开光点眼仪式，接着鸣炮烧金，终于完成了谒祖典礼，同时也从祖庙获得了三山国王的分灵。

谒祖之礼完成后，委员们很欣喜地接受访问，强调此行具有两点意义：其一是奉苗栗三山国王的神旨，返粤东原乡谒祖，有寻根溯源的意思；其二是三山国王是"我们客家人"的保护神，苗栗是客家乡土，奉三山国王之命，返回同是客家乡土的霖田谒祖进香，是"我们客家人"的光荣。②

---

① 笔者根据当年进香谒祖致敬团拍摄的影片而叙述新修的霖田祖庙，如今多年又逝，霖田三山国王庙如何演变，笔者不得而知。

② 《苗栗三山国王庙霖田祖庙谒祖录像带》。

圆满谒祖返台之后，举行了从原乡霖田分灵的三山国王神像的巡境法事。神从苗栗三山国王庙起驾，在苗栗街往南行，至公馆街的五谷宫，接受信众的参拜。然后，往北沿东边山脚而行，经东河、鹤岗、二岗坪等村，抵达头屋乡的三恩主庙文德宫停驾休息。再往西走，过头屋大桥，至苗栗市嘉盛庄五文昌庙访问，然后到田寮庄妈祖宫接受膜拜。之后，三山神巡行至苗栗市北端的北势大桥，再往回巡行，到义民庙休息，然后转到西山圣庙（三恩主庙）停驾，最后沿西山边缘返回三山国王庙。①

由原乡渡海来台的全新之三山国王巡视了苗栗及其周边客家乡，这是一次创新的圣显，在信众的宗教心灵中，意味着客家的苗栗平原已成为神圣洁净的大地。无论是传统的农耕，还是已属二三级产业的生活方式，三山国王的信众经过这样的原乡神的巡境圣显，似乎在心灵中又得到霖田祖神的庇佑。换言之，木铎山的神圣中心轴已然与巾山、明山、独山的神圣中心轴产生了连接，因而使苗栗平原的宗教空间性与粤东三州的宗教空间性整合为一体。

1990 年是苗栗三山国王庙重建 28 周年，于是管委会决定借着刚返原乡谒祖的优势，配合 28 周年而盛大举行"庆祝苗栗三山国王登位二十八周年纪念及奉三尊恩主升座二周年　启建阴阳　普利吉祥法会"，其文曰：

> 缘因国王庙重建二十八周年庆典，兼而三尊恩主扶鸾二周年同庆会。蒙奉三尊恩师慈诣（按：原字照抄），拣定国历八月二十日（农历七月初一日）起二十二日（初三日）止，启建护国息灾、祈安法会拔荐。南至出矿坑、东至南北河村、北至明德村及北势大桥止、西至十班坑、西南至五湖口止。所境乞车祸伤亡、水陆枉死冤魂，及阵亡之三军将士，有缘各姓氏，九玄七祖，启建三天功德法会。特敦聘高僧诵经礼忏上乘佛经宝忏，祈求佛圣尊神，恩赐福泽阴超阳泰。车界交通安全，水陆靖宁顺利……②

依此法会启事，三山国王行使其神力，广邀"佛圣尊神"降临苗栗地区，透过神明的护持，于是"南至出矿坑、东至南北河村、北至明德村及

---

① 三山国王巡境，家父潘增锦先生全程参与，此路线信息由他提供。神的巡境，大体上涵盖了苗栗一公馆平原，也是纯客家人区域，跨过后龙溪的新港庄，三山国王就不去了，那个区域已是闽南人较多的地方，从此点也显示了苗栗三山国王的客家意识。

② 《庆祝苗栗三山国王登位二十八周年纪念及奉三尊恩主升座二周年　启建阴阳　普利吉祥法会》，苗栗：苗栗三山国王庙管理委员会，1990 年。

北势大桥止、西至十班坑、西南至五湖口止"的空间范围，获得净化。此神净的范围，大体上就是苗栗—公馆平原及其周边，也是道光元年刘兰斯所建的老庙时代之猫里区域。这个区域，对苗栗的客家人之三山国王信众而言，是神圣洁净可以安居的，它的中心轴，无可置疑，当然是苗栗三山国王庙。

五、结论：三山国王圣显的客家人环境伦理

视大地是善生能养的母亲且与所有生灵整合为一，大概是人类"前现代化科学时代"的共同心灵。古希腊原本就有所谓"盖娅"（Gaia）的大地之母之环境伦理，近年为生物生态学家 J. E. Lovelock 重新发掘阐扬，已经广受当代环境生态学界的重视。[①] 简言之，"盖娅"就是人类亲近密契大地的孕育长养万物之有机生命力，且趋向于与天地融合为一体的生机本能。上言之生命与天地相融合为一体的生机本能，不但是古希腊的人地和谐关系的环境伦理传统，在许多传统社区和文明中，亦是十分常态的伦理心灵。譬如印第安人也有类似的伦理观，1855 年左右，西雅图酋长的公开演讲词，指出他们印第安人自第一个祖先开始，就视大地是神圣的，所有生灵均是大地哺育的儿女，每一生灵最后也都返回她的怀抱。[②]

此种心灵，当然在中国的古代环境生态思想中，亦一样俱足：儒、道和阴阳五行的价值核心与观念系统，均一致主张天地人和谐关系的环境伦理。中国人的环境伦理观落实在行动系统时，就是风水堪舆术以及儒道刚柔阴阳互补的家屋空间、聚落空间的创建和发展。那即是在生生不已的大地上，人之家宅和聚落，依照阴阳五行与风生水起的谐和之道，安居于世界大地的中轴点上，而与上天取得了神圣的沟通。

三山国王崇拜从潮州三座山的圣显起始，建立了与客家人深具宗教神圣关系的神山信仰。在中国民间信仰的万神谱系中，三山国王以神圣山的身份，扮演了神圣中心轴的角色而贞定了客家人的乡土，通过神圣中心轴的确立以及天地上下的沟通，客家人的大地有以圣显，因而成为可以"安居"的乡土。

---

① 洛夫洛克著，金恒镳译：《盖娅——大地之母》，台北：天下文化出版公司，1994 年。

② 坎伯著，李子宁译：《神话的职能》（上册），台北：立绪文化事业公司，1997 年，第 44－46 页。关于其更详细的诠释，可参考潘朝阳：《整全生机主义的自然宇宙观：圣经创世纪的诠释》，载周国屏主编：《地理学与区域发展学术研讨会论文集》，2001 年，第 33－46 页。

台湾苗栗河谷平原属于纯客家的生活区，自道光元年（1821）刘兰斯始建三山国王，就是在台湾械斗扰攘的动荡不安时代，借着从原乡分火而来的三山国王之"神山圣显"，确立了苗栗的神圣中心轴，进而使苗栗客家人获得了生息安居的乡土。

现代化作用下，重建的当代苗栗三山国王崇拜，虽已没有清代移垦社会的背景，但就一般市民而言，寻求世间与上天的上下沟通，仍然是不可或缺的宗教心灵和行事。一群现代市民通过阴阳五行风水术和归返宗教原乡重新点燃神山之火苗两种实践，因而又以三山国王的圣显，再建乡土大地的神圣中心轴。苗栗大地对广大信众而言，与清代的第一代人一样，是确然可以"天地神人"四位一体融合为一而安详居存的空间。海德格尔深论人类筑造人文物于大地之上而获得"安居"之道，依其所言，唯有筑造的大地人文物可以保任"天地神人"四位于一体，才是人之真正安居。①客家人的三山国王圣显，实亦是在其乡土的大地上筑造了"天地神人"四位一体安居的空间，这样的安居，合于整全生机主义的环境伦理。客家人无论是在粤东三州原乡还是在台湾苗栗新乡，透过三山国王崇拜的神山圣显，在宗教心灵中确然印证了人与天地相和谐的环境伦理。

---

① 关于"天地神人"四位一体安居之筑造，见海德格尔：《筑·居·思》，载《海德格尔选集》（下），上海：上海三联书店，1996年，第1187–1204页。

粤东三山国王信仰与两岸关系的互动及发展研究

——以揭西霖田祖庙为中心的考察

宋德剑①

一、三山国王信仰的起源与在粤东、台湾的分布和发展

　　相传三山神庙始建于隋，显于唐，封于宋。元代的编修官刘希孟曾作《明贶庙记》，把巾、明、独三座山岳神格化的由来阐述得颇为详尽。三山国王信仰的内容，主要有秋收后的打醮、中元节的施孤、正月初二的出巡以及每年二月二十五日、六月二十五日、九月二十五日三天的大王（巾山）、二王（明山）、三王（独山）的生日祭祀。具体内容可以参阅贝闻喜《潮汕三山国王崇拜》。

　　揭西霖田祖庙原称明贶庙，又名三山国王庙，俗称大庙，位于揭西河婆镇西南2公里玉峰（即庙山）脚下。前临榕江，后倚玉峰，是一座规模宏大的灰沙土夯墙盖瓦建筑物，殿廊皆雕梁画栋，富丽堂皇，极具民族特色。庙宇始建于隋，至今已有1 400年历史。此后历代有修整，为了弘扬民族传统文化，保存地方名胜古迹，1984年以来，在揭西地方政府的重视下，组成"揭西县修复霖田祖庙理事会"，对祖庙进行修复，1984年列入县重点文物保护单位。庙前有石拱桥，入门两侧各置泥塑将军像一座，其旁各有一匹泥塑白马，正殿为三山国王坐像，两廊供诸官神像、罗汉，后殿供三山国王夫人，共百余尊神像，皆栩栩如生，巧夺天工。

---

　　①　宋德剑：嘉应学院粤台客家文化传承与发展协同创新中心执行主任，客家研究院副院长、研究员。

在大陆原乡，三山国王信仰范围大致局限于粤东福佬方言区和客家方言区，所谓"潮及梅、惠二州，在在有庙"。据不完全统计，粤东地区三山国王庙约250座。其中，揭阳60座，汕头65座，潮州25座，梅州45座，汕尾19座。经过重新整修，有一定规模和影响力的有揭西霖田祖庙、饶平鸿埕大庙、潮阳棉城蛇脐古庙、澄海银砂古庙。此外，汕头市区已发现三山国王庙30多座。

明清以来，随着广东（以明、清时期行政区划中潮州、嘉应、惠州三府为主）移民在台湾的发展繁衍，三山国王信仰逐渐在全岛范围内广泛传播，全岛各地纷纷建庙奉祀。由于台湾的三山国王庙大多数分布于偏远山区乡村，且长期处于毁坏、重修和新建的过程中，对其数量一直有着不同的说法。1987年台湾省民政厅编印的《台湾省各县市寺庙名册》统计，当时台湾共有三山国王庙145座，其中宜兰县34座，为全台最多。研究台湾历史文化的学者统计岛内三山国王庙至少有170座。岛内三山国王庙组织的统计数字则是400多座，信众有600万人。目前，台湾已发现的三山国王庙主要集中于四个地区：南部的高雄、屏东二县，特别是下淡水流域；中部大甲、大肚、浊水、大港四条溪流的中下游平原和丘陵地区；新竹境内竹堑溪和凤山溪流域；宜兰平原。台湾三山国王信徒以粤籍客家人、潮汕人为主，也包括部分闽南籍民众，并成立有台湾省奉祀三山国王庙宇联谊会。

台湾最早供奉三山国王的庙是1683年陈振福等38位追随郑成功的先贤创建的，他们从潮州的祖庙中请出神尊引渡至台湾新竹县南寮港登陆，在苗栗北角建庙奉祀三山国王圣像，其后又在宜兰县冬山乡建立振安宫，供奉三山国王神尊。

现在台湾影响较大的三山国王庙主要有彰化县永靖乡甘霖宫、社头乡枋桥头镇安宫、鹿港镇埔仑里霖肇宫、宜兰县员山乡三山国王庙等。其他供奉三山国王的神庙均由以上四庙分香建立。时人记载："凡粤东客家来台者，悉奉（三山国王）香火。"据台湾学者刘还月描述："三山国王自古以来便是粤东民众信奉的守护神，客家人渡海来台时，大都带着三山国王的香火共同渡海而来，并在每一个初拓有成的地方建庙奉祀，这种现象在拥有二十六座三山国王庙的兰阳平原最为明显，台中平原沿海地带的闽人社会，也存有少数的三山国王庙。"透过这些三山国王庙，可以看到历史上粤东地区族群向台湾迁移的史实，以下列举几座三山国王庙，说明相关渊源。

彰化县溪湖镇霖肇宫是台湾三山国王庙开基祖庙。《荷婆仑霖肇宫沿革志》记载了 400 多年前三山国王最初传入台湾的情形。明万历十四年（1586），广东揭阳信徒马义雄、周榆森二人带着霖田祖庙三山国王香火跨海来台，从鹿港登陆，东行抵达现庙址的小仑（山丘）附近。当时因思念故乡河婆，加上附近有湖泊产"莲荷"，于是命名当地为"荷婆仑"，并将三山国王的平安符香包安放在沼泽的大树下。第二天一大早，有人目击三匹白马徘徊，被当地人认为是三山国王神威显灵。从此，荷婆仑附近人口平安、风调雨顺、田阜年丰。一年后，为感谢三山国王的庇护，当地信徒集资建庙奉祀，并将该庙命名为霖肇宫，即霖田祖庙三山国王在台肇其建宫的意思。台湾信众们在 1986 年举行了三山国王入台开基四百年的庆典活动。

云林县太和街三山国王庙。大坪三山国王庙古称太和街三山国王庙，坐落在大坪乡大德村新街部落，有人称之为新街庙。清朝康熙甲寅年（1674）广东饶平人张忠义渡海来台，随奉三山国王香火保身，镇宅奉祀于太和街。太和街三山国王庙，由于神威远播，灵佑众生，分灵建庙，分布于全省各地及海内外。

台南三山国王庙。清乾隆七年（1742）台湾知县杨允玺、台湾镇镖左营游击林梦熊等潮州籍官吏，率粤东诸商民捐资创建，庙中主祀三山国王，并提供同乡往来住宿服务，也称潮汕会馆。

桃园的三山国王庙，又名"仁和宫"，为桃竹苗三山国王的祖庙，现在桃竹苗地区的许多三山国王庙都是从这间祖庙分香出去的。如桃园景福宫、大溪福仁宫、平镇东势建安宫以及从建安宫分香的龙潭三坑子永福宫，观音石桥复兴宫、应天宫等。只不过这些过去属于桃园三王公庙系统的，在后来的社会历史变迁中逐渐退去三山国王色彩，转变成开漳圣王崇拜系统。而埔顶仁和宫、东势建安宫、石桥复兴宫，在保留三王公老庙名的情形下，也冠上开漳圣王名号。石桥的应天宫虽然主神墙壁上大大的两个"王"字，对外却改以关公等诸神称呼，既无保留三王公，也没有冠上开漳圣王。而对于"三山国王"这个名号，龙潭三坑子的永福宫一开始就将"三王公"称为"三山国王"祭祀，只是后来主神也改为"三官大帝"，不但"三山国王"沦为陪祀，"开漳圣王"等神明也为陪祀。至于大溪的福仁宫，虽然将从埔顶"三王公庙"分香去的"二王公"奉为主神，但后来也将之改称为"开漳圣王"，只是仍保留"三山国王"神明。桃园的三山国王庙，今天呈现在以上各种不同形式中，其中各庙的沿革中，除了桃园景福宫和大溪福仁宫以及台北士林湳雅庄德和小区"三王公"有写分香火于埔顶粟仔园"三王公庙"，其他的诸庙则全部自创新沿革，相当程度上刻意隐去和祖庙之间的关系。

屏东县的第一大镇潮州，闽、粤居民各占一半，街市的语言以闽南话为主，但客家人的守护神——三山国王，是潮州地区主要的信仰中心，街市内的三山国王庙，更是当地规模最大的庙宇，享受闽粤两籍人士的香火。

二、粤台三山国王信仰的互动与发展

三山国王信仰在粤东原乡向台湾的播迁过程中，逐渐形成了揭西霖田祖庙（根）、台湾分香庙（枝）的源流关系网络，成为粤台血缘亲情割不断的纽带。400 年来，三山国王一直是台湾粤籍移民拓荒台湾、建设家园的精神支柱，在外来侵略者的打压和社会变迁过程中仍香火不断、历久不衰；400 年后的今天，台湾众多三山国王庙仍割舍不了与祖国大陆母体的联系，冲破种种自然或人为的障碍，漂洋过海到祖国大陆的祖庙进香。台湾信众通过三山国王崇拜，寄托着台湾同胞对故土的深深眷恋之情，三山国王信仰成为粤台血缘亲情割不断的联系纽带。

1. 移民初期

粤籍移民将家乡的香火带到台湾，并在岛内各地播撒火种，寄托了移民的思乡思亲情怀，使大陆传统文化在台湾生根，又使三山国王成为粤台之间血缘亲情关系割不断的纽带。客家人移民台湾之初，由于地域的阻隔和经济的因素以及造船航海技术的局限，分香庙到揭西霖田祖庙的进香未形成定规。于是信众采取了更为便捷而且安全的到在台开基庙进香的方式。

霖肇宫为台湾三山国王开基祖庙之一，溪湖东溪的霖肇宫、埔心旧馆的霖兴宫、埔心芎蕉的霖凤宫、田尾海丰的沛霖宫，都是霖肇宫在台湾的分灵庙，信徒遍布七十二庄，每年都有拜祖接香的仪式，彼此间关系密切，是当地最重要的信仰之一，亦是地方维持和睦的主要原因。霖肇宫初创时本为临时搭建的茅屋，供奉三山国王神位祖牌，明万历二十七年（1599）邀广东河婆雕塑名师恭塑国王圣像三尊奉祀，道光十二年（1832）始建大庙，香火鼎盛。1953 年重新翻修，近年庙宇又得到扩建。庙中古物仅存正殿神龛上高悬道光二十八年（1848）岭南弟子所献之"鼎峙英灵"匾，这是早期两岸族群互动的生动见证。

2. 日据时期

1895 年，中日《马关条约》签订，台湾沦为日本殖民地。日本当局为了加强对台的殖民统治，在台推行了"皇民化运动"和"寺庙升天运动"，妄图以日本神道教和靖国神社来取代台湾民间宗教信仰，以此来隔断台湾与祖国大陆的文化渊源关系。当时，许多民间宫庙被列入弃毁的名单，据《重修台湾省通志》卷三《住民志·宗教篇》载："因此被其废弃之神像，有福德正神、开漳圣王、关圣帝君、三官大帝、天上圣母、五谷神农大帝、义民爷、玉皇大帝、保生大帝、三山国王、大众爷、斋教龙华派开祖罗祖师等。泥涂之塑像用斧推破，木雕之神像则一部分送到台北帝国大学土俗学教室保管，以作研究之资料。"然而，两岸血浓于水的骨肉亲情关系，是任何力量都无法切断的。如《云林县大埤乡太和街三山国王庙沿革》中记载，1937 年，日本殖民当局下令将该庙所有神像集中运往斗六郡焚毁，改奉日本大麻神宫。该庙供奉的三山国王、文武将、神位牌均被焚毁。当地信众不忍祖先由大陆迎渡来台奉祀的神像被焚毁，冒着生命危险将其中老三王神像偷回家中供奉。1945 年台湾光复，当地信众马上将神像迎回，并集资重塑雕像、修葺庙宇，成为当地庆祝台湾光复的盛事之一。

3. 改革开放以后

国民党退踞台湾之后，两岸同胞开始了长达 30 年的隔绝状态，台湾三山国王与大陆祖庙间的民俗交流也因此中断。随着台湾当局开放民众赴大陆探亲，台湾各地三山国王庙纷纷返回大陆进香。自 1995 年起就有来自彰化、屏东、台北、新竹等地 120 多个进香团，共计上万人次到祖庙进香。

台湾各地三山国王庙赴祖庙进香团统计表（1995—2007）

进香团来源地	彰化	台北	屏东	新竹	台中	高雄	云林	宜兰	台南	苗栗	基隆	合计
次数	25	21	17	14	11	10	7	6	5	4	3	123

注：本表根据霖田祖庙收藏《台湾各县市进香团逐年登记册》所记载台湾进香团进香情况制作。

1988 年 3 月 21 日，台湾《中国时报·地方综合新闻》报道了当时宜兰县冬山乡振安宫回祖庙进香的经过和对台湾的影响："在政府开放大陆探亲，全省各地的妈祖庙抢回湄州探亲热之后，全省各地的三山国王庙也展开回乡探亲较劲，均未如愿找到揭阳县霖田祖庙，但宜兰县冬山乡的振安宫拔得头筹，并将在二十九日迎回三尊祖庙神像。据振安宫人员表示，由该宫管理委员会主任委员陈添财率领的二十六人探亲团在三月六日启程，已经到过揭阳县霖田三山国王祖庙。振安宫人员透露，去年（1987）八月以来，花莲护国宫、斗六顺天宫、屏东林边三山国王庙、嘉义庆宁宫、丰原德惠宫、埔里奉天宫均向振安宫索取霖田祖庙资料，但振安宫并未施给最详细的地址。又说花莲护国宫甚至在去年八月企图派出探亲团到霖田去，但未找到祖庙。而冬山振安宫系 300 多年前有 38 名人士随郑成功来台，并奉神像来台，便在宜兰冬山建庙。振安宫计划在三月廿九日三神像返台时，举行迎神会，并在四月十一日举行过火仪式。"据揭西霖田祖庙庙委会记录，1989 年至 1998 年十年间，来自台湾的三山国王寻根问祖团有 230 多个，信众 5 000 多人。近年来，台湾三山国王庙组织来粤东地区寻根祭祖出现次数增加和规模扩大的趋势。仅云林县大埤乡太和街三山国王庙在 1999—2001 年间便先后 4 次组团来揭西三山祖庙瞻仰进香。2001 年 9 月，该庙组织信众 316 人，取道台中到金门，再从金门经由厦门到汕头，最后从汕头到揭西进香，是迄今为止最大的进香团体。有感于信众众多、路途遥远、组织困难，该庙本打算于次年再组织 600 多人取道台中直航汕头进香，后因某些主观原因未能成行。

2007 年 5 月 28 日至 29 日，台湾三山国王宫庙联合谒祖进香团一行 168 人，专程来到粤东南澳岛后江象山三山国王庙和揭西县霖田三山祖庙举行大型进香谒拜活动，开展以三山国王文化为主题的民间文化交流。南澳岛后江象山三山国王庙，始创于南宋德祐年间（1275—1276），香火自揭西霖田祖庙传入，至今已有 740 多年历史。后江象山三山国王庙历来神威显赫，香火鼎盛，有过长达数百年的"日有百船求平安，夜有千人圆美梦"的兴旺历史，成为岛内外民间最受信奉的古神之一。南澳岛是台湾同胞祖居地和台湾渔船停泊基地，历年来都有很多台湾同胞尤其是台湾渔民前往后江象山三山国王庙进香。潮汕与台湾民间共同信仰的三山国王和妈祖，促进了两岸同胞的不断交流。这次台湾三山国王宫庙联合谒祖进香团由团长、台湾三山国王协会会长林枝松先生和荣誉团长、协会创会会长陈添财先生带领，成员来自台湾三山国王协会和台湾各地的 9 座三山国王宫庙。在南澳岛和揭西县期间，台湾三山国王宫庙联合谒祖进香团同南澳县、揭西县的三山国王信众欢聚一堂，就三山国王文化的历史发源、流播发展、文化内涵、社会意义和两地文化亲缘性等方面的内容进行探讨。两岸三山国王信众一同进香跪拜圣神，祈福求平安，寄托了一个个美好心愿。

揭西县三山祖庙也于 1999 年 4 月组织 14 人的访问团到云林大埤乡三山国王庙访问，受到台湾各地信众的热烈欢迎。访问团受到了很高规格的接待，包括台湾省主席、议员等及云林县长、云林各乡镇领导和两万多信众到高雄小港机场迎接，充分体现了台湾信众对祖庙的文化认同。可以说，以三山国王信仰为平台的两岸文化交流活动已经成为粤台文化交流的一道亮丽风景线，客观上有力地促进了海峡两岸关系的发展。

三、三山国王信仰在两岸关系中的地位与作用

三山国王信仰在两岸关系中扮演着相当重要的角色，对两岸关系的发展起着不可低估的作用。

（一）三山国王是最早流传到台湾的大陆民俗信仰之一

台湾民间奉祀的诸多神祇大多是在明清时期传入台湾的，特别是郑成功收复台湾时期。如建于 1661 年的彰化县鹿港天后宫，被认为是台湾岛内最早的妈祖庙；1662 年，祖籍南安的移民把上帝公奉入台湾，建造庙宇加以奉祀；台湾最早的临水夫人庙建于清乾隆年间。根据《荷婆仑霖肇宫沿革志》的记载，最早的三山国王庙建于 1586 年。因此，三山国王可以被认为是最早进入台湾的大陆民俗信仰之一。这同时也说明粤籍移民在郑成功收复台湾之前，便在台湾开始大规模垦殖活动了。

（二）三山国王庙信仰传播体系已成为台湾一联系紧密、信众广泛、影响深远的民间社会力量

台湾的三山国王庙十分重视相互间的承启联系，强调本庙香火由祖庙分香而来，每当庙宇新建或扩建，都要派人奉神灵到祖庙进香，并迎回当地工匠雕塑的三山国王金身，举行盛大的迎接仪式，以此证明其神明的灵验与正统。日据时期铃木清一郎在其所著《台湾旧惯习俗信仰》中曾这样描述台湾移民的分香习俗："时至今日，那些当年的移民，仍然供奉他们大陆家乡的保护神，以及奉祀各自信仰的神像与香火。"据日据时期台湾总督府社寺台账的记载，民间普遍相信直接从揭阳霖田祖庙分香的有四座：彰化县永靖乡的甘霖宫、社头乡的镇安宫、溪湖镇的霖肇宫和宜兰县员山乡的三山国王庙。随着移民的繁衍和垦荒区域的扩大，四庙又各分出许多子庙、孙庙。如霖肇宫在清乾隆、道光年间便分出霖凤宫、霖兴宫、沛霖宫、泽民宫等多座子庙。这种分香关系直到现在还被信众承认，使霖肇宫成为全岛三山国王庙中香火最旺的一个。分香关系形成的地域性的祭祀和信仰网络，与以祖籍认同为基础的地缘性关系相互强化，使三山国王民俗信仰在台湾被广为传播，历久不衰。1982 年在宜兰县成立全台湾性的三山国王联谊会，2002 年在彰化县社头乡的镇安宫成立中国巾明独三山国王联谊会，充分说明三山国王信仰在台湾的民间影响力。这种影响力对台湾的选举也产生一定的影响。在云林县，三山国王信众有 40 多万，1998年台湾大选，参选人到云林县大埤乡三山国王庙朝拜，当时候选人连战由

于在参拜中不下跪，引起庙方不满，结果连战在云林损失几十万张选票。（云林县大埤乡三山国王庙主任委员陈福生语）从这一事例可见台湾寺庙在民间的影响力。

（三）三山国王是台湾众多民俗信仰中与广东有着紧密联系的主要神祇

台湾各籍移民都奉祀祖籍地的乡土神。台湾居民中，以闽南的泉州府、漳州府属最多，民俗信仰也以源于闽南的神灵为多，如妈祖娘娘、广泽尊王、开漳圣王、保生大帝等。在台湾诸多乡土神中，源于广东，由粤籍移民传入，并被粤籍移民普遍祭祀的只有三山国王。正如《台湾通史》所记载，"粤人所至之地，多祀三山国王，而漳人则祀开漳圣王，泉人则祀保生大帝，皆是其乡之神，所以介福禳祸也"，台湾的三山国王信仰具有鲜明的源于广东的地域特征。如建于雍正七年（1729）的台南市三山国王庙，内设韩文公（韩愈）祠及供潮人商贾过往投宿的客栈，因此又被称为潮州会馆，该庙同时也是台南市潮汕同乡会所在地，被列为台湾二级古迹保护单位，成为粤台亲密关系的文物佐证。

在台湾，乡土神备受推崇，台湾民众特别看重从祖籍传来的神灵，称之为"桑梓神"。清代以来，台湾同胞通过各种途径，跨越海峡，捧神像回祖庙谒祖朝圣，每一次谒拜祖庙的活动，都能吸引成千上万的信仰者参加，爱国思乡、两岸同根的情怀通过宗教信仰活动得到进一步升华，并沉淀于粤台民俗文化之中。特别是近十几年来，数以百万的台湾同胞到霖田祖庙进香谒祖，寄托着对故土的深深眷恋之情，在客观上发挥着维系粤台血浓于水的骨肉之情的桥梁和纽带的社会作用。

（四）三山国王是粤籍移民开发台湾的历史见证

在台湾的早期移民中，粤籍人最少。在自然和社会的斗争中，粤籍人比闽籍人更团结。在守护神信仰问题上，粤籍人无论是潮州府、惠州府，还是嘉应府，都祀奉三山国王。这使三山国王成为粤籍移民开发台湾艰辛历程的历史见证。

第一，三山国王是粤籍移民渡海垦荒、披荆斩棘、开拓家园的精神支柱。大陆移民移居台湾，首先要面对充满危险的台湾海峡。为祈求一帆风顺，粤籍移民们在渡海前都要叩头膜拜三山国王或随身携带平安符、小神像之类的圣物，而三山国王也正是这样由粤籍移民传入台湾的。如《云林县东势厝赐安宫沿革》记载，潮州人蔡鸿均在明崇祯末年渡海赴台途中遭遇台风，临危之际，叩求三山国王神灵庇佑，果然有惊无险随风漂泊至台岛西岸，于是筑庙供奉香火膜拜。移民们在经历九死一生的跨海旅程抵达台湾后，又面临垦荒早期广泛蔓延的瘟疫的严重威胁。在当时医药无法有效控制瘟疫的情况下，粤籍移民们只得借助祭拜故乡的三山国王来减少对瘟疫的恐惧。如《云林县大埤乡太和街三山国王庙沿革》记载：康熙年间，太和街瘴气未除，民众染上流行疾病，于是祈求王爷施医救世，罹患奇难杂症者，每求必应，依愿痊愈。民众感于神灵显赫，于是信神更笃，前来参拜者络绎不绝。

第二，三山国王是台湾粤籍早期移民团结整合的象征。由于历史的原因，粤籍移民大规模在台湾垦殖要比闽籍移民迟，同时也面临更多的挑战。因西部平原被闽南移民所占，粤人便一直迁移到中部、东部山区。当时的垦殖地区大多为尚未开化的原住民所盘踞，原住民为了保护据以为生的鹿场，以及猎取人头以祭祀神祇习俗的需要，时而出草（指台湾少数民族猎取汉人首级祭祀神灵）杀人，对移民们构成了严重威胁。面对恶劣的自然环境和与原住民、闽籍移民的生存竞争，粤籍移民不得不依靠集体的力量来求生存、求发展。三山国王由于为广东各地民众所共同信奉，很自然地成为移民们团结整合的依据。移民们开垦荒地，将三山国王神位祖牌安奉于田寮或供于居屋等处，朝夕膜拜，祈求神贶。开垦成功，形成村社后，百姓便集资建造粗陋庙寺，以答谢神恩，神灵信仰逐渐发展为村社守护神。如《云林县志稿》记载了该县北港镇干元宫建庙的过程："本庙主祀三山国王，源自二百余年前，郑成功开台后，先民自潮州三山国王庙分香至本地，镇宅奉祀。其后住民日增，信仰渐盛，庄民协同创建庙宇，由民宅迁入庙殿供奉。"

第三，台湾各三山国王庙之间的分香关系隐含粤籍移民开拓台湾的发展路径。大陆民俗信仰传入台湾，最显著的一个特点，它是伴随着明清时期大陆移民入台垦殖而逐步扩展的，其播迁的方向和范围，与移民开拓的路径是一致的。台湾的三山国王庙的分布特点及其相互之间显著的分香关系见证了粤籍移民在台湾开发过程中由渡海、垦荒到定居的足迹，使其成为粤籍移民垦荒台湾的历史标志。

（五）三山国王信仰促进两岸经济文化关系的发展，推进完成统一祖国的大业

20 世纪 80 年代末 90 年代初以来，为了吸引台资和外资到广东投资办企业，大陆广泛采取"文化搭台，经济唱戏"的做法，其在揭西的主要表现形式是"宗教文化搭台，经济唱戏"，揭西分别在 2005 年 10 月、2007 年 11 月以霖田祖庙为依托举办揭西客家旅游节，信徒到祖庙谒祖进香的同

时，也顺道考察大陆的投资环境，促进揭西经济文化的发展。正如当地政府在《揭西县三山国王祖庙对台接待基地扩建项目用地可行性报告》中所言："三山国王祖庙具有深远的历史文化渊源，它随着本地侨胞的迁移，从祖庙引香点火在侨居地新建分庙，广布港澳台、新马泰地区。仅台湾地区现有奉祀三山国王祖庙的庙宇就有410多座，信众700多万人。几年来，台湾地区三山国王祖庙寻根问祖团前来祖庙瞻仰进香的有600余团5万多人次，并呈逐年增长之势，接待基地的建立，能较好地起到对台交流平台作用，有利于两岸经济、文化交流，促进对台工作。"另外，台湾信徒热心捐资修建祖庙，在客观上也有利于打造揭西宗教文化旅游亮点，增进揭西祖庙对外吸引力，促进揭西经济的繁荣。三山国王信仰作为中国传统文化的重要组成部分，它超越时空，为两岸同胞所认同。共同民间信仰的进一步升华，就会发展为文化的认同，而文化的认同则是中国走向最终统一的重要基础。以三山国王为平台促进粤台民间信仰的交流和互动，充分体现了海峡两岸骨肉同胞携手合作，共同弘扬三山国王文化的热忱，它将有力地增进两岸同胞的了解，更好地继承和发扬中华优秀传统文化，为促进国家昌盛、民族团结，实现祖国完全统一发挥积极作用。

三山国王信仰

——一个台湾研究者的当下体认

邱彦贵①

本文针对三山国王信仰原始与流布、信仰的分布、崇祀之规制、信仰的类型等四部分逐一叙述，前两部分的讨论自以信仰发源地广东及初步流布的华南为对象，后两部分则以台湾的历史与现状为主要题材。需特别说明的是，台湾的个案系以"公庙"为主，即以学术界通用之有祭祀圈的庙宇为对象。由于所述主祀神为三山国王者对象过百，不免挂一漏万，舛误之处，尚祈先进读者惠赐卓见。

一、三山国王信仰原始与流布

在元明宗至顺三年（1332），由曾任翰林国史院编修官兼经筵检讨，庐陵人刘希孟所撰的《潮州路明贶三山国王庙记》（简称《明贶庙记》），是现存所见最早的三山国王信仰文献，这篇文献在完稿70余年后，于明代收入官方辑纂的《永乐大典》。从其文字内外考证结果与后世征引情况来看，应是相当可靠。故笔者将其全文尝试标点并简单附录于文末，以资对照。

所谓的三山，今日指的是位于广东省揭阳市揭西县的巾山、明山、独山。揭西县原属揭阳县，至1965年才自揭阳分设。据《明贶庙记》的叙述，元代潮州以西百里有独山，四十里外又有奇峰称"玉峰"。玉峰的右侧有乱石急流，以一石为分界，东侧属潮州，西边属惠州；渡水为明山，

---

① 邱彦贵：台湾艺术大学古迹艺术修复学系教授。

以西接壤梅州，是为梅州的州镇。过二十里为巾山，地名为"淋田"。而此"三山鼎峙，其英灵之所钟，不生异人，则为明神"。刘希孟所叙述的三山地理位置，与揭西本地学者所言大体相符，但在细节上仍不免有误。①

刘希孟可能未曾亲履潮地，但他转述了这样一个当地传说：相传隋朝某年的二月廿五日，有神三人从巾山的石穴出现，自称是兄弟，"受命于天，分镇三山"。他们托灵于玉峰的界石，日后当受虔诚的奉祀。当地有一棵老枫树，在三神降临之日，树上竟开出了红红绿绿的莲花，大者盈尺。有一位陈姓的乡民，在白昼见到三位神人乘马而来，垂询愿不愿意担任他们的随从。没多久陈姓乡民和神人都消失不见了。

这一连串神异之事发生后，当地民众不得不会商协议，就在巾山山麓建立一座庙祠来祭祀他们。这座祠宇选建于前有古枫，后有石穴的处所，以昭显神迹。日后逢水旱灾或是瘟疫疾病，村民有祷必应。三山神也经由乩童传神旨，封陈姓乡民为将军，灵验日益卓著，神威远播，民众就尊称他为"化王"，认为他是界石之神。

到了唐宪宗元和十四年（819），韩愈因为谏迎佛骨，贬任潮州刺史。适逢连绵阴雨，严重危害当地农业，潮州民众来此祈祷，果然放晴。韩愈遂命属官以全猪全羊的"少牢"之礼致祭。这是三山神对潮州民众施恩的一个个例。

其对于国家的功勋则在宋代最为显著。宋太祖赵匡胤在南征广东的政权南汉时，当时的潮州王姓官员曾往三山神前祷告求胜，果然天象大变，刮风闪电，致使南汉的刘鋹败北，赵军顺利征服广东。而宋太宗赵光义征伐北汉时，到了北汉首都太原的城下，忽然看见披着金甲的神人，挥戈驰马突破对方战阵，获得大捷，北汉君主刘继元因此降服。在赵光义凯旋之夕，在城上的云中出现了旗帜，上书"潮州三山神"。所以日后宋太宗诏封明山为"清化威德报国王"、巾山为"助政明肃宁国王"、独山为"惠感弘应丰国王"。且赐庙额曰"明贶"，并敕令扩建庙宇，定期祭祀。到了宋仁宗明道年间（1032—1033），又加封"广灵"二字。这是三山神对于宋代建国的相关功勋事迹。

关于三山受封之事，若我们翻检宋代典籍，文中提到襄助宋代皇室的几次神迹自然无法求证于史载，而且它叙述的两次诏封亦与官方史料不符；可能限于所知，我们只找到《宋会要辑稿》中有正式的记载。但诏封

---

① 黄九育：《元代刘希孟的〈明贶庙记〉是研究三山祖庙历史的重要依据》，载贝闻喜、杨方笙主编：《"三山国王"丛谈》，北京：国际文化出版公司，1999年。

的次数仅有一次，时间也迟至宋徽宗遍封天下诸神的宣和七年（1125）八月。[①]

然而，刘希孟归纳三山神"肇迹于隋，灵显于唐，受封于宋"的历史传说后，到了他写作《明贶庙记》时，三山国王信仰盛况已经是"潮之三邑，梅惠二州，在在有祠"。也就是说，三山国王成为广东东部的重要地方信仰。这点倒是无疑，而且延续至今。

刘希孟描述了14世纪以前的信仰情况，到了明代晚期，曾任礼部尚书的饶平（后划入大埔）人盛端明（1470—1550），也在15、16世纪之交完成了一篇文字颇为类似的《三山明贶庙记》，[②] 其序言称："三山国王庙，潮属所在皆祀之，因神牌上未明何代封号，为记一篇以补阙略。"文末则称："俾乡人岁时拜于祠下者，有所考证焉。"这篇与刘希孟《明贶庙记》文字颇为雷同的庙记，在约一个世纪后的乾隆九年（1744）也为台南国王庙所采用，王瑛曾乾隆二十八年（1763）的《重修凤山县志》亦复载录，可见流传甚广。盛端明庙记有别于刘希孟之处是，其文中称"（宋）太宗悟，命韩指挥、舍人，捧诏来潮霖田，封巾山为'清化威德报国王'，明山为'助政明肃宁国王'，独山为'惠威弘应丰国王'"。这短短数十字内，除首次提及韩指挥、舍人前来册封外，最大的区别在于，这是所知最早依巾、明、独之序排列的说法，另一观点则是，对照刘希孟"诏封明山为清化威德报国王。巾山为助政明肃宁国王。独山为惠感弘应丰国王"的说法，盛氏将巾山与明山的封号互换！孰是孰非，且待以下讨论。但可以确认的是，盛端明应该是出身于潮州府内陆客家话区，故最晚从明代后期开始，三山国王信仰已是潮州府属客家话区的重要信仰。

然而滨海闽语区的国王信仰如何呢？我们且引用一部地方文献《东里志》来说明。《东里志》是明代专记潮州府属饶平县东南一隅东里地方之专志，为明代进士东里人陈天资于万历二年（1574）所修撰，后世迭有增补。从这部仅录饶平一隅史事的地方志书中，我们可以发觉，国王信仰是如何深植人心，而当地的国王庙"鸿埕大庙"又是何等重要的公共场域。从自然现象开始，该书《疆域志·海报》记录有："（二月）二十五日三山国王报。"对于该地国王信仰的缘起，该志收录大埕本地人，成化十六年（1480）举人陈理的《重建明贶三山国王庙记》，这篇应当撰述于正德七年（1512）或稍晚的庙记称：

---

① 徐松：《宋会要辑稿·礼二十》，台北：新文丰出版公司。
② 张其抃等纂：（光绪）《潮阳县志·艺文中》，光绪十年（1884）刊本。

按三山之神，出自潮之揭阳淋田都。三山鼎峙，曰明山、巾山、独山。相传隋时有三神往来其间，人有祷必应，因立祀。及唐韩文公愈守潮日，有祭界石神。及宋封为王，赐额"明贶"，潮人咸崇奉敬信之。吾大埔乡烟火千家，亦仰其英灵，共立庙于乡之中，编肖三神像以祀之。

这处国王庙创建年代不明，但《境事志·灾异》载称：南宋末年"斧头老"起兵勤王，即会师于三山国王庙。而《风俗志·乡约》《学校志·社学》则称，明代乡约、社学两大教化体系皆以国王庙为基地。所以至少在当地人的历史记忆中，三山国王一直是他们重要事件的见证者。①

无独有偶，明代末年的大埔县也以国王庙为地方重要场域，且国王神迹至今仍在持续涌现。乾隆《大埔县志·寇盗》追溯记录了明末大埔地方的一桩大规模政治性治安事件中，三山国王如何显灵相助。崇祯三年（1630）二月，流寇余党陈辣瘴率众数百人流窜劫掠各乡，官方委托乡勇镇压反而遭大败。鉴于唇亡齿寒，大埔白侯当地举人杨开、廪生杨绍震、杨选等人顾虑若不予以痛击，恐永无宁日。恰逢有人传来贼营讯息，白侯杨氏人等"因会众歃血盟之三山国王，三筶叶吉！众益踊跃"，出师果然得到神佑，"斩贼数十级"而一战成名。同年三月，陈辣瘴会同叶阿婆、钟凌秀等流寇余党，号称数千人，攻击隔邻的福建平和县，在返程时过境白侯，饥饿疲累之际被白侯乡勇斩杀无数。而这场战役中，"贼远望有绯衣幞头、长髯巨眼，张黄盖、提大刀，以作先锋，疑三山灵神之赫濯也"②。

从南宋末年滨海的饶平东里，到明代末年内山的大埔白侯，国王庙都是地方武力出征时的誓师歃血场所。然而国王显灵御寇非仅孤例，清代嘉庆、道光年间海阳县人郑昌时的《韩江闻见录》中也收录了《三山国王》一文，他追溯为何他的故乡潮州府附郭海阳县淇园里的三王神像略有不同，传说上溯明代的另一场治安事件：

里中父老传其逸事云：前明兵乱时，三王尝显身御寇，寇数败。每夜寇将至，则见有一异人，高丈余，立树杪传呼，英风四卷，若有阴兵之助，寇惮之。他夕寇阴谋先秒其树，伏人树下，俟见异人至仆焉，则三王神像也，毁之。然寇仍畏神余威，不敢大加害里中。

---

① 陈天资纂修、王琳乾勘校：《东里志》，汕头：汕头市地方志办公室、饶平县地方志办公室，1990 年。

② 蔺嵋纂修：《大埔县志》，乾隆十年（1745）刊本。

而对于当地的三山国王信仰，他非仅将《明贶庙记》陈述的传统再度摘录一次而已。除开宗明义强调"三山国王，潮福神也，城市乡村莫不祀之，有如古者之立社"，更提供了一个略异于刘希孟的版本：

> 按：国王乃揭阳霖田都明、巾、独三山神也。隋开皇时，某年一月廿五日有三金甲神出巾山石穴，自称昆季。降神之日，玉峰石界之地有古枫树上吐莲花，适陈姓人见神乘马召言，与神俱化。既而神假人言，封陈将军，俗称"化王"，合祀巾山之麓。唐宪宗元和十四年韩公刺潮，淫雨害稼，公祷于大湖神。潮人又祷于王，遂获丰稔，故全潮祀之。至宋太宗征太原，见金甲三神突阵大捷，后汉主刘继元降。奏凯之夕有旗现云中云"潮州独山神"。太宗乃命韩指挥来潮，诏封独山为"惠成宏应丰国王"、明山为"清化明应报国王"、巾山为"助政明肃宁国王"。赐匾曰"明贶三山国王庙"，其庙地又系明山脉穴也。仁宗明道二年又敕加封"广宁王"，参录志乘传闻者如此。[1]

郑昌时所描述的神迹与《明贶庙记》的最大差异，应该是神灵现身时间为"一月廿五日"，以及征伐北汉时助阵的并非三位神祇，而仅是独山之神，其他如韩指挥来潮、宋仁宗加封等细节则不细表。由于郑氏强调了三王在他故乡淇园里的神迹，我们或者推想，至少在海阳县某些区域，"三王为大"的说法甚为流行。

所以到了清代，三山国王信仰在潮州府各地维持了一组想象中来自正史记载的传说，虽然可能各版本略异，但作为崇祀的正统依据却不容置疑。而这组"护国"的神话，又对各地方的"佑民"传说予以强化。

清代几乎所有潮州的府志、县志都记载了境内三山国王的信仰。乾隆《揭阳县志》称："制凡建邑分州，莫不有祀……关帝、天后、城隍，则天下通事也。巾、明、独三山之神，则潮郡独祀也。"而海阳、惠来与澄海三县县志则以"城乡随处有之""各乡俱有庙""乡邑多祀之"来描述三山国王信仰泱泱盛哉的面貌，这样的规模延续到1949年之前。据1935年的调查，澄海县斗门乡全乡大小庙宇凡11处，而三山国王庙即占3处。[2]

这些各地随处有之的三山国王，与民众朝夕相处下甚至产生了种种互动甚至谐谑关系，我们可于近年潮州刊布的口语传统与历史文献中拾掇一

---

① 郑昌时：《韩江闻见录》（影印本），潮州会馆董事会，1978年。

② 陈礼颂：《一九四九前潮州宗族村落小区的研究》，上海：上海古籍出版社，1995年，第63、71页。

二。如潮汕熟语以"柔过柔娘"一语形容多情女子，柔娘系一桩人鬼姻缘传说的女主角，她挂虑福建王秀才成疾不治后，其魂魄竟然尾随来到王秀才授徒的澄海县南洋乡，王秀才亦因柔娘用情之深而不畏将其留下！无奈南洋乡众神之首三山国王格于人鬼殊途，斥其为不成体统并百般阻挠。①此传说故事传达的讯息应该是，三山国王在潮州乡村具有相当程度的正统权威象征。

陈文惠、陈春声父子则详细描述了澄海县樟林埠的神明与小区关系。樟林埠所属的"六社八街"中，樟林南社、东社与较晚纳入隶属的塘西、仙陇，四社的社庙都是国王庙。其中名为"山海雄镇"的南社国王庙最早建庙，是全樟林地位最高的共同庙宇，而东社国王庙仅算是其行宫。东社建庙的原因在于，传说南社的二王或三王性喜玩耍，一日到东社见到一架秋千，沉迷玩耍数日不愿回宫，东社只好为之立庙。故东社旧庙仅有一尊国王，且庙前立有秋千架。在社会位阶象征意义上，东社是南社的从属。而地处偏僻、建村甚晚的仙陇，其社庙国王更表现出边缘性格。外社人称仙陇的主神头上有一只螺，形象凶，其实并非三山国王。而仙陇国王甚为排外，外社人进其庙内必遭报应，绝大多数樟林人终生未敢入其庙。相对而言，塘西原来是和樟林相埒的独立聚落，而日后樟林发展，两地方连成一片，但小区重新整合后，塘西国王仍只是塘西人所有，而山海雄镇庙他们也是有份的，在位阶象征上并非从属，而是加入。②陈氏父子深入揭示了樟林四处国王的社会象征意义。

清初曾随军来台的蓝鼎元虽在其《潮州杂记总论》中，严词驳斥将三山国王的民间传说加载地方史志的官员，但是他自己也在其等同公职生涯记录的《鹿州公案》中收入《三山国王多口》一篇，陈述了这样一桩案件：娘家将已嫁之女再嫁，却对夫家提控女儿失踪。在处理诉讼的过程中，他借举头三尺有神明之说，声称事件发生处的三山国王已告知他实情，是故最后娘家不得不承认罪行，却转而抱怨国王太多嘴。③

自当代潮汕乃至海陆丰地区的信仰实况与口述传统追溯，三山国王已然完全拟人化，不但有夫人，还有舍爷（儿子）。其中夫人有娶自女神者，

---

① 余流等：《潮汕熟语俗典》，汕头：汕头大学出版社，1993 年，第 76 - 77 页。

② 陈文惠、陈春声：《社神崇拜与小区地域关系——樟林三山国王的研究》，《中山大学史学辑刊》1993 年第 2 期，第 90 - 106 页。

③ （清）蓝鼎元撰，郑焕隆选编校注：《蓝鼎元论潮文集》，深圳：海天出版社，1993 年，第 101 - 103、295 - 297 页。

亦有娶自民女者。① 不但会娶妻，还会休妻，甚至纳妾。②

　　从正统史志载籍到当代日常表述，近七百年来三山国王信仰是如何深刻融入潮州地域社会与生活，前引或可窥见一斑！

　　除了潮州之外，刘希孟在《明贶庙记》提到明山为"梅州之镇"，因此我们下一个要解释的是"梅州"区域的国王信仰。③ 宋元的梅州，明代属潮州府管辖，在明末划为程乡、平远、镇平三县，至清雍正十一年（1733）时程乡升为直隶嘉应州，辖平远、镇平，加上自惠州府来属的兴宁、长乐两县。清代嘉应州的三山国王信仰，尤其"明山信仰"，就是我们以下的观察对象。嘉应州的国王信仰可能至少区分为两种系统，其一为发生甚早，可能上溯北宋仁宗庆历年间，且延续迄今的"明山信仰"；其二为明确移植自潮州地区，时间则晚至明代的"三山信仰"。此二系统先论前者。

　　南宋的全国性地志《舆地纪胜》有载"明山感应庙"：

　　感应庙，在西洋之东、明山之下。庆历间（1041—1048）江涛骤溢，有神像三躯浮江而下，至西洋而止焉。乃迎至于岸，祀以牲酒而与盟曰："神其灵乎，相我有年，当庙祀而传永久，不然则否！"已而秋果大熟，乃基其宫，而岁祀之。④

　　以清代而论，现存最早的嘉应州地方志，康熙年间《程乡县志》则载：

　　明山宫，在县西洋明山下。旧感应庙。声灵著自唐隋间，宋太祖出师，神光显见，诏封为"清化感德报国圣王"，立庙祀之。后官祷雨辄应，诏赐为"感应庙"，后改为"明山宫"。正统间，里之监察御史丘俊重建。后成化间复重建，里之乡贡进士李素撰碑颂曰：神威显赫，功在报国，事

---

　　① 蔡锦华：《海陆丰地方社神"三山国王"初探》，载贝闻喜、杨方笙主编：《"三山国王"丛谈》，北京：国际文化出版公司，1999年。

　　② 吴金夫：《三山国王文化透视》，汕头：汕头大学出版社，1996年，第48－49、67－68页。

　　③ 宋元时代的梅州与今日的梅州，范围并不相同。中华人民共和国成立后，几经变革，晚近采取方言/族群原则划治，将潮州府属的大埔、丰顺两个几近纯客家居住的县划入，于1988年建梅州市。

　　④ 王象之：《舆地纪胜·广南东路·梅州·古迹》，清粤雅堂本。

闻先朝，荣赠封敕，嗟予乡人，世沾福德，今兹敢告，□灵昭格，乡之善者永而昌，恶者速而灭，苟共归于好，嘿佑于太平之寿域。国朝康熙十一年，素之孙、明经李升捐资置长明灯田租一石五斗，复募众重修，撰文勒石。①

南宋的西洋当即近代所称之西阳，依照这条南宋的资料，则北宋仁宗时代自江漂流而下的三躯神像，经过了一番功能性的选择之后，成为西阳一带的地域性信仰。这三躯神像是否与三山国王信仰有关？《舆地纪胜》未曾明言，但刘希孟的《明贶庙记》中所言为梅州之镇者，即可能为此明山。康熙《程乡县志》则明白道出明山封号，证明宋元明清历代所述之明山为一。经晚近笔者亲自访查，虽然历经"文革"，但是西阳一带仍散布所谓"明山公王"的信仰，且复兴、延续至21世纪的今天。如年代早溯北宋元丰年间（1078—1085）且白宫墟镇因此得名的明山宫（白宫），虽毁于1961年洪水，但仍寄身于改建后的建筑物内，卒于1996年通过华侨之力择地重建。

若将前者称为"明山信仰"，则现今梅州另一系统则系移植自潮州地区的"三山信仰"无误，并以梅州城区南郊的旅游胜地泮坑闻名。传云移居潮州的泮坑村熊姓人士，一日忽然梦见一大将，自称"受命皇上，镇守梅州"，熊氏梦醒后有感梦中所见酷似巾山国王，遂雕造三座金身送返泮坑建庙奉祀。熊氏从此丁财两旺，此后遂兴"泮坑公王保外乡"俗谚，卒形成今日泮坑三山国王庙的观光性格。但比较潮梅两地的国王信仰情况，笔者深觉梅州的明山或三山信仰，远不如潮州之盛。

接下来笔者想和读者复习的是一个重要的基本问题，到底一般三山国王的大王、二王与三王所指为何？或是巾、明、独三山如何排序？笔者将上述各文献的内容略增补后，摘录如下表：

---

① 《程乡县志·杂志·宫庙庵观·明山宫》，康熙三十年（1691）刊本。

来源	文字内容	征引出处
刘希孟《明贶庙记》	明山为"清化威德报国王"，巾山为"助政明肃宁国王"，独山为"惠感弘应丰国王"	《永乐大典》清抄本
盛端明《三山明贶庙记》	巾山为"清化威德报国王"，明山为"助政明肃宁国王"，独山为"惠威弘应丰国王"	光绪《潮阳县志》
刘希孟《明贶庙记》	明山为"清化盛德报国王"，巾山为"助政明肃宁国王"，独山为"惠威弘应丰国王"	顺治《潮州府志》
刘希孟《明贶庙记》	明山为"清化盛德报国王"，巾山为"助政明肃宁国王"，独山为"惠威弘应丰国王"	康熙《古今图书集成》
刘希孟《明贶庙记》	明山为"清化盛德报国王"，巾山为"助政明肃宁国王"，独山为"惠威宏应丰国王"	乾隆《潮州府志》
刘希孟《明贶庙记》	明山为"清化盛德报国王"，巾山为"助政明肃宁国王"，独山为"惠威弘应丰国王"	雍正《揭阳县志》
郑昌时《三山国王》	独山为"惠成宏应丰国王"，明山为"清化明应报国王"，巾山为"助政明肃宁国王"	道光《韩江闻见录》
《程乡县志·明山宫》	（明山）为"清化感德报国圣王"	康熙《程乡县志》

上表内容除"威德/盛德""惠感/惠威"此两项难以考订的可能讹字外（详见附录），另因避清高宗弘历名讳，乾隆以后的刊本，多将独山的"弘应"改为"宏应"等，最独特者为盛端明庙记的排序。亦即对照刘希孟庙记的说法，刘盛两说的巾山、明山是对调的。至于郑昌时说法除了较为特殊的排序外，封号则与刘希孟之说趋近，唯其明山的"明应"一词重文破格，可能舛误。郑昌时说法姑且不论，最佳的对照点来自《程乡县志》，明山应该是报国王才对。

然而，现今霖田祖庙以及台湾绝大部分庙宇的说法，巾山是大王（清化威德报国王），明山是二王（助政明肃宁国王），独山为三王（惠威弘应丰国王），也就是说，当今台湾普遍的说法，可能是来自清代台湾各庙宇多引盛端明之说所致？三山国王封号问题，或到底谁为大王、谁为二王，恐难于此简单解决，谨此提出，尚待深析。

二、三山国王信仰的地理分布

检讨完潮、梅两地区三山国王信仰的产生与发展之后，格于数据限制，我们无法进一步交代《明贶庙记》所描述另一处信仰盛行的惠州地区。故径直进入现今所知三山国王信仰的地理分布观察。笔者曾于20世纪90年代初，以清代方志为主要取材，描述了18、19世纪的国王庙分布区域，现将该研究撮要如下：粤闽赣三省地方志搜寻结果显示，三山国王庙宇分布皆在广东境内，其一为潮州府全境各县；其二为嘉应州本州岛（原程乡县），及嘉应州属的兴宁县；其三则为接壤揭阳的惠州府海丰及陆丰两县。①

然而据此后的各家著作并笔者的调查，可以修正者首为饶平县，除了早见于明代《东里志》大埔的鸿埕大庙外，至少在潮语区的浰洲镇，新圩镇长彬村，黄冈镇龙眼城、新合西寨，钱东镇港西村，新丰镇漤溪、杨康等，以及客家话区的九村镇崇福庙，饶洋镇祠西万福宫，新丰镇新丰、新光，建饶镇麻寮村、秀溪村等多处有庙宇。丰顺县也绝非2处，至少有12处。外海的南澳也有数处。而原嘉应州所属的兴宁也添增1处。然而最令人惊讶的是，在惠州市所辖，1958年析自惠阳的惠东县坪山（应作平山，惠东县治）、铁涌、盐洲等镇，以及东莞官仓、台山赤溪乃至佛山，甚至广西昭平县皆可见国王庙存在。② 加上在香港九龙牛池湾、大屿山等地也发现了国王庙，所以事实上此种信仰已扩及粤语方言区。

最后，要补充的是与潮州府仅一线之隔的福建漳州府，在文献与田野调查中所发现的国王庙，分布于诏安、东山、云霄与漳浦。晚近研究称漳州有30余处三山国王庙，紧邻饶平的诏安可能是国王庙数量最多的，达11座之多。③ 细究之，诏安县城的南关街有明代建立的"东里庙"，迄今

---

① 邱彦贵：《粤东三山国王信仰的分布与信仰的族群——从三山国王是台湾客属的特有信仰论起》，《东方宗教研究》1993年第3期，第109－146页。

② 林俊聪：《三山国王传说》，载《南澳岛传奇》，广州：广东高等教育出版社，1995年。

③ 沈元坤主编：《漳州民间信仰》，福州：海风出版社，2005年，第25页。

犹存。① 而梅岭镇田厝村则有"龙湫庙"，传云明末清初的顺治丁亥年（1647）田氏始祖移居至此，见此风水宝地遂建庙堂。1935 年、1979 年分别重修。据《田氏渊源》称："龙湫庙为三山国王庙，也是护村地头庙。"但论者认为三山国王的渊源则为位移至五代十国的王潮、王审知兄弟。② 前述两处国王的信徒是讲闽南语的，而在诏安县的内陆，通行客家话的区域也见到了国王信仰。秀篆的顶福宫以三山国王为陪祀，而在官陂的彩下永宁宫则为主祀神，且彩下可能分灵到金星的六峒。此三处是现今诏安客家话区内笔者所见所知的国王信仰点。

清代辖属于诏安，民国五年（1916）建县的东山县，有另一处国王庙"石庙"，石庙或称石庙寺，为西埔镇顶西石庙山，山以寺名，寺以山名。庙宇传为明代永乐年间顶西村朱氏四世祖创建，原先供奉观音佛祖，即今后殿。传云建庙后灵光直射南澳镇总兵衙门，南澳总兵遂遣师爷再建前殿。前殿所奉即三山国王，两边并配祀"大使公、二使公"。此庙虽历经康熙年间迁界之殃，但信仰持续，清末宣统元年（1909）"由潮州及东山各乡商绅民众捐资重修"。1947 年、1956 年、1981 年则由新加坡华侨捐资扩建复兴。庙分前后座，分别祀三山国王和观音佛祖。③ 这处国王庙的信众是讲闽南语的居民，而且可能与潮州商人和移民有关。此外，铜陵镇的东岭大庙如今也是以三山国王为主祀神。④

而民国年间改厅为县的云霄，也在晚近的报道中出现四处主祀国王的庙宇。与东山一水之隔的陈岱镇礁美以及莆美镇莆东两处位于闽南语区，而下河乡龙坑与马铺乡枧河则贴近平和县客家话区。⑤ 马铺乡枧河的国王以骑虎、豹等造型显像，与梅州泮坑、诏安秀篆较为近似，而与潮州本地有别。

最后是堪称漳州腹里的漳浦县，其国王信仰的分布情况颇堪玩味。滨海的霞美镇山前社有漳浦唯一直呼"三山国王"的庙宇，足见此信仰已沿海岸分布直抵鹿溪入海口的旧镇港，这也是我们现今所知分布最东侧的三山国王庙宇。但论者将所谓的"三王公"与"梁山"信仰一并视为三山国

① 诏安县地方志编纂委员会编：《诏安县志》，北京：方志出版社，1999 年，第 1057 页。

② 沈耀明：《龙湫庙》，载《漳州文史资料（漳州庙宇·宫观专辑）》（第 27 辑）。

③ 东山县地方志编纂委员会编：《东山县志》，北京：中华书局，1994 年，第 659 页。刘小龙：《石庙寺》，载《漳州文史资料（漳州庙宇·宫观专辑）》（第 27 辑）。

④ 承蔡武晃博士亲访告知，谨此感谢。

⑤ 沈元坤主编：《漳州民间信仰》，福州：海风出版社，2005 年，第 26 页。

王，此做法是否合理则有待商榷。[①]

归纳以上，按现今所知的三山国王信仰地理分布，包括了闽粤两省境内的闽语、潮语、客家话及粤语区域，最东分布可能为福建漳州的漳浦，极西也是最南点分布为广东江门的台山，其间这段华南海岸地带，虽然疏密有别，但仍是三山国王信仰最重要的分布地区。而梅州市疏密更为悬殊的国王庙，则是此信仰分布的北境。

三、台湾三山国王的崇祀规制

概言之，台湾的三山国王信仰，既有传承自广东的信仰传统，也有来自在地经验的本土特色。以下即以台湾的相关文献与笔者的田野调查，草述台湾三山国王信仰的崇祀规制。

1. 三山国王的座次、合祀与分祀

若以前述盛端明庙记的说法，即循巾、明、独之序，以巾山为大王、明山为二王、独山为三王，则台湾习见的三山国王的座次，依序理当是大王居中，二王其次居左，三王最末居右，但是并不尽然。如今广东霖田祖庙以大王居右，二王居左，而以三王居中，原因在于传说中三王法力最高，所以敕封正座中央。[②] 台南国王庙因此沿袭，屏东九如九块厝、潮州街区、苗栗市三山国王庙以及佳冬六根庄等六堆地区国王庙亦如此，则多系解严后往揭西进香后方才更改。然而屏东内埔新北势国王宫也采用这样的座次，原因却是当地是三王开基，故由三王正座。邻近的老北势为二王正座，则是因为当地为二王开基。高雄桥头九甲围义山宫亦因二王开基而正座。彰化荷婆仑系统下的"三王角"、田尾海丰的沛霖宫亦是由三王正座。

前引例证是强调开基者正座中央，但仍多见各地庙宇除开基王爷外，添祀其他二尊之后，并未刻意以座次尊崇显著其开基神祇。如屏东市海丰三山国王庙、九如后庄清圣宫，嘉义太保后潭平安宫，宜兰溪南的主母

---

① 沈元坤主编：《漳州民间信仰》，福州：海风出版社，2005 年，第 25 页。笔者推测，"三王公"可能是祖庙位于漳浦湖西的古公三王信仰，而梁山则与开漳圣王陈元光有关。在台湾宜兰这个以漳浦移民居多的区域，古公三王庙宇达十余处，当地民众口语中的"三王公"兼指或混称三山国王与古公三王。

② 广东省揭西县三山祖庙管理委员会：《三山祖庙》，1993 年，第 10 页。张肯堂：《霖田古庙与河婆文化》，载贝闻喜、杨方笙主编：《"三山国王"丛谈》，北京：国际文化出版公司，1999 年。台湾各庙宇可能一贯知悉此事，参孙藩声《芎林乡广福宫简介》。

庙、冬山大兴振安宫等系由二王开基；而宜兰溪北的国王主母庙、员山内员山碧仙宫与罗东北成兴安宫则系三王开基；这些庙宇后来皆添祀其他两座的金身，但仍循巾、明、独次序，并未以座次来彰显其开基国王地位之尊贵。而宜兰县境内最北的头城武营武功庙、屏东的恒春城广宁宫、潮州街区国王庙、云林二仑顶茄塘定安宫、南投市施厝坪福山宫等俱为大王开基，更无由从座次分析是否特崇大王。

单独奉祀三山国王其中之一者，在广东恒见，所谓祖庙辖境的"六约"中比比皆是。① 台湾也常见单独祭祀其中之一的庙宇，如嘉义新港合称"西势潭三庄"的后庄、中庄与古民，三庄关系密切，其中后庄奉祀大王、古民奉祀二王、中庄奉祀三王。高雄桥头的新庄、九甲围、六班长亦循此例。② 而彰化荷婆仑系除大、二、三王角头外，更有"祖牌角"。

形成分祀的原因可能系紧邻的三个聚落关系密切，借此维系长远历史传统。但可能多归因于天灾人祸：彰化溪湖荷婆仑系统之形成缘起于分类械斗，而云林斗六顺天宫殆于日据"皇民化运动"时期寺庙整理运动之际，神像流入原先祭祀范围的"九股"内，其中大潭迎奉三王、大仑则留祀大王，如今两处庄庙内仍仅见一尊国王陪祀。③ 嘉义太保的加走庄"败庄"后，原先加走庄国王庙神像遂流散入邻近聚落。其中沟仔尾得大王、后潭得二王，三王可能的去向是管事厝。其中后潭且以其为主神，沟仔尾、管事厝则为陪祀。④ 前引诸例是由合祀到分祀，反之，也有自分祀到合祀的实例：如云林北港好收奉三宫国王原系分别奉于三庄，大王在口庄，二王在本庄好收，三王在竹围仔，后因竹围仔散庄等故，合一奉祀；而南投鹿谷清水村受龙宫的香火引自彰化，三尊神像因拓垦过程而屡次分祀各处，最后方建庙一同奉祀。⑤ 宜兰冬山中山村永光宫的历程与其略似，

---

① 广东省揭西县三山祖庙管理委员会编：《三山祖庙》，1993 年，第 10 页。张肯堂：《霖田古庙与河婆文化》，载贝闻喜、杨方笙主编：《"三山国王"丛谈》，北京：国际文化出版公司，1999 年，第 105 页。

② 桥头乡志编辑委员会编：《桥头乡志》，桥头：桥头乡公所，1984 年，第 529页。林美容：《高雄县民间信仰》，凤山：高雄县政府，1997 年，第 161 页。

③ 陈清诰等：《台湾省云林县寺庙文献大观》，新营：文献出版社，1972 年，第249–250、263–264 页。邱彦贵：《试掘旧嘉义县（1723—1887）下平原客踪》，《客家文化研究通讯》1998 年创刊号，第 91–97 页。

④ 陈清诰等：《台湾省嘉义县市寺庙大观》，新营：文献出版社，1964 年，第119、124–125 页。

⑤ 中国巾明独三山国王协会编：《中国巾明独三山国王协会会志》，2004 年，第200–201 页。

原先三尊国王是分祀于该村的旧寨、新寨与中城三个聚落，日后方建庙一起奉祀。由分祀到合祀的历程往往也反映了区域拓垦的历程，或是晚近经济条件的改善使然。

2. 配祀一：三山国王夫人

三山国王的夫人，一般称"王爷娘"或"王爷奶"。台湾较具规模的国王庙中，都奉祀了三位国王的夫人。但是也有例外，屏东的九如、林边两处国王庙则仅见大王爷夫人。

对于大王爷夫人，揭西本地传云，大王爷夫人来自邻近的韩屋楼。相传当地韩姓女子至祖庙烧香，暗祷日后能嫁给如大王爷般白净的夫婿，不料日后竟在野外农务时被捏化成为王爷夫人。甚有传云在韩家外拾获大王皮靴。因此每年出游"六约"时，各村寨善信无人敢先尝未祭拜过的供品，唯独韩姓人例外，因其为自家姑丈。①

凑巧的是，台湾也有两桩大王爷夫人的传奇故事。屏东九如九块厝国王的大王爷夫人，传说是麟洛徐家的女儿，人神联姻的过程也类似揭西传说的结构。推衍结果，麟洛人因此也成为九如人的姑爷，搭乘渡船无须渡资。麟洛人也多以"姑婆太（客家话：祖姑）"径称夫人。②而迄今每年九如夫人返回麟洛娘家，成为屏东平原上罕见的福客交流活动。

而嘉义新港的"西势潭三庄"中，唯独后庄大王没有夫人，原因为一次水患中，大王爷夫人流落在外，大王遂因此休妻。1933年《台南州祠庙名鉴》已无载后庄的国王夫人，此事殆甚为久远。恰与西势潭三庄相反的是，高雄桥头分祀的新庄、九甲围、六班长三处聚落中，仅奉祀大王的新庄义山宫见夫人配祀。

然而并非所有的庙宇与信众都认知国王夫人存在一事。全台庙宇最多，为数高达40处的宜兰县向来未见奉祀国王夫人，直到2004年冬山乡广兴宫赴霖田祖庙进香后，信众有感三位国王长年独守庙堂，有点孤寂，遂笔决征得国王同意，再度远赴祖庙，新塑了三尊夫人的神像，并于2005年3月启程迎回，成为宜兰第一处配祀国王夫人的国王庙。③

---

① 广东省揭西县三山祖庙管理委员会编：《三山祖庙》，1993年，第10页。张肯堂：《霖田古庙与河婆文化》，载贝闻喜、杨方笙主编：《"三山国王"丛谈》，北京：国际文化出版公司，1999年，第103页。

② 钟壬寿：《六堆客家乡土志》，屏东：常青出版社，1973年，第348—349页。郑慧玫：《王爷娘》，《六堆风云》1989年第9期，第38—39页。

③ 郭评仪：《王爷告别单身，大陆娶妻陪祀》，《中国时报》，2005年3月10日。

3. 配祀二：舍人、指挥、化王、安济灵王

三山国王信仰的崇祀对象，除了国王及其夫人外，尚见配祀"舍人"与"指挥"。传说皇帝先派一文官前来册封，文官到霖田后钟情当地山川风土，弃官不返。朝廷久不见文官复命，再派一名武将前来探视，孰知武将也为霖田所留，两人遂成为三山国王驾前配祀，此即所谓舍人爷与指挥爷的来由。揭西祖庙方面称为"木坑公王"与"指挥大使"，指挥为韩姓，已早见盛端明庙记，木坑公王则为张姓，其说不知何来。每年正月祖庙出巡六约并非由国王出巡，而是由韩指挥与张木坑代巡。[①] 台湾仅见屏东市林仔内由战后揭西移民公建的国王古庙如此沿称。

台湾较具规模或历史久远的庙宇，方见有舍人与指挥配祀，如雍正以前即立祀的溪湖荷婆仑霖肇宫，台南城与员林街这两处雍正年间创建的国王庙也可见，乾隆年间肇基的诸罗（嘉义）与彰化城亦有，但各地对其姓氏与名称说法不一。嘉义市广宁宫称为"金舍人""韩指挥官"，邻近的民雄江厝店广安宫亦同。云林大埤太和街称"带旨官""指挥爷"。彰化永靖街永安宫称"赦仁爷""指挥爷"。荷婆仑霖肇宫称"文带旨官""武带旨官"。而清水调元宫则径称"文将""武将"。在丰原慈济宫内，三山国王虽仅是陪祀神明，但也配祀了舍人、指挥。彰化社头枋桥头镇安宫则仅奉祀舍神（人）爷。高雄桥头九甲围义山宫则以"护印将军""执剑元帅"配祀。

至于早见于《明贶庙记》的"陈化王"，笔者仅于文献中见载祀于嘉义广宁宫，[②] 但如今庙内并无此神像。另一种配祀神明则是"安济灵王"，仅见于员林街广宁宫。安济灵王为韩江的水神，也是粤东潮、嘉两郡的地方性神祇。员林街可能在雍正五年（1727）同时建立了广宁宫与安济庙这两座潮州移民的社会象征的庙宇，[③] 但是安济灵王在明治三十年（1897）底以后，不知何时合祀于三山国王庙中。

4. 陪祀：韩文公与妈祖

唐代的韩愈因为谏迎佛骨，"一封朝奏九重天，夕贬潮阳路八千"，被贬为潮州刺史。后世潮州人推崇这位儒家正宗，所以也将他合祀于国王庙中，而他的侄孙——传说中八仙之一的韩湘子，也陪祀于台南市国王庙

① 广东省揭西县三山祖庙管理委员会编：《三山祖庙》，1993 年，第 10 – 11 页。

② 相良吉哉：《台南州祠庙名鉴》，台南：台湾日日新报台南支社，1933 年，第 153 页。

③ 温国良编译：《台湾总督府公文类纂宗教史料汇编》，南投：台湾省文献委员会，1999 年，第 324 页。

内。现今台南市、嘉义市、云林大埤太和街、彰化永靖街的庙宇内都有韩文公。而已消失的凤山城广宁宫则在后殿奉祀韩文公。

台南市、嘉义市两大城市内的国王庙皆采"三殿"规制,右殿奉祀韩文公,左殿则是奉祀妈祖。国王庙内奉祀妈祖的原因并非"本土化",而是潮州原本也是妈祖信仰的流行区域。

5. 千秋圣诞日

三山国王的千秋圣诞日,一般而言台湾最通见的说法为:大王为二月廿五日、二王为六月廿五日、三王为九月廿五日。但是此说不同于霖田祖庙,当地虽以二月廿五日为大王生日,但是二王则为八月十八日,三王是六月初六。[1]旧潮州府境内说法亦互不相同,饶平新丰镇霖田庙认定的千秋日依序为三月初三、六月初六、九月初九。但大埔枫朗为五月初四、初五;源自潮州的梅州泮坑国王诞日为九月初十。[2]

大体言之,二月廿五日的大王千秋日应是台湾最常见的祭典日,然而略览实际执行情况,则不尽然。或为便宜行事之故:如员林广宁宫于二月廿五日行三献礼后,廿六、廿七、廿八日分别由各神明会为大、二、三王祝寿。而高雄市左营仙树三山宫则以二月廿四日行祭,云林大埤赐福宫则以二月廿二日绕境,略微挪前。也有可能因故挪移:如宜兰冬山松树门镇安宫虽合祀天帝,仍以二月廿五日为庆典日,但日据初期某年二月廿四日庄民遭原住民出草,之后遂改为六月初九天帝千秋行祭,至1998年始改回二月廿五日。[3]而高雄市规模最大的盐埕国王庙,则因为二月廿五日恰逢初春旱季末期,本地濑南场盐民赶收成品,高雄谚云"打狗山若戴瑄帽(罩乌云),盐埕人着倒地饿",故简单行祭,反而是陪祀的李府千岁四月廿六千秋日祭典最为盛大。[4]云林北港的树子脚与好收两庄紧邻,皆奉三山国王为主神,但树子脚干元宫以三王千秋的九月廿五日为最大庆典日,而好收奉三宫则以习见的二月廿五日行大祭。

细究之,所谓的大王生日或许沿自《明贶庙记》的"二月下旬五日,

---

① 张肯堂:《霖田古庙与河婆文化》,载贝闻喜、杨方笙主编:《"三山国王"丛谈》,北京:国际文化出版公司,1999年,第105页。

② 程志远:《泮坑公王保外乡》,《梅州风采——嘉应文学》1989年总第57—58期,第82页。罗滨:《梅州三山国王庙轶闻》,载贝闻喜、杨方笙主编:《"三山国王"丛谈》,北京:国际文化出版公司,1999年。

③ 中国巾明独三山国王协会编:《中国巾明独三山国王协会会志》,2004年,第78页。

④ 林曙光:《打狗岁时记稿》,高雄:高雄市文献委员会,1994年,第13页。

有神三人出于巾山之石穴，自称昆季，受命于天，分镇三山"，故较为统一。三王的千秋日说法即分歧甚大：云林东势厝赐安宫将三王千秋认定为八月廿五日，而清水调元宫、沙鹿保安宫则推为十月廿五日。台南国王庙除了在太平洋战争前久享盛名的上元祭典外，大王千秋为二月廿五日，二王千秋则系二月廿八日。然而该庙迄今仍以三王千秋日——信徒认定为三月廿四日——举办最大庆典，而此三王千秋日说法未见有他例。另一例则是倡导三山国王联谊团体成立的冬山大兴振安宫，他们认定二月廿五日为二王千秋日，三王千秋日为七月廿五日，而大王千秋日，也是最盛大的祭典日则为八月廿八日。亦是独树一帜。

甚至连夫人的诞日也是众说纷纭：广东方面，以笔者在汕头市所闻，当地大抵以三月十六日为夫人（不分次序）千秋日。但饶平新丰霖田庙则依序为二月十九日、六月十九日、九月十九日。台南以大夫人千秋为三月十六日、二夫人为二月十六日、三夫人系九月十六日。但奉祀二王的新港古民例行以三月十六日作"王妈生"，而奉祀三王的中庄则于 1960 年开始，由自古民嫁入的信女开始倡导于同日为三王夫人祝寿。① 至于传云是麟洛人家女的九如九块厝大王爷夫人，信徒则以其归宁后，正月十六"巡男丁"的日子为其千秋日。而太保鱼寮保安宫的王爷奶千秋日则是六月初六。

我们从前述信仰的实践中察觉，台湾的三山国王并未有统一性的崇祀规制，其实也无须刻意强调，甚或可能造作出某种标准体例。因为除了它们并非单一来源外，更可能因为信仰所根植的土地与历史过程而滋生差异，且此种情况正是反映出民间信仰的多样性，更多的差异，我们或许可自下文归纳的类型中窥得一二。

四、台湾三山国王的类型

台湾的三山国王信仰现象，惯常被视为客家族群的"索引工具"。但是在笔者看来，这种简单的"族群识别"方法当需深思与讨论。自社会组织及族群关系两种面向观察此种信仰，根据现有的研究成果与笔者自己的调查、归纳，结果显示，台湾的三山国王信仰至少可以区分成三种类型，从而也呈现出三种族群关系特质。另外第四种类型，在研究者的观察中亦俨然成形，但尚待定案，附说于末。这三种类型笔者分别以"会馆型""客底型"与"防番型"为名，而第四种或以"潮州福佬型"暂名。

---

① 何传三：《中庄采风》，新港：永禄宫管理委员会，1999 年，第 49－50 页。

1. 会馆型

台湾会馆类型的国王庙，全部出现在清代兼具行政与商业机能的城市，如分府设省前的台湾府城台南，以及诸罗（嘉义）、彰化两个老县治。① 这几个城内的三山国王是由潮汕语系和客家语系两种方言群——族群共同崇祀，与广东原乡的情况相同。② 原本广东潮州的地方性神明，在台湾移民社会中转变成原籍认同的信仰，由于缘起是同乡关系，形成同乡会馆兼庙宇的组织，故组成方式趋向于以个人身份参与的志愿性团体。以台湾通用的口语语汇表之，即所谓的"私庙"。时至今日，前述三个城市中于乾隆年间创建的三山国王庙，详查其信仰—管理团体的成员，仍呈现出程度不一的潮汕色彩，也未形成具有地域化祭祀圈的信仰团体。简述如下：

以匾额形式悬挂台南市国王庙，署乾隆九年（1744）的《三山明贶庙记》文称："三山国王者，吾潮合郡之福神也。自亲友佩炉香过台，而赫声濯灵遂显于东土。蒙神庥咸欣欣建立庙宇，为敦诚致祭之所。"而署乾隆十八年（1753），在研究史中常被误为台南国王庙所有，实属嘉义市国王庙的《新建三山明贶庙碑记》，其作者诸罗知县徐德峻于文中亦称："粤人渡台者，感神威力，有恭敬桑梓之意焉。故郡属四邑，所在多有。独吾诸粤庄，曩佩香火东来者，率以礼祀于家，不无市井湫隘之嫌……"是故有建庙之举。故雍乾年间南台湾的两大城内，遂蠚立起两座代表潮州移民社会象征的庙宇。

台湾府城，即今台南市，今日的二级古迹三山国王庙应于雍正七年（1729）创建。同年即有三山国王大夫人会、护法爷会两个神明会成立，而二夫人会、三夫人会则于乾隆三年（1738）成立，到1930年四个神明会仍在运作。③ 余文仪《续修台湾府志》则载该庙在雍正七年时，由当时台湾县知县大埔籍的杨允玺、台湾镇左营游击海阳籍的林梦熊所创建。关

---

① 台南的大致情况可参考林衡道：《三山国王庙》，载《台湾胜迹采访册》（第六辑），台中：台湾省文献委员会，1981 年。周宗贤：《清代台湾民间的地缘组织》，《台湾文献》1983 年第 34 卷第 2 期。彰化方面则可参考张永桢等：《彰化县志·人民志宗教篇》，彰化：彰化县政府，1990 年。嘉义方面则请参阅拙作：《嘉义广宁宫二百年史（1752—1952）勾勒——一座三山国王庙的社会史面貌初探》，《台湾史料研究》1995 年第 6 期。

② 参见拙作：《三山国王是台湾客属的特有信仰？》，《台湾史田野研究通讯》1992 年第 23 期。

③ 相良吉哉：《台南州祠庙名鉴》，台南：台湾日日新报台南支社，1933 年，第 275、286 页。

于此说日后讨论纷纷。即便如晚近研究所推考,可能该庙的创建稍早于乾隆七年或即雍正七年无讹,而将建庙推为第一个粤籍台湾知县之功,恐怕是踵事增华之举。① 然而原籍大埔的杨知县应该属客家,而林游击的身份则较可能是福佬人。

由于台南为台湾府城首邑,从道光二十二年(1842)、同治三年(1864)两次重修的捐题记录中可以看出,除了嘉义城的三山国王庙共襄盛举外,还可见到迤北"五十三庄"的粤东客家移民悉数现身。② 光绪十三年(1887)的左侧天后圣母祠重修仍是由"潮郡众商人倡建"。进入日据时期,潮州人仍继续维持对该庙的管理,到日据晚期该庙一度被占用为肥料仓库,③ 但光复后一直由潮汕同乡会管理至今。由前述简史应可佐证,历来此庙炉下善信兼含两系移民,侧重潮属的地域性格,并非一般的"客家庙"说法可以涵盖。

嘉义城西门内的广宁宫则创建于乾隆十七年(1752),在规模上与台南府城者媲美,光复前财力则可能是全台之冠,在嘉义与城隍庙并称大庙。只可惜因天灾人祸,加上日据末期的"皇民化运动"强力介入,卒于1952年拆除,日后栖身原庙址一隅迄今。关于其族群属性,笔者曾撰专文探讨,于兹不复赘言。④ 近年炉下善信慷慨捐输,不日复建有望。

台湾府的第四个辖县——彰化县城内也有国王庙,彰化城镇安宫创建于乾隆年间,所在位置为清代的南街,今天的民族路,数百年来都是黄金地段。笔者稍微研析过其成员组成,也是福客兼有,但以潮属为限。清代与日据时期,由于潮州移民对管理权有所争执,导致庙宇荒废,卒于2003年12月拆除重建。现今已见庙体,他日亦将重光。

前述三城内的国王庙,对照城中其他漳泉两府(两府所辖各县,乃至汀州、福州等府)移民庙宇整体观察,皆程度不一地呈现出地域性移民的会馆性格。故本文以"会馆型"名之。

至于另一个老县份凤山附论于此,可否归为此类,囿于所知,犹待深

---

① 戴文锋:《台南三山国王庙创建年代考论》,《思与言》2005年第43卷第2期,第179-224页。

② 邱彦贵:《新街三山国王与五十三庄:管窥北港溪流域中游的一个福佬客信仰组织》,《台湾宗教研究》2005年第3卷第2期,第26页。

③ 西田丰明:《台南市の寺庙现况》,《民俗台湾》1942年第2卷第9期,第43页。

④ 邱彦贵:《嘉义广宁宫二百年史(1752—1952)勾勒——一座三山国王庙的社会史面貌初探》,《台湾史料研究》1995年第6期,第69-89页。

研。清代的凤山县治在今日的凤山与左营间几度搬迁，但两地都有三山国王庙。《凤山县采访册》称乾隆二十年（1755）由"韩江募建"的凤山城内广宁庙，原址在"三角通街"，日本人接收改为凤山警察署，即今日的成功派出所，应是南台湾最资深的警察局。到20世纪末仅存原庙残壁一片，近日连残壁都已拆除。左营城方面，《重修凤山县志》称乾隆年间创建的国王庙，址在城北的龟山山麓。如今左营旧城依然屹立，龟山北麓放眼俱是眷村密集，国王庙则踪迹渺茫，反而邻近的莲池潭畔有仙树国王庙。不过创建时间晚至1970年，其间有无传承关系，尚待厘清。

2. 客底型①

此种类型即是"客家索引"的实际例证，分布极广，南起八掌溪，北至大甲溪西部平原上，隐约有一个南北纵贯的地带，其中包含近20个大大小小的祭祀单位。自北而南言之，最北处的实例应是清水海岸隆起平原，已由洪丽完举证。② 而东南侧的丰原地区则尚待深研。③ 越过大肚溪进入今日彰化县，彰化平原上的前客家即是研究史中最典型的索引类型，1970年即已开始针对其众多的三山国王庙宇展开研究，成果丰硕。相对而言，越过浊水溪的西螺地区则稍嫌冷落，迄今仅见初步的描绘。④ 再越过新虎尾溪，进入清代旧辖嘉义县内，今日云林、嘉义县内，则有将近十个三山国王信仰单位，笔者稍曾提及。⑤ 以笔者曾从事研究的北港溪流域中游"五十三庄"为例，大体而言，这个地跨数乡镇以宗教为动员力的团体，所呈现的是，人口居于劣势的客属，如何以原乡神明凝聚组织，形成一种我群认同的社会展演。若以信仰区域涵盖，则客底型应该是台湾规模最大的类型，此点须深切注意。

此类型又可以细分为两种亚类型。其一为客家分布的"时空性遗址"，分布于西台湾平原的海岸或较近海处。它们的特性是原先该地有客家分布，但多半因械斗而迁徙，留下三山国王庙于此。此类型实例包括台中县

---

① 此类型或可称"福佬客型"，但所谓的福佬客若以"客底"一词名之更贴近台湾口语使用，详参拙作：《福佬客篇》，载徐正光主编：《台湾客家研究概论》，台北："行政院"客家委员会、南天书局，2007年，第62–88页。

② 洪丽完：《清代台中地方福客关系初探——兼以清水平原之三山国王庙兴衰为例》，载《台湾史研究论文集》，台中：台湾史迹源流研究会，1988年。

③ 赖志彰《大甲溪流域聚落与民居》一书中对此区域有较细部的说明。

④ 程大学主编：《西螺镇志》，西螺：西螺镇公所，2000年。

⑤ 邱彦贵：《试掘旧嘉义县（1723—1887）下平原客踪》，《客家文化研究通讯》1998年创刊号，第91–97页。

的清水、沙鹿，彰化县的鹿港、溪湖荷婆仑、埔盐打帘以及云林县的东势厝、土库埤脚等地。另嘉义鹿草龟佛山广福宫则存疑。而若干聚落已消失于现今地图上，仅存留记忆中的地名与流散各处的三山国王神像，如嘉义县新港的海丰庄与太保的加走庄，则几近于时空俱灭，仅残存微量痕迹。

清水、沙鹿的三山国王都位居两地的通衢大街上，客家以往在此的势力可想而知。据洪丽完的研究，两地的客家人都已外迁，留下三山国王庙于此。清水调元宫现今归当地里长管理，但是日据晚期其祭祀范围除清水本地外，还包括丰原下南坑，庙宇管理人为下南坑张氏；① 然而下南坑张氏当时已经算是福佬客。鹿港三山国王庙在清末改建时，则远赴台中东势募款。② 溪湖荷婆仑、埔盐打帘三山国王原先的信徒，可能都东迁到今天的员林、埔心与永靖一带。③ 而云林县的东势厝、土库埤脚等地的三山国王庙，都传说客家人已经外移，现今的信众都是泉州祖籍的居民。④ 客家在西台湾滨海地区活动的时空俱已移转，独留三山国王庙于此。

最后，另处堪称客家"时空性遗址"者为台东县唯一的一处国王庙——长滨乡城山宁城宫。据张振岳调查，城山聚落居民原以南部客家移民邱氏为主，后来邱氏外移至邻近的宁埔、竹湖，而据现今聚落主要居民西拉雅族人口碑，城山以前系纯客庄，现仅一户邱氏在此。⑤

其二为客家分布的"时间性遗址"，也就是真正的"福佬客"或"客底"分布区。约略在 20 世纪开始前，这些区域都还是客家话的通行区，百年后，这些区域内的居民客家话能力消退殆尽，客家文化相貌残存若干痕迹，三山国王信仰成为最佳索引工具。所谓的彰化粤籍福佬客、斗六附近的"前粤籍九庄"与地跨云嘉的新街王爷五十三庄即属较大集团者。⑥ 较小规模者则有嘉义县的竹崎麻箕埔、民雄江厝店广安宫，太保加走庄系统后身的港尾、鱼寮、后潭、管事厝等处，新港街区北侧的西势潭系统则部分属之，部分存疑。以下据笔者田野调查略说之。

---

① 《台中州清水街寺庙台账》。

② 《台中州鹿港街寺庙台账》。

③ 曾庆国：《彰化县三山国王庙》，彰化：彰化县立文化中心，1997 年，第 125－130 页。

④ 邱彦贵：《新街三山国王与五十三庄：管窥北港溪流域中游的一个福佬客信仰组织》，《台湾宗教研究》2005 年第 3 卷第 2 期，第 51－53 页。

⑤ 张振岳：《客家的原乡信仰——花东的三山国王庙》，载《台湾后山风土志》，台北：台原出版社，1994 年。

⑥ 详参曾庆国《彰化县三山国王庙》，邱彦贵《试掘旧嘉义县（1723—1887）下平原客踪》《新街三山国王与五十三庄：管窥北港溪流域中游的一个福佬客信仰组织》。

民雄江厝店广安宫肇始于乾隆初年，为钟氏村民自潮州揭阳分请国王金身奉祀。当初安奉于民宅，后来人丁增加，信仰者日笃，乃由钟氏发起，择定现址创建庙宇。系由江厝店一带的刘氏、林氏与赖氏组成"三福户"共同奉祀。其中刘氏、赖氏皆为饶平客属。

许多年来原本以轮祀形式存在于聚落内的国王，在20世纪晚期经济条件改善后，纷纷创建庙宇，而这份名单也是台湾最新国王庙的名单：太保港尾港保宫（1996年入火）、竹崎麻箕埔三山国王庙（1999年入火）、溪口下仑三仙宫（2005年入火）。此三处台湾最新的国王庙有两个共通性：其一为都在嘉义县境内，其二为炉下信徒都是饶平祖籍的福佬客，建庙之举都再现了他们的客家或客底身份。

以饶平客家营前黄氏为居民主体的太保市港尾聚落，久来轮祀国王于炉主家宅，直到1996年才将国王奉于新建的港保宫。无独有偶，竹崎麻箕埔原也为饶平客家许氏的单姓村，村民轮祀乾隆年间祖先携来的三山国王，将其奉为主神多年后，直到1999年才兴建庙宇，成为嘉义地区次新的国王庙。嘉义县最新，也是台湾最新的国王庙，则是2005年3月方才入火的溪口下仑三仙宫，该地则为太和街国王辖下五十三庄聚落之一，居民主体为饶平客家赖氏。

客底型应该还有两或三例，见于台湾尾端极南的恒春半岛。光绪元年（1875）恒春设县建城时，擘画督造城池的梁燕将军来自嘉应州，他鉴于新县城当有神明护佑，特引入国王为恒春的"镇城县主"，并于西门内猴山洞穴兴建广宁宫安奉。恒春居民多因其所在地为麒麟宝穴，故多称为"石国公"。近年庙内悬挂的沿革诠释的方向则并未强调其客家渊源。车城保力庄为乾隆年间六堆客家移民所建，是恒春半岛的标志性福佬客聚落。[①]村庙保安宫所奉祀的三山国王除标志客家身份外，还护卫庄民不畏隔邻排湾族的威胁。满州永靖里是古老的平埔族聚落，但是村庙罗峰寺同样陪祀三山国王，原因尚待深析。统言之，恒春半岛上的国王信仰，透露的不仅仅是客家讯息。

客底型亦有其衍生系统，其中应属溪湖荷婆仑最多，举凡西螺广福宫、东势镇上校栗埔、大茅埔、卓兰峨仑庙等处皆自其分灵，而大埤太和街则分灵花莲护国宫、丰原社皮德惠宫等。

3. 防番型

第三种国王信仰类型"防番型"的产生，则与台湾原居的南岛语系民

---

① 张添金：《琅峤客：车城乡保力村志》，屏东：车城乡保力小区发展协会，2001年。

族有关。无论福佬还是客家，在拓垦进入山区后他们渐次与中央山脉两侧的南岛语系民族接触，形成迄今尚未解决的生活空间之争。日据初期，南岛语系民族对入侵的汉族报以出草馘首等直接反应，汉族除了实际的攻击守御外，更以种种神祇为心理依托。以嘉义山区为例，先有披发仗剑的玄天上帝，后有深谙"番情"的吴凤，以为汉族入山保障。在汉族与分布最广的泰雅族群接触区域，三山国王则成为"御番"的最佳选择之一，所以南起台中县东势，北经苗栗、新竹县，东至宜兰县等地，都流传着三山国王"吓番""退番"的传说。这些区域内的汉族居民即便以客家人居多，但论述中对照或对立的族群不是他处惯见的客家与福佬，而是汉族与泰雅。东势、新竹县都是风同俗近、声气相通的客家世界，宜兰则以福客混居一庄为多，皆无法也无须于此以三山国王标志我群。信仰的持续与发展，都以其在地生活经验为出发点。以下即自宜兰开始进行略述。

兰阳平原上有相当数量的祖籍漳州的福佬客，[①] 而在平原的边缘地带有相当多的三山国王庙，即便近年发现了少数出现在诏安客家话区的国王庙，但是宜兰的三山国王信仰，在笔者眼中并非如前述西台湾中彰云嘉的客底类型一般，与客家有紧密的相关性。虽然这些国王庙可能最初由诏安客家或担任乡勇的广东客家所引入，但在拓垦过程中与泰雅族频繁接触后，靠近山区的居民，以三山国王作为抵御泰雅族的精神武器，甚至有"假山拢祀三山国王"的熟语，以及独见的骑马"武身三王"造型。如此在地经验发出的外显功能作用，致使国王庙数量高达40座，数量居全台各行政区之冠。笔者此前已略作述说，[②] 不复赘言。以下我们反而要举新竹县，以及苗栗县山线、台中县东势镇等标准的客家地域为例进行详细的阐释。

台湾客家比例最高的新竹县，三山国王信仰的分布于公共祭祀层面，距离海岸线，也就是依照拓殖空间的开展，首见于新埔枋寮褒忠亭义民庙的左龛陪祀。循风山溪谷而上，则有新埔街公庙广和宫。风山溪流域最内陆的国王庙有二，其一位于关西镇上三墩，学者解释早创于道光八年（1828）的上三墩国王庙创建原因则为"开拓本地之初，时有番人出草，

---

① 邱彦贵等：《发现客家：宜兰地区客家移民之研究》，台北："行政院"客家委员会、"国史馆"台湾文献馆，2006年，第64－154页。

② 邱彦贵：《宜兰溪北地区的三山国王信仰——自传说看历史性的族群关系论述》，《"宜兰研究"第二届国际学术研讨会论文集》，宜兰：宜兰县立文化中心，1997年，第266－293页。

影响民命财产甚巨，幸新埔望族潘姓地主献建，奉祀三山国王"①。

新竹县的国王庙最多分布于头前溪流域，位在最下游者是苦林街的广福宫，旧时称为九苦林的苦林街，18世纪晚期的身份是竹堑地区拓殖内山的边城。昭和三年（1928）的《苦林庄志》②，对苦林地区的汉族历史与国王信仰的开端有以下的叙述：

古来木之有本，水之有源，窃思兹我苦林联庄开辟之表记于乾隆四十年（1775），有垦户钱十般公馆，垦首姜胜智，隘首刘里益，至乾隆四十八年（1783）在坡塘窝把守北方，护助隘首何俊长同心协力，开辟成功。至乾隆五十二年（1787）遵从陈府奉宪清丈以来，至道光元年（1821）有经理人黄克昌、徐元华、刘嵩山、林贤德、郑家宝、何俊享、刘维翰、姜殿魁、叶林恩、刘珍亮等即将钱十般所施山场公馆之位置，及刘长亮加施地基六尺，凑成建筑为国王宫。

斯时每年平安演戏祀典，要到石壁潭庄，恭请国王圣像为主。因道光六年（1826）间突被生番私行将国王圣像盗入深谷，忽然生番肚痛非常，惊惶莫状，魂不附体，急将国王圣像请出，在半坑中放置。后众信人等恭请九苦林庙宇安位，人康物阜，所以石壁潭上窝之深谷改称"王爷坑"之名目者，因此所由来也。

依照前述，九苦林开庄半个世纪后，国王显圣让"生番肚痛"，委婉意喻其间族群生活空间争夺的冲突矛盾。而位于头前溪南岸，较晚于苦林成为客家地域的竹东街区则有两处国王庙：惠昌宫领辖12行政里，是为旧称树杞林街的竹东街大庙；而惠安宫则下辖4行政里，祭祀圈为上公馆地区。此两处庙宇俱称创建于嘉庆十五年（1810），应系采嘉庆十四年金惠成垦号入垦树杞林之说。但口传中，此两处国王庙则系前后分灵自头前溪北岸的苦林街与石壁潭。而竹东街区与新竹市之间山区的柯仔湖福龙宫，则于庙壁沿革明述其进垦过程中有"三王将军"率兵于夜间腾空而下，以致土著不战而逃。拓垦事业与国王崇祀从此开始。

上坪溪与油罗溪于竹东汇流为头前溪，国王信仰始自山猪湖（苦林乡秀湖村）的惠和宫，上坪溪下游的竹东镇员崠三元宫陪祀国王，中游的砍子、上游的上坪则皆主祀国王。而油罗溪流域的横山乡九赞头、横山等聚

---

① 李明贤：《咸菜瓮：一个沿山乡街的空间演变》，台湾师范大学地理所硕士学位论文，1991年，第55页。

② 该文书写于木匾上，悬挂于广福宫内。

落群，皆以三山国王为主祀。如此的分布态势，陈述的区域意涵是，自18世纪末以来，竹堑汉人逐渐深入头前溪的边区，各个聚落（群）选择的神祇，除了基本的三官大帝与伯公外，三山国王是出现频率最高的主神。

1830年才开始拓殖的金广福大隘地区，即今日的北埔、峨眉、宝山，此区域也循例以联庄庙宇构结社会组织，然而在为数不多的庙宇中，仍见北埔的南埔、峨眉的中盛与宝山新城三处国王庙，或仍呈显其防番功能。

客家比例亦居高的苗栗县，其实仅四处国王庙，其中头份斗焕坪大化宫与水流东国王宫深处客家开发边区，卓兰峨仑庙亦若是，唯一不在此例者仅苗栗市国王庙一处。南接苗栗县山区的台中县东势镇亦以客家居民为主体，是我们下一个观察对象。

东势共有五处聚落主祀三山国王：兴隆里上校栗埔、中科里中科、新盛里头社、隆兴里石角与庆东里大茅埔。其中庆东里大茅埔聚落为嘉庆年间客家入垦大甲溪中上游的最前线，除设壕沟、竹围与隘门等防御工事外，垦首张宁寿还特地迎奉三山国王前来庇佑，凭借此等实质与精神设施，以防卫泰雅族。关于大茅埔国王如何显灵退番的传说，前人已多所录，于兹不录。① 然而国王御番的说法在东势并非仅限大茅埔一地，战前的寺庙台账中，对中科保安宫三山国王的来由与功能已早有详阐，笔者编译如下：

中科开庄时间是在道光六年（1826），18世纪即渡台的客家移民原先居住于今日彰化县埔心乡，因道光六年时与闽人战败窜逃，其中49名移住中科，并奉来三山国王神像，就现今庙址酿金建普通家屋奉祀。时逢"生番跳踉"，村民大半逃走，惟十数名死守本庙。道光十二年（1832）情势稳定，村民渐回。光绪元年（1875）由有力者黄天进、叶阿满主倡，向庄民70户酿金300元改建，即今日保安宫三山国王庙。清代及日本领台之际泰雅族不时来袭，情势不稳，所以庄民逢行旅、建筑等事，必参谒掷筊得允后方行。

这段战前的记录，或许最能代表中台湾三山国王信仰的变迁过程。渡台后原居彰化平原的潮州客家，在19世纪初的分类械斗中移居东势山区，

---

① 罗佑妹讲述"王爷公显身"，载胡万川等编：《东势镇客家话故事集》（三），丰原：台中县文化中心，1996年，第2-9页。张国明讲述"王爷介传说"，载胡万川等编：《东势镇客家话故事集》（六），丰原：台中县文化中心，2001年，第14-19页。

而三山国王也在此历史情境中，由祖籍象征转为入山保障。

然而将国王与御番功能联系的思考，可能不仅限于 19 世纪初潮州客家始进入的泰雅族地域前沿。大甲溪对岸石冈乡大埔刘姓聚居的土牛聚落，庄庙慈云宫的主神也是三山国王，传说同样也陈述以往入山制脑、伐木、抽藤前来膜拜者，必能平安无事，化险为夷。①

最后我们补充南投县。南投县为数不多的几处国王庙，多自汉人在 19 世纪进入山区拓垦后出现，也同样强调其防番功能。如鹿谷清水村受龙宫、鱼池木屐兰庆隆宫虽然分别由彰化、东势引来香火，但不约而同强调可以防止原住民"侵扰"。②

综观宜兰、新竹、苗栗、台中乃至南投沿山一线的国王传说，都在强调其防番功能，台湾三山国王信仰第三类型，于焉而生。此类型突破前述的移民来源地域或族群属性等原生性的卷标，相较于前述两种类型，虽然并不一定有明显的时间序列与空间分布，但此类型却明显呈现出 19 世纪的拓垦经验。

4. 潮州福佬型：待厘清的第四种类型

前文所述潮州府内的国王信仰，其实信徒人数以潮州福佬居多，潮州客家则占少数，清代的嘉应州可以说是纯粹的客家行政区。在移民台湾之后，除了台南、嘉义、彰化这三处由潮州客家和福佬共建的会馆型庙宇之外，其实也有单纯由潮州福佬建立的国王庙。依据笔者经验，浊水溪以北的众多粤籍居民虽然不能说全部是客家人，但潮州、惠州福佬实居少数，然而在浊水溪以南，所谓的粤籍民之中已经开始出现渐多的潮惠福佬人。

嘉义新港西势潭三庄，可以说是一个由潮州福佬与客家共居的准粤庄，现今庄中的最大宗族"五房陈"即源自普宁旧治洪阳近郊的林惠山，据潮汕学者推判，当地并无客家分布。③ 故西势潭系统国王信仰仅算是部分或存疑的客底型。然而在其南侧的董厝与洪厝，主体居民是海阳洪氏，故位于董厝，实由两聚落洪氏共奉的国王，可能即是潮州福佬型的一例。

台湾最明显的潮州福佬系统当以高屏地区为例。高雄桥头三处国王庙的炉下聚落九甲围、新庄与六班长，居民祖籍尚待解读，但或如该地乡志

---

① 陈茂祥：《石冈乡村史导览手册——土牛村史》，台中：石冈乡公所，2006 年，第 38 – 39 页。

② 鱼池乡东光村"建立本村壹百周年纪念碑"。中国巾明独三山国王协会编：《中国巾明独三山国王协会会志》，2004 年，第 200 – 203 页。

③ 何传三：《中庄采风》，新港：永禄宫管理委员会，1999 年，第 31 – 32、42 – 43 页。

所言，本地原有客家居住，却因动乱已然迁居屏东高树，其后福佬居民始定居于此，按此说法则应列入客底型的客家分布的"时空性遗址"亚型。不过邻近的芎寮聚落大宗族凌氏来自惠州海丰接正所（捷胜所），系福佬身份。① 究竟桥头乃至邻近的冈山、阿莲等地国王信仰是否为潮州福佬所建立，尚期来者求证。

自桥头越过后劲溪即进入高雄市，左营区右昌的国王庙，辖下善信中有来自饶平所城的陈氏。虽然此前曾玉昆推定盐埕国王庙可能系南靖客家所建立，但新近讨论可能与南澳渔民有关。而的确潮州福佬已在高雄出现，反而广东客家我们尚未发现。② 如今高屏最新发现的两处三山国王庙，系与战后广东移民有关。其一为前引屏东市林仔内由河婆移民所建者，另一则位于高雄市哨船头的潮汕同乡会对面，炉下悉为潮州福佬。③

屏东市三处国王庙，除前已述及的林仔内由战后揭西客家移民共建的国王古庙外，还有一处为崇兰崇隆宫，崇兰主要宗族萧氏祖籍陆丰，来台祖萧维天殆自乾隆初年始来定居。崇兰虽为"粤庄"，但此"粤庄"并非同于邻近的"客庄"，而系惠州福佬人。④ 再一处即为海丰，海丰聚落虽以惠州海丰为名且有国王庙，但其详情仍有待解读。

若以居民祖籍与国王信仰交叉比对，屏东县目前可确认者尚有万峦佳佐的佳和宫，当地陈氏宗族源自饶平潮语区的新圩长彬村。其他如九如、潮州、林边等地，目前尚未取得完整讯息。

最后，或许读者会有疑问：台湾真的没有"客家型"的三山国王信仰吗？其实高屏六堆聚落内的国王庙为数亦不少，炉下信徒自然是客家无误，但或许囿于三山国王即客家信仰的成说，我们较少涉及对彰云嘉潮州饶平祖籍的福佬客与国王信仰之间关系的进一步分析解释，这一点有待来者进行进一步深入研究。但若对照信徒、庙宇为数更多、区域分布更广的客底型，即便加上竹苗少数不列入防番型的个例，若说台湾的三山国王是客家信仰，还不如说是福佬客的信仰来得更精确些。

---

① 桥头乡志编辑委员会编：《桥头乡志》，桥头：桥头乡公所，1984年，第11、106页。

② 黄有志等：《高雄市客家族群开拓史》（第一册），高雄：高雄市政府客家事务委员会，2006年，第50－52页。

③ 黄有志等：《高雄市客家族群开拓史》（第一册），高雄：高雄市政府客家事务委员会，2006年，第53页。

④ 萧景文、刘秀美：《屏东港西上中里的拓垦、家族、建筑与聚落研究》，屏东：财团法人萧珍记文化艺术基金会，2004年。

笔者自 20 世纪 90 年代初期以来，以另类方式恩沐于三山国王德泽，受教于各地大德先进难以计数。此次草就本文，仍沿惯常的创建渊源、历史演变等实证分析，并佐以区位特色或区域特性的视角观照，相信谬误失漏之处甚多，尚祈大雅方家不吝赐教雅正。

附录:《永乐大典·潮州路明贶三山国王庙记》

皇元[1]统一四海，怀柔百神，累降德音。五岳四渎，名山大川，所在官司，岁时致祭，明有敬也。故潮州路三山之神之祀，历代不忒，盖以有功于国，弘庇于民，式克至于今日休。潮于汉为揭阳郡，后以郡名而名邑焉[2]。邑之西百里有独山。越四十里，又有奇峰曰玉峰。峰之右乱石激湍，东潮西惠，以一石为界。渡水为明山，西接于梅州，州以为镇。越二十里为巾山，地名淋田[3]。三山鼎峙，其英灵之所钟，不生异人，则为明神，理固有之。

世传当隋时，失其甲子。以二月下旬五日，有神三人出于巾山之石穴，自称昆季，受命于天，分镇三山。托灵于玉峰之界石，庙食于此地。有古枫树，降神之日，上生莲花，绀碧色，大者盈尺，咸以为异。乡民陈其姓者，昼见三人乘马而来，招为从者。已忽不见，未几陈遂与神俱化，众邮异之[4]。乃周爰咨谋，即巾山之麓，置祠合祭。前有古枫，后有石穴，昭其异也。水旱疾疫，有祷必应。既而假人以神言，封陈为将军，赫声濯灵日以著，人遂共尊为化王，以为界石之神。

唐元和十四年，昌黎刺潮。淫雨害稼，众祷于神而响答，爰命属官以少牢致祭。祝以文曰:"淫雨既霁，蚕谷以成。织妇耕男，忻忻衎衎。是神之庇庥于人，敢不明受其赐?"则神有大造于民也尚矣。宋艺祖开基，刘鋹拒命，王师南讨。潮守侍监王某赴诉于神，天果雷电以风，鋹兵败北，南海以平[5]。逮太宗征太原，次城下，忽睹金甲神人，挥戈驰马，突陈师，遂大捷，刘继元以降。凯旋之夕，有旗见于城上云中曰:潮州三山神。乃诏封明山为清化威德报国王[6]。巾山为助政明肃宁国王。独山为惠感弘应丰国王[7]。赐庙额曰"明贶"，敕本部增广庙宇，岁时合祭。明道中复加封"广灵"二字[8]。则神有大功于国亦尚矣。

革命之际，郡罹兵凶。而五六十年间[9]，生聚教训，农桑烟火，骎骎如后元时，民实阴受神赐。潮之三邑，梅惠二州，在在有祠。远近人士，岁时走集，莫敢遑宁。自肇迹于隋，灵显于唐，受封于宋，迄今至顺壬申[10]，赫赫若前日事，呜呼盛矣。古者祀六宗，望于山川，以捍大灾，御大患。今神之降灵无方无体之可求，非神降于莘，石言于晋之所可同日语。又能助国爱民，以功作元祀，则捍灾御患抑末矣。凡使人斋明盛服，以承祭祀，非谄也。惟神之明，故能鉴人之诚；惟人之诚，故能格神之明。孰谓神之为德不可度思者乎？

潮人之事神也，社而稷之，每饭必祝。明山之镇于梅者，有庙有碑。而巾山为神肇基之地，祠宇巍巍。既足以揭虔妥灵，则神之丰功盛烈，大书特书，不一书者实甚宜，于是潮之士某合辞征文以为记。记者记宗功也，有国有家者，丕视功载，赐命于神，固取其广灵以报国。而民为邦本，本固邦宁。倘雨旸时若，年谷屡丰。则福吾民，即所以宁吾国，而丰吾国也，神之仁爱斯民者岂小补哉？虽然爱克厥威，斯亦无所沮劝。必威显于民，祸福影响。于寇平仲表插竹之灵，于刘器之速闻钟之报。彰善瘅恶，人有戒心。阳长阴消，气运之泰。用励相我国家，其道光明。则神之庙食于是邦，使山为砺，与海同流，岂徒曰捍我一二邦，以修。

是年秋七月望，前翰林国史院编修官兼经筵检讨，庐陵刘希孟[11]撰文。亚中大夫潮州路总管兼管内劝农事，蠡吾王玄恭[12]篆盖。

注释：

[1] 顺治《潮州府志》12/40—42《艺文上峡》（以下简称"顺志"）、《古今图书集成》卷1340《职方典·潮州府部》（以下简称"集成"）、雍正《揭阳县志》8/3—4《艺文上·记》（以下简称"县志"）皆作"皇元"，乾隆《潮州府志》41/44—45《艺文·记》（以下简称"乾志"）作"我元"。

[2] 今揭阳县汉代属南海郡揭阳县，在郡县制时代，揭阳未曾用以名郡。

[3]"霖田"之名至迟已见于1547年刊行的嘉靖《潮州府志》（《杂志·村名》），且通用于日后各种文献，独《永乐大典》（以下简称"大典"）作"淋田"，原本以为是大典在1562年至1567年誊录现存副本，或更晚的清抄本抄录时，讹"霖"为"淋"，但是在1456年修竣的《寰宇通志》（《潮州府·山川·三山》）及1461年定稿的《大明一统志》（《潮州府·山川·三山》）中俱与大典同作"淋"，如此看来改"淋"为"霖"是在15世纪中叶之后的事。

[4] 大典作：众"邮"异之，诸志作"尤"，同音通假，存之。

[5] 大典作：南海以"太"，恐有讹。诸志作"平"，从诸志改之。

[6] 诸志皆作"盛德"，存疑于此。

［7］诸志皆作"惠威"，同前例，存疑于此。

［8］明道，宋仁宗年号，仅二年，即1032—1033年。又加封"广灵"二字，顺志、集成皆作"灵庙"，县志则与大典同，从大典与县志。

［9］顺志、集成作"五六年间"。按本文完成于元明宗至顺三年（1332），文中所言"革命之际，郡罹兵凶"当指宋端宗景炎年间（1276—1278），宋元双方在潮州地区的交战，由至顺三年上溯，恰符大典"五六十年间"之说。故从大典。又乾志、县志无本段。

［10］至顺为元明宗年号，至顺壬申为至顺三年，1332年。

［11］《元史·百官志三》："翰林兼国史院……编修官十员，正八品。"刘氏生平不明，依诸种元明人诗文集归纳，他以善鼓琴闻名于名士间，约与袁桷、赵子昂、黄玠、杨载、邵亨贞等同时活动于江南两浙一带，未有证据显示他曾到过潮州地区。

［12］大典清抄本作"王元恭"，避康熙讳故也。道光《广东通志》作"王允恭"，误。王玄恭，字居敬，自号宁轩，生卒年不详。元中书省真定路蠡州人，怀远大将军招抚使王彦弼幼孙。元明宗至顺二年（1331）到至元四年（1338）间任潮州路总管，在其任内"修学校，新韩祠，课试诸生，亲与讲解而饬励之，有古贤守风"（嘉靖《潮州府志·官师志》），故入祀于名宦祠。离任后于至元六年（1340）任浙江宁波路总管，任内修成至正《四明续志》。以上据诸种元明诗文集及方志录出。

义民信仰研究

客家民间信仰的传统与创新
——以台湾新埔褒忠亭义民爷信仰为例

邱荣裕①

一、前言

　　台湾客家文化是台湾文化中的一支，与台湾闽南文化均是从中国大陆的原乡传衍而成，客家人是汉族早期在台湾移垦开发的主体。多数的台湾客家人慎终追远，不忘本源，以姓氏堂号作为先祖源流的表征，这些不同的堂号在台湾各地客家聚落的家宅门楣上均可以看到，或者在各家祭祀的祖先牌位与墓碑上亦可以观察到，这种现象显现客家人慎终追远的文化传承，早已与生活密切结合。

　　文化的发展与家庭、族群、社会等有着密切的关系。一般而言，在台湾要简单了解一个地方的文化来源与特色，可从当地居民信仰的寺庙着手，从其中特殊的民间信仰，就可以知道当地早期居民的原乡地。例如庙宇所奉祀的主神若是开漳圣王，则当地多数早期居民原籍为漳州；主神若是保生大帝，则为泉州同安县；主神若是广泽尊王，则为泉州南安县；主神若是保仪大夫或清水祖师，则为泉州安溪县；主神若是三山国王，则为粤之潮惠嘉等州。

　　然而，台湾从早期移垦社会到今日现代化的社会，各方面有着很大的变化。由于社会变迁的影响，有些漳州人也祭祀广泽尊王，有些闽南人也奉祀三山国王，甚至外来的天主教、基督教等也受到闽、粤族群的崇信，

---

① 邱荣裕：台湾师范大学历史系教授。

若加上台湾少数民族的本身信仰，台湾文化因为这些多元文化的汇集而丰富，因此民间信仰的研究，可说是一件有趣且有意义的事情。

近些年来台湾受到民主政治的冲击，在强调族群平等的社会思潮影响下，客家文化议题颇受重视，不仅社会运动有客家族群的参与，学术研讨会上亦以客家文化作为研讨的主轴，让客家文化的讨论成为社会与学术界瞩目的焦点，其中，客家的民间信仰亦成为讨论的议题。

台湾义民庙的祭祀活动出现于清初平定朱一贵事件以后。其中唯独新竹地区的新埔褒忠亭义民庙独树一帜，受到台湾北部地区客家人长久的祭拜而不中挫，成为北部客家民间信仰表征。此举与潮惠嘉客家原乡的三山国王庙的信仰有着很大的不同，显示出台湾客家文化研究中创新的意义。本文试以历史研究的方法，依据民俗学、文化人类学的立场，探讨新埔镇褒忠亭义民庙在客家民间信仰中的社会文化意义。

二、民间信仰的定义

民间信仰（customary belief 或 folk belief）是民俗学、文化人类学里重要的研究领域，不同族群的文化差异表现在生活中，以民间信仰的不同最为显著。台湾地区族群众多，文化差异颇大，研究客家族群的民间信仰，除了有助于了解客家文化的形成，还可以凸显客家文化的特色。

樱井德太郎与堀一郎两位日本学者，均一生致力于日本民间信仰的研究，他们的成就受到学界的肯定。① 他们认为"民间信仰"一词与"民俗信仰""民俗宗教"，均是同义的范畴。对于民间信仰与宗教的界定，以为民间信仰与宗教的不同，在于形式上没有必要的教祖、教理以及教团等严格的条件；但是民间信仰包括古老传统的仪礼、咒术、祭典方式以及定期行事，在民间社会当中作为信仰仪礼代代传承。② 同时，他们认为任何民间信仰的缘起与发展，均与地域社会的人有着密不可分的关系。

民间信仰的界定，基本要件有五项：①具有万物有灵的特质；②有祖灵、氏神信仰要素；③有各种不同神灵信仰的产生；④民间发展出很多同

① 参考堀一郎：《民间信仰》，东京：岩波书店，1977 年。樱井德太郎：《日本民间信仰论》，东京：雄山阁，1958 年。

② 参考小口伟一、堀一郎监修：《宗教学群典》，东京：东京大学出版会，1973年，第 707 页。石川杰吉、梅棹忠夫等编著：《文化人类学事典》，东京：弘文堂，1994 年，第 748 页。

类小庙供奉；⑤信仰内容受到佛、道及其他外来宗教的影响。① 本文借着上述清晰的民间信仰要项，检视新埔褒忠亭义民爷的信仰是否符合，并进一步探讨桃竹苗等地义民爷信仰在台湾社会移垦开发的变迁过程中所蕴藏的内在与外在问题。

首先，义民爷信仰基本上是灵魂崇拜是可以定论的事。② 其次，探索在现实的民间社会当中义民爷信仰的传播情形：义民爷的牌位除了在原庙及其分香庙宇接受供奉之外，一般信众也可以将象征义民爷的黑色令旗安置在宅中、公厅宗祠或者当地公庙内，接受信仰者的奉祀，祭拜的效果与原庙相同。由于义民爷成为一般信众生活上崇拜的对象，因此义民爷信仰不仅只是推崇牺牲奉献的精神，同时也包含信众将义民爷比同其他神祇的灵验，作有目的乞求与庇佑的对象。

从新埔褒忠亭义民庙于乾隆五十五年（1790）建庙落成竣工以来，在义民爷信仰的祭拜中，除了中元祭典以道教科仪进行，并借由释教法师执行法事外，其平常供奉的祭拜中则有"奉饭"的习俗，"奉饭"是中国传统丧礼中最基本的且具日常性的对于死者的祭礼，这种将民间丧礼的仪规落实在对义民爷的祭拜当中，可以说是台湾北部客家民间信仰礼俗当中一种特殊的祭祀文化。这些事例应该可以说明，新埔褒忠亭的义民爷信仰是经得起上述民间信仰学理检验的。

然而，就客家原乡（潮惠嘉等地）三山国王的民间信仰来说，台湾北部客家的褒忠亭义民爷信仰是完全不同的客家人的民间信仰：三山国王信仰源于自然崇拜，褒忠亭义民爷信仰则源于历史事件。虽然来源不同，但是在新埔褒忠亭义民庙主殿的左侧殿中，则供奉着三山国王神牌位，显示出客家文化不忘本的精神。因此，可以说三山国王信仰是台湾客家族群的原乡信仰，但是由于移垦台湾后的历史事件，促使当地移垦居民的需求本土化，使得新埔褒忠亭义民爷信仰成为日后台湾北部地区的客家人新的故乡认同。

义民爷信仰虽然有别于原乡三山国王守护神的信仰，但是义民爷信仰中"忠义"与"慈悲"的概念，可以认为是受到了中华传统儒教与佛教文化的影响，而成为当地客家族群延续义民爷信仰的主要推动因素。另外，清廷颁授的"褒忠"额匾，则因为尊贵而获得世俗民众的认同。若从这些

---

① 石川杰吉、梅棹忠夫等编著：《文化人类学事典》，东京：弘文堂，1994年，第 748－749 页。

② 参考庄英章：《新竹枋寮义民庙的建立及其社会文化意义》，台北："中央研究院"，1989年，第 236 页。

文化内涵来看，义民爷信仰中儒家伦理是无法被剥离的信念，这种浓厚的中华文化认同，可以成为其"内地化"的最好印证。尽管义民爷的信仰形式有别于原乡的三山国王守护神信仰，但是义民爷信仰的文化内涵因与中华传统文化密切相关，而获得乡亲的认同，遂能够发展成为台湾北部客家族群的民间信仰中心。新埔褒忠亭义民爷的民间信仰，因此成为台湾客家文化新的精神与内涵的表征。

三、台湾义民的由来

台湾地区义民庙估计有30座，各有其成立的历史渊源。台湾有义民兴起之事，当开始于朱一贵作乱之时。清蓝鼎元《平台纪略》中记"方朱一贵作乱之时，有下淡水客庄民人侯观德、李直三等建大清义民旗，奉皇帝万岁牌，联络乡壮拒贼"[1]。又于《粤中风闻台湾事论》中提到受朝廷赏赐之事，云"辛丑朱一贵作乱，南路客子团结乡社，奉大清皇帝万岁牌与贼拒战，蒙赐义民、银两，功加职衔"[2]。由于有清一代，台湾地区民变四起，因此各地乡壮为保护家园，组织义民团体抗拒，也就时有所闻。

清代台湾在北、中、南部均有义民庙设置，如屏东县竹田乡的忠义祠于康熙六十一年（1722）创建，彰化市富贵里的怀忠祠于雍正年间创建，彰化县永靖乡恩列祠于道光十年（1830）创建，新竹县新埔镇褒忠亭于乾隆五十三年（1788）创建。各地所祭祀义民爷，开始产生于朱一贵事件中协助官方战死的粤籍民众，随后也将台湾相继发生的林爽文事件、吴福生事件、地方械斗等的牺牲者，以及在移垦中与台湾少数民族冲突时死亡的民众，甚至以后抗日起义捐躯的勇士，含括在内。人们一般将义民爷又称作义民公、忠勇公、将军、大将军。[3]

随着社会的发展与变迁，台湾各地的义民庙义民爷的祭祀活动的差距也越来越明显：有的地方的义民庙祭祀活动越来越趋简单，有的则越来越盛大甚至扩大祭祀圈，其中新竹县的新埔褒忠亭义民庙就是后者显著的例子。今天新埔镇褒忠亭义民爷的信仰，已经成为台湾北部客家族群共同的民间信仰，甚至扩大到台北都会区，最近几年台北市客家乡亲结合政府客委会的行政资源，每年定期举行祭祀活动。

---

① 蓝鼎元：《平台纪略》，台北：台湾银行经济研究室编印，1958年，第20页。
② 蓝鼎元：《平台纪略》，台北：台湾银行经济研究室编印，1958年，第63页。
③ 仇德哉：《台湾庙神传》，1985年，第586－589页。

四、新埔褒忠亭义民爷祭祀圈的形成

新竹地区的自然地形，是由东南向西北倾斜。东南为山地，有凤山、头前、客雅三条溪流，分别由东向西流入海。在中游，切割出飞凤、湖口、竹东等台地，在下游，则冲积形成新竹平原。

本区在清代属于竹堑社番活动的区域。早期居民是道卡斯族（Taokas，属平埔族），在今日的新竹市与香山一带活动。① 汉人到此开垦，约是康熙二十二年（1683）清领台十年以后的事。②

清雍正年间，闽、粤移民即以竹堑为中心，向南北移垦：越过头前溪，开辟竹北猫儿碇、拔子窟等地；越过凤山溪，开辟新丰；往西南，则辟垦到盐水港等地。乾隆之时，新竹地区的沿海平原部分，如今日之新竹市、竹北、新丰、香山等地，已经有了相当规模的拓垦。

新埔之地，则先有竹堑社番的移入居住，以后粤籍移民向社番赁耕，至乾隆六十年（1795）后，才渐开辟成庄。平埔族卫阿贵为垦首，曾率粤民自新埔进入关西，但因番害（泰雅族的抵抗）而受挫。道光初年，凤山溪牛栏河之间的河谷地区，已经有一街十四庄的规模。

湖口台地，则在乾隆五十九年（1794）有粤民徐翼鹏、陈干兴、彭朝达、叶韶任等人，受竹堑社垦批，在南势、和兴、王爷垄、崩坡缺等地建立了客家人的聚落。头前溪河谷的开辟，在乾隆初已有泉籍人到竹北一带开垦。乾隆十七年（1752）粤民林先坤与其族人至六家，向潘王春垦号承垦土地，数年有成。林先坤又通过宗族组织，集资买地，在乾隆五十五年（1790）左右，林家垦地及于六张犁、鹿场、枋寮等地。

竹东地区的开发，始于乾隆三十年（1765），至嘉庆年间更有闽、粤合股的"金惠成"垦号，以募丁设隘方式，招民开垦。九芎林之地，亦在嘉庆年间已经有大量粤民聚落。头前溪上游的横山，粤民亦在嘉庆之时，沿油罗溪开辟，至光绪年间大致辟成。③

道光十四年（1834）"金广福"大隘设立后，以北埔为据点，沿中港

---

① 安倍明义：《台湾地名研究》，台北：番语研究社，1938 年，第 139－140 页。

② 庄英章：《新竹枋寮义民庙的建立及其社会文化意义》，台北："中央研究院"，1989 年，第 224 页。

③ 庄英章、周灵芝：《唐山到台湾：一个客家宗族移民的研究》，载张炎宪主编：《中国海洋发展史论文集》，台北："中央研究院"三民主义研究所，1984 年，第 305－306 页。庄英章：《新竹枋寮义民庙的建立及其社会文化意义》，台北："中央研究院"，1989 年，第 225 页。

溪往下开拓峨眉、中兴等庄。咸、同年间，往上游开辟至五指山一带。①

总之，竹堑地区的开发过程，在嘉庆以前今之新竹市、竹北、香山、湖口、新埔、关西、竹东、芎林等地大致已经开发完成。道光中叶，汉人开发深入山区，至道光末年，新竹地区已经为汉人所辟。汉人辟垦中，以泉人先来，粤人后至。粤人中以惠州、嘉应州之人为最多。当时土地的开辟，以向社番承垦为主，也有如林家透过宗族集资或闽、粤合股经营的方式。

新竹地区的闽、粤人口分布：闽籍主要分布于新竹市、香山乡、新丰乡、竹北乡等地，然而粤籍也有群居其间。粤籍主要分布于竹东镇、芎林乡、横山乡、关西镇、新埔镇、湖口乡、北埔乡、峨眉乡、宝山乡等地区。

新埔义民爷的祭祀，每年以农历为据，除举行春、秋二祭之外，更于中元之时，盛大举行盂兰普度。从道光十五年（1835）起，从原先的四大庄（新埔街、九芎林、大湖口、石冈子）到十三庄，由十三庄成十四庄，发展至今成十五联庄规模。

目前新埔枋寮义民庙的十五联庄祭祀圈分别为：①六家联庄：竹北市（十兴里部分、中兴里、隘口里部分、斗仑里、鹿场里、东平里），新竹市（金山里、千甲里），竹东镇（二重里、员山里、头重里、柯湖里）。②下山联庄：竹东镇（陆丰里、三重里），芎林乡（上山村、下山村、文林村部分），竹北市（东海里、隘口里部分、十兴里部分）。③九芎林联庄：芎林乡（芎林村、文林村部分、水坑村、中坑村、新凤村、石潭村、秀湖村、五龙村、华龙村、永兴村），竹东镇（上坪里、瑞峰里、软桥里、员崧里、上馆里、大乡里、中正里、东宁里、南华里、商华里、中山里、竹东里、忠孝里、荣华里、荣乐里、五丰里、离林里、仁爱里），横山乡（全乡 11 村），尖石乡全部（原住民除外），五峰乡全部（原住民除外）。④大隘联庄：北埔乡（全乡 9 村）、宝山乡（全乡 9 村）、峨眉乡（全乡 6 村）。⑤枋寮联庄：新埔镇（上寮里、下寮里、北平里、南平里、文山里），竹北市（竹北里、竹仁里、竹义里、泰和里、新社里、新兴里、联兴里、新庄里、麻园里、溪洲里、十兴里部分），新竹市前溪里。⑥新埔联庄：新埔镇（新埔里、新生里、新民里、田新里、四座里、旱坑里、宝石里、内立里部分）。⑦五分埔联庄：新埔镇（五埔里、内立里部分），关

---

① 吴学明：《金广福垦隘与新竹东南山区的开发》，台湾师范大学历史研究所硕士学位论文，1984 年，第 269 页。

山镇东平里。⑧石光联庄：关西镇（石光里、大同里、上林里、新力里、南和里），新埔镇内立里部分。⑨关西联庄：关西镇（东兴里、西安里、南雄里、北斗里、仁安里、南山里、北山里、东安里、东山里、东光里、南新里、新富里、玉山里、金山里、锦山里部分）。⑩大茅埔联庄：新埔镇（巨埔里、鹿鸣里、新北里、照门里、清水里），龙潭乡（三水村、三合村）。⑪湖口联庄：湖口乡（中势村、孝势村、仁势村、爱势村、信势村、波罗村、中兴村部分、湖南村、湖镜村、湖口村、长安村、长岭村、凤凰村部分），新丰乡（中崙村部分），杨梅镇（三湖里、上湖里）。⑫杨梅联庄：杨梅镇（杨梅里、杨江里、红梅里、梅新里、永宁里、水美里、大平里、东流里、秀才里、大同里、中山里、梅溪里、金溪里、裕成里、杨明里、瑞塘里、永平里、瑞坪里、四维里、埔心里、光华里、仁美里、金龙里）。⑬新屋联庄：新屋乡（新屋村、新生村、后湖村、东明村、石磊村、清华村、九斗村、埔顶村、头洲村、下埔村、永兴村、下田村、赤桶村、永安村、石牌村），杨梅镇（上田威村、大潭村、保生村、三和村、新兴村、坑尾村、金湖村、大堀村、大同村、上大村、蓝埔村、也坪村），中坜市（过岭里、山东里、内口里、月眉里）。⑭观音联庄：观音、中坜。⑮溪南联庄：新丰乡（员山村、重兴村、松林村、凤坑村部分、上坑村部分、中也头村部分、瑞兴村、福兴村、后湖村部分、青埔村、新丰村部分、埔和村部分、坡头村部分），湖口乡（凤山村、凤凰村部分、和兴村、德盛村），新屋乡（笨港村、后庄村、社子村、望间村、慷榔村、大坡村、深圳村部分），杨梅镇（富冈里、丰野里、员本里、瑞源里）。①

　　各庄轮值参加新埔义民庙的中元庆赞公祭，其中神猪、神羊的供奉方式具有比赛性质，成为当年轮庄祭祀的瞩目焦点，亦形成新埔义民庙特殊的祭祀礼俗。在台湾客家民间信仰中，新埔褒忠亭义民爷的信仰，由于祭祀公会组织源远流长，祭祀圈组织庞大，逐渐成为台湾北部客家族群信仰的标志，亦是台湾客家文化民间信仰特色的表征。

五、台湾北部客家义民爷的祭祀

　　新埔镇枋寮褒忠亭义民庙的创建，缘于乾隆五十一年（1786）的林爽文事件，竹堑地区的乡绅为确保家园免遭受兵祸之灾，乃号召乡壮组成义民军，协助官兵保卫乡土。竹堑一役中，义民尸骸四散田野，乡绅林先

---

　　① 　参引财团法人台湾省新竹县褒忠亭编《新竹县枋寮褒忠亭（义民庙）简史》以及邱彦贵《从典礼仪式看北台湾义民信仰》。

坤、刘朝珍、陈资云、王廷昌等人不忍，遂发动在枋寮义民庙现址醵资兴建义冢之事。同时，义民军在竹堑一役牺牲事迹，获得清乾隆皇帝特别颁授"褒忠"额匾，以资表扬，并作为社会教化的风范。因此，当地乡绅乃决议兴建庙宇供奉义民爷。新埔褒忠亭义民庙遂于乾隆五十三年（1788）鸠工兴建，而于乾隆五十五年（1790）竣工。以后同治元年（1862），彰化戴潮春事件起，再度引发义民军壮举，乡人将义民军牺牲者附葬于义民庙原墓所之侧，此次义民军的牺牲，亦受到台湾地方大吏赐匾褒扬。

新埔褒忠亭义民庙的祭祀，属轮值祭祀，各庄绅民莫不尽心尽力筹办，并群集于义民庙祭拜祈福。更由于中元普度之祭，有奖励神猪、神羊等牲礼的竞赛，使得祭祀圈中轮值的各庄绅民引为大事，纷纷以获得牲礼神猪、神羊的奖项为荣，炫耀于乡里。因此，新埔义民爷中元祭典神猪、神羊牲礼的供奉，遂成为台湾北部客家民间信仰中祭祀义民爷的特殊礼俗。

新埔义民爷的祭祀，每年以轮值的方式为之，祭祀圈相当广大，每个联庄一年轮值一次，亦即十五年一轮。各值年的联庄均设立祭典委员会，主要事务即是排定当年褒忠亭义民节祭典行事，通知区内乡民。祭典行事历中布告的事务有十项：①领调（当年祭典经费分配）；②恭迎义民爷；③神猪、神羊申报（牲礼竞赛注册登记）；④环境道路清理；⑤祭典行事顺序；⑥放水灯行程；⑦公祭义民先烈典礼；⑧等猪、羊颁奖事项（牲礼评比结果）；⑨斗灯米事项；⑩恭送义民爷返官事宜。

义民爷的信仰中，"奉饭"祭拜的习俗是一项最基本的且具日常性的祭礼，也可以说是台湾北部客家民间信仰礼俗当中一种特殊的祭祀文化。"奉饭"内容原先以一般饭菜为之，以后乃有以三牲奉祀之例。"奉饭"时间则无定规，全依供奉者的权宜安排。在义民节庆赞中元祭典中，"奉饭"也是主要的祭祀活动。除了"奉饭"的祭礼之外，中元祭典的仪式则杂有道教科仪，由释教法师逐一完成法事。在浓厚的宗教性仪式过程中，也加入世俗的典礼，让义民庙董事会与轮值祭典委员会等主要成员进行三献礼、宣读祭文、首长致辞、交接祭典主办权等仪式，作为圆满结束此次庆赞中元祭典活动的标志，同时交棒给下届轮值祭典委员会。也由于这种优良的制度，新埔义民爷的信仰与祭典才能够不断传承。

六、结论

新埔褒忠亭义民爷的信仰，从新竹地区开垦的探讨中，清楚地说明了它的形成，不是因缘于客家原乡的神祇。因此台湾北部客家义民爷信仰，就信仰形式而言，无法采用"内地化"的理论解释。简言之，台湾北部客家义民爷的信仰，是由客家人在当地移垦社会发展过程中，因历史事件而形成的一种信仰。

义民爷信仰虽然有别于原乡三山国王守护神的信仰，但是义民爷信仰中"忠义"与"慈悲"概念，可以视为受到中华传统儒教与佛教文化的影响，而成为主要推动因素。另外，清廷颁授的"褒忠"额匾，则因为尊贵而获得世俗民众的认同。这种浓厚的中华文化认同，可以说是"内地化"的最好印证。尽管义民爷的信仰形式有别于原乡的守护神信仰，但是义民爷信仰的文化内涵因与中华传统文化密切相关，而获得乡亲的认同，遂能够发展成为台湾北部客家族群的民间信仰中心。

换言之，新埔褒忠亭义民爷的信仰，是台湾客家族群在台湾本土中创新的民间信仰。新埔褒忠亭义民庙从乾隆五十三年（1788）开始，由于有健全的组织以及能够适时因革，因此义民爷信仰奉祀活动经过长时间的积累，逐渐形成了一套特殊的祭祀仪礼。从文化发展的观点而言，这正是台湾客家文化有别于原乡的创新性文化的表现，也是台湾文化在"内地化"过程中有"本土化"创新的实际例证。也可说新埔褒忠亭义民爷的信仰，是台湾客家族群在台湾本土中，因历史事件而衍生出来新的客家民间信仰的例证。

信仰、族群与政治

——台湾枋寮义民庙十五大庄形成史及其传播

罗烈师①

一、前言

义民是台湾客家的核心信仰，其中又以新竹县新埔镇的枋寮义民庙影响力最大。本文对台湾汉学人类学的重要理论"祭祀圈"进行重新思考，以十五大庄的形成史及其传播为素材，说明这一信仰所包含的族群与政治力量。

二、文献回顾

汉人地方社会文化的研究自亲属组织转移到地域组织后，台湾人类学者便以宗教仪式行为的人群组织架构为着眼点，提出了所谓"祭祀圈"理论。然而祭祀圈理论一旦跨出村落之后，就明显地暴露出其理论的局限性，于是祭祀圈学者乃进一步提出"信仰圈"理论，企图将祭祀圈理论的逻辑应用到跨村落区域性的地方社会。这一理论取向虽颇有雄心，但是应者几希。本文认为血缘认同与地缘认同之间的理论分歧，虽然可以用转换模式予以统合，但是在接受新理论模式之前，宜先对信仰圈理论进行完善使之成熟。以下文献回顾先谈祭祀圈理论、信仰圈理论及转换理论，然后拈出尔后可以发展的理论趋势。

祭祀圈理论原系日本学者冈田谦 1938 年所提出，他定义祭祀圈为

---

① 罗烈师：台湾交通大学客家文化学院教授。

"共同祀奉一个主祭神的民众所居之地域"，并以"祭祀圈""婚姻圈""市场圈"的重合现象，说明北台湾士林地区住民在同一地域上，社会生活各层面的紧密关系。然而施振民（1973）重提祭祀圈时，转而强调祭祀活动与组织本身。许嘉明则以对主祭神名下财产的所有权，强调祭祀圈成员资格与祭祀圈地域的关系。许嘉明（1978）的研究比较接近冈田谦，他认为庄庙不只是村落或社区的宗教社会活动中心，也是实际治理及防卫的枢纽。随后林美容（1986、1988）在此一基础上，进一步提出区划祭祀圈的指针，具体地描绘了中台湾草屯镇的各层级祭祀圈。然而，人类学家在小村落创造出来的理论，如何描述跨村落的地区性信仰行为？林美容（1997）更进一步提出较村落层次祭祀圈更广泛的"信仰圈"与"祭典区"，以研究宗教信仰在更大范围的汉人社会的运作方式。

然而，一如以宗族研究汉人社会而遭逢的局限性问题，祭祀圈理论一旦跨出村落，显然力有未逮。至此台湾人类学界对于亲属团体与地域组织的研究，逐渐合流。李翘宏与庄英章（1999）认为祭祀原则与居处原则之间有一种可转换的关系，房头神之类信仰对象即祖先和地方神明之间一个中介象征，可以作为祭祀原则与居处原则之间的转换机制。魏捷兹（1994、1996）与李、庄两人主张的并行转换略有不同，他强调二者的上下包容关系。

尽管血缘与地缘转换理论部分解决了宗族理论与祭祀圈理论的困境，但是实质上这并未真正解决二者的理论困境，那就是"如何描述跨宗族、跨村落人群结合模式"，而本文以为，这正是义民研究可以填补理论空隙之处。由于枋寮义民庙的特殊地位，历来研究也都以之为对象（庄英章，1986；黄清汉，1987；赖玉玲，2001；邱彦贵，2001；罗烈师，2001）。庄英章（1986）从经济、文教、防御及社会四个面向，探讨义民庙对于客家社会的整合功能。庄英章的论点大致上是传统功能主义的结晶，贡献卓著，也敲开了关于台湾客家地方社会理论上的重大裂缝。裂缝中的重大问题是"为何"与"如何"，亦即"为什么客家选择了义民作为信仰中心"以及"义民信仰又究竟是在怎样的过程中，完成此一社会功能"。前者牵涉义民信仰的本质，后者则关心义民信仰的过程。下文我们以枋寮义民庙十五大庄的形成史，一方面描述其信仰的本质与过程，另一方面解决宗族理论与祭祀圈理论的困境。

三、十五大庄形成史

1786 年林爽文于大里（今台中县后里乡）起事，同年攻陷竹堑城（今新竹市），林先坤等人组义民军捍卫乡土。役毕，义军以牛车遍拾忠骸，计获二百余具。原拟归葬大窝口（今新竹县湖口乡），车过凤山溪，牵牛停蹄，不受驱策。于是就地卜卦，得"雄牛困地穴"吉地，乃葬。此即今之义民冢，曾蒙乾隆皇帝敕旨"褒忠"。后林先坤等人再议建庙，庙成于1790年。至1862年彰化戴潮春起事，竹堑方面又组义民军南下赴战。嗣后迎葬是役百余忠骨于原义民冢旁，是为"附冢"。1895年庙毁于甲午割让，经理徐景云等号召捐资重建，新庙落成于1904年（许嘉明，1988）。

目前枋寮义民庙的祭典区包含十五大庄，每年由一大庄轮值经办该年七月二十日的义民节暨庆赞中元祭典。这十五大庄的范围包含新竹县全境、部分桃园县境及一小部分新竹市境，共约1 000平方公里，60万人口。此祭典区可以分为北、中、南三区，分别属于凤山溪北岸、凤山溪流域及头前溪流域。由于祭祀组织之形成远早于行政区域之划分，故所有大庄与行政区是不相符的。

台湾新竹枋寮义民庙祭典区十五大庄分布表

分区	流域	大庄名	乡镇市
南区	头前溪流域	六家	竹北、新竹、竹东
		下山	芎林、竹东、竹北
		（九）芎林	芎林、竹东、横山
		大隘	北埔、宝山、峨眉
中区	凤山溪流域	枋寮	竹北、新埔、新竹
		新埔	新埔
		五分埔	新埔、关山
		石光（石冈仔）	关西、新埔
		关西（咸菜瓮）	关西
		大茅埔	新埔、龙潭
北区	凤山溪北岸	（大）湖口	湖口、杨梅
		杨梅	杨梅
		新屋（溪北）	新屋
		观音（溪北）	观音、中坜
		溪南	新丰、湖口、新屋、杨梅

资料来源：《褒忠义民庙创建两百周年纪念特刊》。

义民庙十五大庄的形成以 1847 年为关键，这一年以前义民祭典由义民庙所在地新埔之业户经办，这一年开始采取轮庄制，逐步使村落小庙成为跨村落的庙宇。1847 年首开四大庄轮值之先河，1871 年已扩大为十三大庄，1877 年大隘加入成为十四庄，1976 年原溪北大庄区分为新屋与观音两大庄，至此枋寮义民庙的祭典区成为十五大庄。

从义民庙产与祀典之经理承办方式观察，枋寮义民庙的历史可以分成四个阶段：

（1）经理期（1788—1841）。庙成初期并无承办祭仪的组织，也没有固定的经济资助。期间林先坤、平埔道卡斯族通事钱子白、刘朝珍等人先后捐施田租水谷，以为修理祠墓及香灯普度之资。至 1835 年众立"敕封粤东义民祀典簿"，首倡值年经理制，以管理庙产。至此义民庙才有每年的春、秋二祭及中元祭典。本阶段的重大发展是正式的经理制度的产生。

（2）新埔业户轮值经理期（1842—1846）。1842 年九芎林姜秀銮具帖请得新埔街之荣和号等六业户轮值担任经理，掌管庙产及春、秋二祭。本阶段的重大发展是轮值制度的建立，而其特色是固定由新埔街上的业户担任经理。

（3）四庄轮值经理期（1847—1913）。本阶段是义民庙发展的关键时期，义民庙就是在这个阶段，从少数业户的义民庙成为全体庄民的义民庙。1847 年林先坤后人林茂堂等 17 人，具帖邀请新埔街、九芎林、石冈仔、大湖口等四庄士绅，倡议将庙产交由四大庄轮流管理，并负责春、秋二祭，三年一轮，周而复始。自 1847 年至 1858 年共 12 年间，四大庄各轮值三年。但是四大庄轮值制度显然尚未成熟。1859 年理应轮回大湖口庄经理义民庙祀典，然而大湖口并未轮任，新埔街只得续任。且直到 1864 年，新埔街连任三次经理，前后九年。就在四大庄轮值经理制崩溃之际，台湾再次发生严重的反政府事件。1862 年彰化发生所谓"戴潮春乱"，竹堑客家子弟再组义军护土。此役献身死义者多达百余位，于是再营附冢于原义民冢旁。1865 年林、刘两施主的后人，再度邀集四大庄士绅，恢复了四大庄三年轮任经理之制度。四大庄轮值经理制一直施行到 20 世纪初期，期间于 1871 年，参与祭典的大庄增加到十三大庄。1877 年大隘加入，成为十四大庄。但是这些后期加入的大庄并未担任轮值经理，只以轮值炉主的方式经办中元祀典，而不过问庙产等事宜。甲午割让之后，庙毁兵燹，历经轮值经理十年的奔走经营，1904 年新庙才重建完成。

（4）管理委员会期（1914 年至今）。1914 年成立义民庙协议会，庙产管理与祀典经办的双轨制确立，意即设协议会总理庙务，而祀典则交由各庄轮值炉主负责。协议会由十四大庄炉主选定成员参加，共设委员 30 名。这一制度一直沿用至今，除 1947 年协议会改称管理委员会外，本质上没有任何变化。

表面上，从四大庄到十五大庄这一现象好像显示祭典区在不断地扩大，然而实质上从四大庄伊始，枋寮义民庙的版图已大致确定，因为四大庄中，大湖口大庄属于北区的凤山溪北岸；新埔街及石冈仔属于中区的凤山溪流域；九芎林则属于南区的头前溪流域。往后的发展与其说是扩大，毋宁看作各大庄内部的分化。例如大隘实际上是从九芎林分化而来；新屋与观音则是从溪北分化出来。笔者以为，枋寮义民庙从四大庄发展为十五大庄所依靠的正是这一分化的力量。

义民庙各大庄的轮值炉主是固定的，并不开放给所有庄民。从这个观点来看，义民庙不是全体庄民的义民庙。目前轮祀义民庙的十五大庄的值年总炉主为：六家大庄的林贞吉、下山大庄的郑振先、九芎林大庄的曾捷胜、大隘大庄的姜义丰、枋寮大庄的林六合、新埔大庄的潘金和、五分埔大庄的陈茂源、石冈仔大庄的范盛记、关西大庄的罗禄富、大茅埔大庄的吴廖三、湖口大庄的张六和、杨梅大庄的陈泰春、新屋大庄的许合兴、观音大庄的黄益兴、溪南大庄的徐国和。这些值年的总炉主不是代表整个家族的公号，就是某一个祖先的名字，换句话说，值年总炉主不是个人，而是一个家族。由于义民庙以宗族为轮值炉主，因此随着宗族力量的壮大，义民庙也因之水涨船高。此外，义民庙还有两个办法使自己成为全体庄民的义民庙：

其一为扩大参与祭典的家族。以 1998 年杨梅大庄为例，杨梅祭典区委员共 27 人，其中总正炉主一、总副炉主一、正炉主十三、副炉主十二。除了两名新设的副炉主系个人名义之外，其他委员也都是家族公号代表人。即使是实际执行祭典工作的十组工作人员，也都以家族公号分工的方式来指派。起初杨梅大庄仅有炉主一位，即宗族公号陈泰春，后来增设副炉主彭义和公号。为了再度扩大参与，将炉主及副炉主的位阶提高成总正炉主及总副炉主，以便增设 25 个正副炉主。这意味着杨梅大庄境内所有的家族都已被包含在轮值之列。

其二为实施"奉饭"制度。义民爷祭典除了当天最受人瞩目的仪式之外，整个七月期间轮值大庄内，所有家户以邻里为单位，每天轮流举行"奉饭"仪式。早期系以扁担米箩直接挑至枋寮义民庙，"奉饭"义民爷。所谓"奉饭"无非就是请义民爷吃饭，祭品就是日常烹调的食物。近年来可能是受到妈姐巡境仪式的影响，义民爷被请到当地主庙，直接就近接受庄民"奉饭"。祭品也一年比一年、一日比一日隆重，甚至全猪全羊进献。从社会结构的角度观察，"奉饭"仪式是轮值炉主制度的配套措施。其重要性在于它把所有家户都整合进这个一年一度的，但十五年才能主办一次的祭典中。这些家户虽不轮值担任炉主，但是通过"奉饭"，仍顺利地被整合进庞大的义民祭典系统内。

枋寮义民庙十五大庄的形成史显示，义民信仰的本质与族群息息相关，这些为了抵抗外侮、保卫乡土而牺牲的客家先民，虽然没能成为宗族祭祀的祖先，却成为整个客家的主神"义民爷"。至于义民信仰的形成过程则与宗族息息相关，如果没有宗族，整个义民信仰根本无从运作。这意味着祭祀圈理论必须重新考量宗族对于祭祀圈内及圈外所具有的影响力，如此才能真正成为一种跨村落人群结合理论的理想模式。

然而，枋寮义民庙毕竟是以乡村为基础的跨地域信仰，它对都市里隐形的客家人有何意义呢？让我们看看它的传播情形。

四、义民信仰的传播

台湾地区供奉义民爷的庙宇不下60处，其中本庙与分香庙约各占一半（江金瑞，1997）。本庙源起于历次民变，其中最重要的是1786年的林爽文事件与1862年的戴潮春事件，这两次事件牺牲者的埋骨所，直接促成了义民庙的兴筑。有名的本庙包含鹿港忠义庙、新埔义民庙、竹田义民祠、北港义民庙、苗栗义民庙等。本庙的信徒多与该庙所奉祀的义民爷同籍贯，各庙罕有分火、进香之举。然而在所有本庙之中，新竹枋寮义民庙无疑是最特殊的，几乎所有的分香庙都属于新竹新埔枋寮义民庙。分香庙、本庙之间保持进香、互访活动，每年七月，各地信徒回新埔义民庙进香、分火者数以万计。1996年枋寮义民庙发起成立"台湾区褒忠义民庙联谊会"，共有34处义民庙加入，大部分为义民庙的分香庙（范国铨，2001）。

部分分香庙，例如南台湾嘉义市的褒忠义民庙和高雄市的褒忠义民庙，甚至仿照枋寮义民庙十五大庄成立了轮庄组织。高雄义民庙成立了四大庄轮值，其范围涵盖整个高雄市。高市以铁路南北为界区别第一、二庄，第三庄则为宝珠沟、覆鼎金、湾仔内工专前等地，高县的仁武、鸟松、凤山则编为第四庄。嘉义义民庙分为五区，轮值祭典，辖区南起白河、北讫斗六，涵盖云嘉南等县市的北部客家移民。也由于新竹枋寮义民庙的香火如此兴盛，甚至某些原庙也到枋寮分香。例如，著名的六堆竹田义民祠本为台湾最古老的义民庙，建成于1721年之朱一贵事件后，远早于枋寮。但是竹田义民祠在1945年台湾光复后，赴枋寮义民庙分香。

这种信仰的传播并不只是传统祭祀行为模式的传播，实际上在台湾首善之区台北市进行了好几年。1999年台北市客家义民祭典活动由中原客家崇正会主办，各客家社团协办，市政府补助经费办理，活动地点位于华中桥下空地。2000年市政府主动参与办理，积极与台北市中原客家崇正会、台北市各大客家社团沟通联系，决定活动各项内容及办理方式，同时为了突显客家信仰文化的重要性，扩大民众参与程度，在信义区精华地段的A13停车场办理祭典，并且首开先例举行迎神巡境及"奉饭"。2001年的义民祭典仍由台北市各客家社团共同承办，但沿袭北部客家庄轮庄的概念，将场地北移至本市士林天母地区办理；同时邀请南部六堆忠义祠的"忠勇公"专程北上，这是300年来头一回南忠勇、北义民相聚台北城。2002年与2003年，祭典活动转由刚成立的台北市客家事务委员会主办，并由客家团体结合民间公关公司共同承办活动。除了传统迎神、巡境、安座、三献礼外，仪式流程还首度在传统三献礼外增加献艺、献采的部分，并从公众与装置艺术的概念着手，加入多宝格与客家文学烛林等新的活动元素。

五、结论

相对于枋寮义民庙的传统性格，台北市的义民信仰显示了完全不同的氛围。没有宗族，代之而起的是崇正会等客家社团；政治力量完全介入，甚至成为主导；代表商业力量的民间公关公司在政治引介下，直接承办祭典，带来新意的同时也减少神意；更重要的是，都市里根本没有义民庙！然而，无论歧异多深，它完全是一个客家现象，一个都市里杂糅着政治与族群的客家信仰现象！至于流浪到台北的祭祀圈理论能有多大意义，正待吾人密切观察。

参考文献

［1］《台北市政府客家政策白皮书》，http：//www.hakka.taipei.gov.tw/popup/d01.htm。

［2］江金瑞：《清代台湾义民爷信仰与下淡水六堆移垦活动》，中兴大学历史学研究所硕士学位论文，1997年。

［3］邱彦贵：《从祭典仪式看北台湾义民信仰：以枋寮褒忠亭丁丑年湖口联庄值年中元为例》，载钟仁娴编：《义民心乡土情：褒忠义民庙文史专辑》，新竹：新竹县文化局，2001年。

［4］林美容：《由祭祀圈看草屯镇的地方组织》，《民族所集刊》1986年第62期。

［5］林美容：《从祭祀圈到信仰圈——台湾民间社会的地域构成与发展》，载张炎宪主编：《中国海洋发展史论文集》（第三辑），台北："中央研究院"三民主义研究

所，1988 年。

　　[6] 林美容：《台湾区域性祭典组织的社会空间与文化意涵》，载《"人类学在台湾的发展"学术研讨会论文》，台北："中央研究院"民族学研究所，1997 年。

　　[7] 李翘宏、庄英章：《房头神与宗族分支：以惠东与鹿港为例》，《"中央研究院"民族学研究所集刊》1999 年第 88 期。

　　[8] 冈田谦：《台湾北部村落之祭祀范围》，《台北文物》1960 年第 9 卷第 4 期。

　　[9] 范国铨：《台湾各地义民庙简介》，载钟仁娴编：《义民心乡土情：褒忠义民庙文史专辑》，新竹：新竹县文化局，2001 年。

　　[10] 施振民：《祭祀圈与社会组织——彰化平原聚落发展模式的探讨》，《"中央研究院"民族学研究所集刊》1973 年第 36 期。

　　[11] 许嘉明：《祭祀圈之于居台汉人社会的独特性》，《中华文化复兴月刊》1978 年第 11 卷第 6 期。

　　[12] 许嘉明：《褒忠义民庙创建两百周年纪念特刊》，新竹：新埔褒忠义民庙，1988 年。

　　[13] 庄英章：《新竹枋寮义民庙的建立及其社会意义》，台北："中央研究院"，1986 年。

　　[14] 黄清汉：《新埔义民庙祭祀圈结构之研究》，文化大学地理学研究所硕士学位论文，1987 年。

　　[15] 赖玉玲：《新埔枋寮义民爷信仰与地方社会的发展——以杨梅地区为例》，"中央大学"历史学研究所硕士学位论文，2001 年。

　　[16] 魏捷兹：Rural village temples in the Penghu Islands and their late imperial corporate organization，载《寺庙与民间文化研讨会论文集》，1994 年。

　　[17] 魏捷兹：《澎湖群岛的村庙"公司"与人观》，载《台湾与福建社会文化研究论文集》（三），台北："中央研究院"民族学研究所，1996 年。

　　[18] 罗烈师：《客家族群与客家社会：台湾竹堑地区客家社会之形成》，载徐正光主编：《聚落、宗族与族群关系：第四届国际客家学研讨会论文集》，台北："中央研究院"民族学研究所，2001 年。

　　[19] 罗烈师：《竹堑客家地方社会之拱顶石：义民庙》，载钟仁娴编：《义民心乡土情：褒忠义民庙文史专辑》，新竹：新竹县文化局，2001 年。

祖神信仰研究

台湾客家家庙与祭祖文化之研究

刘焕云[①]

一、前言

台湾客家族群是在语言、地域、经济、文化等方面，具有明显的特征与相对独立性的一个族群；客家人在千百年的迁徙历史过程中，历经冲突、调适、融合的过程，在继承中原汉族文化传统精神的基础上，又不断吸收中国南方各民族文化而逐步形成客家文化。在历史的长河中，客家人曾经迫于现实，为了寻找安身立命的处所而到处迁移，故有"东方犹太人"之称。[②] 客家人本是中原汉族之一系，因为逃避战乱，先后历经五次大迁徙，而逐渐迁居到中国大陆南方各省。[③]

客家人所缔造而成的客家文化，有源远流长的历史，客家文化在社会宗法制度、文化生活习俗、祖先崇拜、风水观念等方面源自中原。"敬天尊祖"本是中华民族的固有信仰，一方面对宇宙及大自然之浩瀚有所感怀，天地人配列三才，人应该尊敬天地之所赐，人生于天地之间亦应当有所作为；另一方面，祖先、祖宗乃生身之源，"木有本、水有源"，人人一系相承，人人应该崇本报先，任何家庭或任何宗族，对祖先均应该有虔诚肃穆的缅怀感恩精神。因此，中国古代传统文化流传有"敬天尊祖"崇祀

---

① 刘焕云：台湾联合大学全球客家研究中心研究员。

② 高宗熹：《客家人——东方的犹太人》，台北：武陵出版公司，1992年，第9页。

③ 罗香林：《客家研究导论》，台北：南天书局，1992年，第1-7页。

仪式。在古代汉人社会中，祭祀活动在日常生活中占有相当重要的地位。《礼记·祭统》："凡治人之道，莫急于礼；礼有五经，莫重于祭。"《左传·成公十三年》："国之大事，在祀与戎。"以国家重要大事来举行祭祀活动，在祭祀对象方面则包含了天神、地祇以及其他万物。《周礼·大宗伯》中记载："以吉礼事邦国之鬼、神、祇：以禋祀祀昊天上帝，以实柴祀日月星辰，以槱燎祀司中、司命、风师、雨师；以血祭祭社稷、五祀、五岳，以狸沉祭山川林泽，以疈辜祭四方百物；以肆、献、祼享先王，以馈食享先王，以祠春享先王，以禴夏享先王，以尝秋享先王，以烝冬享先王。"可知先民祭祀对象繁多，不仅是天神、地祇、人鬼，连自然山川、万物也成为祭祀的对象，而祭祀祖先是非常重要的，并且形成一定的祭祀仪式。

二、祖先崇祀与家庙的由来

（一）祖先崇祀的由来

祖先崇拜是返本报始与寻根意识的展现。《论语·泰伯》："禹，吾无间然矣，菲饮食而致孝乎鬼神。"祖先崇拜从夏朝即已存在。祖先崇拜现象，若从甲骨文研究，便可知商、周时代，祭祀制度已经形成。《仪礼》所载"特牲馈食礼""少牢馈食礼"（含"有司彻"）有古代祖先崇拜仪式详尽的记录。馈食礼是最古老的仪式。馈食是士大夫宗庙祭祀之礼，牲用饪（熟），故曰"馈食自熟始"。天子诸侯宗庙祭祀用飨礼，先荐生，后荐熟，故曰"郊血、大飨腥"（《郊特牲》），无论飨、食，其中都包含着古老的祖先崇祀仪式。

周朝时已经把祖先崇祀落实在建立宗庙制度之上，在宗庙中供奉神主牌。神主牌是祖先灵魂所依。《史记·周本纪》记载武王东观兵于盟津，"为文王木主，载以车"；更早之《尚书·夏书·甘誓》记载启征有扈氏誓曰："用命，赏于祖；弗用命，戮于社。"

祖先祭拜有献祭之仪节，献祭仪式都在室中由祝完成。《礼记·曾子问》："祭必有尸乎？若厌祭亦可乎？"孔子答曰："祭成丧者必有尸……祭殇必厌，盖弗成也。祭成丧而无尸，是殇之也。"虽然，祖先崇祀时祖先并不能真正享用祭品，但他们会在活人中选择符合特定要求的人作为祖先的替身，由他们来享用祭品，从而使祭献者得到心理上的满足。《礼记·礼器》："周坐尸，诏侑武（无）方……夏立尸而卒祭，殷坐尸。"所谓尸，是指人们祭祖时，先立"尸"。《礼记·曲礼》说："（为人子者）

祭祀不为尸",注以为尸尊,父尚在世而子为尸,有失人子虔敬之道。但是若是祭祖,则非孙莫属。《礼记·曲礼》引古礼书云:"礼曰:君子抱孙不抱子,此言孙可以为王父尸,子不可以为王父尸";《礼记·曾子问》也说:"祭成丧者必有尸,尸必以孙,孙幼则使人抱之";《礼记·祭统》:"祭之道,孙为王父尸,所使为尸者,于祭者子行也,父北面而事之,所以明子事父之道也。"由此看来,孙为王父尸是立尸风俗中最古老的形态。

古代祖先崇祀的历史可以说明台湾客家祭祀文化乃源自古礼。客家人于岁时节令、婚丧喜庆,都会祭神,也会祭祖;客家人举行祭礼,仍谨守着源自古代之祭祀仪节。受儒家"安土重迁""父母在,不远游"等思想之影响,早期客家人来台开垦之初,并无在地化、落地生根的打算,只是志在"出外打拼、立田谋生",年终时可"卖谷换钱",回原乡"置产赡家、孝养父母",以告慰祖公祖婆。因此,客家人在台湾移垦之初,当然不需要建造家庙,祭拜祖公祖婆。

然而,当客家人在台湾移垦经年累月、长期定居之后,就要有永久定居之房舍,并供奉祖先牌位,追思与祭祀祖先;同时要编修族谱,甚至要建立家庙,设置祖牌,方便祭祖崇祀。客家族谱记载了祖先传承之系统衍派,也记载了"世辈""字辈"(即所谓昭穆)。换言之,台湾客家人一开始先在家中设置简易的祖炉与祖牌,方便进行崇拜祖先之祭祖仪式。再历经几代的繁衍和子孙昌盛,便会营建家庙公厅,集中奉祀来台后的所有支派裔孙之阿公婆牌,方便宗族共同崇祀祖先。

(二)建造家庙的由来

家庙又称为宗祠或祠堂,为各姓氏之宗族共同奉祀其祖先牌位的建筑物。在岁时祭祀、祭祖等活动上,都借此凝聚宗族于一堂,以表达"慎终追远""论辈序齿"的伦理观念。家庙是家族为祖先所建立的庙,庙中供奉神位,依时祭祀。家庙是同族人共同祭祀祖先的房屋建筑,一般建于宗族聚居的近地,岁时由族长率领族人共同祭祀。中国历朝即存在家庙,如宋朝司马光在《文潞公家庙碑》中说:"先王之制,自天子至于官师皆有庙。君子将营宫室,宗庙为先,居室为后。及秦非笑圣人,荡灭典礼,务尊君卑臣,于是天子之外无敢营宗庙。汉世公卿贵人多建祠堂于墓所,在都邑则鲜焉。"① 依司马光的说法,宗庙是天子祭祖的场所,而公卿贵人则

---

① (宋)司马光:《司马温公集》卷79《文潞公家庙碑》,台北:台湾中华书局,1987年,第570页。

是在墓旁盖祠堂祭祀祖先，汉代则是在墓旁立庙以祭祀祖先。然而此时的祠堂与宗法制度下的宗庙是不同的，它是墓庙的一种，其实际上也是用来祭祀祖先的。

古代中等之家建立家庙，在装饰上也很讲究，成为一种社会风气。家庙本应政府允许才可设立，后来民间社会只有经济能力强的人才可以建家庙。汉代祠堂具有祭祀祖先的功能，而其特色是祠堂大都建在墓旁，并非设在家中。祠堂祭祀与宗法制度下的祭祖是有差别的，宗法制度下的庙制有严格的规定，严格的规范自天子至庶民，因为它不仅是身份地位的代表，其背后更具浓厚的政治意味。庶民无昭无穆且不能立庙，仅能在屋子正室祭祀祖先。魏晋南北朝时期，允许士大夫及庶人在家中祭祀，其名称为家庙。

到了唐代，祭祖多半是在家庙举行，而祠堂是属于公众祭祀的场所，如唐太宗"赠殷比干为太师，谥曰忠烈，命所思封墓，葺祠堂，春秋祠以少牢，上自为文以祭之"①。清人赵翼言："唐以后士大夫各立家庙，祠堂名遂废，若唐世所传家庙碑、先庙碑之类，罕有名祠堂者。"② 就赵翼的说法，唐代以前，祠堂是家中祭祖的场所，自唐以后，家庙取代了祠堂。家庙的大量沿用，是从唐开始的，③ 唐代时立家庙必须经由国家认可，如《通典》言："大唐制，凡文武官二品以上，祠四庙。三品以上须兼爵，四庙外有始封祖，通祠五庙。五品以上，祠三庙。牲皆用少牢。六品以下，达于庶人，祭祖祢于正寝。"④ 然而，唐代的家庙并非一般的存在，唐代对官员立庙的要求非常严格，祭祀祖先的行为属于公共事务，非个人所能决定，因此，没有按要求立庙是要受处分的。

中国封建社会普遍存在宗谱、宗祠、族田、族规、族长和族权等名词。明初以来，"庶人无庙"的规矩被打破了，如清顾炎武《华阴王氏宗祠记》言："爱宗敬长之道达诸天下，其能以宗法训其家人立庙以祀者……往往皆有。"明世宗嘉靖年间采纳大学士夏言的建议，正式允许民间皆得联宗立庙，从此宗祠遍立，祠宇建筑到处可见。合族共祀者为宗

---

① （五代）刘昫：《旧唐书》卷3《本纪第三》，台北：艺文印书馆，第57页。

② （清）赵翼撰，杨家骆主编：《陔余丛考》卷32《祠堂》，台北：世界书局，1990年，第366页。

③ 甘怀真：《唐代家庙礼制研究》，台北：台湾商务印书股份有限公司，1991年，第51页。

④ （唐）杜佑：《通典》卷48《礼八·诸侯士大夫宗庙》，台北：台湾商务印书馆，1987年，第1344页。

祠，宗祠一般规模较大。又有所谓统宗祠，又称大宗祠，是数县范围内同一远祖所传族人合建的。如广东嘉应州《嘉应州志》记载："俗重宗支，凡大小姓莫不有祠……州城则有大宗祠，则并一州数县之族而合建者"，江西新安皇呈徐氏统宗祠，下统三十八族，远族有距祠三百里者。宗祠之下又有支祠、房祠、家祠、文祠，房祠为族中各支派所建，用于供奉本支、本房的祖先，家祠则是一家或兄弟数家所建，只供奉两三代直系祖先。

清朝的家庙制度非常发达，各阶层家庙的规范严明，追远报本之祠堂种类也众多，并可将之分门别类，有合族之祠、合户之祠、书院之祠与墓下之祠。兴建家庙，祭祀祖先，乃传承自儒家慎终追远的思想。台湾自清代客家人来台开垦之后，经过几百年的繁衍，各姓氏宗族不断有继起之族人来台开垦，克勤克俭，胼手胝足的努力有所成就后，化他乡为故乡，慢慢形成风气。时日渐久，代代相传，越来越多的唐山客家人在台湾落叶生根，渐渐把唐山那边的文化习俗带到台湾现居地。为怀念祖先德泽，于是兴建祠堂，借以教化子孙，永志祖训。有些姓氏之宗族，不仅成立宗族组织，经营与处理宗亲之间的事务，其宗族人等甚至共同捐资，购置田地，成为祭祀公业，并筹建家庙。每年举办春、秋二祭，绍祖继述，敦亲睦族，研修族谱，建置族中箴规，延续客家文化祖先崇拜传统。

三、台湾客家文化中的祖先崇祀与宗族意识

（一）客家祖先崇祀文化

客家人从广东、福建迁居来台湾定居，久而久之"年深外境犹吾境"，因而"任从随地立纲常"，在台湾传承客家文化，谋求客家精神与文化之永续发展。"日久他乡即故乡"，这就是落地生根、在地化与本土化之精神，说明客家人重视儒家慎终追远、崇祖报恩的孝道思想，坚持设置家庙，摆放祖炉牌位，早晚献香。其实，以汉人为主的清代台湾社会，台湾人的"精神世界"、人文素养与人伦日用，仍然维系着儒家之仪礼与风俗。礼俗所构成的"精神世界"，体现于广大台湾人民的生活之中。对此，连横撰有《典礼志》与《风俗志》二篇，《典礼志》之言曰："礼，所以辅治也。经国家，序人民，睦亲疏，防祸乱，非礼莫行。……台湾为海上荒服，我延平郡王辟而治之，文德武功，震铄区宇，其礼皆先王之礼也。至今二百数十年，而秉彝之性，历劫不没，此则礼意之存也。起而兴之，是

在君子。"① 连横在是篇中详论庆贺、接诏、迎春、厝田、祭社、释菜、祭蠢、大操、旌表、乡饮、祀典等诸礼,是维系台湾民俗民德的重要力量,而且有期于君子,起而兴之。

再者,连横在《风俗志》中特别重视民间风俗,认为"风俗之成,或数百年,或数十年,或远至千年。潜移默化,中于人心,而萃为群德,故其所以系于民族者实大"②。他在该志中亦详记台湾人岁时、宫室、衣服、饮食、冠婚、丧际、演剧、歌谣诸俗,并认为这些都是维系民德的生活之道。他说:"此则群德之不坠,而有系于风俗焉,岂小也哉!"③ 也就是说,连横认为要维系台湾社会之发展,各种源自儒家之礼俗、风俗等,皆饶富象征或实用之意义,不能忽视。

至于崇祀祖先与宗教信仰,连横亦重视宗教的重要性,特设《宗教志》。但在观念上,他仍以宗教为礼俗的一部分,而视礼与政如车之两轮。他于《宗教志》中曰:"宙合之中,列邦纷立。而所以治国定民者,曰政,曰礼。夫政者,以辅民志也;礼者,以齐民俗者也。如车两轮,相助为理。"④ 其中论及台湾的神教、道教、佛教、景教、回教等宗教,连横亦主张对宗教持宽容态度,他认为宗教崇拜的差异,是因为环境、所业不同,而致所祀亦有异,然而"莫不出于介福禳祸之心,是皆有追远报本之意,而不敢忘其先德",为此特别强调,"不必以此祀为是,以彼祀为非"。所以连横特别指出:"台湾之人,中国之人也,而又闽粤之族也。闽居近海,粤宅山陬,所处不同,风俗亦异,故闽人之多进取而粤人之重保守。"⑤ 可见台湾汉系之闽、粤移民,其风俗有所不同;粤系之客家人特重保守,在保存儒家祭祀文化上,客家人特别重视祖先崇拜与祭祀。

因此,客家人移民台湾久了之后,逐渐在台湾建立了家庙、宗祠制度,并形成固定的祭祀制度,使得祠祀制度成为客家文化不可或缺的一部分。甚至遵照《礼记·祭义》所说:"一祭不欲数,数则烦,烦则不敬。不欲疏,疏怠,怠则忘。是故君子合诸天道,春禘秋尝。"客家人在台湾所建造的祖先崇拜与家庙化宗祠,至今仍每年至少举行春、秋两次祭祀,对公厅祭祀亦有定制,对家中祖牌——阿公婆牌的早晚献香等行为,都是受儒家礼仪思想的影响。

---

① 连横:《台湾通史》(上册),台北:众文图书公司,1979 年,第 241 页。
② 连横:《台湾通史》(下册),台北:众文图书公司,1979 年,第 597 页。
③ 连横:《台湾通史》(下册),台北:众文图书公司,1979 年,第 597 – 598 页。
④ 连横:《台湾通史》(下册),台北:众文图书公司,1979 年,第 569 页。
⑤ 连横:《台湾通史》(下册),台北:众文图书公司,1979 年,第 597 页。

（二）客家宗族意识文化

汉字的"宗"字，本意为祭祀祖先的庙，凡是参与同一宗庙祭祖的亲属成员，即为同族的成员。而"宗法"，就是宗庙之法或是宗族之法，即分别宗族成员身份的方法，也就是以家族为中心，按照血缘远近区别嫡庶亲疏的法则，强调"尊尊"（尊敬尊长）与"亲亲"（亲近血缘接近的人）的精神。宗法制度在周代封建制度之下，依靠浓烈的血缘关系加以联系（伦理），以加强政治上的稳定（秩序）。这种维系血缘关系的制度，即是宗法制度。所以它是与继承有关的制度，并且也是与祭祀祖先有关的制度。[①] 宗法始于祭祖，宗法的成立亦始于祭祖。礼经中记载宗法的只有《大传》和《丧服小记》。《大传》中仅言庶子不祭，就直接说到宗法；而《丧服小记》则从宗法归结到庶子不祭。由此可知，宗法与祭祖有密不可分的关系，宗法依祭祖而立，祭祖风俗造就宗法，因此对于祭祖有相当多的规范。

宗法制度一方面稳定了封建制度的运作，也减少了宗族内种种纠纷，达到"尊尊"的目的；另一方面，人人谨守自己的份际，维系伦理传统，达到"亲亲"的目的。宗法制度与宗庙制度有关系是显而易见的。因为宗法的"宗"字，其原始意义就是和宗庙祭祀有关。《说文解字》："宗，尊祖庙也。"段玉裁解释说："宗尊双声，按，当云尊也，祖庙也……"《大雅》：公尸来燕来宗，《传》曰：宗，尊也，凡尊者谓之宗，尊之则曰宗之。《大雅》：君之宗之，《笺》云：宗，尊也。《礼记》：别子为祖，继别为宗。继称者为小宗，凡言大宗小宗皆谓同所出之兄弟所尊也。尊莫尊于祖庙，故谓之宗庙。宗从"宀"从"示"，"示"谓神也，"宀"谓屋也。[②] 段氏认为先秦文献上的"宗"字有"尊也，祖庙也"二义是正确的。如《国语·晋语五》说："梁山崩，而以传召伯宗。"[③]《穀梁传》成公五年则说："梁山崩，壅遏河三日不流，晋君召伯尊而问焉。"[④] 伯宗作伯尊，是宗可称尊又一例证。可见宗字原用以称祖庙，其本义则是尊。因此，古代宗法制度与宗庙之制有紧密联系，可以说宗法制度是宗庙之制在新的条件下的发展，而宗法制度又扩大了宗庙之制。

客家文化中宗族意识与宗族组织是互为表里的。客家地区常见各种宗

---

① 吕思勉：《中国制度史》，上海：上海教育出版社，2005 年，第 217 页。
② （清）段玉裁：《说文解字注》，台北：艺文印书馆，1999 年，第 345 – 346 页。
③ 易中天注译：《新译国语读本》，台北：三民书局，2004 年，第 320 页。
④ 《十三经注疏》，台北：艺文印书馆，第 1310 页。

族组织，成为客家人崇敬先祖、凝聚宗族情感与增进团结的表征。这些客家人的宗族意识与组织，近代常常受到汉学家与人类学家的注意。例如，英国学者傅立曼（Maurice Freedman），他对汉人社会的宗族亲属组织特别注意，尤其是对广东、福建两省客家地区的宗族组织（lineage organization）有研究，他的研究引起了许多人类学者对客家社会组织的兴趣。Freedman 分析客家宗族组织的结构，他发现宗族组织较常见于中国东南沿海客家地区，而不普遍见于其他地方。Freedman 从水稻种植、水利灌溉及边疆环境三个因素加以解释。他指出，首先，中国东南属于水稻耕作区，稻米生产需要较大的社会团体从事水利建设及耕作，因而有利于宗族组织的发展。同时也由于稻作产量较高，易形成剩余资本，有利于宗族族产之设立及扩张。其次，福建、广东两省常常发生罪乱、村际械斗或族群纷争，人们不得不聚族自保，因而促成宗族成员的团结。①

Freedman 的观点，深受以后学者的重视。台湾的汉人社会研究，在一段相当长的时间当中，也非常重视 Freedman 的宗族发展模型，并根据台湾的田野资料与其对话。另一位学者 Pasternak 则指出，台湾客家人由于接近山区，除了争土地和水源外，因常常受到山区土著的威胁，在这种困难的环境下，为了防御，更促使客家村落发出超乎宗族之上的村落团结与村际联系。等到边区地域渐趋开发，不同方言群之间的冲突已较缓和时，村内的冲突相对增加，宗族组织因而形成。换言之，Pasternak 认为台湾地域性宗族的形成是移民第二阶段的结果，而非移民边疆社会所促成。② 根据台湾的民变与分类械斗发生之年代，一般认为台湾汉人社会大致在 19 世纪中叶以后，已从移民社会迈到在地化社会。③

台湾客家社会宗族组织非常兴盛，不仅有各姓氏成立之宗亲会，也有许多各个同一来台祖或共同唐山远祖的同姓宗亲组织。宗族（lineage）一词在汉语里的意义，与汉语里的"姓""氏""宗""族"等词一样，都包含了与宗族相关的一特质。lineage 是一个亲属单位，但具有宗族的功能。

要了解台湾客家人宗族结构与发展，必须先厘清宗族组成法则。客家人在台湾移垦经过几代之后，子孙繁衍渐渐增多，分房分系，乃慢慢成立

① MAURICE F. Chinese lineage and society：Fukien and Kwangtung. New York：Humanities Press，1966：159 - 164.

② BURTON P. Kinship and community in two Chinese villages. Stanford：Stanford University Press，1972：142.

③ 庄英章：《台湾汉人宗族发展的研究述评》，《中华文化复兴月刊》1978 年第 11 卷第 6 期，第 52 页。

宗族组织，处理崇祀祖先、营建家庙与祖坟祭祖事务。客家宗族的建立大多是以族产、宗祠、公厅或家庙为基础，客家人把共同族产称为"蒸尝"①；蒸尝大都属于祭祀公业所有。

客家祭祀公业的组成可分为"阄分字祭祀团体"与"合约字祭祀团体"两种。② 这两种都是以祭祀祖先为目的所组成的团体，设立的方式却不同。前者是阄分家产之际，抽出一部分作为祭祀公业，阄分时对家产有份的人全部为派下；后者乃来自同一祖籍地的垦民以契约认股方式共同凑钱购买田产，派下人仅限于出钱的族人。至于享祀的祖先，在前者的场合，多为世代较近的祖先；后者之情形，则多为远祖，尤其是为了包容更多的成员，通常以"唐山祖"为共同奉祀的对象。③

客家社会以合约字为基础的祭祀公业或蒸尝，成立时间较早，大多是在乾隆、嘉庆至道光年间；以阄分字为基础所组成的祭祀公业或蒸尝则较晚，大多是在同治、光绪年间。前者成立的时间大致是在1850年以前的移垦社会时期，后者大多是在1850年以后的本土定居化社会时期。④ 合约字宗族团体的成立，虽然与阄分字宗族团体方式不同，但其运作原则与功能并没有太大的差别。事实上，客家人的宗族观念非常开放，客家人存有一种"同姓即是同宗"的观念，渡台客籍垦民往往直视同姓为同宗。⑤ 许多客家人筹组以唐山祖为祭祀对象的合约字宗族，这些唐山祖在大陆原居地本就有其宗族组织。⑥ 我们以光绪六年（1880）黄钊著《石窟一征》卷4《礼俗》的一段记载为佐证，该书介绍了广东省镇平县的客家宗族组织与家庙运作之情形：

俗家庙之制，用龛藏主太祖、特祖，供以正中，左右分昭穆次序为序牌，皆南面。其无后者供以龛左右之东西面，亦分以昭穆矣。有犯族禁逐出者，不得入序牌。按《白虎通》：宗之为言尊也。族之为言凑也。太祖

① 戴炎辉：《清代台湾的乡治》，台北：联经出版公司，1979年，第770页。
② 戴炎辉：《台湾之家族制度与祖先祭祀团体》，载《台湾文化论丛》（第二辑），台北：清水书局，1945年，第231页。
③ 陈其南：《清代台湾社会之汉人结构》，台湾大学考古人类学系硕士学位论文，1975年，第109页。
④ 庄英章：《林圯埔：一个台湾市镇的社会经济发展史》，《"中央研究院"民族学研究所乙种专刊》1977年第8期，第190页。
⑤ 戴炎辉：《清代台湾的乡治》，台北：联经出版公司，1979年，第333页。
⑥ 陈其南：《清代台湾社会结构的变迁》，《"中央研究院"民族学研究所集刊》1981年第49期，第136页。

之泰尊之也，昭穆之序凑之也，宗族之义备矣。俗重宗支，凡大小姓莫不有祠，在县地者为宗祠，一村之中聚族而居，必有家庙，亦祠也。宗祠每岁八月合族一祭，其主鬯者，或以齿德，或以科第中，或以房次，其不以定以宗子者，以祭礼皆用三献，宗子或不在衣冠之列，以主鬯，嫌于行礼也。[①]

由这一段话，我们可以了解到，客家人在大陆祖籍地有大小宗祠之分，数县之族而联合成一个大族。台湾客家人宗族组织与大陆原乡之蒸尝有相当的渊源，他们到了新的移垦地，为了尊宗敬祖、互助合作与凝聚力量，很自然地联络原有的派下人而重新组织一个尝会。在台湾移居地有了从大陆分出来的宗族团体，它显示了在地定居化之意义。等到子孙阄分家产之际，特别保留一部分田产，以充祭祀祖先之费用，因此形成阄分字宗族团体。

（三）客家祭祀公业文化

祭祀公业系台湾客家垦民离乡背井，在台定居多年之后，为怀念其原乡祖先并纪念开台祖先，而由子孙集资购置田产，以其收益作为祭祀祖先时之费用，其意义是使祖先香火不断，备有"血食"，后代子孙聚集，共同祭祖并"食祖"，充分显示当时台湾先民社会慎终追远、尊祖敬宗的优良传统美德。因此，祭祀公业组织可以说是代表台湾汉人社会独特而具有历史意义的习尚，从南宋"祭田""义田"的理念开始，先民希望从因敬拜祖先而获得祖先余荫，到以宗法制度所发展出来对家族子孙成员照顾的做法，形成早期台湾社会一股家族团结的力量。

台湾祭祀公业子孙继承权通称为派下权，所谓派下权是指身份权与财产权的集合，依据当时台湾民事习惯，系以男系继承为主，无男系可继承者，冠本家族姓氏的未出嫁女子、养子女或招赘婚所生男子，亦拥有派下权，其认定依私权自理原则，由祭祀公业内部自行依规约或共同决议方式加以认定，政府主管机关原则上不介入私权之认定。祭祀公业的产生沿袭传统，为祭祀祖先所需之费用，依照正常传宗接代的演化，一家族的派下员会越衍生越繁杂，祭祀公业财产管理的难度也会越来越高。

台湾祭祀公业取名无一定标准，系听由设立人随意定之。散见于台湾祭祀公业文献上之名称如"祖公""百世祀业""祭祀公业""公田""大

---

① 黄钊：《石窟一征》，台北：学生书局，1970 年，第 157 – 158 页。

公田""公山"等。在客家宗族间则称之为"尝""公业""祖尝"等。福佬人多称"公业""祭祀业""祀产",并以"祖公蒸""百世祀业""公田""大公田""公山"等用词及"尝""公业""祖尝"之称谓办理登记之土地,即认其为祭祀公业之称谓。

早期来台的汉人大都只打算做短暂停留,因此并没有祭祖的问题。但逐渐定居下来后,祭祖便成为必备之事。回乡祭祖虽是好事,但台湾海峡形势险恶,而且在台族人渐多,于是开始建祠堂。以祭祀祖先为组织要件的团体,分有"唐山祖宗族"与"开台祖宗族"。唐山祖宗族通常来自同祖籍地,同姓但不必有直接血缘关系,祭拜共同的远祖。开台祖宗族则较晚出现,待有些宗族在台湾已繁衍三四代以后,其成员才成立祭祀团体,祭拜第一位来台祖先。这两种团体是可以相互重复存在的,数个开台祖宗族共有一个唐山祖。

四、台湾客家家庙之营建

客家文化富有祖先崇拜的特色,祭祀祖先有慎终追远、奉行孝道、感恩报德、维系亲情、祈求祖先赐福与庇佑及延续血缘等目的。尤其客家人在迁徙与定居的历史发展过程中,每每建造家族或宗族组织之祠堂、公厅及公尝田,为家族、宗族的祭祀活动提供制度化的场所与经费,使每年祭祀活动趋于规范化与实用化,让祭祀活动的功能得以发挥。① 儒家认为"祭如在",通过祭祀与祭祖活动,崇拜祖先,把个人与家庭、家族,祖先与子孙整合在一起。由于客家人大都认为人的灵魂不灭,肉体虽死亡,但灵魂与精神长存,因此非常重视祖先的祭祀,通常把祖先崇拜表现在祖先牌位崇拜与坟墓崇拜两方面。

(一) 客家人的"家庙"建筑

客家人把祖先牌位——神主牌,称为"祖牌""大牌"或"阿公婆牌",把祭祀祖牌活动称为"祭祖"或"敬阿公婆"。一般台湾汉人的"祖牌"崇拜,分为"厅堂牌位崇拜"与"家庙牌位崇拜"两种。前者之"祖牌"牌位设置于三合院的正厅,俗称"厅堂"的地方;后者之"祖牌"牌位设置于正式安置家族牌位的"家庙"建筑中。② 客家语言称"厅

---

① 陈支平:《近五百年来福建的家族社会与文化》,上海:新华书店,1991年,第168页。

② 李亦园:《近代中国家庭的变迁:一个人类学的探讨》,《"中央研究院"民族学研究所集刊》1984年第54期,第7-8页。

堂"为"厅下",故又称为"厅下牌位崇拜",正厅无论是前述之"厅下",还是整个正身,甚至整个三合院建筑,在进一步分家时,大部分转变成为公厅。一般人未细分家祠、宗祠或家庙,苗栗地区通常称呼家祠或宗祠为"公厅",把祖先牌位称为"阿公婆牌"。也就是说,客家人对祖先牌位的奉祀场所可以细分为三类,即正厅、公厅和家庙(即祠堂)。其差别在于,正厅供奉阿公婆牌最为普遍,公厅则为较大家族所有。而家庙无论是家祠还是宗祠,都为大姓人家及富有之宗族所有,而且其世系繁衍比较长久,各房分派比较多。

因此,若以客家人安置阿公婆牌牌位的地点为分类标准,前者为设于私人家宅之厅下,后者为大家族正式安置并祭拜祖先牌位的场所,即公厅。过去的台湾客家社会,无论是一般家宅还是所营建的家祠,大都是三合院式的建筑。客家人的厅下都是属于三合院建筑的"正身"中间那间,当阄分财产后,或将整个正身划归为"公厅"。

换言之,原属自家厅下的祖牌,因树大而分枝,源盈而分派,经多房子孙分产之需要,往往将三合院正身辟为公厅,为所有子孙共有而不分产,抑或将整个三合院划归为公厅。甚至,有些客家宗族在子孙繁衍富有之后,由各房子孙共同出资,建造家祠或宗祠,称之为家庙,专门摆放所有来台祖先的阿公婆牌,成为整个宗族举行祭祀的地方。"家庙"意即由衍自共同祖先的后裔子孙祭拜其共同祖先牌位之所;"家庙"和"公厅"常被混淆,两者不同之处在于:"公厅"通常于每年祖先忌日均有派下子孙前往祭拜,而"家庙"则集中于一年的固定几天举行总祭,如一般的春、秋两祭即是,然若无家庙,也可在公厅举行如家庙的规律化祭祀。

汉民族因历史悠久,在居住建筑物或民居(民宅)方面,历经几千年的发展,早已形成有特色而趋近统一的形式,大至朝廷的宫室、城墙、宗庙,小至一般庶民居住的民宅等。民宅,又称为民居,乃庶民百姓日常私密居住之所,从架木为巢,到地上建筑,民居的样式、材料、格局、雕饰,随历史、族群、地域、气候等之不同,而展现出差异性,例如北方是分布式合院,南方是聚合式合院。[①] 最特殊的客家建筑文化就是家庙建筑。台湾客家人从原乡带来了家神祖先信仰,确立了"祠堂""家庙""公厅"等客家特殊建筑类型。在空间的表现上,具体呈现为"公厅"与"禾埕",这一虚一实两个空间所贯穿起来的组合,形成了"家族昌盛"的象征意义。在材料的运用上几乎都是因地制宜,用泥土、用火砖、用木、用竹,

---

① 王振华:《中国建筑备忘录》,台北:时报出版公司,1984年,第89页。

一律都以建筑物的在地资源优先考虑，从精神的层次也可说是延续原乡之传统。

在色彩美学上，创造了与原乡"白墙乌瓦"截然两异的审美价值观，逐渐吸收了闽南"红砖红瓦"的新风味。在空间格局的设计上，一方面坚持家庙的家族性公共空间的规矩，另一方面也因地制宜形成南北分殊、西东各异的在地化客家建筑风格。

台湾的客家人社会，宗族的建立大多是以族产或宗祠、公厅为基础。这类族产，客家人称为"蒸尝"。① 客家人受儒家思想的影响，特重追远报本、祭祀祖先的精神；儒家自古即有祭天地、祭圣贤、祭祖先的传统，富有诚敬肃穆的宗教意识。② 宗教是人生重要的精神寄托，儒家把人类对天地、圣贤与祖先崇敬的意识，与崇远报本的理想结合，建立了"祠祀制度"，缅怀圣贤、祖先立德、立功、立言对后人的贡献。

客家人与客家文化，注重祖先崇拜与伦理道德，的确也因而营造了实现它的生活空间。客家人的生活空间组织，是环绕着"家庭"而组成的。"家庭"是客家人一切经济、社会甚至政治生活的核心。儒家经典《大学》所谓"格物、致知、诚意、正心、修身、齐家、治国、平天下"是以"齐家"为转折发展的关键。在君臣、父子、夫妇、兄弟、朋友五伦之中，就有"父子、夫妇、兄弟"三伦是属于家庭的伦理关系。对于传统的客家人来说，社会是家庭的延伸，家庭伦理是其他伦理关系的根本和依据。在客观的空间文化上，可以结合不同地区与家族的产业形态，了解每个在地性客家建筑的价值所在。

台湾客家人在生活改善之后，大都会营建三合院，其正身的配置均以三开间为主，中间一间为祖堂或公厅，两侧的房间一般为长辈所居；另外在正身的左右两侧，紧邻着正身，以三开间为基础建成许多横屋，情况允许的话，横屋还可再次发展，成为"五虎下山型"。③ 这类合院的特色，在于其明显的轴线：一条是以正厅为准向前后延伸的"纵轴线"，为主轴线；另一条沿着厅堂的檐廊延展，称为"横轴线"，为副轴线。其中纵轴线尤其明显。客家人的家庙建筑形制，也营造了具有伦理关系的空间意象，其中最重要的就是摆放祖牌的场所。一般而言，早期客家人在建造家庙时，把祖牌摆放在正身中间的厅下间，这类家庙大都属于三合院或四合院式的

---

① 戴炎辉：《清代台湾的乡治》，台北：联经出版公司，1979年，第770页。

② 蔡仁厚：《新儒家的精神方向》，台北：学生书局，1985年，第11－14页。

③ 黄永达：《台湾客家读本》，台北：全威创意媒体股份有限公司，2004年，第475页。

建筑。客家家庙建筑形式，蕴含的空间组织也具现了客家人的伦理关系、渊源关系、天人关系和风水学。

（二）客家"家庙"的文化意涵

从以上的分析可知，客家传统公厅建筑所构成的"家"，真正体现了人的身体、家和大自然宇宙生态三个意象之间的密切关系，是一种拟人化的思想产物。客家人和"家"往往以人的身体为原型（archetype），三合院的建筑，即由正身、落鹅和两边"横屋"（厢房、护龙）形构而成，其形状有如一个巨人伸出双臂护卫家居之人。厅下是头脑，两边横屋为左右双手，加上围墙，像手臂般环抱着一个通于天地的生活空间，由家庭到宗族、邻里。有些传统的客家围屋、伙房更是由许多三合院互相紧邻而成，形成保甲单位，成为一防御体系，更象征着许多身体紧靠着，大家互相团结起来，护卫着家族间的集体生命繁衍与发展。客家人的伦理关系，本于祖先，家庙祭祀则可以通于天，酒洒于地，达到天地人合一的最高风水境界。

客家人家庙之营造上有以下之文化意涵值得注意：

（1）堂号与郡号：家庙都会写上早期祖先发源地或发祥地的郡号，或写上"堂号"，因此，可以从堂号看出此家庙主人之姓氏来历。堂号的书写可以从右至左书写，如"堂城彭"，或"堂"字放置中央。如"城堂彭"。

（2）栋对：客家家庙建筑，厅下的栋梁上，常有一对长二十余字的"栋对"。上联描写原乡宗族源流发展脉络，下联则描写来台开基垦拓情形。如公馆乡尖山村刘屋家庙：

左幅：读史仰前辉正字校书数百载往古来今追世德非夸世德。

右幅：就是谈近事乡场会院两三代登先步后振箕裘克绍箕裘。

（3）祖先崇拜信仰在客家家庙建筑中，是常见的共同特征。不管北部、中部、南部，"阿公婆牌"均置于厅下的正中央神桌上，如有祀神，则多将神牌奉在祖公牌左边。

（4）在大多数客家家庙中，会有"丁梁"之横木，其上挂有灯笼，灯笼的多少代表新娶进媳妇的数量。而在厅下阿公婆牌两旁，会放一对灯烛，大门上端置一盏，每到傍晚，便须点燃，天亮才熄，终年不断，人们称为"厅下火"，意味着薪火相传，生生不息。若是家祠或宗祠，也会有丁梁，但是也有在中间阿公婆牌之两侧，供奉其他神祇者。

（5）龙神：台湾客家家庙之阿公婆牌桌下，会供奉龙神（土地龙神）。

龙神是客家人的特殊信仰。客家人通常在阿公婆牌神桌下方设置正式的香案，并在两旁配对联，有些还开有往"化胎"（即花台）的龙门。台湾北部客家人则较简单，大多只置香案。

（6）天神：客家人家庙会将天神供奉在大门之外。中部、北部则设在外门框上，或正身之左墙上，或左边围墙上。南部则供奉在厅下檐头（屋檐）下的正中央，或禾埕靠近厅下处，或禾埕正中央，或外缘，且多设置于中心轴上。

（7）化胎："化胎"又称花台，是家庙正厅下背后隆起的土地，有如座椅之靠背，意味根基稳固、背后有靠。而"化胎"的设置在南部非常普遍，几乎每个家庙都有；在中部则零星可见；北部大多见于宗祠中，一般民宅则较少见到。

（8）伯公（土地公）：伯公，是客家人共同的土地神，但崇拜的形式却各有不同。一般的伯公，多以庙宇型出现。而家庙的伯公，有很多是简易型的，只设有金炉，方便烧金纸，是另一种"土地龙神"的祭拜。

（9）门楼：有些家庙会在院落入口处加上形式简单的门楼，上面会标写宅院主人之堂号。

综合而论，客家家庙建筑文化乃传自大陆原乡，家庙建筑充分反映出客家人"人本"的精神，在各个方面无不有其用心的考虑，但若再深究其中的内涵意义，不难发现在这些质朴的外表下，筑成了一道有形又无形的文化特色：注重风水是想借冥冥之中的力量好好守住自己创下的家业；祭祖和家庙更是一种崇本报恩、凝聚宗族向心力的表现。台湾的客家人从原乡带来了祖先崇拜信仰，确立了"宗祠""家祠""家庙"等客家特殊建筑类型。在空间的表现上，具体呈现为"家庙"与"阿公婆牌"这两个特色，形成了"家族昌盛"与"崇本报恩"的象征意义。在空间格局的设计上，一方面坚持家庙的宗族性公共空间的规矩，另一方面也因地制宜形成祭祀祖先的在地化客家建筑风格。

五、客家家庙祭祖仪节

先秦三大儒之一荀子于《荀子·礼论》中云："事死如事生，事亡如事存"，在祭祖过程中子孙们侍奉祖先如其犹在世之时，需准备各式各样的器具、食物，"几筵馈荐告祝，如或飨之。物取而皆祭之，如或尝之"，以供祖先们莅临享用。

（一）祭仪

凡礼需具有三要素：礼器、礼文、礼义。[①] 客家祭祀礼仪有一定的礼器、礼文与礼义。礼文即行礼的仪节动作，行礼者从开始到结束，这中间的前进后退、左还右转、揖让跪拜、举手投足，均须按照既定的动作去做，这些动作能帮助行礼者或观礼者在动静周旋之间感悟到行礼的意义所在。

客家人祭祖采用的是"三献礼"。"三献礼"是初献、亚献、终献三个仪节的总称，为古代郊祭时仪式，陈设祭品后，要三次献酒，即初献、亚献、终献，包含其整个祭祀过程与方式。"三献"一词意义，如《礼记·郊特牲》曰："郊血，大飨腥，三献爓，一献熟。"《礼记·郊特牲》中所指的"三献"是祭祀时献三种牲体。"三献"的意义有二：一为祭祀中献酒三次的仪式；一为祭祀中所献三种牲体。除《礼记·郊特牲》外，《仪礼·特牲馈食礼》亦有提及，北齐天保元年，明定祭孔时行"三献礼"。自此以后，各代祭孔方式虽有不同，但都本于初献、亚献、终献的基本模式。历代在"三献礼"这个基础上，发展出各自的祭仪内容及程序，但无论繁简异同，初献、亚献、终献这三个仪节，必不可免。从明末清初之后，大量的客家人播迁来台，不可避免地也将中国明清时期一脉相承的"三献礼"祭祀系统带到台湾而沿袭至今。现今台湾"三献礼"的使用，可见于两方面：一为各县市政府每年举办的祭孔大典；二是民间的祭祀。前者延续清代所制定的文庙典制，后者则见之于一般的宗庙祭祖及客家祭典当中。[②]

（二）祭义

祭义是指整个祭祀活动所要达成的目的，也是礼的三要素（礼器、礼文、礼义）中最重要的一项，《礼记·郊特牲》云："礼之所尊，尊其义也。失其义，陈其数，祝史之事也。故其数可陈也，其义难知也。知其义而敬守之，天子之所以治天下也。"[③] 明白地说出礼仪进行的最终意义在于

---

① 徐福全：《台湾民间祭祀礼仪》，新竹：台湾省立新竹社会教育馆，1996 年，第 13 页。

② 柯佩怡：《台湾南部客家三献礼之仪式与音乐》，台北：文津出版社有限公司，2005 年，第 9－11 页。

③ 姜义华注译，黄俊郎校阅：《新译礼记读本·郊特牲》，台北：三民书局，2000 年，第 376 页。

对礼义的体现。祭祀活动如果丧失礼义，也就失去了它的生命，只剩一个空的形式。礼器、礼文都可以由具体的物品或记录详知，但是礼义确是抽象的，难以言喻。因此祭祀活动要知道其祭义并加以尊崇。相反的，如果举行祭祀活动时，人们不明白礼义，只知其然而不知其所以然地行礼如仪，非但无法感动人们的内心，反而会引起人们对礼仪的反感与厌恶。

一般而言，礼器和礼文比较容易随着时代演进而改变，礼义则较少变动。客家家庙的祭祖活动乃表现出思慕祖先的情怀及实现子孙报本返始的回馈心意。中国自古即尊崇孝道，祖先既亡，由于对于祖先的德泽思慕不已，难以自抑，因此"视死如视生"，举行祭祖活动追思祖先行谊，以慰藉缅怀的心灵。客家谚语说"吃果子拜树头""饮水思源"是指做人的基本根基，己身出于父母，父母又出于祖父母，代代相传，能有己身须感谢先人，因此举行祭祖活动来展现自己报本返始的意念，使祖先感受到后代子孙的回馈心意。以上两点是客家祭祖的基本功能，就现代社会而言，祭祖又有"敬宗收族"、团结族人的功能。

台湾各地每处家庙均有后代子孙加以祭祀，依四时而祭，各宗亲纷纷从各地响应，回归故里参与盛会。大家心中追求的均是彰显与歌颂自己房派祖先的光荣事迹，如同《礼记·祭统》所言："铭者，论撰其先祖之有德善，功烈勋劳庆赏声名，列于天下，而酌之祭器，自成其名焉，以祀其先祖者也。显扬先祖，所以崇孝也。"子孙更是对祖公有情有义的节操难以忘怀，从族谱的编录，到祭典的举行，无不在思慕祖先的事迹。宗族人等也念念不忘己从何出，谨记着祖先产生的源头，更立下"族规"来提醒族人，充分展现"报本返始"的意念。客家先祖总希望见到子孙开枝散叶，势力日益庞大，家声美名远播，子孙共荣共富，因此"敬宗收族"的理念是不容摒弃的。

除了敬宗收族、报本返始的意义之外，在祭祖大典上，整个祭祀活动标榜尊崇古礼，以来自原乡的客家语言进行。每年固定春、秋二祭，如何使祭拜活动不流于形式，是祭祖活动组织者需要严肃面对的新课题。唤醒子孙真诚体认祭祖活动中所代表的意义，触动子孙愿意薪火相传的意愿，让祭祖活动不只是行礼如仪的表面活动，而具有深刻感动血脉相传的意义，成为能代表自己特殊文化的传承仪式。

（三）祭器与祭品

祭祀用礼器包含行礼时使用到的器物。祭礼为五礼之首，古代所使用的祭器有鼎、匕、俎、爵、尊、角、壶、笾、豆、簠、簋、敦等，而牛、羊、猪、腊、鱼、黍、稷、稻、粱、酒、水等祭品也包含在内，甚至连参与祭祀者所穿的服装也可以说是广义的礼器。后世祭祀常见礼器还包含金、香、烛、炮、全猪、全羊、五牲或三牲、菜肴、酒水、粿类等。

客家一般祭品分成：

（1）宗教性祭品：包含金银纸、香、烛、炮、杯筊。

（2）牲礼：五牲、四牲、三牲、小三牲。

（3）主食菜肴：菜饭、菜碗。

（4）粿：包馅之粿、不包馅之粿、龟粿。

（5）饮料：茶、酒。

总括来说，宗教性祭品：鲜花、烛台、净炉、二五金、寿金、牧草、金纸、金山、银山、筷子、杯子。一般祭品如牲礼：三牲（猪肉、鸡、鱼）、五牲（猪前腿、鸡、鸭、鱼、蛋）。主食菜肴：白饭、菜汤、三荤碗（肉干、鱼脯、鱿鱼丝、肉松等三项）、三素碗（豆腐干、玉米、豌豆、笋干等三项）、三碗饼（饼干类）、五燥（金针菇、木耳、冬粉、豆炸品、香菇）、五果（五种水果）。粿有红龟，饮料有清茶、清酒。其实，祖先已逝，后代子孙"几筵馈荐告祝，如或飨之。物取而皆祭之，如或尝之"，表示后代子孙以模拟的情境来行祭祖之礼，借着这些器物的陈列摆设、祭品之供奉，体会出行礼的功能或目的。

客家家庙是为了追怀唐山祖或开台祖而建，起初在祭品上并不十分讲究。后代子孙仅依照一般民间普遍使用之祭品，用以祭祀祖先。就古代用牲之礼而言，有大牢、少牢、特牲三种。其中"大牢""少牢"二礼其主要之分野，在于有无"牛牲"；有牛牲者为"大（太）牢"，无牛牲者为"少牢"。客家传统礼仪依旧遵循商周古礼：大（太）牢即有牛、羊、豕三牲；少牢则有羊、豕二牲。由此可见，客家牢礼原本源远流长，宗祧商周，有本有源，有依有据者也。① 《礼记·郊特牲》："郊特牲，而社稷大牢。"注解云："郊者，祭天之名，用一牛，故曰特牲。"② 《国语·楚语下》："大夫举以特牲。"注解曰："特牲，豕也。"③ 由此可知特牲有全牛、全猪二解。古代所用的牲品有牛、羊、猪等家畜，用牛的称"太牢"，用羊的称"灶牢"，只用猪一种的称为"特牲"；太牢是天子国君之礼，少牢

---

① 邱德修：《客家牢礼考源》，2006 年，第 12 页。

② 姜义华注译，黄俊郎校阅：《新译礼记读本·郊特牲》，台北：三民书局，2000 年，第 363 页。

③ 易中天注译：《新译国语读本·楚语下·观射父论祀牲》，台北：三民书局，2004 年，第 454、457 页。

是大夫之礼，特牲为士之礼。至于烹饪方面，客家的牲礼准备皆为熟食，代表着后代子孙对祖先们的敬仰之情，更表示子孙与祖先关系密切。

六、结论

中国汉人社会一向以血缘为纽带组织而成。在宗法制度严格的时代，宗子拥有祭祀自始祖起的祭祖权，其余的人则没有这种权利，如要祭始祖只有宗子能在宗庙中举行，因此要"敬宗"。大宗以祭祖权和小宗作明显的区分，地位崇高，又向小宗进行分封，使小宗因祭祖和受封向大宗靠近，因而使整个宗族有凝聚力，这就是"收族"。[①] 过去的台湾客家社会，同姓共居一村落，整个聚落大多是亲戚。可见"敬宗收族"的观念普遍在社会中流行。台湾客家家庙建造与祭祀之举行，展现了客家文化对已故之祖先视死如视生的文化特色。《论语·八佾》说："祭如在，祭神如神在。"祖先的精神与后人常相左右。馈食为祭祀之始也，用生人饮食之道（熟食）来祭祀祖先，如同祖先仍与我常相左右。从祭品来看，除了丰盛的牲醴外，更加上一般性的饮食菜肴，如羹饭、蔬果等。将祭拜祖先当成祖先降临，向祖先劝食（侑食）进酒，使之享用子孙所供奉的食物，如同生前与子孙共食、共饮的生活琐事。《礼记·祭义》说："孝子将祭，虑事不可以不豫。比时具物，不可以不备，虚中以治之。宫室既修，墙屋既设，百物既备，夫妇齐戒沐浴，盛服奉承而进之。洞洞乎，属属乎，如弗胜，如将失之。其孝敬之心至也与？荐其俎豆，序其礼乐，备其百官，奉承而进之，于走谕其志意，以其惚恍以典神明交，庶或飨之，庶或飨之，孝子之志也。"曾子说："慎终追远，民德归厚。"[②] 祭祖是后人所不能忘却的，血浓于水的亲情也是不容切割清楚的，在行礼如仪中追怀先人、孺慕先人的情操，进而潜移默化，使宗族中人人心有所向，致力于光宗耀祖，达成"敬宗收族"的理念和目标。就宗法制度观点来看，今天的客家家庙祭祖仪式，一来完全符合宗族意识，二来是拉拢族亲情感的管道，将先人血脉相连的网络串联在一起，形成精神上凝聚的堡垒。因为尊崇祖先，所以要敬循宗法；敬循宗法，就包含着尊崇祖先的意义。客家人祭祖不论唐山祖还是开台祖，只要是后代子孙有心，都是遵循隆重的客家古礼来祭祀。不论是合约字祭祀公业的组织形态，还是阄分字祭祀团体，都是为了慎终追

---

① 冯尔康：《中国古代宗族与祠堂》，台北：台湾商务印书馆，2002 年，第14 页。

② （宋）朱熹集注，（宋）赵顺孙纂疏：《四书纂疏 论语纂疏上·学而》，台北：文史哲出版社，1986 年，第 652 页。

远和凝聚宗族力量。客家人建造家庙，一般族人都热烈响应，纷纷捐钱、献地。家庙建成后按四时祭祖，且由派下各房轮流负责，因此无形中会产生所谓的竞争，各派下均不愿落人后，所产生的结果是祭祖大典越来越兴盛。

　　总之，客家先民迁移至台定居，一定难以忘却祖先们的德泽，因此纷纷建立起祭祀祖先的宗祠或家庙，传承与教导后代不能数典忘祖。《礼记·郊特牲》："万物本乎天，人本乎祖。"① 《礼记·坊记》："修宗庙，敬祀事，使民追孝也。"② 在在表示出祭祖是孝道的表现。台湾客家子孙在安家立业、事业有成之后，能做的就是重建自己的祖居，兴建一座富丽堂皇的家庙来追思祖先，显示后代子孙的孝心，并于适当之时日举行追思祖先的祭祖大典。对于祖先的缅怀与追思是不可缺少的，一方面孺慕祖先的情怀得到慰藉，另一方面亦着实达到敬宗收族、报本返始的目的。台湾之人，中国之人也，探讨客家家庙与祭祀文化，不能忽略两岸客家文化之相互往来与观摩，以彰显两岸同文同种的事实，让两岸一同沉浸在中华文化"寻根"之流中。

---

① 姜义华注译，黄俊郎校阅：《新译礼记读本·郊特牲》，台北：三民书局，2000 年，第 370 页。

② 姜义华注译，黄俊郎校阅：《新译礼记读本·坊记》，台北：三民书局，2000 年，第 726 页。

客家女性祖先传说的形成与作用

——以粤台大埔族谱为例

陈瑛珣[①]

一、前言

本文的研究对象，是广东大埔蓝氏家族与台湾台中石冈刘氏家族这两个源出于大埔的客家族群。本文的主要依据，是这两个家族族谱中对女性祖先的叙述。本文要说明的是，族谱这种古老文本，是如何因应区域社会文化，不断地在演绎、在创制。以大埔客家族谱为主，配合对开台女性祖先祭祀活动的调查，了解这类依然活跃在民间的田野文本，探讨有关两岸大埔客家人的女性祖先传说内容，在表达风水祭祀活动与传承后代的教化作用上，以及移民社会在女性祖先角色的阐释上，对于女性祖先传说与风水祭祀活动，有强化族群凝聚力的作用。

大埔原乡蓝氏族谱循规蹈矩地将女性尊长依附于男性尊长来记录，以谥号来说明家族对子孙行为规范的要求准则。女性如果行为良好，死后也能够拥有谥号，像是大宗四派德咸公第十四世衮："娶河头罗氏，生正德戊寅，故万历，谥庄驯。"[②] 第十五世遇商："娶下寨张氏，生嘉靖乙卯，故未详，谥慈顺。"[③] 女性谥号以端庄慈爱、恭敬孝顺等意涵为主，以供后

---

① 陈瑛珣：台湾侨光技术学院副教授。

② 见蓝海文：《大埔县蓝氏族谱》（第一册），香港：天马图书有限公司，2003年，第207页。

③ 见蓝海文：《大埔县蓝氏族谱》（第一册），香港：天马图书有限公司，2003年，第208页。

世景仰。

在客家人迁移的过程里，往往遇到很多难关，其中以开基祖所遭遇的困境最常为后人传颂。族谱所载的开基祖传说，让后代子孙学习到先人创业立基的精神。其中，常被强调的是祖先的风水奇佳，庇荫后代。

中国人相信风水，风水的起源恐怕与古代中国综合的环境设计的作用有关系。为活人找阳宅，为往生者找阴宅，这些事在于对自然界的地质、地形、景观和风、云、雨的形态以及环境水源的仔细观察。这种解读自然现象的说法，可能就是一门自然科学的原始雏形。中国的风水中，存在着人群生活的环境经验价值。其实即使时至今日，就算是族内的精英、英明领袖、达官显贵，如果要更动自己家族的坟地，都要耗费一番功夫，取得族人共识才成。中国人重视祖先风水，开基祖传说的延续，从凝聚族人共识的作用来看，也是导致传说一直不被遗忘的重要因素。从客家女性祖先传说来讨论传说的形成与作用，有其异于男性价值观的想法，希望能够了解女性祖先传说在移民的奠基时期曾经发挥的作用。

二、祖先传说的社会认同与教化功能

（一）传说的社会认同功能

社会有人群，就会有一定的组织、社会规范自然形成。家族里面的人群，因为血缘关系自然存在，一旦形成家族，便会形成一股强大的惯性和力量，这种力量透过家族规范在族人现实生活当中实践。在一般的情况之下，人们无法体会出它的存在，那是因为族人们顺应着传统习惯而生活，然而，当族群个体出现违背习俗规矩的异常行为的时候，就会招致族内排山倒海而来的社会压力。

族谱成为展示族群社会规范的民间文本。这种非官方意志，出现在民间自发性的社会认同价值体系中，将具有血缘关系的族人编织成为一张具有生命共同体性质的网络。除了血缘的强制力之外，聚合族人的背后有其主流的知识权力存在。掌控着族谱文字书写权力的族内精英，让族谱这个传统存在的古老文本，本身是人为作用的结果。它不仅具有自身的学术传统，也遵循着特定的道德逻辑，不断地被演绎与创制。这种文本的叙述过程，传递着民间礼俗规范功能，它成为塑造族人认同与顺从的主要途径。在这里面，体现了社会主流权力对礼俗规范的引导与改造。这些拥有书写权力的精英，从来没有停止透过笔端影响族群认同的活动。这种社会认同，背后织成社会控制网络，民间的社会控制系统有几种形式，包括：民俗控制、官方控制和民俗与官方结合的控制。民俗控制多通过民间约定俗成的习俗惯制；官方控制表现为文献的法律形式；民俗与官方结合的形式则是将民间的习俗官方化。①

族谱的编纂，有一部分可看成第三种，属于民俗与官方结合的范畴，将社会认同的民俗活动官方化。因为族谱可以将族内值得褒扬的对象，例如节妇、节烈等族人表现，报请官方表扬。借由官方力量，强化族内社会价值认同的合理性、合法性。自古以来，中国各家族所编的族谱里面，记录了大量的家族规范、伦理纲常、亲属关系。族谱内部保留了大量的民间习俗，也描述了家族成员和家族文化的亲疏关系。这些数据，对于庶民生活教化，有重要的影响。庶民生活世界是一个充满感情和社会关系联系的世界，因此，族人在解释社会、感悟人生的时候，蕴含着寻根溯源与传送家族亲缘的感情。族谱所记载的女性祖先传说，出现在世世代代传颂的族谱文字记录中，在无形中对族群内部成员起着教化作用。

1. 女性谥号

嘉庆二十四年己卯岁（1819），李应龙寻找风水宝地，以庇荫子孙，卜地铜锣乡竹森村九邻，构堂肇基于旧铜锣湾庄②三座厝涧窝。③ 嘉庆二十五年庚辰岁（1820）冬，铜锣湾庄涧窝新建祖堂广厦落成，除次子仍留居苗栗营商外，家族全体迁入新址。

妣连氏生于清乾隆三十八年癸巳岁（1773）9 月 28 日，生 6 男 3 女，卒于嘉庆二十五年庚辰岁（1820）9 月 25 日，享年 47 岁，谥贞懿慈操。继妣詹氏生于清乾隆五十二年丁未岁（1787）6 月 12 日，卒于同治五年丙寅岁（1866）4 月 9 日，享年 79 岁，谥勤俭淑顺。④

这里对于女性祖先的谥号归纳为"贞懿慈操、勤俭淑顺"八个字，这些字可视为客家人对妇女德行的要求标准以及内容。分析蓝氏族谱第一册，从第九代到第十七代的女性，死后有谥号的为 308 人，蓝氏惯常使用两字一组的谥号。因此，分析第一个字与第二个字，去除掉单一使用、没有重复过的字，其他被运用两次以上（含两次）皆纳入统计。

---

① 林继富、王丹：《解释民俗学》，武汉：华中师范大学出版社，2006 年，第 92 页。

② 铜锣位于苗栗县中南部，设治始于乾隆末年。当时有铜锣湾庄、芎蕉湾庄、七十份庄、樟树湾庄等四街庄，隶属于淡水厅后龙堡。光绪元年（1875），改隶新竹县。

③ 参见《李氏宗谱史记》。

④ 参见《李氏宗谱史记》。

字序	全部	合计	扣除（出现一次）
第一个字	308	271	37
第二个字	308	273	35

谥号爱用字词，第一个字的前五名，分别是"勤、慈、端、庄、柔"，第二个字的前五名，分别是"顺、操、惠、理、持"。"勤"字占女性谥号第一个字的第一顺位，有41笔，以合计比数来算，为15%。"顺"字占女性谥号第二个字的第一顺位，共有35笔，以合计比数来算，约13%。李氏对女性祖先谥号取用"贞懿慈操、勤俭淑顺"八字，对照蓝氏308笔女性祖先谥号，双方吻合"勤顺慈操"四字，"勤顺"用词比率占蓝氏族谱首位，可见"勤顺"为客家人对女性要求的第一守则。其次，则为"慈操"。"勤顺慈操"这四个字当中，重视具体生活实践的字，为"勤、顺、操"三个字。"慈"是属于精神抽象层面的字，从客家人的女性祖先谥号我们可以看出，客家人对于生活教化上的实践，注重现实生活层面。

2. 女祖身体健壮

家族传说里，男主人的身旁通常会有个坚强的妻子与其共同操持家务。台湾石冈刘氏家族发家的文进公，他的妻子黄氏出身于地方望族，有钱有势。除了一般家谱对女性多所着墨的"温、良、贤、淑"等字眼以外，比较值得注意的是，兴家的过程当中，具有强健体格的女主人，也是兴家的必要条件之一。黄氏系出富裕之家，却练过武功护体，因此可以帮助家里操持粗重的工作。《刘氏族谱》载：

> 在黄家少女时有练武功护身之武艺，所以有练过功的黄氏妈，时常有一二百斤重的石钟臼，用一身武功将石钟臼拎起来，移到他处来钟臼工作。[①]

苗栗铜锣湾庄涧窝李氏李应龙经营米谷起家，购置田地，身材硕大，夫妻俱臂力过人。

（二）孝感动天的风水传说

广东大埔蓝氏祖谱记载"牛栏祖"，对男性、女性尊长的埋葬地点、时间进行选择，带有传奇色彩。孝子感动天地，择葬牛栏说明开基祖生活

---

① 见《刘元龙族谱·十五世祖篇》，1995年。

艰困，后代子孙以此故事传述后代，彰显教孝子孙的功能。

> 世和二郎（1292—1364）熙三郎公次子。……至元英宗至治二年
> （1322），公之父母相继病殁，时各地反元起义，战乱又起，于至治二年
> （1322）冬，携眷迁长汀城下里坪岭水口。泰定元年（1324）春，随子大
> 一郎迁大禾，娶儿媳刘三娘，病殁后，于泰定二年（1325）携子迁返坪岭
> 水口。次年（1326）春，携子返宁化石壁乡，将父母金骸迁来坪岭水口。
> 是时，将父母金骸寄于牛栏屋梁上，欲择地而葬。是夜三更，风雨交加，
> 雷声震天，父母金骸飘然坠地，牛栏屋倒成坟。当地乡亲谓，天感孝子葬
> 亲之诚，天葬于此地也。公遂于泰定三年（1326）冬，建舍于坟下，乐耕
> 陇亩，以终晚年。[①]

元朝统治中原，四处战火。蓝氏家族数次迁徙，迁移到长汀城下里坪
岭水口。后返回宁化石壁乡，将双亲骨骸迁来坪岭水口。世和二郎将父母
金骸寄于牛栏屋梁上，准备择地而葬，他的双亲骨骸能够寄存在牛栏梁
上，应该是二次葬。这种由家属帮亡者捡骨后再经过一些程序处理，然后
另做一门风水葬下去的称为吉葬。孝子不舍离开父母金骸，返乡将双亲金
骸背出，经济状况应该是不好，所以寄金骸在牛栏。结果牛栏屋倒成坟，
让当地乡亲有个理由，给这个孝子一个栖身之地，建舍于坟下，乐耕陇
亩，以终晚年。这种开基传世的说法，留待后世传颂："吉人之产，天相
其神。牛眠吉壤，山川效灵。贻孙翼子，乃文乃武。千秋百世，俎豆同
馨。"[②] 族谱中有关风水的叙述文字，充满了对祖先人格之卓越论述，以及
他带给子孙恩惠的记载。祖先的遗德，被巧妙地与祖先风水传说结合在一
起进行叙述。

三、风水发家的开台祖先传说

（一）巧遇风水师指点

汉人对于选择自己居住的环境与祖先埋葬的地点，本来就有依赖风水
先生给予指点的习俗，客家人尤为热衷于祈求自己住宅的安全与宗族的平

---

① 见蓝海文：《大埔县蓝氏族谱》（第一册），香港：天马图书有限公司，2003
年，第 106 页。

② 见蓝海文：《大埔县蓝氏族谱》（第一册），香港：天马图书有限公司，2003
年，第 106 页。

安。许多客家家族传说中，开基祖创业立基，除了个人努力之外，还得要有一个高明的风水师，才能够确保家族兴旺，绵延不断。

以台湾石冈刘家开台过程为例，刘元龙原籍广东省大埔县高陂乡乌槎村。刘元龙第一次来台，时间为康熙辛卯年（1711），从台湾的北港上岸，落脚嘉义县柳仔坑。刘元龙56岁返回家乡，在家乡过世葬在伯劳窝丁山癸向。① 此时，刘家迁台准备工作大致上完成，长子永万早已经在猫棟堡石冈庄定居成功。次子第一次跟长子来台，谋生不成，回乡奉养母亲，待父亲过世之后，才带着两个弟弟与老母，到台湾台中投靠哥哥永万，这个刘氏家族算是全家迁移到台湾落地生根。整个迁移过程，从开台祖刘元龙第一次登台，到乾隆二十四年（1759）全家迁台，耗费48年时间才完成。《刘氏族谱》说：

> 元龙公于乾隆二十一年（1756）归仙后，乾隆己卯二十四年（1759）永顺公渡陈氏妈及乃弟永德、永秀，全家带路以来台湾。迁居在石冈庄各谋生。……永顺公决心设法自振求发展，而自己开设豆腐店，一大早担着豆腐、杂货庄头叫卖。由于他一天从早到晚在外做买卖，待人诚恳又亲切，生意因此日益兴旺，生活自然安定了。②

族谱记载刘家发迹，始于刘启成（文进）一代，继承父亲永顺卖豆腐的营生。由于为人亲切、童叟无欺，深得地方人缘，刘文进又称"豆腐进"。刘家的发达，与风水息息相关，这也是许多客家族谱乐于记录祖先传说传承给后代的一个原因。

某天，刘启成招待的一名衣衫不整的唐山客，号"虱母仙"（本名范金郎），因受启成热情款待极思报答，便为其勘定适合营建祖坟之地，后来刘氏家业越来越兴旺。启成发迹后有意翻修住屋，再次请来"虱母仙"相助，在土牛村兴建之屋厝，即刘家老伙房，面积有八分地，四周种植两重莉竹。嘉庆年间刘家献金兴建彰化城北门，得恩授贡生官位，广东省承宣布政司赐"贡元"二字横匾挂于祖厅。

（二）开台祖德荫子孙

此外，迁台居住在苗栗铜锣的李应龙也是渡台开基成功的客家族群案

---

① 见《刘元龙族谱·十三世祖篇》，1947年。
② 见《刘元龙族谱·十四世祖篇》，1995年。

例之一。李应龙字德万，国学生，讳纬烈，监生。生于清乾隆二十四年己卯岁（1759）十月初五，于乾隆三十九年甲午岁（1774），以单身15岁，自广东嘉应州长乐县（今五华县）大湖洞来台。初寓彰属东势角土牛。30岁才娶连氏，夫妻俱臂力过人。后转居东势角黄子社（今台中县石冈乡）经营米谷。他一辈子循着客家族群的原乡生活习性，卜地而居，寻寻觅觅，要替子孙找到一个生生不息的基地。终于在1819年找到地理师谢启秀帮忙相中铜锣湾庄涧窝的风水宝地，在此建立祖厅，① 李氏宗谱有云："祖上有德，后裔有福，福者财富丁繁，人文蔚起，斯为福矣！"② 他个人的使命也就告一段落。族谱把开台祖对祖厅的选定当作祖先的福业，祖先原是一个人格性的存在，子孙在祖先选定祖厅，确立公尝这高瞻远瞩的遗德庇护下生存的事实，因此得到重新确认，恩惠的源泉回到了祖先人格性中"德"的部分。

四、移民社会的女性祖先崇拜

风水宝地庇荫后代子孙的概念，对于客家人来说相当重要。其中，从风水维护的概念来看，女祖跟男祖一样重要。女祖坟地出问题的话，对后代一样会造成不良影响，需要处理。1930年，江西曾广豪（为赣州著名地理师曾昌纶之子）避乱来台，滞留苗栗，受李氏后人请阅祖坟，发现女祖谢姓骸湿朽，若詹姓坟大浮，骸可无恙。李家集众商议择于1931年将谢、詹两女祖先骨骸依照地理名师所言改葬：

> 谢姓骸与詹姓排葬，高低浅深仍同昔日，就原坟碑案，改深二尺，上下堂准此，而两金则高踞碑后灰城之圈外，及今春祭扫，凡有识者，临场观察，以下砂蜿蜒兜勒于坟前者，昔时不见，今乃见之，皆叹赏土法真有节制之师也。③

台湾中部石冈刘氏为开发石冈地区的重要家族，家族组织庞大，时至今日仍然保有祭祀开台婆祖的习俗。移民社会因为家族迁移的关系，男性开台祖返乡后，老死在家乡。倒是女性祖先随着儿孙迁徙来台，死后葬在台湾，开台婆祖成为辈分最高、子孙祭祀的供奉对象。开台祖元龙公葬在原乡，元龙婆在台湾过世，葬在台湾。刘家的开台婆祖元龙婆，生于康熙

---

① 见《李氏宗谱史记》。
② 见《李氏宗谱史记》。
③ 见《李氏宗谱史记》。

四十五年（1706），卒于乾隆四十九年（1784），坟墓位于现在石冈乡石冈村金星面窝口辛山乙向兼戌辰。刘家始祖元龙婆之墓据说是"美人照镜"的地理吉穴。

"刘元龙祭祀公业"择定春分当天举行，大批刘家子孙从台湾各地返乡祭扫元龙婆墓。祭典依循客家古礼，准备"满汉全席"和"五湖四海"供品，主祭人员身着长袍马褂传统服饰。祭典采取客家古礼"三献吉礼"仪式，吹奏客家八音，历时约两小时。目前刘家共有八代①子孙到场，展现慎终追远的传统。

祭拜完毕之后，人们会将祭品中的全猪、全羊分给族亲。羊肉分给祭典的工作人员，猪肉则会分发给新婚及出新丁的族亲。新婚与出新丁的族亲，还会获赠红包，象征元龙婆的祝福。据说，元龙婆的相关祭祀，在刘氏宗族内主要掌管的就是族内传宗接代的这个部分。女性祖先在生育方面的功能，传说可以辅助族人后裔生生不息。

客家人对家宅的安置方式，也重视风水，房屋中轴线被确认为地脉龙神所在之地，普遍相信风水龙脉之说。如果遇到天灾人祸，则视为龙气衰弱，需要请道士进行安龙转火的仪式，从而让家宅平安，财丁两旺。② 女性祖先风水的生命活力根源之所在，跟龙脉紧密相连。地下龙脉的走向，比喻着父系血缘的一脉相传。女性若是在未婚状态下过世，其本身墓葬不带"气"。女性祖先，也就是作为男性祖先的妻子或母亲的女性，通过婚姻程序，自然地与父系的男性祖先共同拥有了"气"。因为，后代子孙的出生源于从父亲那里继承"龙气"，通过"龙气"，其精血得以具体化，被子孙世代地永久传递下去，而这个"气"之所在便能够庇荫子孙，绵延不绝。由此可见，客家移民开台婆祖的祭祀，作用跟男性祖先的一样重要。

相较于元龙婆墓祭拜习俗与作用，清明扫完元龙婆的墓，紧接着要到刘家另一个男性祖先文进公坟扫墓。这是个很男性化的风水传说，人们称之为"雄牛斗崁"：墓碑往前倾斜多达75度，快要贴近地面。耆老提及，"虱母仙"曾指点过这个坟冢，"此穴必须葬男性，而且葬后不久，墓碑会自然前倾，不可随意整修以免损伤"。族人说：倾斜的墓碑反而能保佑后代子孙，它就斗前面那座山，（山坡）越会崩落我们这边越旺。刘姓宗亲每年清明节前夕，都会以隆重古礼和牲礼祭拜祖坟，祭拜仪式需三跪九叩，不仅相当繁复，祖坟墓碑还是倾斜的，而且在一般人的观念中，墓碑应该竖直，怎么可

① 辈序依次为：吉、第、发、嘉、祥、宏、开、天。

② 参见房学嘉、谢剑：《围不住的围龙屋——记一个客家宗族的复苏》（增订本），广州：花城出版社，2002年，第59页。

以倾斜呢？现任乡长刘宏基就举雄牛互斗为例：两只雄牛要对撞时，头角一定是往前倾，牛角前倾，力量才大，因此又叫"雄牛斗崁"，如果将墓碑扶正，必然会削弱家族气势。墓碑倾斜，才能保持家族代代健康兴旺，这种说法使倾斜的墓碑保留了200多年。传说象征着人们将风水观念与祖先祭祀一视同仁，对墓地风水和祠堂风水的执着，包含着对祖先的依恋、尊奉之情。

五、结论

族谱这存在的时间既古老又是人为作用的民间文本，因应区域社会文化，不断地演绎着。其中记录着客家女性传说的种种资料，有的是刻意保存，如对女性祖先的谥号，其中使用的文字含有其对女性的期待与价值判断标准。庶民生活在一个充满感情和社会关系的世界，因此，族人在解释社会、感悟人生的时候，蕴含着寻根溯源与传送家族亲缘的感情。像是统计蓝氏族谱，发现常用两字一组的谥号，使用字词最频繁的前五名，分别是"勤、慈、端、庄、柔；顺、操、惠、理、持"。族谱所记载的女性祖先谥号，无形中在族群内部起着教化作用。

本文以客家族谱为主，配合对台湾客家移民女性祖先祭祀活动的调查，了解女性祖先传说与风水祭祀活动，也有强化族群凝聚力的作用在内。虽然，子孙是从父系那里继承"龙气"，透过"龙气"，其精血得以具体化。但是，孕育后代，将父系世代传递下去，庇荫子孙，绵延不绝的是女性。女性在婚前并没有风水上所谓"气"的存在，女性必须通过婚姻，从男性那里取得繁衍后代的"气"。由此可见，台湾客家移民社会，到台湾定居，强调生生不息，在以免族群衰微的大环境生存压力之下，对于开台婆祖的祭祀，作用跟男性祖先的一样重要。凡是新婚或者出新丁的族亲，必须祭拜开台婆祖，祈求开台婆祖保佑平平安安。

本文解释风水，特别是对于墓地风水，以祖先"遗德"来作为中介对祖先与子孙之间人格性关系进行考察。祭祀祖先，把自己的祖先当作一种人格性的存在，祭祀活动中倾注了亲情。这类祖先传说认为祖先是子孙的慈悲与恩惠的源泉，子孙负有敬爱与孝养的义务。所以，就算是石冈刘家倾斜达75度的祖先墓碑，都被赋予雄赳赳气昂昂的说法，号称"雄牛斗崁"，认为公牛在准备战斗的时候，会将头前倾，这是战斗力的表征。将墓碑扶正，会影响祖先带给后代子孙幸福的能力。将祖先人格化，与后代子孙生活密不可分地联结在一起的传说，已经达到让全族或全家以往和现在的幸福与不幸串联在一起，使之成为生命共同体的作用。在这里，风水就不只是风水，还蕴藏着串联族群利益的意涵。

台湾客家六堆弥浓人之敬外祖与族群性

洪馨兰[①]

一、前言

弥浓位于南部台湾高屏溪（昔称下淡水河）流域的中上游冲积扇扇顶，现在的行政区域属"高雄县美浓镇"，弥浓为美浓的旧地名，同时也指称美浓镇北方平原的传统聚落，以与 20 世纪初才因开垦南隆农场移入的北部客家人或少数的闽方言群而区别。弥浓在清朝六堆时期纳入右堆范围，并迅速成为右堆的统御中心，至今仍是美浓镇公所所在地。

弥浓是由嘉应州籍（尤以蕉岭为多）客籍人士于 1730 年所开垦的聚落群，仍相当程度保存着特殊的"敬外祖"仪俗。敬外祖的举行与男性结婚及女性出丁息息相关，是一种机会式的、不必然强迫式的仪式。但也因这种选择性举行，其背后所象征的动机则更有意义。一般来说，敬外祖同时具有感谢母方祖先以及联结姻亲等功能，但近 30 年亦出现程度不等的适应与变化。本文作者以人类学的角度参与观察，记录敬外祖目前在弥浓的实施概况，并进一步思考仪式背后对于方言群内婚的强化，对形成客籍先民在弥浓地区与其他族群（汉方言群和南岛语族）间族群边界的作用。

笔者对于这个题目的兴趣，来自个人的生涯经验。1997—1998 年笔者将美浓作为硕士学位论文田野调查地点，而后在那个小镇成为农家媳妇，并参与社区发展相关工作。过去十年来的研究兴趣多集中于产业聚落及社

---

① 洪馨兰：台湾高雄师范大学客家文化研究所副教授。

区运动，对于敬外祖的初次接触是因为经历了落地生根的过程，实际参与了这些婚育过程中的拜祖仪式，看到当地人在这些生命阶段忙碌地走访姻亲的祖堂，那种文化震撼远比笔者在十年前初至美浓时穿梭烟田所得经验还大，从某种角度来说，这更逼近了研究者本身已成为美浓媳妇的角色意识。

二、敬外祖：扩大姻亲联结的功能与范围

一般观察敬外祖的基本认识是这样的：它是一组具有敬拜上溯二至三代外祖的仪式结构。所谓"外祖"，指的是婚姻中女方的娘家祖先，敬外祖就是到女方娘家的祖先祠堂去进行祭祖仪式，二至三代外祖则包括了母亲娘家祖先、祖母娘家祖先，或加上曾祖母娘家祖先。笔者目前所在的弥浓地区，① 在成年男子结婚前一日，② 依传统由族中长辈带领进行敬外祖，过去已有学者指出此为"台湾南部六堆客家人的特有婚俗"③，然风俗之来源目前尚无相关专论。20 世纪 70 年代，美籍人类学者孔迈隆（Myron L. Cohen）在美浓（龙肚）大崎下做村落民族志，首度详记敬外祖过程；④ 后来在 20 年后出版的《美浓镇志》，则选译孔迈隆的著作收入，将人类学民族志视为地方"史"，其中亦包括敬外祖的部分描述。地方文史团体倾向采纳民族音乐学者的角度进行调查，重点已不在其社会文化意义，而强调其仪式音乐（婚嫁八音）的特色。⑤

根据孔迈隆在 1971—1974 年间针对数场婚礼的记录，他提出敬外祖的意义在于"荣耀母方祖先"（"honoring the matrilateral ancestors"），为父系群建立姻亲亲族的联结。⑥ 然而，近来研究者多不采用该项功能性的诠释，

---

① "弥浓"为清朝时期之旧地名，现今隶属于高雄县美浓镇。"弥浓地区"是指历史上的一个涵盖范围，指称美浓在乾隆中叶由嘉应州籍人士所聚族而居的聚落，包括今弥浓、龙肚、金瓜寮和九芎林四点之间的范围，不包括南端广大的南隆地区。

② 本文所指的结婚皆指一般的"大婚"。

③ 陈运栋：《台湾的客家礼俗》，台北：台原出版社，1991 年，第 41 页。

④ MYRON L C. House united, house divided: the Chinese family in Taiwan. New York & London: Columbia University Press, 1976: 153 – 156.

⑤ 参阅钟永丰等编：《美浓文物暨文化资料调查》，高雄：美浓爱乡协进会，1998 年，第 47 – 53 页。吴荣顺：《钟云辉、陈美子客家八音团》，宜兰：传统艺术中心，2002 年，第 92 – 94 页。柯佩怡：《台湾南部客家三献礼之仪式与音乐》，台北：文津出版社，2005 年，第 121 – 125 页。

⑥ MYRON L C. House united, house divided: the Chinese family in Taiwan. New York & London: Columbia University Press, 1976: 153.

大多仅采用地方耆老口述的方式，提出敬外祖单纯地就是饮水思源与感谢母方的付出，① 并没有去"荣耀母方祖先"的意识。2008—2009 年笔者个人在弥浓地区进行观察时，从几位重要报导人口中所得到的解释亦与后者大同小异。但作为一名文化人类学的研究者，笔者仍建议保留不同诠释，且同时进一步扩大探讨"姻亲祖先认同"的象征性——笔者希望尝试由此角度出发去挖掘其与六堆地方社会形成的关联。本文即首先针对六堆之右堆中心——弥浓进行分析。

敬外祖的仪式内容在孔迈隆的记录中是这样的：

……（婚礼举办的前一天）这天下午，准新郎的父亲或比较近亲的男性，会陪着准新郎准备祭祖牲礼，……准新郎家也在当天举行祭祖，但这是在较为细腻地进行"荣耀女系的祖先"（敬外祖）之后。在整套敬外祖仪式中，最重要的就是准新郎到母亲的父亲以及他祖母的父亲的祖堂去祭祖，这中间还穿插了两场在庙里的祭祀，一个接近烟寮，而另一个则在美浓镇上。在准新郎返家后，他又去祭拜村中的伯公坛以及庇佑着家中饲养牲畜的"猪栏伯公"，这些祭品也和新娘子那一头相仿，但也包括几盘由糯米作成的小甜点。在每个仪式的尾声，这些糯米小甜点都会分给一道祭拜的成员以及一旁站着的人，主要是给小孩，其余的牲礼部分都会带回去作为婚宴材料使用。

强调亲缘连带的敬外祖活动在傍晚之后，同一天晚上是由许多父系亲族所参加的仪式"完神"。这是一个漫长又复杂的仪式，约在晚上七时至八时之间开始，一直持续到子夜。"完神"由拜天公开始，然后即祭拜家族祖先牌位。通常本地所有共同祭祀的子孙都会参加。而整个"完神"仪式就是在雇请来的仪式专家口令中，所有的男人、女人、小孩一次次地在供品桌前，持香鞠躬。（Cohen，1976：153－154；笔者中译）

敬外祖是到母方娘家祖堂（姻亲祖堂）祭祖，但在台湾，另有一"阿婆肉"礼俗也与姻亲有关。"阿婆"是指女方母亲的母亲（即外婆），"阿婆肉"则是在婚礼前由男方赠予女方外婆的特定礼物，过去在传统上通常是一料猪肉。"一料"是一般祭祖用生猪肉切片的单位，作为馈赠之礼的阿婆肉，则往往视夫家家族规模，斟酌其大小，且由女方家族于婚礼前专

---

① 柯佩怡《台湾南部客家三献礼之仪式与音乐》（第 122 页）、吴荣顺《钟云辉、陈美子客家八音团》（第 92－94 页）和陈运栋《台湾的客家礼俗》（第 41 页）。

程送予阿婆，务求"不失礼"。阿婆肉之俗在台湾各地客家皆有，根据笔者的田野调查，目前甚多已改为折合现金，与一般聘礼合并后仅存形式，即在聘礼中附上为阿婆肉的红包礼。[①]

孔迈隆认为，阿婆肉与敬外祖皆具有联结亲族连带的社会功能，象征"男方与女方亲族关系的再强调"。[②] 为了说明其联结的亲属对象，他整理了一份经由婚礼强调的亲属联结系谱图，将阿婆肉、敬外祖，以及婚礼前的父系世系群拜祖（"完神"或"敬内祖"）等所能联结的亲属对象标示出来。孔迈隆认为，一个美浓家庭，透过婚礼（娶媳嫁女），将可联结这个家族的八对祖父母。

2008—2009 年笔者重新在美浓的弥浓地区进行关于敬外祖的观察时，因搜集到当地认为敬外祖有一种"理想型"，即当地人对于敬外祖的"对象"理想上是要敬三代，[③] 这使笔者重新拿出孔迈隆的这张系谱图，重新进行思考。笔者特别注意到1976年出版的民族志资料中，忽略了对三件事情的探讨：

（1）当时敬外祖只敬二代外祖，因此其系谱图所标示的亲属联结是有限的；

（2）敬外祖本身虽然是到"母方"家，但其进行父系世系群的祭祖行为是不变的，也就是说，敬外祖实际上是去敬拜舅家的祖先，故母方的外家那边或许不能纳属于婚礼仪式中直接联结的亲属关系；

（3）阿婆肉实际上仅是针对特定对象的馈赠，而此馈赠之礼实则与该对象的祖先亲族无直接关系，是否与敬外祖或完神同样，都是经由婚礼而得以展现联结姻亲祖先的功能，笔者个人目前持保留的看法。

孔迈隆的民族志同时也透过记录1965年大崎下的通婚区域（姻亲网络），而指出其区域内婚的趋向，且加上烟草种植所需要的密集劳动力，

---

① 田野访谈记录。另陈运栋的《台湾的客家礼俗》一书中还说到昔时嘉应州有"阿婆菜"婚俗，对象是女方的祖母辈，但无资料来源。由田野访谈得知，近20年间"阿婆肉"在美浓一地几乎已改为"折现红包"，甚至为求效率而一并算入男方下聘时的聘金金额里，媒人会特别告知某一笔款项是"贴""阿婆肉"的钱，而未来的岳母代为"转交"给阿婆。在笔者嫁入美浓（2000年）之前后，没见过有人真的去买生猪肉来作为"阿婆肉"了。仪式味道淡化，且消失很快，美浓年轻人多已不甚知之。

② MYRON L C. House united, house divided: the Chinese family in Taiwan. New York & London: Columbia University Press, 1976: 156.

③ 洪馨兰：《客家妇女"劳动人观"的社会实践：美浓客家女性日常语汇与生命仪式之相关分析》，载王建周主编：《客家文化与产业发展研究》，桂林：广西师范大学出版社，2007年。

使得姻亲关系与地缘劳动共作的社会连带紧密扣连。① 巴博敦（Burton Pasternak）以日据时期台湾总督府所搜集的人口资料，亦指出至少在 20 世纪上半叶的美浓即盛行村内通婚。② 两位人类学者所搜集的资料皆集中以美浓东部平原的龙肚村落为对象，今日当我们将这个情形与下淡水溪南岸的屏东平原其他客家村落比较，就会发现原来这或许不是美浓之特例。历史地理学者施添福教授等人研究屏东平原聚落史，即说明了客家"六堆"早在清中叶时期（18 世纪末至 19 世纪初）即已盛行方言群（粤籍客方言群）的地域内婚。③ 有意思的是，不管是人类学者还是历史学者，过去都没有注意到这样一个盛行方言群地域内婚的区域，与敬外祖盛行区域高度重叠，其边界（boundaries）不仅实质上因为族群语言不同的划分而形成——尤其是与闽方言群的区别，在这项研究里，我们更是要指出一个具体且至今仍可观察到可作为边界的文化特征——客方言群的敬外祖礼俗，而后者或有机会提供我们获得另外一些观察六堆地方社会的角度。

希望通过对敬外祖的研究，我们能对客家六堆族群性（ethnicity）有更深的了解，尤其是方言群地域内婚在人类文化中相当普遍，实则无法用以深入探讨客家六堆或更小范围，如弥浓地区的族群性或族群气质（ethos）。然而，敬外祖仪式本身所延伸出来的包括姻亲认祖、认亲、对生养男性的强调、通过族群性对"母职"的表扬等，都提供了一个绝佳的切入点。

三、客家六堆：自我防御心态强烈的地域方言内婚人群

到底六堆早期客家先民遇到的是什么样的情境，进而逐渐形成与方言群内婚盛行同样界线的敬外祖文化？人类学的亲属研究表明，理想上姻亲联结是带有非常现实的利益考量，不管是地域结盟还是经济或政治结盟，与相同性质（同方言群、同地域）的家族结盟，所反映的就是一篇社会史。

---

① MYRON L C. House united, house divided: the Chinese family in Taiwan. New York & London: Columbia University Press, 1976: 36 – 46.

② BURTON P. Guests in the dragon: social demography of a Chinese district 1895 – 1946. New York: Columbia University Press, 1983.

③ 施添福：《国家与地域社会——以清代台湾屏东平原为例》，载詹素娟、潘英海主编：《平埔族群与台湾历史文化论文集》，台北："中央研究院"台湾史研究所，2001 年。又见林正慧：《六堆客家与清代屏东平原》，台北：曹永和文教基金会，2008年，第 197 页。

　　1721 年"朱一贵事件"之后，一个"南台湾武力最强的民间团练"①在屏东平原诞生——客家"六堆"，亦即民乱造成的治安扰动，所激发出来的分类械斗风潮，下淡水溪沿岸的客方言群"选择"了组织化的自我武装来进行对抗。简炯仁以地域化家族的发展为例，分析了六堆如何从原先的团练组织，而后变成一个地域社会。② 然而，这个地域社会本身在 1830 年以后，仍高度处于与周遭闽方言群的冲突械斗之中，③ 这必然使这个地域社会持续维持一种对外防御的机制。陈秋坤认为闽方言群的敌对姿态加上沿山南岛语族的环绕，使得六堆形成"被围困"的紧张感，这是造成六堆客方言群产生排外性的重要原因，④ 此说为我们提供了理解六堆自成一方言群地域内婚的外在条件。

　　假如被包围困于孤岛的焦虑与限制，提供了方言群地域内婚的客观条件，那么笔者则从六堆独特的敬外祖风俗，看到了这个组织型地域社会形成高度自我动员的内在动力。甚至，敬外祖的出现与盛行，其起因与结果或许都是巩固方言群的内婚体系及族群边界。为了说明这个假设，以下以美浓的弥浓客家人为例，说明一个小范围内与敬外祖相关的族群边界及族群性关系。

　　弥浓位于美浓镇北方平原，北、东侧有山脉与南岛语族交界，南侧则与年年泛滥的荖浓溪和六堆其他地区遥遥相望，西缘亦以楠梓仙溪紧临闽方言群重要的墟镇。如前所述，美浓东边龙肚地区自成一个小通婚圈，弥浓其开发史较龙肚更早（弥浓建庄于乾隆元年，龙肚建庄于乾隆二年），但两庄之间因有丘陵相隔，一直要到半个世纪后，因交通开启才形成一个扩大的通婚范围。但基本上，主要的通婚区域仍然集中在本区之内，甚至与六堆其他区域的通婚也甚为少见。方言群地域内婚既是区域的也是族群的，它就像是一个封闭回路，反映的是方言岛的隔离心态史。社会学家马克斯·韦伯（Max Weber）认为族群隔离（ethnic segregation）是一种人性，实行内婚，让社群内的人都具有某种血缘关系，然后发展自己的信仰体系

　　① 石万寿：《乾隆以前台湾南部客家人的垦殖》，《台湾文献》1986 年第 37 卷第 4 期。

　　② 简炯仁：《高雄县旗山地区的开发与族群关系》，高雄：高雄县政府，2005 年，第 294 页。

　　③ 简炯仁：《高雄县旗山地区的开发与族群关系》，高雄：高雄县政府，2005 年，第 326 – 329 页。

　　④ 陈秋坤：《帝国边区的客庄聚落：以清代屏东平原为中心（1700—1890）》，《台湾史研究》2009 年第 16 卷第 1 期。

与艺术形式，这些都是在进入族群隔离状态下会出现的社会行为。① 以弥浓的方言群内婚来说，这是当地人族群隔离的客观条件与主观意识交叉运作的结果，笔者认为这同时亦为敬外祖出现的历史条件。

换句话说，带着族群隔离的意识与目的，方言群地域内婚充分强化了地域亲属的联结网络，使得血亲与姻亲都集中在一个特定范围内的人群之间，同时也意味着不与他者（即便是相当邻近的闽方言群或南岛语族群）轻易通婚的内在约束，而其约束力可能来自一个文化制约、一种文化设计，笔者认为就是敬外祖。这是敬外祖之于强化族群边界的第一个特性。由此分析开始，以下几点都是过去人类学者或历史学者尚未探索到的部分。

四、敬外祖与族群边界及族群性的形成

使族群边界具有明显区隔，是敬外祖的第二个特性。由于敬外祖并非以单纯走访姻亲族人以达成联结目的，而是以传统八音演奏作为前导，并执旗、挑担（内为拜祖用牲礼）、扛轿（准新郎须乘轿），一路吹吹打打，祭完外祖还要燃放纸炮（非常醒目的一种公开昭告）。然而方言群地域内婚使得敬外祖只在相当有限的范围内实践，同时也可以说"非客家人（非六堆客家人）"是在这个礼俗圈之外的。因此，敬外祖彰显的不仅仅是对于姻亲联结的功能，同时还凸显他群（others）以及"非我族类"的边界性。

敬外祖的第三个与强化边界相关的特性，在于其以祖先崇拜之礼来联结姻亲。过去学者多有指出姻亲联结可通过许多正式或非正式的合作或联盟关系建立，但目前我们仅见通过祭拜姻亲祖先的方式进行。在弥浓因视同姓结婚为禁忌，因此绝大多数的姻亲都是不同姓氏的家族，也就是说，到姻亲家祖堂拜祖先实际上是到一个"异姓家族"的祖堂捻香祭拜。一般来说，客方言群视祖堂为一绝对的神圣空间，异姓入内祭祖之事甚为罕见。此俗使得地域内祭祖的"频率"随婚嫁（二至三代）次数成正比，也使得属六堆右堆的弥浓，形成一个高度重视祖先崇拜的社会文化氛围。这种族群性或族群气质的生成，就社会心理学范畴来说，因其自我特征的强化，对于解除某种焦虑或许有其意义。这里所说的焦虑，指的是另一个族群边界暧昧的客观历史条件。下面以弥浓的实际状况，进行补充说明。

---

① MAX W. From Max Weber：essays in sociology. New York：Oxford University Press，1973.

　　弥浓所在的地区，接近沿山地带直接逼近南岛语族的传统领域。清朝政府曾设置"平埔番屯"① 在弥浓周围，学者认为这些平埔族聚落后来不仅成为屏北平原客方言群与生番间的缓冲地带，更提供了弥浓人继续往北、往东进垦的安全屏障。就族群关系而言，平埔番屯的环绕，对于弥浓人来说应具有相当的边界界线，但从日据时期一份统计资料（1920—1935年）可看出，弥浓人在其与南岛语族接临之处，已有部分接触，亦有平埔族人居住在弥浓以外较边缘的小村落。在族谱中不断强化"中原汉裔意识"的弥浓人，即因位处六堆之最北端边缘，且邻近南岛语族群（平埔族、南邹族、鲁凯族），文献中即可发现出现文化相互采借的现象："弥浓妇女学着番妇喜嚼槟榔"②；"平埔族在穿着上与弥浓人逐渐趋近"③ 等。弥浓外缘村落（包括杉林乡、六龟乡、高树乡一带），也明显出现较多因入赘婚所形成的"双姓堂"，学者亦认为此为原住民文化与汉文化的合成。然而，正因为只有六堆客家人才知道外祖要怎么拜、外家要怎么回礼，因此礼俗圈会将"自己人"识别出来，这是敬外祖一个不能忽视的功能。但也因为透过血亲姻亲、跨代姻亲联结的强力纽带，就像弥浓人说的"牵来牵去都是亲戚"，"都说得出彼此的亲属关系"，使得弥浓人很容易一旦跨出其既有生活区域，就会产生举目无亲的焦虑。这也就是何以在仅仅隔溪相望的旗山镇（闽方言群为主的城镇），也有来自美浓的"同乡会"。

　　由此要提到敬外祖对于族群内部凝聚的第四个特性，也就是其具有避免近亲禁忌的认亲功能，这是一种风险回避的高明设计。敬外祖其上溯三代外祖的实作，在礼俗圈内提供界定交换婚的可行范畴。这从两方面可以看到，因为敬外祖的过程是由男方家长带领至姻亲家拜祖，通常拜祖前后都会将仍相当青涩的年轻准新郎官介绍给至祖堂接待的姻亲家族成员，同时也会让准新郎认识且意识到与他具有相当亲属关系的家族以及其所在地。因此自己以后在为子嗣挑选姻亲对象时，即便内婚普遍、到处都是亲戚，也能知道该回避选择哪些家族的子嗣。因敬三代外祖，因此也就可将之视为回避范围亦达三代；到了第三代以上，就是关系很远了，不必计较。也就是说，在敬外祖的仪式操作下，当地客家人对于"近亲禁忌"中的"近亲"，有其来自仪俗建构下的定义。

---

　　① 平埔番指的是汉化较深的南岛语族群。下文中的生番，则是指汉化未深，甚至尚未接触汉人的南岛语族。

　　② 《美浓镇志》。

　　③ 简炯仁：《高雄县旗山地区的开发与族群关系》，高雄：高雄县政府，2005 年，第 120 – 121 页。

敬外祖对于建构族群性所具有的第五个特性，在笔者的观察里是与女性的劳动意识有关，[1] 更贴切的描述是，敬外祖让以传宗接代为主的"母职"，被赋予仪式性的肯定。由于敬外祖必然伴随男子结婚才会举行，所以一个女性得先得子嗣之后，她的娘家祖先才有机会在子嗣结婚前一日，获得另一个家族的人上前拜祖，"感谢女性（母方）的付出"。孔迈隆认为这是"荣耀母方祖先"的时刻。换句话说，女性并非在结婚之后就与娘家完全脱离关系，不仅因地域内婚使得娘家与夫家并不遥远，日常互动甚至种作劳动都可持续形成合作关系，而且若为夫家得子，还可为娘家"赚"来一次接受褒扬（荣耀）的机会。如果多子多孙的话，凭此女子一己之力（生养能力），娘家必与有荣焉。显而易见，敬外祖强化的仍是父系继嗣，强调以父系世系群为中心的姻亲连带。即便口头上当地人只是说到敬外祖是在"感谢母亲"，然而就人类学角度来思考，我们仍必须好奇何以感谢母亲的方式是大费周章地去到她娘家的祖堂祭祖。我认为以上五点提供了许多线索，让我们可以尝试从族群边界与族群性的建立，来思考敬外祖的文化设计与社会功能。

五、客家女性亦参与了"客家化"（Hakkalizaton）过程

弥浓人将女性生养男性的"母子链"通过敬外祖形成一种制度化的伦理，长期处于较为封闭环境状态的当地人常说："客人就是会敬外祖。"此言虽说无任何依据考究，但反映的正是敬外祖在当地人心目中就是客方言群的本色，包括当地人常说的"客人就是比较会饮水思源""客人比较会（怀）念起祖先"，这些语境或许展现的是族群心态史——"客"之所以为"客"，正是一个与"他者"区分开来的结果，透过的是原乡经验中宗族化的实作。

六堆是一个重要的地区，它提供了以上这种意识得以重新再结构并操作的舞台。保罗·康纳顿（Paul Connerton）延续摩里斯·哈伯瓦赫（Maurice Halbwachs）在 20 世纪 30 年代关于"集体记忆"的讨论，以 How Societies Remember（1989）提出社会是会通过纪念仪式及身体实践两个途径，让传说与历史事件不断地在当下再现与重演。于是，笔者从这个角度出发，认为敬外祖即是六堆客家族群，通过姻亲结盟、方言群内婚，及高比例的祖先崇拜仪式，重演先民在原乡时期"形成'客家'（Hakkalizing）"

---

① 参洪馨兰《客家妇女"劳动人观"的社会实践：美浓客家女性日常语汇与生命仪式之相关分析》和《春蚕到死丝方尽：台湾六堆与弥浓地区之外祖敬拜与妇女劳动意识》。

的过程中，从"异族"出走的那段历史。他们所做的就是建构族谱的"中原"特征，强调父系宗族祖先崇拜，并建立内聚排外的力量。

六堆先祖带着原乡心性来到下淡水溪，四周围绕着"异族"与敌对的方言群，想办法突出自身的色泽并拉大文化色差，这就是巴斯（Fredrik Barth）所说的族群界线的建构，"族群由其边界而非其内涵来界定"①。所以从六堆组织逐渐变成六堆地域社会，或说从六堆地域社会集结成六堆组织，都是一个"边界建构"的过程。"建构"不是凭空想象的，笔者认为在这个过程中，"中原汉人后裔"即是萨林斯（Marshall Sahlins）曾提出的民族心性与思维逻辑，用之作用在台湾下淡水溪的客方言群，遂决定其方言群孤岛的社会发展走向。历史是由文化制约的——萨林斯这样主张。历史的发生并非偶然，而是思维结构逻辑下的不得不然；发动历史事件的纵使看起来是个人，但个体的权力及其操作乃嵌于历史结构系统下，其力量之来源是依着文化秩序而来，而后社会以其本身的文化结构，赋权（empower）给特定人物来决定历史的走向。② 六堆之所以成为六堆，它的文化制约或许即是包含一个强烈的、既内聚又排外的父系嗣系群（家族）主义；而敬拜外祖所展演出来的父系崇拜，则是同样历史心性下的结果。

客家女性也参与了这样的父系中心的建构过程，而且也曾经将之视为一种荣耀。萧凤霞即曾说过，在地方社会和历史中，妇女自有她们的天地和位置，也参与了地方文化和社会的创造。③ 虽然学者们仍一再强调客家女性在父系宗族中的地位低下④，俗谚也总是强调客家妇女的角色其实是很典型的生殖工具⑤，但笔者认为敬外祖本质上是一种正面"肯定"性质的仪式，而且是一种家族之礼，不是单单对女性的口头称赞。在此礼俗圈环境中长成的客家女性，其心里的感觉想必相当微妙，她们通过对礼俗的学习，世代复制着拿到人生锦旗的唯一道路。敬外祖也让女性意会到要如何努力才是对族群存续最好的贡献；有了"奖励"，即便是更强化了父系

---

① FREDRIK B. Ethnic groups and boundaries: the social organization of culture difference. London: George Allen & Unwin, 1969.

② MARSHALL S. Apologies to Thucydides: understanding history as culture and vice versa. Chicago: University of Chicago Press, 2004.

③ 萧凤霞：《廿载华南研究之旅》，载华南研究会编辑委员会主编：《学步与超越：华南研究会论文集》，香港：文化创造出版社，2004 年。

④ 邱彦贵、吴中杰：《台湾客家地图》，台北：猫头鹰出版社，2001 年，第105 页。

⑤ 刘锦云：《客家民俗文化漫谈》，台北：武陵出版社，1995 年，第 134 页。

思维，女性咬着牙还是努力完美演出。

六、思考与提问：关于六堆客家的"边界"与"文化合成"

本文以台湾南部客家六堆的敬外祖为例，说明六堆承继闽粤赣客家中心地"Hak"这个群体在形成过程中所建立的族群意识，进一步在地方家族化的过程里，通过方言群地域内婚（隔离）的方式，将族群边界清晰化了起来。同时通过敬外祖仪式的进行，一方面将女性内化为父系社会意识形态的共构者，另一方面在避免高度内婚产生近亲禁忌的机制下，将六堆地域社会建构成一个由仪式圈所涵盖的身份认同体。

作为族群历史心性的产物，敬外祖可视为家族与姻亲在以"延续团体（六堆客家方言群）生存"为明确目标的一种风险控管，是一种集体的地方智慧，它以父系为中心建立一个地域方言群内聚排外的边界，同时通过"荣耀"女性生养功能的仪式，让女性以她们的方式参与了历史共构，更确保了家族的子孙绵延。

另外，针对后续的讨论，笔者想提出两点思考：第一个是"边界"的再诠释。相对于闽粤赣"客家中心地"来说，台湾六堆应该属于这个广义"客家文化圈"的境外移民地，而六堆亦有其中心与边陲，弥浓地区就是六堆的北方边陲。换句话说，"边界"在客家研究中有其多层次且必须被不断厘清的意义。况且，人类学的族群理论研究也告诉我们，谈"边界"的建构，不能一直在认同上打转，仍然是要把"文化"带回族群研究中①，重新去思考"族群"是否只是"分离"的地方，有没有一种可能带有"结合"味道的地方。② 这个提问笔者将继续探究下去，特别是针对跨族通婚下敬外祖所产生的意义是否亦有改变。

第二个后续思考就是关于"文化合成"。边界假如不是分离，那么就非常有机会成为合成文化的发生场域。谢剑与房学嘉认为，粤东拥有的婆太传说与女性祖先祭祀，其受祀者为一个开基祖世代的长者女性，似为母系社会的余存③，这引起许多学者开始思考当地的这项女性神格化的风俗，

---

① 参阅 HANS V & CORE C. The anthropology of ethnicity：beyond "ethnic groups and boundaries". Amsterdam：Het Spinhuis，1994.

② COHEN A P. Signifying identities：anthropological perspectives on boundaries and contested values. ［S. I.］：Routledge，1999：37 – 58.

③ 谢剑、房学嘉：《围不住的围龙屋：记一个客家宗族的复苏》，嘉义：南华大学出版社，1999 年，第 94 – 95 页.

亦有学者认定婆太信仰乃是受畲族文化影响所致。[①] 相对来说，台湾六堆地区的敬拜外祖生育礼俗，因其祭拜对象仍是父系社会的祖先，所以过去并未有人类学者提出是否与环绕东缘地带的南岛语族文化有关，但是否有可能翻转为一个与平埔文化合成的女性崇拜诠释？笔者认为，如此下来，可见强调生养男丁的母职身份与角色，其仍有值得继续探讨的空间。

---

① 杨彦杰：《闽西客家地区的畲族：以上杭官庄蓝姓为例》，载房学嘉编：《梅州地区的庙会与宗族》，香港：国际客家学会、海外华人研究社、法国远东学院，1996年。亦见谢重光：《客家形成发展史纲》，广州：华南理工大学出版社，2001年，第323—324页。

客家传统祖牌的女性祖先崇拜

曾纯纯①

本文试图探讨祖牌的祭拜者与被祭拜者以何种方式被纳入祭祀与被祭祀的关系之中，这些祭祖活动由男性主持，已婚的妇女可由男性支持以祭拜祠堂里的宗族和家族祖先，也可以参加祖坟的祭祀活动，她们去世之后，牌位被供放于祠堂，接受后代子孙的祭祀。然而笔者实地调查台湾南部六堆客家地区的祖堂以父系祖先崇拜与信仰为主，呈现父系的辈分等级与长幼之别，说明了客家人对祖先崇拜与重视男性子嗣的传统观念仍受到重视，男性是借由出生、女性是通过婚姻而被纳入这种祭祀关系之中。但是近年来，越来越多的家族接受"女儿"填入祖牌的事实，女儿因招赘、未婚、收养，甚至离婚而出现于父系祖牌上，其祭拜者也由同姓子孙（招赘婚之子女从母姓）扩增为父母（祭拜未婚女儿）、兄弟侄孙（祭拜未嫁或离婚姑婆）、异系与异姓子孙（祭拜养母）。由此可知，客家人祖先崇拜的仪式与对象可以因地制宜，这样的关系是否影响祖先崇拜的意义？如何通过祭祀、被祭祀的关系界定与建构客家女性的社会地位？其祖牌的设立除了权利义务的互惠原则，客家人是否有其他特殊的考虑？

一、祖先牌位的变例

在汉人的观念中，任何人都必须以某种方式被纳入祭祀与被祭祀的关系之中，男性因出生而理所当然被保证给予祭祀关系之中坚定的地位，相

---

① 曾纯纯：台湾屏东科技大学副教授。

对来说女性不因出生而因结婚被纳入这种关系之中。① 一些冥婚或是倒房，借着异姓子孙的祭祀以延续香火的祖先，称之为"异姓祖先崇拜"，以和"正统父系祖先崇拜"区别，这是祖先崇拜的变异类型。② 李亦园认为"异姓祖先牌位"应正名为"异系祖先牌位"，因为有多座牌位人家的祖先牌位，虽大多数属不同姓者，但其中亦有少数是同姓而不同系统的祖先。③

陈祥水以彰化县埔心乡为例，认为造成奉祀异姓祖牌大部分是由婚姻或财产的给予而起。因此，陈祥水认为财富、田地和祭祀间所形成的互惠关系，使异姓祖先的地位得以确立。由此可知，祖先崇拜的仪式可因地制宜，逐渐发展出适合该家族的祭祀方法，不影响对祖先崇拜的意义，同时还可确定的是祖先牌位的设立与权利义务有很大关系。基于互惠原则，给予财富与田产，条件是必须供奉异姓祖先香火。④ 此说与李亦园研究祖先牌位与家族间的权利义务关系有异曲同工之妙。

庄英章以新竹县闽南聚落崁顶为例，异姓祖先牌位出现在同一祖堂的现象，最常见的是由招赘婚带来，赘夫或入赘之后新刻本家祖牌，其次是由婚入的女性长辈所带来，其余的则是过房、母亲再嫁及同姓中非同世系所寄奉。⑤ 曾坤木调查屏东县高树老庄客家伙房，同一祖堂神桌上出现的祖牌数，以一姓一座的居多，其次是两姓两座、三姓三座，大都因招赘婚而出现异姓双祖牌。也有出现一姓两座或三座祖牌的变例，其中有因本家人口增加或原为两姓其中一姓迁出的关系，而出现一姓三座祖牌，乃因家族人口繁衍茂盛，主祀历代高曾祖考妣神位，并祀立来台以后历代各房考妣神位，显示宗族意识浓厚。⑥

至于异姓祖先牌位摆放的位置，彰化县埔心乡常只能摆在护龙或厨

---

① 滋贺秀三著，张建国、李力译：《中国家族法原理》，北京：法律出版社，2003年，第374页。

② 陈祥水：《公妈牌的祭祀：承继财富与祖先地位之确定》，《"中央研究院"民族学研究所集刊》1973年第36期，第141页。

③ 李亦园：《台湾汉人家族的传统与现代适应》，载乔健主编：《中国家庭及其变迁》，香港：香港中文大学社会科学院暨香港亚太研究所，1991年，第55页。

④ 陈祥水：《公妈牌的祭祀：承继财富与祖先地位之确定》，《"中央研究院"民族学研究所集刊》1973年第36期，第141－160页。

⑤ 庄英章：《田野与书斋之间：史学与人类学汇流的台湾研究》，台北：允晨文化，2004年，第260－269页。

⑥ 曾坤木：《客家伙房之研究：以高树老庄为例》，台北：文津出版社，2005年，第98页。

房、屋檐下或其他不显眼之处，却可以因作祟而登入正厅。① 屏东县高树乡的异姓祖牌祭祀，会在同一正厅或公厅神桌上摆设两块或两块以上的同姓氏祖牌。异姓祖牌在神桌上的排序，当地客家人重视主从与"先来后到"的伦理之分，排序以中间为最大，左边其次，右边再次，方位是以祖堂中轴线由内往外望为依据。② 笔者在屏东县万峦乡调查的三户因入赘而供奉异姓牌位的，都是摆在同一厅堂，置于同一神桌上，中间没有隔以木板，只是异姓牌位置于本家牌位的左边，体积较小，雕饰简朴，只写本房直系祖先，仍有独特之处。

上述关于祖先牌位的变例研究，关注的是"异姓祖先牌位"或"异系祖先牌位"，供奉本家父系牌位以外的独立牌位，而根据笔者在六堆地区实际访查的结果，同姓牌位里出现异姓祖先（恩主公），是异姓而有收养、招赘、佣雇关系的祖先；③ 或同父系牌位出现女性祖先，是同姓而不同系统/性别的祖先，也都是变例牌位的一种，特别是未婚女子在传统的祭祀和被祭祀的关系中，从未占有任何地位，④ 这些异姓/同姓何时通过何种类型的媒介以何种方式填入同姓同父系的祖牌？

六堆指的是台湾南部屏东县、高雄市境内数个客家人聚居的乡镇。面西朝向高屏溪方向，分为中堆、先锋堆、后堆、前堆、左堆、右堆。⑤ 1786 年，"六堆"二字始见于文献记载，⑥ 也反映出清代客籍人群大量移垦此地的事实，并因而形成自我认同进而产生"我群"的意识。即使是日本殖民政权在 1928 年编印的台湾汉移民的乡贯调查结果，也显示出六堆移

① 陈祥水：《公妈牌的祭祀：承继财富与祖先地位之确定》，《"中央研究院"民族学研究所集刊》1973 年第 36 期，第 141 页。

② 曾坤木：《客家伙房之研究：以高树老庄为例》，台北：文津出版社，2005 年，第 96－98 页。

③ 笔者已在"2012 年六堆历史文化与产业学术研讨会"发表论文《客家传统祖牌的异姓祖先崇拜》。

④ 滋贺秀三著，张建国、李力译：《中国家族法原理》，北京：法律出版社，2003 年，第 373 页。

⑤ 六堆所涵括之聚落，以今人之分法，即竹田乡一带为中堆；万峦乡一带为先锋堆；内埔乡一带为后堆；麟洛、长治二乡一带为前堆；佳冬、新埤二乡一带为左堆；高树、美浓、六龟、杉林一带为右堆，除了美浓区、六龟乡、杉林乡位于高雄县，其余 8 乡皆在屏东县境内。若读者对六堆从乡团组织成为地域概念有兴趣，可参阅林正慧：《六堆客家与清代屏东平原》，台北：曹永和文教基金会，2008 年，第 160－197 页。

⑥ 《平台纪事本末》，台北：台湾银行经济研究室，1958 年，第 25 页。

民来自广东省嘉应州者占了 78%。① 时至 2004 年，客家委员会所做的政府统计资料显示，此地的客家人口数占总人口数的 62%。② 因此，"六堆"仍是南台湾高屏地区的客家人族群聚落，常被拿来与同属客家族群聚居的北部桃园、新竹、苗栗等县市相提并论。

二、客家人祖先崇拜的祭祀文化

按六堆地区的丧葬习惯，在一位成年人（通常指的是已婚的男子或女子）病危临终前，由子孙为其洁净身体，换穿寿衣，抬至祖堂或厅下（正厅），一家大小亲朋族戚围送其入西天极乐世界。依传统习俗，葬仪社的工作人员会先请祖先离席，再将厅堂中的祖牌、神位遮住，通常由地理先生或择日师择期入殓开吊，再以男孙的名义在纸制的木主上，③ 为新亡者立一个临时牌位，由工作人员陪同家属进行竖灵工作，亡者的鬼灵就能依附在木主上，此时的木主尚未点主，先以红纸遮住，供奉在厅堂前临时设置的小灵堂，供祭奠品，也方便吊唁的亲友上香追悼。这块木主从此就被视为亡者的象征，直至亡者被土葬或火化，木主在整个丧葬仪式里都被作为祭拜的对象。

在丧礼当天，进行家祭仪式前，在礼生的引导下进行"点主"，孝长男与次男跪在天神位前，长子双手向后捧着纸制的木主，④ 由点主官持一

① 台湾总督官房调查课编：《台湾在籍汉民族乡贯别调查》，台北：台湾时报发行所，1928 年，第 24 - 27 页。其中嘉应州移民所占比例，美浓庄 95%，长兴庄 79.3%，高树庄 68.6%，万峦庄 70.2%，内埔庄 80%，竹田庄 78.6%，新埤庄 87.5%，佳冬庄 61.7%，合计 78%。

② 客家委员会委托执行"全国客家人口基础资料调查研究"，借由科学的调查方法搜集信息，以推估全国客家人口数，以及县市、乡镇客家人口数。其中客家人口数占总人口数的比例，高雄县美浓区 93.5%，杉林乡 62.9%，六龟乡 43.5%；屏东县长治乡 51.8%，麟洛乡 87.2%，高树乡 55.8%，万峦乡 38.3%，内埔乡 57%，竹田乡 81%，新埤乡 52.9%，佳冬乡 53.6%，合计 62%。

③ 按古制，始丧应先制魂帛，暂时供作亡魂灵位，而后制神主，参考江庆林主编：《台湾地区现代丧葬礼俗研究报告》，台北：台湾史迹研究中心，1983 年。笔者在 2012 年 11 月期间跟随礼生赖裕文观察内埔、竹田地区的丧葬仪式，客家人设灵堂时不用魂帛，直接用纸制木主，赖裕文指出："客家人的木主就是魂帛，客家人没有用魂帛的。"而木主上书"故显祖考谥×××字×××公神王位"，右题"男孙"，左题"永祀"，没有男孙，亦可右题"女儿"，左题"永祀"。

④ 木主上的字数，需以"生、老、病、苦、死"五字轮流落字在"老"字上，其意思为往生者为老死，意谓阳寿已尽。

朱笔在"王"字上点一朱点，① 即为"主"，在同时通生口念着："周公命谥，取善录长，一点神主，奕世荣昌，光前裕后，子孙满堂"，点后将朱笔往前丢掷。接着是"安灵"，孝长子捧着神主位，设在上堂桌（供桌）的香炉后，通生上香唱曰："神主既成，伏以尊灵，谥以谥德，志以志凭，子孙祀奉，百世惟馨"，让亡魂有所归依，接受后代子孙的供奉。

引柩出殡时，由孝长子捧木主，次子持香与招魂幡，长孙拿遗照，②若进行火化，将木主、铭旌、谥法放在棺木上，一起焚化。土葬时，则把铭旌和棺木一起埋掉，将木主和谥法带回家中，引魂返家后安灵，当日马上除灵，将木主、谥法、招魂幡与孝服一并在禾埕前烧化，有的人是圆七时安灵，才将木主烧化。对年"合炉"时才上祖牌，用一张红纸，将亡者姓名正式写入祖先牌位内，意谓亡者已列入列祖列宗的神位，此后祭拜祖先不可烧银纸，只能烧金纸。

时至今日，一位客家人过世，只要有家人愿意主丧，发下讣闻，就可以制作纸板木主，经"竖灵"仪式成为鬼灵暂时凭依之处，再经"点主"，鬼灵成为神主，即有人供奉的魂，而不是孤魂野鬼，等到对年"合炉"时，填入正式的祖牌里，象征亡者成为祖先，正式接受阳世子孙之供奉。这意味着无论早夭者，或未嫁未娶的男性或女性，经由丧礼仪式之后，都可以上自家祖牌。③ 一般早夭的男子，通常没有进入社会，也没有人际关系，因此由其父母简单办理后事。礼生赖裕文表示，④ 他办理的最年轻的往生者17岁，车祸意外过世，有同学朋友等人际关系，由父母代表发讣闻，题曰："长男不幸恸于……"，亦可由其亲兄弟代表，题曰："长兄不幸恸于……"，但仪式仍简单，不行孝子礼，只行国民礼仪，填入祖牌时谥号多题"年青"，以为注记。未婚的女儿，如果年纪尚轻，则处理方式等同于上述年轻早夭的男子，若是50~60岁以后往生，则由其兄弟的儿子，代行孝侄礼，路祭由侄女与侄女婿办理，行族戚礼时，一是宗族代表，一是亲戚代表，亲戚代表可由其母亲或祖母的外家亲戚担任。但若姑婆留有财产给侄子，侄子则行孝子礼，并负责身后的祭祀。但是这种状况

---

① 按照传统，亡者是男性，"点主官"由宗族长辈或礼请地方圣贤之士、德高望重者担任；亡者是女性，则由外家（即娘家）长辈担任。而且要用口衔笔，现在有时由礼生点主。

② 其顺序视亡者的子孙人数而异，也可以是长子、次子、三子，或长子、长孙、次孙。重点在于视为亡者灵魂依凭的木主在送葬队伍里需处于最显眼的位置。

③ 男左女右，或贴在自己的世代的空白处，掉了就不再补，直至新刻祖牌。

④ 礼生赖裕文口述，2012年11月5日。

并不多见，因为客家人通常不留财产给女儿，最常见的处理方式是由其亲兄弟出面，兄弟重视同胞情谊，彼此有浓厚的感情，不忍自己的姐妹身后无人奉祀。若无亲兄弟者，但有收养已婚嫁姐妹的小孩，即由外甥改姓承祧，代行孝子礼。未婚的女儿填入祖牌的方式，如万峦五沟水刘应璠公祖堂是"妣癸妹刘妹"，五沟水李氏祖堂有 9 名称为"×妹李姑"，美浓多简称为"××姑"，均是未嫁姑婆。

笔者调查屏东县六堆客家乡镇的祖堂，祖牌出现未嫁姑婆的名字，也是近两三世代，大概是日据时期以后，风气渐开，女性独身者愈多，以前传统的观念是女儿一定要嫁人。但是礼生赖裕文表示，[①] 女儿离婚后，也可以由其父母或亲兄弟出面办理丧事，但是该女死后不可上自家祖牌，因为嫁出去的女儿，是泼出去的水。因此在内埔乡公墓的纳骨塔，奉祀神主位有三种：一是因某种因素，家人无法祭祀者；二是身后无子嗣传承者；三是未嫁的姑婆，由公家单位定期派人祭扫。显然，客家人对离婚的女儿仍持排斥的态度。

三、女性祖先崇拜：以美浓为个案

笔者在 2009—2010 年为执行六堆地区客家祖牌的调查工作，口述访谈传统祖牌工艺匠师，其中美浓区"丹青雕塑工作室"的张贵和师傅提供了438 幅祖牌原稿为研究资料，[②] 张贵和近五年（2005—2010）来为美浓、杉林、高树一带的祖堂制作了许多祖牌，为了祖牌字数能合字眼，[③] 在制作祖牌之初，以有格的白纸填写家族成员的世代、名讳等（图1），这些原稿也代表着 438 个家族的世系内容，本文以统计方法与资料分析，探讨客家祖牌的女性祖先崇拜。

---

① 礼生赖裕文口述，2012 年 11 月 5 日。

② 当地祖牌匠师多有留手稿的习惯，长治乡钟懃喜师傅提供284 幅、内埔乡曾学政师傅提供 21 幅，其保存数量与完整性均不若张贵和师傅。

③ 祖牌要重视字眼。在《台湾私法》中曾经提出神主的"题字有定制"，其云："即以总字数除五，得畸零一或二为吉，俗称'生老病死苦，遇生遇老皆可用'"，参考台湾省文献委员会编，陈金田译：《临时台湾旧惯调查会第一部调查第三回报告书：台湾私法》（第二卷），南投：台湾省文献委员会，1993 年，第 73 页。

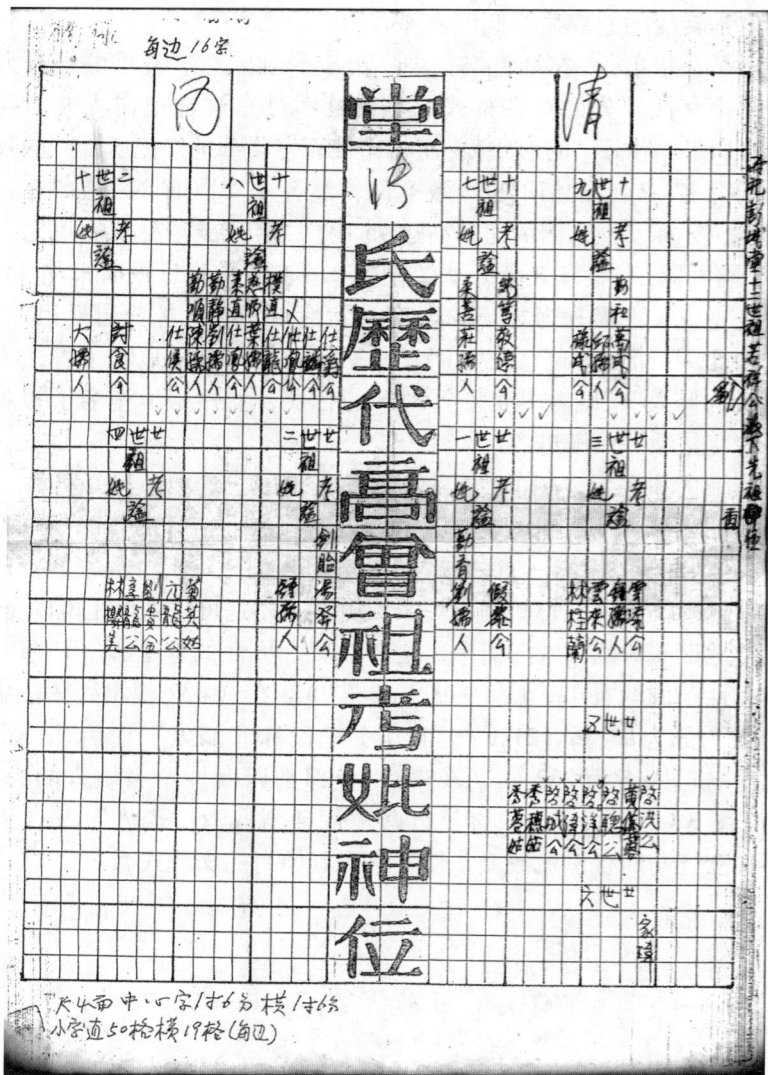

图1　清河堂张氏的祖牌原稿（张贵和师傅提供）

　　传统的客家社会，妇女因结婚得以上祖牌，一律刻写着"姚×孺人"，如美浓河南堂萧氏，始于14世至24世的祖姚，祖牌原刻仍尊称"孺人"，恪守传统。然而美浓地区新刻的祖牌，大多如同高平堂范氏，祖姚在16世至18世全称孺人，19世出现一位"钟阿金"的祖姚全名，20世至23世则以女性全名填入祖牌。但也有如美浓区的西河堂林氏祖牌，所有的女性祖先都以全名填入，这些例子则说明客家女性过去与当前在家族中地位之转变，但是转变的速率显然低于墓碑或族谱。

濑川昌久指出，[①] 在祠堂祭祀中，由于受到家法、礼书的强有力的规范和控制，女性祖先的存在方式，充其量不过是被合祀在丈夫的牌位上（或者以所谓"附书"的形式），而相比较而言，墓地祭祀所受到的规范化程度要低得多。族谱的情形也大致类似，笔者在六堆地区采集的客家族谱有 300 本，计算女性入谱的比例高达 95.5%，客家族谱称女性祖先为"×氏""×孺人"，有姓有名者，从清朝的 4.6% 增长到日据时期的 44.8%，在台湾光复后，更提升为 87.5%，客家女性祖先同大部分男性祖先一样，以全名入谱。[②] 而在牌位祭祀方面，客家妇女因结婚得以上祖牌，一律刻写着"姓×孺人"，随着男女平等观念的普及，女性得以全名上祖牌，但是这项转变是缓慢而渐进的。

匠师张贵和表示，[③] 由于以前祖姓称"孺人"，子孙只知其姓不知其名，日后翻刻祖牌，依据现成的旧祖牌内容，加上恪守前代的规范不敢移易，大都依照旧祖牌填入，保持敬宗尊祖的体例。除了少数家族，据有旧谱，佐证墓碑、牌位及户籍誊本等家族史料，还是可以列出祖姓的全名。

美浓地区 438 幅祖牌图稿中，全部只填入男性的有 1 幅（1%），至少有一名女性配偶的有 437 幅（99%）（图 2）。在这 437 幅祖牌图稿中，皆称"孺人"的为 91 幅（21%），前几个世代称"孺人"而后几个世代改以女性全名填入者为 332 幅（76%），全部都以女性全名填入的为 14 幅（3%）（图 3）。综而观之，直至近两三代渐渐取消"孺人"及"谥号"，现实环境变迁与时代潮流改变，使客家人其原有的文化式微。

---

① 濑川昌久著，钱杭译：《族谱：华南汉族的宗族·风水·移居》，上海：上海书店，1999 年，第 170 页。

② 曾纯纯：《从"孺人"到"女儿入谱"：客家女性在族谱中角色的历史变迁》，载丘昌泰、萧新煌主编：《客家族群与在地社会：台湾与全球的经验》，台北：智胜文化，2007 年，第 232 – 234 页。

③ 张贵和先生口述，2011 年 11 月 15 日。张贵和，1946 年生，目前经营美浓区"丹青雕塑工作室"。

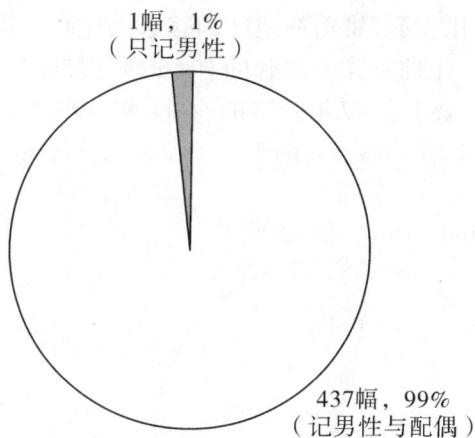

1幅，1%
（只记男性）

437幅，99%
（记男性与配偶）

图2　美浓地区祖牌图稿之数据

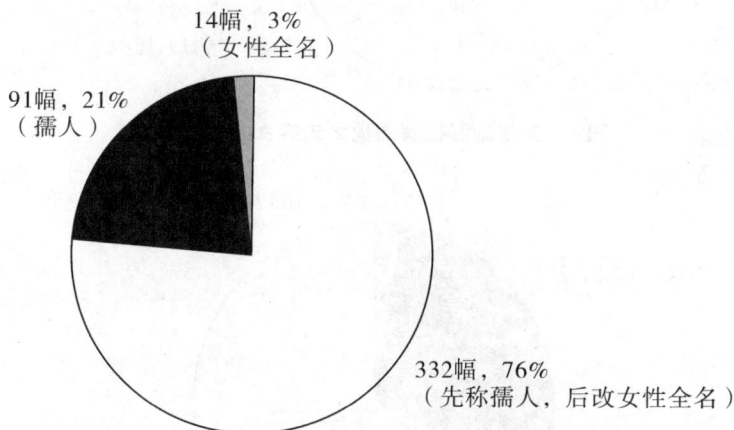

14幅，3%
（女性全名）

91幅，21%
（孺人）

332幅，76%
（先称孺人，后改女性全名）

图3　美浓地区祖牌图稿之祖妣称法数据

　　传统的客家社会，女孩子如果没有出嫁是不能入祖先牌位的，而未嫁的女儿，身后是供奉在斋堂或姑娘庙，一般也不能上本家牌位。但笔者在美浓河南堂萧氏的祖牌上却发现女系祖先"招娣姑""菊梅姑"的记录，祖牌匠师张贵和表示，① 这在美浓是很普遍的现象，家族内早夭或未嫁的女儿成员其实是可以上牌的，以"××姑"载入，身后则由兄弟及侄儿祭祀。近年来，甚至连离婚的女儿，父母怜其鬼魂无人奉祀，也有填入本家

---

① 张贵和先生口述，2011 年 11 月 15 日。

祖牌的例子。张贵和表示,[①] 美浓地区的客家人比较疼惜女儿。美浓地区 438 幅祖牌图稿中，未嫁女儿上祖牌的有 66 幅（15%）（图4）。在这66 幅祖牌图稿中，记录 1 位女儿名字的有 44 幅（67%），2 位的有 18 幅（27%），3 位的有 4 幅（6%）（图5）。

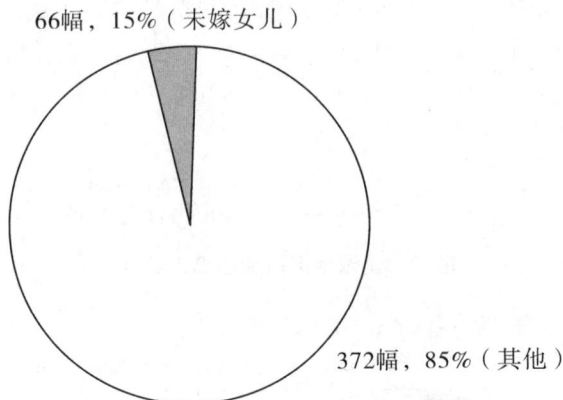

66幅，15%（未嫁女儿）

372幅，85%（其他）

图 4　美浓地区祖牌图稿之未嫁女儿入牌数据

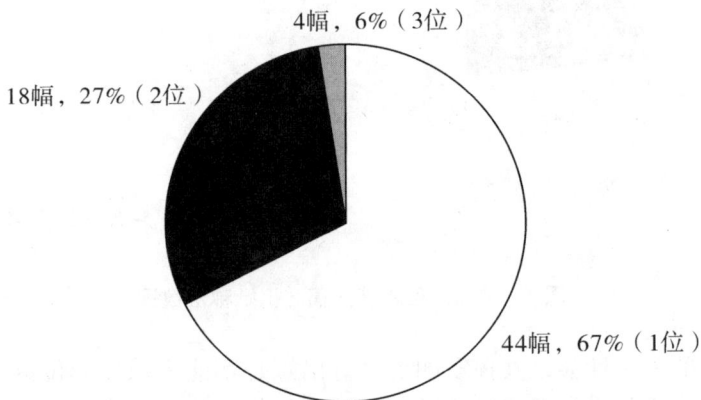

4幅，6%（3位）

18幅，27%（2位）

44幅，67%（1位）

图 5　美浓地区祖牌图稿之未嫁女儿上牌人数分布数据

近代在美浓地区至少有 15% 的家族是已能接受女儿牌位填入本家的。但女儿入牌也是迟至近两三代才显著增加，这也意味着女子终身不婚的观念渐开，结婚不再是构成女子填入祖牌接受奉祀的必要条件。而从本家家族可以接受女儿不婚或离婚的事实，可以发现妇女地位逐渐在家庭中受

① 张贵和先生口述，2011 年 11 月 15 日。

重视。

在六堆地区"招赘婚"是女子能填入本家牌位的一种形式，以维系家族的派下权和后代繁衍，家族成员会基于延续香火的目的而让招赘的妇女填入祖牌，同样也以"××姑"载入，但在其赘夫名前会加注"入赘""续祠"，其两人身后由女方家族的后嗣共同祭祀。美浓地区438幅祖牌图稿中，女儿招赘的为53幅（12%）（图6）。在这53幅祖牌图稿中，记录1位招赘的有1幅（2%），2位招赘的有52幅（98%）（图7）。

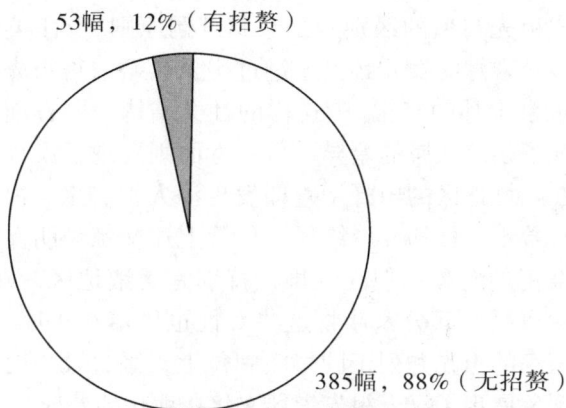

53幅，12%（有招赘）

385幅，88%（无招赘）

图6 美浓地区祖牌图稿之女儿招赘数据

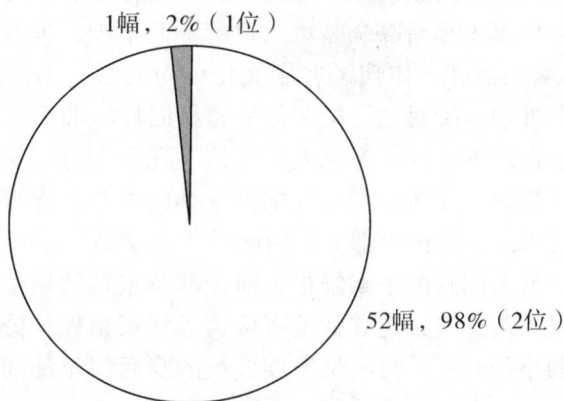

1幅，2%（1位）

52幅，98%（2位）

图7 美浓地区祖牌图稿之女儿招赘人数分布数据

传统客家大祖牌的正面以黑底金字浮刻亡者属称，即显祖、考、妣、官名、谥号、姓名、别号，但近来以"孺人"称妇女及官名、谥号、别号等文化则渐渐流失，内容虽有简化的趋势，但主要的世代或姓名并未省略。起初开基祖妣多称"孺人",到最后入牌祖妣的称号作了较大变革,有名有姓,大多都取消"孺人"的称号,同时也增加未婚或离婚女儿的名讳。随着时代推进,客家祖牌也产生变革创新,有些不适应现代社会的规范,可以取消或修改。

四、结语

余光弘针对台湾汉人民间的阴神崇拜,对神、鬼和祖先三者之间关系提出另一种说法,他以为祖先与鬼之间存在着一种连续关系,实际上二者皆为亡灵,造成祖先与鬼的区别乃是亲属继嗣原则。[1] 庄英章、许书怡则以为夭折的小孩、未嫁的女儿必须通过过房及冥婚取得祖先地位,亡者的灵魂才可得以永享子孙的祭祀。[2] 这样的社会结构,一方面在神、鬼、祖先的概念中呈现了亲疏从属的差异,另一方面则展现了汉人男性继嗣的文化特色。笔者在六堆地区的田野调查即发现汉人神、鬼、祖先信仰在同样的文化脉络下有着不一样的发展结果。尽管上述文献说明女性必须通过结婚才能被列为祭祀的对象,但在六堆,特别是美浓地区,女性未嫁而亡、终身未嫁或嫁后离婚,部分家族将这些女性也供奉在正厅,被奉为祖先,并且是与原生家庭的祖先并列于同一座牌位上,平日及岁时节庆,同享人间烟火,这个现象展现了汉人祖先崇拜文化在地化的差异。

在一般客家人的牌位祭祀中,妻子只是以"妣×孺人"这样一种标志本人父姓的形式附写在其丈夫的牌位上,而不是将妻子作为个人性的牌位祭祀者,及至近代妻子逐渐以全名填入祖牌,而早夭、未嫁、离婚与招婿女儿的填入/不填入祖牌,体现了客家文化中对女性的态度。女性祖先填入祖牌,显见六堆地区的祖先祭祀文化很容易因环境的需要而被强调以作为调适的方法。在六堆地区的客家人,笃信人死后是有灵魂存在的,无论如何,必须填入祖牌,才能受到后代阳世子孙的供奉,直至今日,祖先崇拜仪式仍是传统家庭生活的一部分。因此行"招赘婚"的妇女能填入父系牌位,她们身后就有同姓的子嗣祭祀,而少部分未嫁的姑婆,家族里除了将其供奉在庙里或斋堂里,还有就是直接填入父系祖先牌位,由其兄弟与子侄处理身后的祭祀问题,每一位家族成员的身后祭祀都同等重要。传统

---

① 余光弘:《没有祖产就没有祖宗牌位? E. Ahern 溪南资料的再分析》,《"中央研究院"民族学研究所集刊》1986 年第 62 期,第 115 – 177 页。

② 庄英章、许书怡:《神、鬼与祖先的再思考:以新竹六家朱罗伯公的崇拜为例》,载庄英章、潘英海编:《台湾与福建社会文化研究论文集》(二),台北:"中央研究院"民族学研究所,1995 年,第 219 页。

的客家祠堂祭祀仍受到强有力的规范和控制，但在一般祖堂，基于感恩疼惜的心情，对于母系及女系祖先填入祖牌的标准宽松了许多，无须再通过收养或冥婚的方式，只要家族里的长辈或同辈亲友愿意出面举行丧礼，就能取得祖先地位。崇拜女性祖先只是因为她们是家族里的一员，而不是因为土地或财务的给予。这一点改变，也可以从女性祖先逐渐以全名填入祖牌，推论出客家女性在家族、社会里所扮演的角色愈趋重要。

客家民间丧葬习俗，人死后，实体葬在坟墓，灵魂却依凭着牌位供奉在祖堂里，证明客家人对祖先崇拜与男性继嗣的宗族制度的重视程度，然而比对六堆地区的祖牌资料后却发现，祖先牌位的设立不纯然建立于田地遗产，也非绝对的权利义务关系，除了表现慎终追远的精神，还表达手足情深、父母疼惜的情怀，祀奉女性祖先表现出客家祖牌文化里极富弹性而又有多样性的特质。

伯公信仰研究

信仰文化之邂逅、流动与混成

——从镇平到弥浓的"社官"

洪馨兰①

一、从美浓（弥浓）三座露天墓冢式里社真官坛说起

客裔旧美浓人通常自称"弥浓人"，分布于今高雄市美浓区的北方平原与东方平原，约莫形成于 18 世纪初叶，所处地域本文以广义之"弥浓"指称。弥浓位处下淡水溪②流域，是清初以御外目的组成的武装社群"六堆"中"右堆"之一员。初期共形成三大聚落，包括"弥浓"（乾隆元年建，1736）、"龙庄"（乾隆二年建，1737），以及"竹头背"（乾隆三年建，1738）。1921 年，日本殖民政府以"美浓"二字作为正式行政区域之名。历史对于清初弥浓人社群活动的记载并不多。经过 200 多年的变迁，现今可作为清代弥浓人活动考据之相关历史建物，仅剩垦殖领导群之一的弥浓林氏公馆门楼楹柱之残截。③ 除此之外，大概就是三座相传与三大聚落群开庄时间相当的社官坛了，唯社官坛至今似无自己之管理者，无自己的祭典，香火亦不盛，居民对其之认知多表示即"水口伯公"或"社官伯公"，对其历史来由所知有限。

关于弥浓三座社官坛之由来、建造与早期居民的信仰活动，文献甚少

---

① 洪馨兰：台湾高雄师范大学客家文化研究所副教授。

② "下淡水溪"为旧称，即今天的高屏溪。

③ 最早开辟弥浓庄的林桂山家族，自乾隆元年至道光十五年（1736—1835）长期担任该庄管事，并在庄中建造济南馆（济南堂）作收租藏谷的租馆。参见陈秋坤《帝国边区的客庄聚落：以清代屏东平原为中心（1700—1890）》。

记载，部分见于 1997 年编印之《美浓镇志》。该书《历史篇》中载录一篇论及美浓人文化生活的文章，称社官为"水口—里社神"，并说明其为展现汉民族风水观与客籍原乡风俗之守护神信仰，并说明"水口—里社神"为一古制社坛，但现已没落，被人遗忘：

> ……汉民族聚落布局中的坚持"水口"重地，也在美浓平原上依古制建构着。"水口—里社神"为各庄的土地保护神，把守着各庄水源命脉最后的流出地。古礼的"社祭"，也被庄重地演练着。……社坛既立，各垦地的祈福神——土地伯公，依次陆续地散布平原各境。……"水口—里社神"在农业凋零、水土失去了大自然的调节之后，被人遗忘在荒芜的水口重地，社祭的宴享也转移至日渐盛装的福德祠。[①]

遗憾的是，上述将"水口—里社神"与"福德祠"区别出来的说法，并未被后来的学者采纳；许多后续研究似乎较多倾向认定社官"隶属"伯公体系，仅是具特殊管辖场域的福德正神。本文通过在粤东蕉岭与台湾美浓两地的现地走访，主张社官并非伯公，而是有其特殊之信仰发展脉络。单就三座社官坛外部形制之规模与一般露天伯公坛进行比较，即明显表现出社官坛在多方面都更为细致与宏伟，名称上也与"伯公"不同。从下表可知，社官之碑石尺寸有半人高，名称上虽被居民称为社官伯公，其碑石与联刻上却无"土地""伯公"或"福德正神"之称谓，而是称"里社"，亦有"神位""香座（位）""官位"等与一般伯公并不一致的情形（参见表 1）。

---

① 《美浓镇志》编纂委员会：《美浓镇志》，高雄：美浓镇公所，1997 年，第 151–152、154 页。

表1　当代美浓境内社官坛（里社真官）一览表①

	弥浓里社真官	龙庄里社真官	广福里社真官②
碑石文字	承天资化育③ 里社真官神位 配地福无疆	龙庄 里社真官香座 水口	广庄水土里社真官位福④
内幅联	里社千年盛 真官万世兴	里舍民安□渥 社郊物阜沐恩	里居千载盛 社立万民安
外幅联	四时沾德泽 一带沐神庥	社民有庆乐升平 □□□□□□□	四民俱感德 万幸沐沾恩
植树	龙眼树、杨桃树 （已不在）	龙眼树（已不在）	芒果树（已不在）

　　从上表可见，三座露天社官坛之雄伟形制，其背后象征之财力支持与知识体系皆较一般土地伯公来得复杂。究竟这种形制差异是否意味着社官实际上在神格或性质上比一般土地伯公来得高级？而社官坛所奉祀之"社官"又具有什么样的民俗信仰脉络？

---

　　①　关于三座社官坛的称呼，在县定古迹（因行政区域改制已列为高雄市定古迹）中之名称分别为"弥浓里社真官""龙肚里社真官""九芎林里社真官"。见李允斐等：《高雄县客家社会与文化》，高雄：高雄县政府，1997年，第230－237页；另可参阅张二文：《美浓土地伯公信仰之研究》，台南师范学院乡土文化研究所硕士学位论文，1991年，第66页。本文依笔者所研究，认为应为"弥浓社官""龙庄社官""广福社官"。相关讨论请续见下文。

　　②　此里社真官因位于九芎林庄头伯公旁，因此过去研究者多名之为九芎林里社真官；然而若依古制里社三、四村为一里之标准，该里社真官或许属于大竹头背（即古称广福）共有的里社真官。因此笔者认为依碑刻应称为"广福里社真官"较为贴近。

　　③　弥浓里社真官的方形碑石上仅"里社真官神位"六字，另外的"承天资化育"与"配地福无疆"则是刻于方形碑石两侧翼石上。

　　④　九芎林里社真官曾于1995年由附近居民重建。"广福"一词应指的就是现在兴隆、广林、广德三个行政里之大区域（包括竹头背与九芎林地区）。

二、里、里社、社官、里社真官

里是人文地理概念，为中国古代划分地方行政区域的一种制度。[①] 社则指土地神。乡以上（包括乡）的社由政府设置，官府置祭，里这一层级的社则由居民自己组织祭祀。我们可以这样理解里社：一个特定规模的社群（community）共立一个社神。在历史上的周礼时代，设置社神是一种礼制——乡以上举行社祭是里（地方行政官）的权责职务，须于朝廷（中央政府）的认可与支持下举行，乡以下则较为开放，民间得以设坛举行社祭。笔者认为乡级以上的社所具有的官制性格，即便下到里这个层级，也呈现在里社之祭多由里长带领的特点上。

"里社"这个复合词应该是直接援引《礼记·祭法》中大社（泰社、太社）、[②] 王社、国社、侯社之逻辑，里长为族人所立之社称为里社。里社即是此一土地崇拜之神明全称，至少在明代初期仍相当盛行，而且曾是唯一合法的跨村际信仰。明洪武年间（1368—1398）曾严厉推行全国各里一百户内要设立一处社坛，奉祀社稷之神的政策，据《明会典》记载，每年二月和八月第一个戊日须举行祭社，并宣读抑强扶弱的誓词，倡导和睦乡里风俗。[③] 郑振满于福建莆田平原的研究亦看到，在明代法定的民间祭祀制度中，只有里社的祭祀活动是合法的，而其他宗教活动都是非法的，表面上是中央试图控制地方民间信仰，以避免各种带有叛乱性质的"邪教"趁机作乱，实是把民间宗教活动整编于官方法定的祭祀制度里。[④] 从以上可知，里社在 14 世纪中后期曾随着行政里制遍布于管辖疆域内，成为唯一被允许存在的乡里祭坛。

然而，里社与"社官"之称的差异何在，又为何变成"里社真官"？

---

① 杜正胜：《编户齐民：传统政治社会结构之形成》，台北：联经出版社，1990 年，第 97 – 139 页。

② 文献中之"大社""泰社""太社"应皆为"王为群姓所立之社"，遗存中原古音的客话中，"大""泰""太"皆为同音，可作为判断的参考。

③ "凡各处乡村人民，每里一百户内立坛一所，祀五土五谷之神，专为祈祷雨旸时若，五谷丰登。每岁一户轮当会首，常川洁净坛场，遇春秋二社，预期率办祭物，至日约聚祭祀。其祭用一羊、一豕，酒果香烛随用。祭毕，就行会饮。会中先令一人读抑强扶弱之誓。……读誓词毕，长幼依次就座，尽欢而退。务在恭敬神明，和睦乡里，以厚风俗。"（明）徐溥等奉敕撰，（明）李东阳等重修：《明会典》卷 87《里社·洪武礼制》，载《钦定四库全书》，上海：上海古籍出版社，1983 年，第 819 页。

④ 郑振满：《莆田平原的宗教与宗族——福建兴化府历代碑铭解析》，《历史人类学刊》2006 年第 4 卷第 1 期。

在明代里甲制度逐渐瓦解之后，中国南方与北方的社神崇拜出现了不同的变化方向。赵世瑜指出，里甲制度瓦解的过程中，与敬社相关的礼仪制度也跟着混乱起来，"各村皆有土地，但显然不是当初的社神"，各地开始出现与"原型"不同的社神，且与其祭祀"社神"的时间互异。赵世瑜也指出"社神"已恐非一个，而这种情形尤见于南方。他认为这是因为里甲制度瓦解后，若社祭仍拘泥于礼制规定，不与地方神灵信仰或家族祭祀活动相结合，则必然面对衰落的命运，因此相对于北方各地，南方采取了"不断民间化与地方化的手段"，所以社之崇拜在民间延续的时间更久。所谓"民间化"与"地方化"，在方志文献中即呈现出民间所信仰的人格神"喧宾夺主"甚至"鸠占鹊巢"成为社祭主角甚或社坛主神之例，造成"正祠"（里社）与"淫祠"（祭祀圣王、仙姑、将军等）混乱，而后在明初规定社坛制度时即以此为正统，"把原来杂乱的社神崇拜改造为一体化的礼仪制度，沿袭原来地方传统的反倒成为淫祀"。相对地，北方则是依循礼制框架未形成结合地方或宗族文化的形式，来面对里甲制度的崩解，以至于村里的社神逐渐虚设化。[1]

由上述论点中可以推测南方社庙在那段"被改造"的过程中，社神被赋予了更多地域、方位的意义，从一个礼制土地崇拜转变/融合成为特定地域社群所崇祀的神：一个属于地方社会"自己的"神。由此即可解释何以在清初的粤东镇平地区，"社官"的神格似乎糅合了古制社祭与人格神的双重性（记录于黄钊所著之《石窟一征》中），清中叶前后镇平县境之社神崇拜确实出现这样的特性。根据《石窟一征·礼俗》记载，"社官"与"伯公"乃是不同的神明："社官"是镇平人对"社公"之称，其神话来源为共工氏之子后土，而称"伯公"的则是土地信仰，即福德正神。"俗以土地为伯公，祠曰'福德祠'。或曰伯公者，乡里父老之称也"，"俗以社公为社官，按《祭义》，共工氏之霸九州也。其子曰后土，能平九州，故祀以为社"。[2] 换句话说，从汉代之土地信仰到这个时期变成具体地对"能平九州"有功者的敬奉，"社官"的内涵已经有了转变，而"伯公"则继承着土地崇拜，但非以"里"为特定指向的管域单位，而更多是比"里"更小之村落或家族层级。清代中叶时期在镇平的"社官"，黄钊写到已非仅看顾丰收的神性，"村有妖疠祈社官以驱之，野有螟螣祈社官

---

① 赵世瑜：《狂欢与日常：明清以来的庙会与民间社会》，北京：生活·读书·新知三联书店，2002年，第106—110页。

② （清）黄钊著，广东省蕉岭县地方志编纂委员会点注：《石窟一征点注本》，蕉岭：蕉岭县地方志编纂委员会，2007年，第127页。

以除之"①，不利于人的或不利于农的，都祈求社官予以驱除。相对于"伯公"为村民在族地内外或桥头村尾之私设土地神，从里社发展出来的"社官"，其神格与神性在清初至中叶时期在镇平地区已见明显转变——民间化与地方化的结果，社官具有了驱妖除疠的把境功能。也就是说，"社官"在南岭边区的客家中心地，形成一种古制社神（社祭部分）与在地信仰（神格部分）的"混成"，民间信仰巧妙地被保留在属于正祠的里社崇拜里，流传后世。

在粤东镇平一地，"社官"是里社与什么样的民间信仰相互合成的？笔者认为《石窟一征》里提及地方盛行之"公王"信仰，应是较好的答案。后文将对此继续讨论。不过，在现在社官的碑石上出现的"里社真官"，显然并不是社官（社公、社令）的原称，而是自"社官"衍变而来。"真官"二字置于"里社"之后，似乎意味着社官信仰在特定时期与特定地区道教化的影子。在唐代文学中，"真官"二字曾用以描述仙人中具有官职的人，或指称道士。若就此逻辑来看，"里社真官"可能是将里社（土地神）人格化后纳入道教系统的一种称法，时间点也许是在宋代。宋末元初林灵真编辑的《灵宝领教济度金书》卷 196《请称法位》，在"县城隍"之后有所谓"当境土地里社真官"，②为天、地、人三界中位阶最贴近基层的神明。本文推测"里社真官"成为道教当境土地法称，至晚在南宋年间已经出现。

爬梳以上脉络我们大致获得这样的理解："里社真官"的神称在出现之前即有"社官"之名的存在，而"社官"并非"里社真官"的简称，而是有"社官"自己的脉络。"社官"为古时礼制下的社神之称，"里社真官"则有道教化尊奉之当境土地神之意。但现在无论是在弥浓还是在蕉

---

① （清）黄钊著，广东省蕉岭县地方志编纂委员会点注：《石窟一征点注本》，蕉岭：蕉岭县地方志编纂委员会，2007 年，第 127 页。

② 在《灵宝领教济度金书·请称法位》一条写道："……谨同诚上启太上无极大道虚无自然元始天尊，太上道君，太上老君，昊天玉皇上帝，南极天皇大帝，北极紫微大帝，南极长生大帝，东极青华大帝，后土皇地祇，九天生神上帝，三十二天上帝，五灵五老上帝，上清十一曜真皇君，南斗六司真君，北斗九皇真君，二十八宿星君，营室虚危星君，土公土吏，盖屋土司空星君，辟土宫弧矢星君，泰玄枢机三省诸相真君，北极四圣真君，三元三官帝君，灵宝五师真君，九天诸司真君，天曹诸司真君，祖师列位真君，三洞四辅、经箓法部、诸省府院司仙灵将吏，五岳五帝真君，五天圣帝，洞天福地、靖庐治化仙真主宰，本靖祖玄真师真人，经籍度师真人，北阴酆都大帝，水府扶桑大帝，九垒土皇君，土府五方大帝，南离北坎，东震西兑，四面方隅禁忌神君，本府本县城隍司主者，当境土地里社真官，三界官属，一切威灵。"

岭,"社官"二字作为居民对此神明的口语尊称仍然相当盛行。清初《石窟一征》并未出现用"里社真官"一词等同于"社官"的说法,只是到了当代,弥浓人与蕉岭人口中的"社官"往往指的就是刻以"里社真官"的露天神坛。曾有学者表示,弥浓人是因对社官神格不了解,才使得一般伯公逐渐凌驾其上。[①] 另有学者认定里社真官与古制的里社无关,其中一说表示里社真官仅为某类土地伯公的特殊称呼,另有一说认为里社真官就是原乡的水口公王,其"里社真官"之名是读书人的托古之举。[②] 不过,清代黄钊即曾这样表示:"社官之责亦重矣哉,而世以为亭长啬夫之职等之,谬矣!"[③] 笔者对黄钊的观点抱持认同的态度,也认为"社官"实非一般之土地福德正神,而是有独特的变迁脉络。

---

① 例如,在《美浓镇志》中由高中教师执笔的《宗教篇》,则认为美浓的三座社官伯公乃为村民"将大陆传统的社祭坛之里社置于此,以凸显其(位于水源出口)的重要性",其意义与开庄伯公神、敬字亭等人造纪念物,都象征着农耕社会里村民对于最早开垦之地的感恩、纪念与敬重。见徐正光等编纂:《美浓镇志》,高雄:美浓镇公所,1997 年,第 820 页。第二种来自对客家伯公研究甚为深入的建筑学者:"美浓的三处里社真官伯公之遗存事迹,为古代地祇信仰有关的市街和里社守护之遗留。"见廖伦光、黄俊铭:《六堆客家的冢信仰构筑与地景图式》,载台湾高雄师范大学客家文化研究所编:《2007 年客家社会与文化学术研讨会论文集》,台北:文津出版社,2008 年,第 288 页。第三种即认为美浓人实际上可以区分出它与伯公(福德正神)乃不同之神,但仍以伯公称呼,表示村民对于其神格之了解相当有限,像是在弥浓庄头伯公建醮以及弥浓庄年福满年福及二月祭建醮时,里社真官与福德正神虽各自拥有不同之神位牌,但从摆置之相对位置,似乎可以看到"福德正神似已凌驾里社真官成为土地神的正朔,而里社真官逐渐演变成专管水口的伯公"。李允斐等:《高雄县客家社会与文化》,高雄:高雄县政府,1997 年,第 235 页。

② 以下两种说法笔者基本上都抱持保留的看法。一说认为里社真官本即伯公,这个论点来自研究美浓土地伯公的民俗学者,研究者认为正因为水源对农村社会本就非常重要,土地公当然也负责掌管水源,此为各地皆同,不过"美浓特别为掌管水源的土地公设立祭祀之处,并给它一个特殊的称呼,是以成了全台独一无二的里社真官伯公"。张二文:《美浓土地伯公信仰之研究》,台南师范学院乡土文化研究所硕士学位论文,1991 年,第 66–67 页。另外,近期一篇关于美浓公王信仰研究的会议论文则提出,美浓的三座里社真官乃是具有原乡"水口公王"功能的神祇,美浓先民托古将里社观念以之命名,以赋予这三座"水口公王"更高的力量。参阅吴连昌《美浓客家伙房内"公王信仰"之初探》。

③ (清)黄钊著,广东省蕉岭县地方志编纂委员会点注:《石窟一征点注本》,蕉岭:蕉岭县地方志编纂委员会,2007 年,第 127 页。

三、广东蕉岭地区石窟河流域社官坛初探

"里社"有许多带有地方特性的称法。概括而论，不论在现在的蕉岭还是美浓，民间称里社仍多用"社官"这个称呼，差异是在蕉岭访调发现多称"社官老爷"，在美浓则多称"社官伯公"。笔者在 2010 年 6 月与 2011 年 6 月两度在蕉岭进行田野调查，村民指认给笔者的"社官"，其碑石上甚多刻为"社官老爷"或其谐音。相对于台湾美浓三座里社真官坛碑石称谓的异同，石窟河流域边上的社官坛，呈现更多的差异。在两次的调查中，围绕着石窟河中游蕉城镇与下游新铺镇，笔者以骑自行车及徒步方式随机通过村民引导，"寻觅"与"遇见"了许多有了不同化名的"社官"。（表 2）在客方言里，"社"字古音读上声调〔sǎ〕，"官"字古音读〔guán〕，在寻访的过程中笔者往往是用这样的发音沿路问人，往往能从与村民的对话中听出某些线索。例如在蕉岭新铺镇街上推着自行车，与 40 岁左右的温姓人士攀谈，笔者先是请教对方"有没有听过有在拜社官〔sǎ guán〕的地方"，他想了想告诉我附近约 20 分钟脚程外，有个地方叫〔sǎ goán há〕。笔者追问地名的写法，他说大概是蛇岗什么下的。根据直觉，客方言习惯称某个场所为"下"，例如伯公坛即称"伯公下"，厨房就称为"灶头下"，因此笔者猜测村民是指一个称为"蛇岗下"的地方。笔者独自实地前往，绕进对方所说的某个加油站旁小径的"蛇岗下"山仑，果然发现供奉有"社官老爷之神位"之社官坛。之后与邻近陈姓人家确认，该处原实有"社官下"之旧称，地名之由来即"供奉社官之地"。另外，在新铺镇同福村则见到多座 20 世纪 80 年代重建之"沙官老爷"，村民指认老人家依零碎的记忆重建神明坛，合祀多位地方神明，耆老纷纷过世后，就没多少人知道正确的神明称谓。笔者依据其邻近圳水以及位处聚落边缘的特性，感觉那些都是后来依老人家记忆复原的社官坛，奉祀的是社官，但因释字有误而讹称其名为"沙官"。

找寻"社官"的过程犹如侦探办案。相对于明确出现"社官"或"沙官"字样的祭坛，伯公伯婆与阿弥陀佛（通常同祀一坛）的存留与重建数量则多出数倍。依前节所述，笔者专门留意那些被志为"水口伯公"的伯公坛，询问邻近村民有没有"别的讲法"。笔者的思考脉络是："水口伯公"并非皆为"社官"，但"社官"往往会以"水口伯公"祠的形式奉祀于近水处。例如位于蕉城镇西郊的兴福镇，笔者骑着自行车在村子里绕着，向一名年长的阿姨询问附近有无"社官老爷"，她一开始对于协助指出这种旧社会封建迷信感到排斥，之后轻描淡写地说："你要寻社官老爷，

那个电厂旁边就有一个。"了解清楚关于前往电厂的路线之后，在石窟河畔电厂旁的驳棚（堤防）旁看到的是奉祀"本境水口伯公伯婆之神位"的小祠。几名无视"禁止戏水"告示的中学生正在笔者眼前嬉闹地跳下水玩，其中一名在下水前特意绕到驳棚顶向"水口伯公伯婆"双手合十拜了三拜，笔者的目光锁定这名学生，待他们都结束了今天的戏水活动准备背上书包离开时，笔者便趋近他指着他刚刚膜拜的神坛问道："你刚刚是拜什么？"这名学生回头望了一下神坛就只说"拜神"，笔者不死心又问："拜什么神呢？""不知道，就游泳或玩水保平安。"当时，追踪许多"社官"之后的直觉告诉笔者，那位阿姨说的是对的，这是"社官"，因为地方盛传"社官"是管水鬼的。

下表即扼要归纳蕉岭县蕉城镇周边与新铺镇周边之"社官"踪迹，为下文分析之便，编以大写英文字母以示代表符号。除注明其所在地点与碑石上所刻之字之外，在"位置与形制"一栏则是社官坛周围地理及相对位置，及形式为墓冢式或祠庙制。另外，"说明与注释"叙述与该社官坛相遇经过，或与其相关之口述传说。附带一提，由于出发点在梅州市，因此亦将梅州市文化公园旁香火鼎盛的"三坑乡社官坛"收列下表中。

表2　广东省蕉岭县蕉城镇周边与新铺镇周边的社官踪迹①

	地点	碑石字	位置与形制	说明与注释
A	梅州市东郊月梅	三坑乡里社真官神座	旧名三坑里。现于梅州市文化公园旁。无庙门之祠，配祀福德伯公婆神座	三坑里社拜亭楹联有两对，其一"社官台前三叩首/财丁兴旺福寿来"，表示此处社官具有应求福禄寿之性质。三坑里社每逢初一、十五香火鼎盛，社官坛外聚集多位算命师摆摊，地方盛传来此求官者络绎不绝。老百姓只好请社官施展神力，为自己隔小人、避邪、保平安

---

① 本表资料为洪馨兰之田野调查记录。

（续上表）

	地点	碑石字	位置与形制	说明与注释
B	兴福镇浒竹村	浒竹里社真官神位	山腰溪水边。小庙冢式。形制与黄土社官类似	在浒竹的杂货店打听到当地有人知道"社官老爷"，一些正从田里要回家午休的妇人跟笔者说"社官老爷是上片靠山那边的人在拜的"。然后一位嫁入这里徐屋的阿姨，带笔者将她车上的肥料送回家后，就引领笔者爬上一层层的梯田，到山腰处一个密竹林下的溪流边，找到她说的社官坛。她告诉笔者，"社官老爷"是保佑小孩子平安的
C	兴福镇上村村沙尾	本境水口伯公/婆之神位	石窟河畔电厂旁驳棚上，为新建式及腰高度之路边小庙	在"本境水口伯公/婆之神位"（当地人表示这是社官老爷）处，一群身穿华侨中学制服的中学生下课后到电厂旁戏水。有位同学在玩水前为保平安，先上前去膜拜三下
D	蕉城镇黄土村	黄土龙坑口社令真官	黄土村位于蕉城镇西郊石窟河边，社官为小庙冢式	在蕉城西郊重要渡口"艾坝街"（旧艾坝渡口旁市街）附近，遇到一个其父自五华县落脚艾坝的魏姓人家，她们告知往南不远有社官老爷。笔者在进入黄土村农田区里迷路甚久后，终于在一位路边阿姨的指引下，看到蜗居于坡旁的社官坛。社官坛的设置地点现在看起来是相较于农田稍高一尺左右的坡坳处。黄土村古氏子裔于乾隆年间迁至台湾新竹霄里

（续上表）

	地点	碑石字	位置与形制	说明与注释
E	蕉城镇杨屋	社官老爷之神位	蕉城镇南郊近石窟河边，社官老爷新建于堤防路上，为小庙式，旁另有伯公婆小庙	此社官所在位置为石窟河东岸围堤路上，因重立之故，应与原地点、原朝向不同。碑石上的文字写的是"社官老爷"。小庙形制应为1980年解禁后重建。一旁配祀之伯公婆坛，形制亦相同。高树东振杨屋之祖籍即为蕉城镇杨屋
F	蕉城镇陂角村	社官之神位 公王（之神位）	一个石碑上同时刻写社官与公王，为合祀之墓冢式小庙，后方有一株大榕树	这个自然村为李田，其同属陂角村的邻村即为霞黄村，有黄氏宗祠。清代六堆首位进士黄骧云（弥浓人）为霞黄黄姓之裔孙。霞黄亦为《石窟一征》作者清代举人黄钊之故居聚落。笔者依手上仅有的"下黄"这个地名的信息，后来终于找到"霞黄"（客家话发音与"下黄"同）。近午时分，由黄氏宗祠族人带笔者到李田去找"社官老爷"
G	新铺镇金沙村	社官老爷之神位	位于金沙村大塘面一矮丘上，新建一人高之小庙，内有三个神位，中为"公皇老爷"，其左侧为"社官老爷"，其右侧为"福德伯公婆"	新铺镇原名金沙乡，金沙村就在离新铺墟不远之处，为新埔墟越过象岭的村子，全村多姓陈。此处位于新铺镇往梅县的主要道路旁。寻找此社官时迷路多次。先是新铺镇上有人告知在大塘面有一个叫"蛇岗下"的地方。然后在大塘面遇到许多外地来这的人，他们也没听过。之后是在金沙小学附近问人，才知道那个小丘地方上就叫"社官下"，也就是敬奉社官之处。此地小地名为大塘面，过去占地五六十亩，后来在20世纪60年代"围塘造田"之后，塘就不见了。这个新建的小庙以公王为中心，左右为社官与伯公婆。六堆万峦林氏即来自金沙

（续上表）

	地点	碑石字	位置与形制	说明与注释
H	新铺镇霭岭村	社官老爷神位	位于霭岭山脚下与石窟河之间整大片溪埔地（现已是良田）中央。神牌上同时敬刻社官老爷神位及盘古大王神位	这个地方在石窟河河堤内的低洼区，后来全部被改成良田。这个地区是霭岭与塘福岭交界区域，这两处分别有钟姓与陈姓宗祠，六堆地区有许多后裔其祖先即来自于此。例如万峦本庄钟屋来自霭岭
I	新铺镇同福村	沙官老爷	位于矮车近山圳水山脚下，一共收纳供奉了包括沙官老爷、四路伯公伯婆、南无阿弥陀佛、伯公伯婆、公王老爷、弥陀爷爷六个神位	此处位于新铺街上前往徐溪镇的路上山脚边。笔者判断在20世纪80年代重立神位时，石碑上刻"沙官老爷"，应该即为"社官老爷"之音误。重建时一共重立了六个神位，依当地之俗，可能主要就是重立"社官"以及"公王"，因为在当地社官与公王旁通常都会随祀伯公伯婆以及南无阿弥陀佛（一般伯公伯婆旁也会随祀阿弥陀佛）。同福村有曾氏于清同治年间渡海迁至台湾新竹
J	新铺镇同福村	沙官老爷	位于石冈坪（乌石下）山脚下，一大块碑石上同时刻有本堂□公、沙官老爷、诸王老爷、公王老爷、胜佛老爷、大树伯公伯婆六个称号	面向圳水与一大片田丘。此处位于新铺街上前往徐溪镇的路上山脚下。距离矮车社官约10分钟自行车车程，与其相当类似，都是20世纪80年代新建的。在这个神牌上，社官与公王都被归类为"老爷"，配祀伯公伯婆

（续上表）

	地点	碑石字	位置与形制	说明与注释
K	徐溪镇径口村	溪口社社官贞母神位	位于徐溪电排（电厂排水系统）旁。露天墓冢式，一旁另有福德伯公/婆及南无阿弥陀佛坛，亦为露天墓冢式	自新铺镇街上往徐溪镇的路上，一路皆为溯溪的上坡路段，调查时正逢修路，连骑自行车都感到艰难。进入徐溪镇徐溪村大河背（也就是在大河后面的村子），依靠村民指引，得知往旗形村的路上有个社官老爷。此社官坛位于前往径口村村道之入口，应为该村与邻村之村际。此处社官名称又与其他处不同，为"社官贞母"，形制相当典雅，且维持露天的样貌。难得的是，在石碑上刻有"溪口社"，可以推测这个区域以前大字地名就是溪口。距离此处不远的旗形村，龙肚有相当钟姓子弟其先祖原乡即来自于此
L	新铺镇尖坑村	尖坑社里社真官爷位	位于谢晋元纪念馆后方山岭之山坡脚下，面对一大片农田，由众姓信士于2006年重修，小庙冢式	弥浓陈氏中有一支即从新铺尖坑而来。此地同时也是谢晋元将军之故居及纪念馆。在纪念馆附近种地的一位阿姨跟笔者说："越过矮山就看到了，新做的喔，很漂亮！"地点稍远离尖坑聚落，应在其边缘地带。此社官坛之"里社真官"四个字的写法与弥浓里社真官相同，唯此处不写"神位"而是"爷位"，笔者推测应与当地称社官为"社官老爷"有关。据说碑石大小仿之前的原始大小，有1米高，与弥浓里社真官碑石大小亦相仿

（续上表）

	地点	碑石字	位置与形制	说明与注释
M	白渡镇江南村	（字迹完全模糊，仅约略辨识出"社"字）	位于江南村村道外溪流旁一丘陵山脚下，特别设置一约1米高的平台，两侧有阶梯可走上墓冢式的里社真官	社官所在位置在深入小径以及村民果园之处，笔者曾因路旁有个指标"江南村水口伯公"而猜测可能有社官。后来经村民指引，确实是"社官"。设置地点距离江南村主要聚落区有些距离，应为该村近山溪处的村际边缘。该村为六堆首领之一的钟麟光祖祠所在，也是六堆领导抗日的中堆新北势人钟发春之原籍，而高树大路关人文学家钟理和，其祖先原籍亦是白渡江南村
N	新铺镇南山村	（无碑，仅存香炉）	位于小地名龙陂的村子里。仅留有石材的小庙形制，隐约可见其曲手样式	万峦四沟水林屋之祖籍即为新铺镇南山下
O	新铺镇下南村	（仅可见"社真官"三字）	下南村亦属于南山村管辖。为露天墓冢式社官坛，位置在下南电排站附近，面对石窟河堤防内侧之低洼农田	此社官坛之位置与白渡镇江南村社官坛相仿，都是在面对溪水（河水）低洼处的矮岭山脚下，辟出一约三尺高的平台，并于两侧铺设石阶，村民可拾级而上。附近村民告知，社官坛下的这片属于南山村靠河岸较近的低洼地，过去常常淹水泛滥，后来围堤筑起后才有所缓解。此处离下南村村民居住之处有些距离，接近大河边且明显位于村际边缘

　　收录上表的社官坛田野记录，是笔者在沿着石窟河随机走访几个六堆

人原乡原籍村后制成。地点包括进士黄骧云①的父亲黄清泰（字淡川）的原籍：霞黄村（今蕉岭县蕉城镇陂角村），此处亦是《石窟一征》作者举人黄钊的故居所在，当地仍存颇具规模的黄氏宗祠；美浓《龙庄古记》一书作者钟世充其家族之原乡祖居：旗形村（今蕉岭县徐溪镇旗形村）；六堆首领之一钟麟光、中堆抗日领袖钟发春、右堆当代文学家钟理和等家族之祖祠所在地：江南村（今梅县白渡镇江南村）。另外还包括后裔目前居于六堆万峦的原乡居地：钟屋村（今蕉岭县新铺镇霭岭村）以及林屋村（今蕉岭县新铺镇金沙村南山下）等。此外，上表也传达出一个信息：尽管六堆客裔之原乡祖居地不乏社官坛之设置，但令人不解的是目前六堆仅右堆弥浓存有形制完整的三座社官坛，其他地区均不见墓冢式社官坛的设置。

四、里社真官与公王、伯公信仰丛

关于社官形制与名称，蕉岭地区社官坛呈现出不同时代与地区上的差异。受到政治影响，或因道路规划而迁址重建，或在路边庙坛中与另外多位神祇共享奉祀，但位处较偏远或近丘陵边缘的社官坛，尚存有露天墓冢式甚或是宫庙式的形制。部分在原址维持旧式样貌的社官坛保留"里社真官"名称，但也有如"社令真官""社官老爷""沙官老爷"，亦出现"社官贞母"之称。另外，笔者亦注意到蕉岭的社官信仰在性质上与"公王"或"伯公"呈现混合，也使民间信仰研究在处理社官崇拜时，不可避免地也有诠释上的混淆难清。例如在上文表2中，地方上在复庙时将"社官老爷"与"公皇老爷"并祀（见例G），其中，"公皇老爷"属公王信仰系统②，公王在村民口中常以"老爷"称之，将社官以"老爷"称之且并祀，似即呈现居民将之视为公王之一种的认知。又如社官被志为"水口伯公"（见例C/M），即明显地将之纳入伯公崇拜体系之中。然而，"公王"

---

① 关于黄骧云与弥浓人的关系，当代美浓乡土作家钟铁民回忆，其实美浓人对黄骧云的记忆很有限。"美浓唯一的进士是竹头角人黄金团。金团是他的小名，他考上进士时用的是黄骧云，甚至他考试时也是用福建省举人的名义去考的。不过他的家族现在仍在美浓，他小时候或许也在竹头角的老家生活过。有关黄金团的传说很多，真实性如何？实在无从考起。"见钟铁民：《黄进士的故事》，载徐正光等编纂：《美浓镇志》（上），高雄：高雄县政府，1997年，第531－532页。另外，根据台湾文献馆电子报第39期，黄骧云榜名龙光，生卒年不详，出身仕宦之家，嘉庆廿四年（1819）以闽籍高中举人，其父早先居住于弥浓竹头角地区，应是弥浓人后代。参见 http://www.th.gov.tw/epaper/view2.php? ID=39&AID=502，2013年4月19日。

② 关于公王信仰系统部分，下文中将有段落进行说明。

所在位置并不一致，有时与社官类似设于水滨，但亦有设于山仑者，例如蕉岭县新铺镇山仑上的"射猎公王"，村民还铺设一条蜿蜒通往山顶棱线的水泥路。

根据文献记载，"公王"至少在清代中期已复苏于蕉岭当地，为普遍存在的民间信仰，但即使是广读经学的读书人，似乎也未必了解其信仰体系内容与如何办理祭祀。黄钊在《石窟一征·礼俗》里说到，当地俗民多敬奉"汉帝公王"，并指出那是一种露天祭坛，"每祭必椎牛饷之，不知何神"①。黄钊认为，汉武帝相当信奉南越之巫觋，曾令巫觋摆置祭台"敬奉天神上帝百鬼，而以鸡卜"②，并说只要能够驾驭大灾患的各种灵力，汉武帝都命令立台敬拜，黄钊似乎是认为"汉帝公王"即此"泛灵信仰"之延伸，但不同称呼的公王乃对应不同的灵力范畴，彼此之间抑或有重叠。黄钊举了自己的例子说：他家后方是石窟河的堤防，地方称"黄猎角"（笔者在调查时亦曾造访过），每逢河水泛滥漫过土堤时，淹至"公王坛"就会退去；又说对岸的居民每逢大水泛滥眼见家屋不保时，就会看到骑着马的红衣人来巡护。黄钊在文中表示，此令人啧啧称奇之事，他觉得杀牛祭之实是有道理的。③ 曾在当代总修《蕉岭县志》时担任编辑委员的退休教师林清水，亦详细记录过蕉岭县新铺镇某公王信仰的活动，这表示直到民国时期，公王信仰在蕉岭仍相当活跃。林清水描述老家新铺镇上南村的"接公王"活动，指出该仪式为十年一次的大祭典，每次从四月十八日至五月初四，几个村子在这为期半个月的祭典活动中，几乎所有男丁都来抬

---

① （清）黄钊著，广东省蕉岭县地方志编纂委员会点注：《石窟一征点注本》，蕉岭：蕉岭县地方志编纂委员会，2007 年，第 126 页。
② （清）黄钊著，广东省蕉岭县地方志编纂委员会点注：《石窟一征点注本》，蕉岭：蕉岭县地方志编纂委员会，2007 年，第 126 页。
③ （清）黄钊著，广东省蕉岭县地方志编纂委员会点注：《石窟一征点注本》，蕉岭：蕉岭县地方志编纂委员会，2007 年，第 126 页。

轿子、敲锣鼓，相当热闹。①

　　黄钊对于当地公王敬拜仪式的描述，突显了公王信仰具备南越巫觋之文化特征，或许我们可以就此认定，公王信仰即为南越文化之遗存。《石窟一征》中也记载公王并不设坛，而是由巫设置祭台于户外祭祀，换句话说，有巫之处始有公王；但当代人们在蕉岭所见之公王信仰多有己属坛庙，笔者认为这极可能是一个"文化混成"的结果。嘉应学院客家研究院多位学者对梅县境内公王的研究曾指出，公王拥有突出其土地神的把境功能和大王（王爷、国王）地位，具强烈领域宣示的象征，而民间咸视其神格大于土地伯公。② 我认为，当人们将社官与公王并列奉祀且赋予社官"王爷"之尊称时，亦说明至少在梅县与蕉岭地区，社官神格乃大于伯公，而将公王与社官混成的结果，是社官拥有如公王般的神力，公王则如社官般拥有常设祭坛，社官遂巧妙地与公王信仰的巫觋崇拜相互镶嵌。

　　这种露天墓冢制的公王祭坛，似乎并未随着入台客裔子孙落脚于六堆地区。与社官相仿，见于族人置于家族神之列予以崇祀，抑或在敬拜天公三献礼时所邀请奉飨的神明名单中。公王信仰从原乡带到弥浓，经过200多年来的不断演变，并没有朝独立设置庙坛的形制发展，当代多仅在为数不多的伙房屋内，或伴随阿公婆牌位，或与其他神明（在六堆地区亦有伴随里社真官神位）共祀，变成家族的保护神。客方言群在原乡时期的公王信仰是"有巫之处始有公王"，笔者认为，这或许与弥浓社会在成形之初，并不存在懂巫之人且缺乏知悉奉祀或献祭公王的管道有关，因此形成家祀

---

　　①　关于"接公王"的习俗，林清水补充，该俗只是一种迎神活动，并没有福首在组织，也没有和尚或道士参与。林先生记录到，位于下南村东一公里的石窟河岸边有一五显宫，宫内供奉华光大帝，分身为东、西、南、北、中五个公王，这五个分身统称为"五显公王"，由东方公王坐正位。每年四月十八日公王出宫绕境，先至某一个村中，男丁迎至祖堂里停留一日，次日邻村男丁即以锣鼓前导，高举大红旗与镶边三角黄龙旗，到此祖堂内将停放一日的公王轿迎至自己的村子祖堂，接受各户敬备祭品，上香祈求公王保佑平安。公王停轿一晚，次日又被另一个村子抬去，最后到五月初五凌晨才返宫。时间在五月节（五月五日端午）之前，正是当地稻苗结穗的时节，非常怕遭遇病虫害或雨季，因此每年此时抬公王出巡，即是期待公王保佑农作。另外，接公王的时间点正好是农闲时分，大家也借此机会走亲戚，宴请来访亲友，接公王也就成为在农村劳动苦中作乐的一种调剂。参阅林清水：《蕉岭县新铺镇上南村民俗调查》，蕉岭：蕉岭县地方志办公室，2008年，第199－200页。

　　②　房学嘉、宋德剑、周建新、萧文评编著：《客家文化导论》，广州：花城出版社，2002年，第349－350页。

神，并未发展成聚落神。反倒是因弥浓有着蓬勃的伯公信仰①，部分供奉公王神位的家族，连其后代亦将之视为伯公之一种②，目前看来这应该是一种误认。

从弥浓人将公王视为伯公一事衍伸来说，我们对于何以弥浓人将社官视为伯公，也可诠释为是伯公信仰在当地高度发展的结果。由前述可知，里社真官的奉祀带有官方色彩，即便是最底层的农村，其设置与祭祀亦有官阶对应的地方行政主管组织规划，一旦礼制失传，一般村民恐亦无力祭祀（不知如何祭祀）。弥浓人就常说"不晓得怎么拜（社官）"，使得三座典雅的里社真官坛几无多少香火，同时亦被当地伯公信仰吸收，成为专管水口的伯公。

被弥浓人视为专管水域的里社真官，与原乡蕉岭一样有着"水鬼升社官"的谚语与传说。由此亦可证明，早在弥浓人祖先自蕉岭迁台之时，里社真官在原乡地区便已于礼制之外，混成具有相对灵力的水神类公王信仰内涵。由此角度我们可以看到，社官的公王性格最晚在明末清初已在蕉岭部分地区成形，反映的或许是偏远山区礼制之淡微，更可能是山区公王信仰的热络，因此人们将弄不清楚来由的社官称为"老爷"，并赋予其驱除妖疠之把境灵力。我们可以说，清初从蕉岭原乡引入弥浓的社官，是一种从儒学礼制中的里级官设社神，经混入公王灵力崇拜与道教思想体系的演变，而成为我们当代看到的这种墓冢式露天里社真官坛。

五、里社真官见证的古地理的变迁

社官在转变成具备水神性格之后，民间便出现了相关传说。最典型的莫过于解释社官乃是"由鬼变神"而来，也就是"水鬼升社官"。一般说法是，一名原本欲找替死鬼投胎的水鬼，因善心而放弃了在期限内最后一次机会，后被天庭得知，遂将之扶为管理水域与水鬼的社官。在蕉岭与弥浓都有相似的版本。对着老的口述文本进行分析，可见他们对社官的描述，同时包括具压制水患作怪的"水神"神格与"由人变鬼再变神"的过程。传说故事后来变成一句反映世间伦理的俗谚："水鬼升社官"。按照田野访谈惯例，一般会把这个谚语用在三种情形：一是祝贺别人由小职升上大官；二是挪揄某人有了一官半职就神气起来；最为负面的是第三种，讽

① 张二文：《美浓土地伯公信仰之研究》，台南师范学院乡土文化研究所硕士学位论文，1991年，第66页。

② 参见吴连昌《美浓客家伙房内"公王信仰"之初探》。

刺一个本事不大的人竟爬到大官之位。① 里社真官的起源传说对应着人间的政治生态。

因社官发展出水神特性，笔者在蕉岭的田野调查中相当程度地注意到，社官坛设置的地点以及村民指出何以设置社官坛，往往与水患的发生或预防有关，而与学者认为里社真官位于水口是为了拦阻象征财气的水流出，有所出入。② 笔者在表 2 列出的里社真官，经与附近村民攀谈，理解社官的地点有两个特色：第一个是位于曾经常有洪水泛滥之处。包括在接近矮丘山腰面对溪圳处的一个较高平台（见例 M/O）、面对溪水或大河（见例 B/C/E/I/J/K/L）、面对早期溪埔低洼地或曾经的湿地（见例 A/D/F/G/H/N）。由此可见社官坛确实与"水"（河流、湖泊、陂塘、低洼湿地等）有相当程度的关系。"水口"或许是后来的概念，最早可能是水的"汇集处"，亦即较易受到淹水的区位。笔者在几个不同地点都曾听说，社官附近较低平的那些田地，都是在 20 世纪 60 年代围塘造田运动时才被改成农田，因此我们现在都只看到片片稻田，不见水。据村民口述，过去常传说每逢大雨，湖水高涨（河水暴涨），一时不察，田地房舍即遭灭顶，此即目前几处位于原址的社官坛，明显设置于丘陵平台望向低洼处之因。

第二个是通常位于自然村的边际。当然这也使得笔者在寻访时常误以为村民说错了路，怎么照着走却是离村子越来越远。表 2 里的里社真官，除去后来在筑堤之后直接重立于围堤上的社官坛，在旧聚落中的社官坛位置几乎都位于自然村际的边缘。何以人们不在聚落中心设置"里社"，而选择在聚落边缘，笔者认为这应与社官到了南岭之后转为具"水神"性格有关，它守护着聚落最易遭受水患、容易造成人命财产损失的地方；而通常河流、陂塘或溪流密竹，也多是村的边缘。两三百年来地景变迁太大，庆幸的是在原乡的偏远小村，我们还可以从村民的记忆口述里，拼凑出这个关联。

在经过与原乡的比较之后，笔者对台湾弥浓仅存的三座里社真官有了更为清晰的认识。首先是关于名称。依据汉制与后来又扩大里户数的明制，每里百户应设置里社，且社的名称由里名定之，新铺镇"尖坑社里社真官"及徐溪镇"溪口社社官贞母"，看来在名称上均保留"以里名为社

① 感谢蕉岭县志资深编委林清水老师及新铺镇新铺中学校长曾佛元先生，在笔者进行田野调查期间热心提供关于"水鬼升社官"俗谚的相关讯息。

② 水口伯公具有守住水口、留住财气的功能，水口还被视为一个决定村庄风水地理命运的关键地点。见徐正光等编纂的《美浓镇志》和李允斐等的《高雄县客家社会与文化》。

名"的方式，从碑石可见"社名"，也直接反映出该地旧时"里"的名称。用此角度来看，我们对于弥浓三座里社真官的碑石也应解读如下："弥浓里社真官"即旧时"弥浓里社官坛"；"龙庄里社真官"为"龙庄里社官坛"（今多被说为龙肚里社真官）；而"广福里社真官"乃"广福里社官坛"（今多被说成九芎林里社真官）。由此来看弥浓境在清初拥有三个社官坛，见证的正是弥浓的三个聚落群："弥浓里""龙庄里"与"广福里"，每个"里"底下涵盖为数不等的自然村。这对我们复原清朝时弥浓人所建立的三大聚落有相当大的帮助。

其次，由于"社官"演变出水神与专管水域的角色，我们可据此推论出弥浓三处社官坛的设置地点，见证的即是三大聚落在 18 世纪 30 年代的水文地理，亦即最初设置之处与当地最易蒙受水患之处，或河流暴涨易卷走人命之处有关。弥浓里社官坛位于弥浓本庄的西缘，最早的位置比现在所见还更接近弥浓河，为弥浓河流经上庄、花树下、柚仔林、下庄之后的下游洪患区。龙庄里社官坛位于龙庄的村际南缘，旧地名"龙阙"（当地"龙山"的缺口处），该位置正是传说中"龙渡湖"在清雍正年间连续多日大雨泛滥的溃堤点，湖水因此流泻而出，龙庄于焉获得肥沃之湖底泥滩地，后来成为重要的谷仓。广福里社官坛位于竹头角庄的东缘（在小地名九芎林），北方正是"大埤头"——从大埤头这个旧地名即可知此处过去曾是一个规模颇大的水塘，设置社官坛于此或是希望压制雨季来临时暴涨的埤水溢出，可能对竹头角庄造成伤亡。

社官至今在弥浓人心目中仍是未能确实其来源与神格的谜样社稷之神，长期被置于伯公信仰丛中。笔者认为重新研究它的来源、神格与神性、设置位置等，对于我们理解一个地方社会其原乡传统、文化会遇与生态适应，具有重要的参考价值。

土地伯公：客家人最亲近的神祇

——以高雄县美浓镇为分析重点的研究

张二文[①]

　　2005 年岁末造访美浓，美浓在文化造镇政策扶植下欣欣向荣。途经南栅门，竟发现美浓河对岸的柚仔林桥头伯公不见了！询问之下方知为了兴建沿河自行车步道，筑水泥驳坎，将它废除！位于中圳湖泄洪的羌仔寮溪畔的栏埤伯公也因企业财团的赞助，在地方首长福证下改建成富丽堂皇的土地公庙祠！

　　种种现象显示，为了祭祀方便，人们将伯公祠一再重修的现象必不可免，只是，在新与旧之间，在崭新与颓落之际，应如何拿捏？在翻修之际，应考虑更多的文化面向，在原有的规格样貌和现实中取得平衡点，庶免新式潮流取代了原有信仰。

　　初到美浓，人们总会对美浓随处可见的"风水"感到好奇，甚者产生怀疑。可别误会！那可不是"风水"，而是地地道道的土地公！

　　美浓称土地公为"伯公"，称土地公庙为"伯公下"，庄头庄尾随处可见。根据笔者田野调查约有 380 座，[②] 它们就坐落在住家的附近，早晚到伯公下上香奉茶成了每个家中长者每天必做的事。家中有婚丧喜庆、子弟赴考、当兵、求职都得到伯公坛前礼敬，祈求平安顺利。"伯公"为对祖父兄长之称谓，客家人把"福德正神"称为伯公，把它当成亲属来尊称，尤见对其之尊敬及与其之亲昵。事实上，伯公的踪迹并不仅见于庄头、田

---

　　① 张二文：高雄县内门乡金竹小学校长。

　　② 张二文：《土地之歌、美浓土地伯公的故事》，台北：财团法人国家文化艺术基金会、翰林出版社，2004 年。

间，在其他地方也有它的踪迹，如墓旁（后土）、宗祠厅堂内（土地龙神）、商店内与一般神明的庙宇内均有供奉。不仅如此，在美浓地区，伯公也因其管辖范围或职能不同而冠以不同的名称，如"桥头伯公""井头伯公""猪栏伯公"等，甚者，随着先民的拓垦，在山坳或埔地陆续建立座座伙房家园后，伙房伯公亦被建立于伙房的入口，当作全家早晚心灵的寄托，可见其对美浓居民之密切，它可谓美浓客家居民最亲近的神祇了。

土地伯公信仰可以说是台湾最普遍的信仰，相关论述众多，但相对于美浓的伯公信仰确实存在诸多的歧异。台湾历史固然有其共通性，但是由于台湾地理环境复杂，各地开垦的过程又各不相同，族群间又有不同的合作、对抗关系，互动频繁，是故除其普遍性外，更不可忽视各地方的特殊性、差别性。① 本文希望通过对土地伯公的普查以及土地伯公的祭祀活动，探讨土地伯公和聚落发展的关系。也因它的亲民性，史料的记载不多，甚难厘清某阶段土地伯公和居民的关系。是故，本文探讨的时间段落以日据时期到 20 世纪 60 年代为主，佐加着老回溯、当今土地伯公形制为辅，透过田野实查探究，期盼对土地伯公认识的纵轴延伸拉长。试图从土地伯公的区域分布、祭祀活动、造型建筑演变、形制内涵来探讨其与聚落居民互动，并深究社会变迁与土地伯公信仰的关系。

随着时代推演，土地神已人格化，其神像多是衣冠着带，白胡须，手持金银宝，一副福寿相。② 人格化的土地公已成为台湾地区普遍的现象，但美浓地区仍保有大量以封土立社的伯公坛，石碑上书写"福德正神香座位"，当然到 20 世纪 60 年代以后也逐渐人格化，这种现象值得进一步探讨。

一、文献回顾

李玄伯在《社祭演变考略》中对社的起源以及演变多有说明，③《说文解字》："社者，示土也"，《公羊传》注曰："社者，土地之主也"，或曰："社，土地之神也。"④《白虎通·社稷篇》解释"社"谓："古者自天子下

---

① 吴学明：《乡土史料与乡土史教学》，载《"乡土文化教育"学术研讨会论文集》，台南：台南师范学院乡土文化研究所，1996 年，第 196 页。

② 林国平、彭文字：《福建民间信仰》，福州：福建人民出版社，1993 年，第 87 页。

③ 李玄伯：《社祭演变考略——台湾土地庙的调查研究》，《大陆杂志》1963 年第 26 卷第 10 期。

④ 《十三经注疏本·公羊传》。

至庶民，皆得封土立社，以祈福报功，其所祀之神曰社，其祀神之所亦曰社。"又曰："'社'祭后土也"，《礼月令·命民社》注："社，后土也，使民祀焉。"疏："后土，即社神。"①《孝经》更明白地说："社者土地之主，土地广博不可偏敬，故封土以为社而祀之，以报功也。"② 可见"社"是古之地神，也是祭地神的所在；而这地神就是土地，也是后土，也就是通称的土地公。③

林美容在《土地公庙——聚落的指标》一文中，用祭祀圈的概念来说明草屯镇土地公庙宇聚落的对应关系，指出以往的祭祀圈研究强调村庙，而忽略还有范围更小的聚落的层次，以土地公为祭祀对象。④ 在研究理念上，林氏不但视祭祀圈为一种宗教组织，也将其视为一种地方组织。⑤ 本文承续此理念，试图对美浓地区土地伯公的信仰与聚落发展的历史关系进行诠释。

对于土地公庙的形式研究，陈板在《桃园县土地公庙的形式与特色》中论述桃园县的土地公庙演变有下列形式：①三粒石；②小土地公祠；③扩大中的过渡型福德祠；④单开间福德祠；⑤单开间福德祠加拜亭；⑥大型宫庙式的福德祠。其多样化的面貌充分显示地方经济发展的概况。⑥

林美容研究草屯镇的土地公庙，指出草屯地方的土地公庙的形制，大致就是石头庙宇、不及人高的小祠和"限于神格以及土地公信仰的聚落性，土地公庙的规格不可能太大"的小庙三种。⑦

凌纯声则认为今天台湾各地偏僻乡村"土地庙"（石棚式），仍是

---

① （汉）班固撰，（清）陈立疏证：《白虎通》，台北：中国子学名著集成编印基金会，第 99 页。

② 《十三经注疏本·孝经》。

③ 钟华操：《台湾地区神明的由来》，台中：台湾省文献委员会，1988 年，第 188 页。

④ 林美容：《土地公庙——聚落的指标：以草屯镇为例》，《台湾风物》1987 年第 37 卷第 1 期，第 53 – 82 页。

⑤ 林美容：《由祭祀圈来看草屯镇的地方组织》，《"中央研究院"民族学研究所集刊》1987 年第 62 期，第 53 – 114 页。

⑥ 陈板：《桃园县土地公庙的形式与特色》，《1998 年台湾文化节活动成果总览》，台北：台湾省政府文化处，1998 年，第 94 页。

⑦ 林美容：《土地公庙——聚落的指标：以草屯镇为例》，《台湾风物》1987 年第 37 卷第 1 期，第 75 页。

"多尔门方式的建筑"①，在他所著的《台湾与东南太平洋的石棚文化》中所下的结论说："社是一社群，最原始祭神鬼的坛墠所在，凡上帝、天神地祇及人鬼，无所不祭。后来社祖分开，在祖庙以祭人鬼祖先，再后郊社又分立成为四郊，以祀上帝、天神和地祇。最后社以祀土神与谷神为主，故又可称为社稷。"② 宋飞龙延续其看法认为："常在本省乡间村里用巨石搭起的棚状土地公祠，这是中国古老社稷文化的延续，本省民间所指的'田头田尾土地公''庄头庄尾土地公'，就是指这一石棚式的土地公。"③

从以上论述，土地公的原型，大多以石头为主，以石为神主供奉，桃园地区的三粒石，乃至凌纯声所描述的石棚，均可想象成简易的三面墙石屋，后续演变成三面墙之小祠、庙宇，也是目前普遍存于台湾乡间的福德祠。至于南部六堆地区独特的露天方坛石碑式土地公庙，历来亦有诸多学者针对其造型进行探讨，④ 廖伦光以"冢土伯公"称呼；吴奕德以"墓冢式伯公"探究；李允斐与陈板以"原型伯公"初探，许秀霞亦作形制及溯源的概说，⑤ 本文以其露天方坛称呼为"伯公坛"。

日据时期以降至 20 世纪 60 年代，相较于台湾其他地区的土地公庙，美浓地区独钟伯公坛的造型有其独特性，不仅是每座伯公翻新必经的形制，目前仍留存有 70 多座伯公坛，更适时呈现美浓土地伯公的独特性。

二、美浓土地伯公的分布

本文研究区域美浓镇，位于高雄县东北方，介于美浓溪与荖浓溪间。昔称弥浓，1920 年改今称，光复后沿袭之。清代隶属凤山县港西上里，至 1946 年隶属高雄县美浓镇，1950 年各县市实施地方自治，将此区域划分为东门、上安、泰安、永平、弥浓、中圳、合和、龙肚、狮山、龙山、广德、兴隆、广林、中坛、禄兴、福安、德兴、清水、吉和、吉东、吉洋二

---

① "石棚"即印西人所称的"多尔门"（dolmen）。引自凌纯声：《台湾与东南太平洋的石棚文化》，《"中央研究院"民族学研究所集刊》1959 年第 8 期。

② 凌纯声：《台湾与东南太平洋的石棚文化》，《"中央研究院"民族学研究所集刊》1959 年第 8 期。

③ 宋飞龙：《社稷之源·里社之神》，《艺术家杂志》1979 年第 48 期。

④ 廖伦光的《冢·冢土伯公之美学凝视》，吴奕德的《高屏地区客家村落墓冢式伯公之建筑形态》，李允斐、钟永丰、钟秀梅等的《高雄县客家社会与文化》，邱永章的《五沟水——一个六堆客家聚落实质环境之研究》，李允斐、陈板的《日久他乡是故乡——台湾客家建筑初探》。

⑤ 许秀霞：《美浓土地公信仰初探》，《台湾文献》1997 年第 48 卷第 1 期，第 141 – 150 页。

十一里。1984 年永平里并入弥浓里，上安里并入东门里合并成十九里。

美浓平原明显划分成旧部落以及新兴的南隆农场，旧部落为早期屯垦形态因素支配的美浓、龙肚、竹头角、中坛等聚落；新兴的南隆农场为日据时期从北部客家移民至金瓜寮及吉洋拓垦的族群。[①] 来自不同区域的客家族群，其土地伯公信仰是否相同，是本文探讨时作为比较的重点。

日据时期美浓地区大字名分为美浓、龙肚、竹头角、中坛、金瓜寮、吉洋六区，为统计及标示方便，再以大字细分成小字，小字和现今的里范围雷同，以现今里别作区块划分统计土地伯公分布的位置与地点，并以大字作区块说明。[②]

由于拓垦的背景加上以农业为主的社会经济，土地伯公坛在美浓平原相继建立，本节实查土地伯公的坐落，探讨各聚落土地伯公的分布与拓垦的关系。

从各区土地伯公的分布情况，我们发现美浓旧部落和南隆农场的伯公分布有明显的不同，美浓旧部落地区的伯公位置几乎分布在周围丘陵的山麓及山坳的入口，所谓的"田头田尾伯公"并不多见，有聚落才有伯公，有伙房才有伯公，有水圳、交通要道才见伯公。龙肚区龙阙以北的龙肚里土地伯公分布于周围，平原区只有聚落中安设伯公；竹头角庄的广兴里一大片农田中不见一座土地伯公，均集中于聚落或山径旁；相对的，南隆农场却甚多散落在田野中，成了田主供奉的伯公。

在美浓旧部落每个庄均有开庄伯公，而且位置离聚落均有一段距离，显示先民开垦之初到达的位置，之后再寻找更适合立庄的位置。随着开垦的范围扩大，庄民往聚落四周发展，在各个山凹建立小聚落，所以山坳、塘口、伙房旁纷纷设立土地伯公，甚者在伯公碑石上镌刻上"开基"，是故，伯公的设立有强烈的拓垦意义。

从美浓区、龙肚区、竹头角区土地伯公分布图明显看出其在外缘区且密度甚高的分布，拓垦宣示强。

反观南隆部落，则伯公的分布显得分散，且呈现均匀分散的状态，一则，南隆农场为平原区；二则，此地除清代后期零星从旧部落移居外，人口甚少，日据时期农业移民有计划地开垦，是故，移民面临的压力，只有祈望垦地的五谷丰收、家畜平安，不再有对原住民侵扰的恐惧，反映在伯

---

① 《高雄州要览》记载大正九年（1920）移民人数 1 293 人，共 223 户；《美浓庄要览》记载昭和十年（1935）移民人数达 2 646 人，昭和十二年（1937）时南隆农场录用人有 840 户，达 6 600 余人。

② 以现今伯公位置标示于《台湾堡图·弥浓》。

公的建立上就少了许多。其分布于田野之中，有比较强的界定土地和聚落的意义。

除此之外，美浓旧部落与南隆部落有几点为土地伯公分布共同的特征：

（1）各聚落的庄头庄尾：聚落均有庄头伯公或是庄尾伯公。

（2）溪流沿岸及要冲：弥浓河、柚仔林溪、羌子寮溪沿岸要冲点，也即是水流转折或水利工程出口，如横沟、良埤、梁埤、合和水板处。竹子门庄头伯公正位于水坛的坳口，其对联"良埤积水资生物　伯公神灵护佑民"正说明了其主要的功能。

（3）山窝、塘里的入口：庄的西北方为月光山系以及柚仔林庄东北方为横山丘陵地，形成许多山凹的小聚落，这些小聚落充分显示客家聚落的名称特征，如榕树窝、冢埔坪、黄屋塘、张屋塘、宋屋塘、石角潭、过路潭、畚箕窝等，这些小聚落自行筑堤蓄水成池塘，以供灌溉。在聚落的入山凹口，立了伯公坛，护佑着聚落居民。

（4）山径的通道：莿桐坑有通往杉林乡的山径，山径中有多座伯公；畚箕窝有通往龙肚庄柳树堂的山径，奉有畚箕窝过山伯公；矮山仔巍山伯公位于通往龙肚越过矮山的山巅上。

（5）道路与河口相交处：柚仔林桥头伯公位于南栅门渡口上柚仔林庄处；共和桥头伯公位于横跨柚仔林溪通往中坛的渡口；"过路潭桥头伯公"位于横跨柚仔林溪通往龙肚的渡口；中坛南头河伯公、三降寮伯公均位于通往南隆农场各聚落的主要通口。

（6）单家园屋、伙房的入口：家族渐渐繁衍后，一些族人迁移到田园或山脚另起伙房，并安奉土地伯公。

（7）墓冢区：美浓地区公墓旁均设有土地伯公，平常有专人负责上香奉茶。墓冢区就空间位置而论，位于聚落后方，该地的土地伯公当为区隔墓地阴界空间与聚落阳界空间的神圣围定物[①]。台湾民间常以土地公守护墓地，因而坟墓旁常见有后土的香位；庄民营建土地伯公，一方面系要以伯公来守护庄后的墓地空间，另一方面则是用以形成一神圣区隔线，界定庄民生活与鬼魂的活动空间，使庄地保持洁净。

---

① 池永歆：《空间、地方与乡土：大茅埔地方的构成及其聚落的空间性》，台湾师范大学地理学研究所博士学位论文，2000 年，第 205 页。

表1　美浓镇各里各聚落伯公数

区名	里名（代号）	聚落名	伯公数				
			伯公坛（原石）	庙祠数	总数	总数百分比	数量（百分比）
美浓区	东门里（A）	庄头上庄	3	0	3	0.79%	103（27.18%）
	泰安里（B）	中庄横街	2	4	6	1.58%	
	弥浓里（C）	下庄	0	10	10	2.64%	
	中圳里（D）	埤头下	8	17	25	6.60%	
	合和里（E）	柚仔林	16	17	33	8.71%	
	福安里（N）	牛埔、仑仔顶	1	25	26	6.86%	
龙肚区	龙肚里（F）	龙肚	9	32	41	10.81%	102（26.91%）
	狮山里（G）	河边寮、大崎下	9	29	38	10.03%	
	龙山里（H）	横山尾	6	17	23	6.07%	
竹头角区	广德里（I）	竹头角、竹头背	3	5	8	2.11%	60（15.83%）
	兴隆里（J）	竹头角	2	24	26	6.86%	
	广林里（K）	九芎林	6（1）	19	26	6.86%	
中坛区	中坛里（L）	中坛	2	14	16	4.22%	38（10.03%）
	禄兴里（M）	中坛	3（1）	18	22	5.80%	
金瓜寮区	德兴里（O）	金瓜寮	1（1）	15	17	4.49%	42（11.08%）
	清水里（P）	清水港	2（1）	22	25	6.60%	
吉洋区	吉和里（Q）	和兴庄	0	10	10	2.64%	34（8.97%）
	吉东里（R）	上九寮	1	10	11	2.90%	
	吉洋里（S）	吉洋	0	13	13	3.43%	
总数			78	301	379	100%	100%

资料来源：田野实查统计。

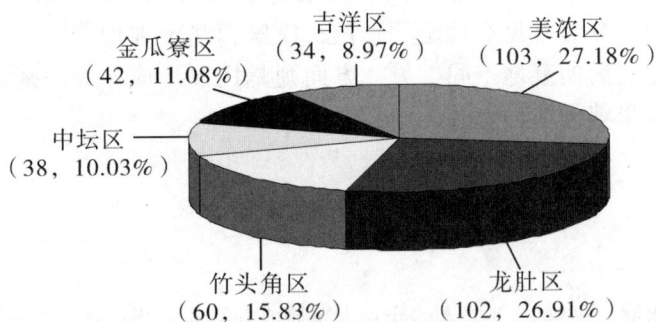

图1　美浓各区伯公数比例图

金瓜寮区（42，11.08%）
中坛区（38，10.03%）
吉洋区（34，8.97%）
美浓区（103，27.18%）
竹头角区（60，15.83%）
龙肚区（102，26.91%）

从表 1 我们可以明确知道，各里所占的伯公数量，龙肚里 41 座最多，占全镇的 10.81%，狮山里 38 座，次多，占全镇的 10.03%，合和里 33 座第三，占全镇的 8.71%；福安里、兴隆里、广林里又次之，此些地区均为开垦较早的聚落，且境内多山，崎岖难行，尤其是龙肚里沼塘山坳多，东边多丘陵地，是故伯公密度高。美浓庄头上庄、中庄、下庄伯公数均少，但外围的埤头下、柚仔林则是伯公分布密度高的地方，尤其柚仔林庄就有 33 座伯公之多。显示拓垦之初，先民以群聚方式，并于庄头、庄中安奉伯公而已，随着拓垦范围扩大，往东到横山丘陵，往西到月光山、灵山山脚重建新聚落，形成许多小聚落或是单家园屋，安奉伯公以作为心灵的寄托。

相较于清代形成的聚落，南隆农场各里的伯公数明显减少，分布也较平均。除清水里 25 座外，吉洋庄的吉和里 10 座、吉东里 11 座、吉洋里 13 座。再以区为单位作统计，如图 1 所示，呈现出美浓区 103 座最多，占全境的 27.18%；龙肚区 102 座第二，占 26.91%；竹头角区 60 座第三，占 15.83%；金瓜寮区 42 座，占 11.08%；中坛区 38 座，占 10.03%；吉洋区 34 座，占 8.97%。也正符应各区拓垦的先后，美浓庄、龙肚庄、九芎林庄，在先民拓垦之初，地方不安定，而建伯公坛以安心灵。中坛区位于美浓的中心区，为美浓旧部落与南隆农场的枢纽。南隆部落一直不良于耕作，但毕竟是平原区，日据时期狮子头水圳完成后，短时间内拓垦完成，面对的恐惧与不安减少，是故伯公数量相较于旧部落就少了许多。也正印证：先民资地之利，以遂其生，所至之处，必求其地之神而祀之。奠基之初，宫室未立，或封土焉，或立石焉，或树木焉，以为神灵所寄托，此改盖社之由始也。① 《柚仔林庄福德祠暨中山堂修建序》："溯我先民于乾隆初年定居于斯土乃斧劈辟荒铲除蔓荆。历代承先德泽，就青山碧水为宗社。斯时也，地广人稀，居民饱受恶兽怪禽以及生番之扰，民不聊生，人心惶惶，不可终日，心神无以寄托，乃于山头窟尾，田头园边，倚树靠石设福德正神，借以保佑境内平安。"②

三、美浓土地伯公之形制

土地伯公由于其亲民性，土地伯公文化即是生活在那片土地上的人的文化，土地公的故事就是常民生活的故事，正因为土地伯公的信仰所具备的常

---

① 瞿宣颖：《中国社会史料丛钞》（甲集中册），上海：上海书店，1985 年，第 465 页。

② 柚仔林福德祠中山堂修建委员会：《柚仔林庄福德祠暨中山堂修建序》，1984 年。

民特性，才让土地伯公信仰的形式充满了变异性。是故，居民为感谢土地伯公的庇荫，当祈求心愿达成或经济改善时，便都回报到伯公坛的修筑。在伯公修筑过程中，有为题缘或捐款居民刻"纪念碑"，也请地方文人撰写伯公坛的沿革，纵然数据多有讹误或臆测，但也成了田野中佐证的参考。

（一）美浓土地伯公形制演变的历程

土地伯公的原型到底为何？由于年代久远，难有实际的观察，仅以目前留有碑记的土地伯公碑文作为归纳分析的对象，碑记中对伯公翻新的年代亦作说明，以逐次修建年代及形制整理如下：

表2 美浓土地伯公碑记历次修建演变表

区域	土地伯公名称	创建		第一次修建		第二次修建		第三次修建		资料来源
		年代	形制	年代	形制	年代	形制	年代	形制	
美浓旧部落	美浓开基伯公	1736	结社立坛	1950	石碑伯公坛	1957	石碑伯公坛	1985	石碑伯公坛	《美浓开基伯公碑记》
	美浓庄头伯公	1736	伯公坛	1890	石碑伯公坛	1946	石碑伯公坛	1997	石碑伯公坛	《福德坛纪念碑》
	花树下伯公	1736	伯公坛	1945	石碑伯公坛	1979	伯公像庙祠			《花树下福德祠序》
	柚仔林福德祠	1736	倚树靠石	光绪年间	石碑伯公坛	1924	石碑福德祠	1983	伯公像庙祠	《柚仔林庄福德祠暨中山堂修建序》
	坑仔底伯公	1859	河石	1909	石碑伯公坛	1945	石碑伯公坛	1979	伯公像庙祠	《永安桥头伯公沿革》
	共和桥头伯公	1906	河石	1946	石碑伯公坛	1988	伯公像庙祠			《共和桥福德祠沿革》
	福安庄头伯公	光绪年间	石头	1946	石碑伯公坛	1984	伯公像庙祠			《福安庄头伯公沿革》
	福安庄尾伯公	光绪年间	石头		石碑伯公坛	1946	石碑伯公坛	1984	伯公像庙祠	《福安庄尾伯公沿革》
	南口伯公	光绪年间	石头	1946	石碑伯公坛	1985	伯公像庙祠			《南口福德正神沿革》

（续上表）

区域	土地伯公名称	创建		第一次修建		第二次修建		第三次修建		资料来源
		年代	形制	年代	形制	年代	形制	年代	形制	
美浓旧部落	龙肚开庄伯公	1737	河石	1840	石碑伯公坛	1922	石碑伯公坛	1979	伯公像庙祠	《福德坛纪念碑》
	广兴开庄伯公	1737	石头	1832	石碑伯公坛	1922	石碑伯公坛	1978	伯公像庙祠	《广兴开庄伯公纪念碑》
	九芎林开基伯公	1737	石头	1925	石碑伯公坛	1995	石碑伯公坛			《福德坛纪念碑》
	九芎林横山尾伯公	1832	石碑伯公坛	1925	石碑伯公坛	1985	伯公像庙祠			《横山尾伯公名碑纪念》
	中坛庄头伯公	1736	河石	1930	石碑伯公坛	1948	石碑伯公坛	1979	伯公像福德祠	《中坛庄头福德祠序》
	伯公沟伯公	1739	河石	嘉庆年间	石屋	1915	石碑伯公坛	1935	石碑伯公坛	《中圳伯公序》
	禄兴新伯公	1830	石碑伯公坛	1948	石碑伯公坛	1979	伯公像庙祠			《禄兴里新伯公碑记》
	九芎树伯公	1736	河石	乾隆五十九年	石碑伯公坛	1997	伯公像庙祠			《九芎树福德正神坛沿革》
	中坛南头河伯公	1736	河石	1947	石碑伯公坛	1977	伯公像庙祠			《中坛南头河福德正神重建序》
	上竹园伯公	1738	河石	1945	石碑伯公坛	1980	伯公像庙祠			《上竹园伯公序》
	下竹围庄头伯公	清	河石	1953	石碑伯公坛	1988	伯公像庙祠			《下竹围庄头福德祠沿革》

（续上表）

区域	土地伯公名称	创建		第一次修建		第二次修建		第三次修建		资料来源
		年代	形制	年代	形制	年代	形制	年代	形制	
南隆部落	龙狮伯公	1862	河石伯公坛	1947	石碑伯公坛	1970	石碑庙祠	1990	伯公像庙祠	《十穴龙狮福德祠沿革》
	下竹园桥头伯公	清	石碑伯公坛	1945	石碑伯公坛	1980	石碑庙祠	1994	伯公像庙祠	《下竹园伯公坛沿革》
	六寮庄伯公	1905	数粒石头	1932	石碑伯公坛	1964	石碑庙祠	1979	伯公像庙祠	《六寮庄伯公志》
	南中背后伯公	1905	石头	1946	石碑伯公坛	1976	石碑福德祠			《六寮伯公序文》
	下九寮庄尾伯公	1905	石头	1933	石碑伯公坛	1984	伯公像福德祠			《永盛文化中心落成记》
	龙兴庄庄尾伯公	1909	石头	1950	石碑伯公坛	1988	伯公像福德祠			《龙兴庄庄尾伯公碑记》
	溪埔寮水德伯公	1871	石头	1944	石碑伯公坛	1947	石碑伯公坛	1971	伯公像庙祠	《溪埔寮水德福德坛落成志》

资料来源：根据各座土地伯公碑记统计。

　　以上均为留有碑记之伯公历次修建表，从伯公碑记可看出美浓地区伯公坛有其变迁的过程且反映阶段性的代表特征。如《共和桥福德祠沿革》中叙述："斯本坛创建于民国前五、六年间……时先觉者，前辈吴带福、吴发兴二位信士，竖立河石为神，与乡民信士膜拜。……"[1]《十穴龙狮福德祠沿革》："本尊十穴福德正神祠百余年前坛址系平地良田，有几位老前辈见此地形优美，想起立土地公，便于同治元年（1862）择良时吉日选一大石头作福德正神碑。"[2]《中坛庄头福德祠序》记载："……且夫本村于

---

① 林富生、刘振源：《共和桥福德祠沿革》，1990 年。
② 《十穴龙狮福德祠沿革》，1991 年。

乾隆元年丁巳开基于此，庄名中坛，福神当时莅位于斯，亦得其所。溯自开基之初，在蔓罗树下竖立河石奉祀而已……"① 同样位于中坛庄的《九芎树伯公碑记》记载："本庄于乾隆元年丁巳开基于此，九芎树福德正神莅于斯亦得其所，当初在水圳路边一株九芎树下竖立河石奉祀。"② 以上均可见先民拓垦之初，竖立河石为神，以石为祭拜对象，在27座土地伯公中，有20座创建初期为石头，且都经过石碑伯公坛形制，在第二次或第三次修建时有的已改建成庙祠形制。

相较于美浓旧部落，南隆部落的伯公演变并没有差异性，南隆地区伯公碑记，如《六寮伯公序文》："日据时代明治三十八九年间，有日人爱久泽者来投资开凿名称三五公司南隆农场专种稻作，招邀南北四处农民前来耕作，当时初开垦面积稀少仅有五六户人居住，俗称六寮，耕田者怀念安一座伯公，庇佑大家平安，当时用数粒石头安伯公大家拜拜……"③ 在田野调查过程中发现南隆部落伯公改建成庙祠后，把原先供奉的原石放置于祠后或下方，其石头均为三粒，这是和美浓旧部落的最大差距，也足以说明从北部移入南隆农场的客家先民，把原居地的做法带到了新垦地。

随着时间日久，经济能力充裕后，再立石碑伯公坛，再经多次改建后有些维持伯公坛形制，有些改建成庙祠形制，从以下数座伯公碑记可见一斑：

（1）位于美浓通往中坛的《共和桥福德祠沿革》中叙述：

斯本坛创建于民国前五、六年间……时先觉者，前辈吴带福、吴发兴二位信士，竖立河石为神，与乡民信士膜拜。由此神灵显赫，护佑民安，有求必应，神通广大。因民国廿九年日本帝国统治活动，台湾推行皇民化运动，强迫废止寺庙神坛，致使百姓惊惶，风声鹤唳，当时庄中先辈众议对策，将福神河石暗中藏起，以供膜拜。延至1945年8月，台湾光复，人民与土地归还祖国怀抱；地方人士众议，将原址改立露天石碑，由此规模为之扩大，香火鼎盛，经过数十星霜。于1987年4月拓宽共和桥，路基升高，神坛变为低洼狭窄不便行香膜拜。蒙上安里信士何永昌先生自动捐献地基，以供建祠。④

---

① 刘振源：《中坛庄头福德祠序》，1979年。
② 刘振源：《九芎树伯公碑记》，1985年。
③ 古和双：《六寮伯公序文》，1980年。
④ 林富生、刘振源：《共和桥福德祠沿革》，1990年。

（2）位于龙山里十穴的《十穴龙狮福德祠沿革》记载：

本尊十穴福德正神祠百余年前坛址系平地良田，有几位老前辈见此地形优美，想起立土地公，便于同治元年（1862）择良时吉日选一大石头作福德正神碑，于夕阳西下时，乡中男女老少前来焚香奉茶，远近人民亦前来上香，香火日盛，于是老前辈改立神碑，日本时代地方管制，被其废除了，光复后，1947 年地方老前辈发起重建福神坛，其后 1970 年地方人等见神坛有碑无祠宇，又发起重建福德祠宇，1989 年造成高美大桥引道路拓宽，坛所又在路中心，如是又要迁移了，于是政府补助叁百万元改建现下坛宇成立龙狮福德祠筹建委员会。①

（3）位于南隆中学后方的《幼儿园伯公碑记》载：

由来清代乾隆年间始开美浓庄，后又开中坛庄，及至乙未年日本领台，当时中坛以南平原广阔皆荒芜之地，砂皮石骨大硼高嵌，幸遇三五公司南隆投资开垦，四处农民移来耕种，各有部落之称，当时有数家居住在此名为六寮村，耕者用石头种落为田头伯公，大家拜拜。及至台湾光复次年丙戌年居住有数十户人家之后又酌议授伯公碑、简单坛所为第二次修，及至于今丙辰年仲冬月吉日，村民又酌议为建造福德祠为第三次重修，惟威重显赫，诚万古荐馨香之祠也。②

（4）位于吉东里吉顶小区的《龙兴庄尾福德坛源流》记载：

民国前三年岁次己酉，茶顶山上居民迁来开垦，号称龙兴庄（又名大顶寮，为纪念原籍大顶山下来开庄），当时庄尾成立伯公坛，后来被日官拆去废却，民等沾德不忘，迁移现坛座于山吉庆，拣取 1950 年庚寅农历正月十五日丑时兴工，二月初二癸丑日子时安碑，三月十六丁酉日子时登位，保佑庄民，至今经过三十七年来坛所既坏，募集庄民重新改建，于 1988 年岁次戊辰正月九日拆卸，正月十一日兴工，四月十五日登位，永定山河，受亿万年香烟仍庇民康物阜、赉福降祥。③

---

① 《十穴龙狮福德祠沿革》，1991 年。
② 《幼儿园伯公碑记》，1976 年。
③ 陈居礼：《龙兴庄尾福德坛源流》，1988 年。

从碑记我们可以明确，先民拓垦之初既安奉土地伯公作为庇护，只是年代久远，其形制、改变的次数及确切年代容有误差，但也呈现出一个普遍的现象。时段可考者均是石碑伯公坛，日据时期以降美浓旧部落均已是石碑伯公坛；而南隆农场部落虽自日据才陆续建庄，且多数为三粒石伯公坛，却也在昭和八九年间改建成石碑伯公坛。从中反映了南隆农场的拓垦生活安定，经济改善；移垦先民就近学习美浓旧部落的形制兴建伯公坛。

美浓境内伯公多处因位于人烟稀少处，"皇民化运动"时伯公幸免于破坏，但因其为露天拜坛，风吹日晒，多所颓坏，其造型在光复后陆续翻修，20 世纪 60 年代亦翻新，现今所见无年代记录的伯公坛亦多为光复后整修。无论如何，土地伯公坛的整体形象势必受到社会经济发展的影响，趋于时尚，土地公的改建愈来愈成为一种风潮。

修建或重修演变过程中呈现了多种的造型变化，从神主来看：一种是"河石—石碑—伯公像"，一种是"河石—石碑"；从外观造型看：一种是"土垄—伯公坛—庙祠"，一种是"土垄—伯公坛"。

（二）形制的分析

在美浓地区 379 座伯公中，目前的形制维持露天祭坛的伯公坛有 78 座，占总数的 20.6%，约 1/4；改建成庙祠的有 301 座，占总数的 79.4%，约 3/4。因史料的限制，我们无法追溯伯公的原型为何，但从耆老的追忆及目前的现况实查，可以确定，至 20 世纪 60 年代除了柚仔林福德祠为庙宇式建筑外，其余伯公均为露天祭坛式的伯公坛或者为简略的石头土堆坛。且各处伯公坛也历经多次整修，当然其规模也受经济能力之影响，这些伯公坛大正年间翻新甚多，日据末期"皇民化运动"的废神运动，使大多数伯公被毁，碑石被击破，居民为防伯公被破坏，将其有的移到美浓广善堂集中，有的就地掩埋，光复后，村民一一复原供奉。20 世纪 60 年代，农村经济富裕，反映在伯公坛的修建，各里伯公翻新甚多，纷纷改建成庙祠形制，从所占 3/4 比例可见，其接受庙祠的观念之高。

兹仅以现况所见，将各里伯公形制分类成以下几种：

（1）社树、原石、伯公坛。

（2）露天式石碑伯公坛，在伯公坛之上又另搭盖遮雨棚。

（3）庙祠内供奉石碑。

（4）庙祠内供奉伯公像和石碑。

（5）庙祠内供奉伯公像，旧石碑置放于供桌或伯公像下。

（6）庙祠内供奉伯公像。

　　而各里形制比例表见表 3。就比例而言，露天式伯公坛渐渐缩减且都位于较偏僻的聚落。反观聚落较大或位于交通要道上的伯公，由于出资募款较多且关注人士较多，人们在舆论、悲天悯人心理及相互比较的心态下，不忍其再受风吹雨打之苦，多建筑水泥庙祠供其居住。保存原有原石伯公坛的占 1.06%，石碑伯公坛形式或在伯公坛上加盖遮雨棚的占19.53%，约为 1/5。至于重新建造水泥庙祠者，则又有下列四种不同情况：第一种是以庙祠供奉石碑，此种比例占 16.09%，约占 1/6；第二种则是伯公像与石碑一并供奉，占 8.44%；第三种形式为石碑退居神桌之下，或躲在伯公像之后，此种数量有 59 座，占 15.57%，约占 1/6；第四种则全以伯公像来接受膜拜，石碑则被水泥牢牢封死在神桌之下，永不得见天日，此种庙祠数有 149 座，比例占 39.31%，约占全数的 2/5。

　　从各类形制比例观察，改建是必然的趋势，在众多改建后留在旁边或伯公像下方的石碑，发现受风化的影响，石碑字迹及花纹均已模糊，是故，改建成祠时，石碑如果模糊就将它安置于供桌上。[①]

表 3　各里伯公形制及形制比例表

里名（代号）	伯公坛			庙祠			总数
	原石	石碑	庙祠石碑	伯公像、石碑并立	伯公像下置旧石碑	伯公像	
东门里（A）	0	3	0	0	0	0	3
泰安里（B）	0	2	0	0	0	4	6
弥浓里（C）	0	0	2	3	1	4	10
中圳里（D）	0	8	5	6	2	4	25
合和里（E）	0	16	6	0	7	4	33
龙肚里（F）	0	9	3	8	14	7	41
狮山里（G）	0	9	3	2	7	17	38
龙山里（H）	0	6	3	0	6	8	23
广德里（I）	0	3	0	1	1	3	8
兴隆里（J）	0	2	4	3	1	16	26

---

　　① 钟建台口述，龙肚里人，为水泥师傅。

（续上表）

里名（代号）	伯公坛			庙祠			总数
	原石	石碑	庙祠石碑	伯公像、石碑并立	伯公像下置旧石碑	伯公像	
广林里（K）	1	6	1	0	3	15	26
中坛里（L）	0	2	5	1	3	5	16
禄兴里（M）	1	3	7	2	2	7	22
福安里（N）	0	1	8	2	7	8	26
德兴里（O）	1	1	7	3	0	5	17
清水里（P）	1	2	4	1	3	14	25
吉和里（Q）	0	0	2	0	1	7	10
吉东里（R）	0	1	0	0	0	10	11
吉洋里（S）	0	0	1	0	1	11	13
各形式总数	4	74	61	32	59	149	379
各形式比例	1.06%	19.53%	16.09%	8.44%	15.57%	39.31%	100%

资料来源：田野调查统计。

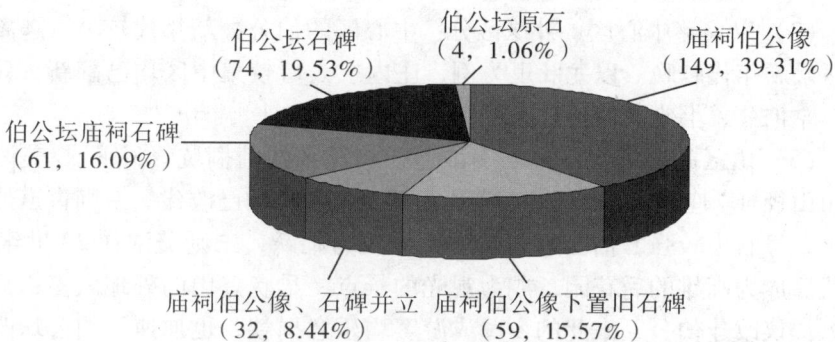

伯公坛石碑
（74，19.53%）
伯公坛原石
（4，1.06%）
庙祠伯公像
（149，39.31%）
伯公坛庙祠石碑
（61，16.09%）
庙祠伯公像、石碑并立
（32，8.44%）
庙祠伯公像下置旧石碑
（59，15.57%）

图2　美浓土地伯公形制比例图

（三）伯公翻新的区域比较

从表3可见各里改建成庙祠的比例不一，改建成庙祠比例最高的里为弥浓、吉洋、吉和三里，其均已改建成庙祠；福安里、吉东里比例亦达

90%以上，吉洋里、吉东里、吉和里为美浓开发较晚的里别，因其邻近闽南聚落，是故接触闽南庙祠式的机会也较多，此种情形亦反映在福安里，福安和旗山镇相邻，是故除灵山山麓的美浓开基伯公外，其余25座伯公均已改建；弥浓里、中坛里、禄兴里三里为美浓交通最为便利之里，弥浓里为美浓市镇中心，中坛、禄兴两里分别位于往旗山、六龟、屏东交通要道枢纽的两侧；兴隆里位于美浓镇的西北角，属较偏僻的里，但大部分的伯公也已改建成庙祠，这是值得探讨的地方。

东门里3座伯公均因庄民祈愿改建，向伯公掷筊未果而作罢，保留了伯公坛造型；合和里伯公数多，总共33座中，维持伯公坛形式的还有16座，占48.5%，或许是位于山窝坳角，合和里是各里中维持伯公坛数最多的里，显示出越外围的聚落翻新的风气越盛，这是否意味着文化的互相模仿。值得重视的是，以水泥房供奉塑像呈现的福德祠，均属近十几年的作品，这正说明了，替伯公盖房子、塑神像，已有渐次增加的趋势，也就是说，美浓镇伯公的伯公坛形式若不再加以正视，恐怕就要渐成绝响了，这实在是非常值得有识之士关注的重要课题。

综合以上的分析，以下对土地伯公改建成庙祠的原因作一个整理：

（1）离闽南聚落近的村落，翻新的年代较早：福安里和旗山镇交接，境内的伯公数有26座，除美浓开基伯公因未得福神准允改建而维持伯公坛形制外，其余均已翻新；吉和里、吉洋里和里港乡、旗山镇交接，亦全面翻新了，吉东里则只剩1座未翻新。

（2）以聚落中心区、外缘区分：中心区的伯公翻新年代较早；越离外缘区翻新年代越晚。以龙肚里为例，庄内或人口较集中区均已翻新，只留下旱堂伯公、上堂萧屋伯公未翻新，其余均已改建。

（3）山区的古道旁：位于美浓通往杉林乡的莿桐坑（3座）、美浓镇灵山山径（4座）、龙肚里的茶顶山山径（7座）均已改建。一则古道伯公改建，号召力较强，伯公兴建出款信士较为踊跃；二则美浓在20世纪70年代后成为高雄的后花园，成为观光的景点，早晚登山的外地人多，只要有人提议改建伯公，来此的乡民或游客均乐意捐款，也加速了伯公坛改建成庙祠。从以上的土地伯公翻新乐捐芳名中可见，信士来自各地。

（4）各庄头的冢埔旁土地伯公：美浓地区庄头的冢埔地旁均立有义冢祠及伯公坛，义冢另有义冢会组织负责办理祭祀的工作，每年都会产生炉主及福首来进行祭祀。旁边的伯公每年庄民来扫墓都会前往祭拜，是故召集的信众较广，伯公坛的破损、龟裂都会引发庄民出资修复。

（5）交通出入频繁处：同个庄头，位在交通要道上的伯公坛改建的速度快，如同属柚仔林庄的伯公，位在美浓通往龙肚路上、美浓通往中坛路上的伯公均已改建，坐落在小聚落的土地伯公则维持其 20 世纪 60 年代的造型。

（四）庙祠形制的呈现方式

伯公坛改建成庙祠福德祠形式，从历次翻新来看，对原先供奉的神主的处理有以下几种方式：①石碑—庙祠；②石碑、伯公像并立—庙祠；③伯公像下置旧石碑—庙祠；④伯公像—庙祠。对神主的尊崇，原先为原石修建成石碑伯公坛，就把原石安放在伯公坛化胎里面（用水泥封住），再改建成庙祠时，原石、石碑均作以上处理，是故，有些庙祠供桌下呈现多次翻建的痕迹。从祠的外形看，大多建成无门开敞式有屋顶之拜亭，一些建成轿顶形式，如永安桥头伯公、尖山伯公、泰河桥伯公。永安桥头伯公甚至是伯公托梦，《永安桥头伯公沿革》记载："……重建时又议论纷纷，若建造古式唯恐角度映射附近人家之安全，有一晚上主计邱秀友夜睡时，梦中听闻音乐响亮雯时醒目，一看后面有神轿经过，才明了伯公自己指示用轿式屋顶、平面拜亭。本座亦升高原址三尺六寸，拜亭前扩展伸出八台尺宽，架设护栏与符合全景之美观，今逢竣工佳期，叙述创说由来……"① 另外，在伯公坛改建成祠时，多处保留了伯公坛的形式，如德胜公仍保持石碑、伯公坛的兴建模式，只是在碑石处加盖了庙祠，以免香火被雨淋去。此种概念是否为改建成福德祠的初衷，在多座伯公坛一再重建的过程中，可见到此种形式的痕迹，龙肚北上塘开基伯公在 1966 年重修时即是美化石碑，在石碑周围加大并用洗石子方式呈现的伯公坛，到 1983 年重修时，即是在碑石部分加盖成庙祠，而把化胎及伯公坛保留在庙祠外。当然也因改建成祠，对联、栋对、捐款芳名、重修碑记一一铭记其上。

（五）伯公石碑的安排

从伯公碑文里的记录，诸多伯公坛在日据初期至大正年间改建，而"皇民化运动"时废除神明，伯公碑石甚多被居民藏于土里或集中隐藏，避免被日本人破坏，光复后居民纷纷挖起碑石重建坛所。"皇民化运动"时，日本人强迫台湾人改良神龛，在美浓各地留有许多日据时期沿用至今的伯公碑石，在碑额上刻有庄名，如柚梓林庄、广德庄、广兴庄、港仔墘

---

① 《永安桥头伯公（又称坑仔底伯公）沿革》，泰安里里长邱钦盛 1979 年 12 月执笔。

庄，这些都是日据时期的庄名，这些刻有庄名的石碑碑面显得十分华丽，刻工多变且细致，配合以神龛造型入碑，显示大正年间农村经济的富庶反映在伯公坛的修筑上。在美浓，各大聚落满年福或新年福结坛用的福德正神牌位，亦作成神龛式，如弥浓庄的"美浓暨列福德正神香座位""水口里社真官神位""德胜公爷之神位"；龙肚庄、柚仔林庄、九芎林庄、广兴庄、永盛庄、德兴庄等均有此情况。

在众多石碑里，碑文的字数安排亦有区域性的呈现，依照"生、老、病、死、苦"五字轮回安排决定碑文字数，美浓地区碑文字数一定得安排在"老"或"生"字的排序上，如"福德正神香座位"排序至"老"；"德胜公爷神位""里社真官神位"则排序至"生"。[①] 当碑额再加庄名时，加于左右；如为奇数字时，横排当作一字计，则"福德正神香座位"去一"座"字；如为偶数字时，则排成双列，当作两字计，则成"福德正神位"。如此约定成俗的风水观，一直存在于美浓地理风水先生的法则中。[②]

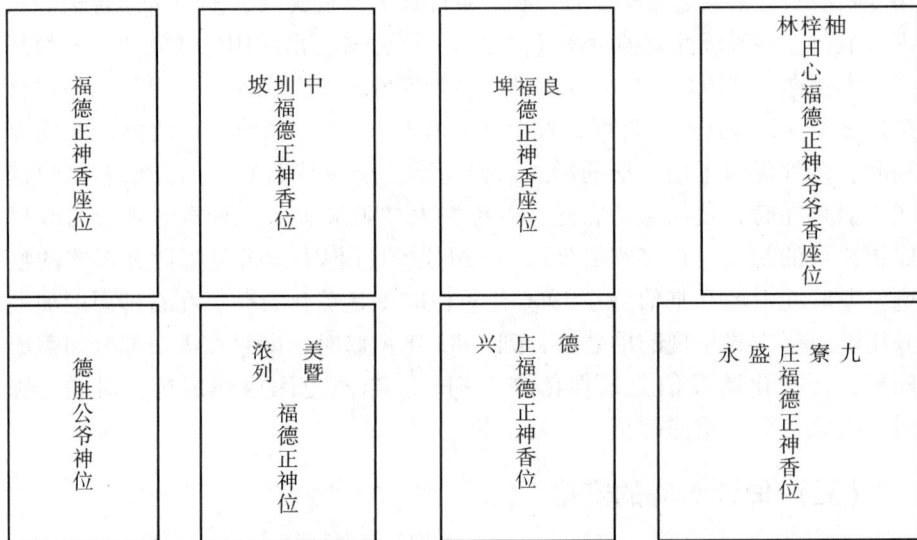

福德正神香座位	中 坡圳 福德正神香座位	良 坤 福德正神香座位	柚梓林 田心 福德正神爷爷香座位
德胜公爷神位	美暨列 浓 福德正神位	德 兴庄 福德正神香位	九寮 永盛庄 福德正神香位

美浓地区为数众多的露天伯公坛，以"天圆地方"的宇宙图案来对应天地大宇宙。伯公坛中的半圆低凹与半圆高隆正是阴阳的太极式，天地阴阳的哲学在此伯公坛中完整而清晰地表露出来，并追求一种内容与形式统

---

① 在永安庄满年福、二月祭结坛时，所奉请的神龛牌书"德胜公爷之神位"。
② 拜访张琴龙、张贵和、温廷辉、宋永城、萧盛干先生口述。

一的表达方式。① 即使改建的福德祠大多数仍保有"化胎"的存在，或在福德祠外围筑一道护墙（护手），再在护墙的正后方塑一道龙墙，或许是残存印象的留痕。

土地公庙，一方面是一深含汉文化"土地崇拜"的象征，并且被作为聚落的指标；② 另一方面，则可标志出小区文化群体的性质。伯公坛、石碑香位，只在客家聚落出现，正可视为客家文化群体之"文化景观"的独特性。

此种伯公坛演变至今，俨然已成为客家土地公庙的标志。随着客家先民入垦美浓平原以及客家生活方式的逐渐落实，客家先民一贯秉持天圆地方、前水后山、前虚后实的风水观于弥浓庄营建许多客式"文化景观"，具体反映在传统客家式的祖祠、神祖牌的摆设、敬字亭的设立、伯公坛的建立上。甚者建庄之初即以此概念铺陈聚落：聚落的通道门楼建于东南侧；伙房的出口建于前侧；伯公坛、坟墓亦是。

综观美浓平原三面临山，中间有美浓溪穿越，建庄之初便背山面水，取山之南、河之北设置庄场，另依平原背环的美浓山脉中的最高峰"月光山"下，建立中心庄。③ 庄内的伙房依溪畔次第兴筑，由南面的溪畔起，同北边拓垦成一过的田地至美浓山麓止。各家族共同享有溪水、街道、屋场、田地和山麓。建庄既成，伯公坛也一一地兴筑和竖立碑石封土植树以为记。道路的展延，往往以周边群山的峰巅为指向标。其中"双峰山"以其在传统造型上的"笔架山"意向，成为平原上风水的主峰。位于水口的里社真官神为庄中的土地保护神，把守着水源命脉最后的流出地。传统的春祈秋报"社祭"亦周而复始地进行着。

各聚落的土地伯公，依次陆续地散布在平原各境。对天地的传统膜拜和原始信仰，以"天圆地方""前虚后实""阴阳太极"反映在伯公坛的形制上。

散布在美浓平原的近 400 座土地伯公，随着社会的变迁或者颓坏修建形成多样的面貌，从伯公碑记记载日据以降至 20 世纪 60 年代，几乎都是露天式的伯公坛，先民为因应开垦的需要，形成深具移垦特色的社会，住

---

① 李允斐、钟永丰、钟秀梅等的《高雄县客家社会与文化》（第 234 页）。

② 林美容：《土地公庙——聚落的指标：以草屯镇为例》，《台湾风物》1987 年第 37 卷第 1 期，第 53 页。

③ 《美浓镇志》编纂委员会：《美浓镇志》，高雄：美浓镇公所，1997 年，第 151 页。

民所信仰的神祇多与开垦有关，也最早形成。① 由于拓垦区的不安定，为求心灵寄托祈望护佑，一一安奉开庄伯公，由拓垦的先后而赋予土地伯公不同的种类与职掌，居民因不同职掌而有不同的名称。先民拓垦之初以原石供奉，在经济能力改善后才陆陆续续改立石碑，甚者立像建祠，形成多元面貌并陈的现象。

四、美浓新旧部落土地伯公祭祀之差别

美浓全境近 400 座奉祀福德正神的土地伯公坛，不管是在荒郊野外，还是在街庄人口密集的闹市，每一座土地伯公都有固定的虔诚信仰者。不但朝夕昼晚有人烧香祭拜，初一、十五也有善男信女携带清茶、鲜花、金香纸烛前往顶礼，男婚女嫁时也必定备妥三牲果品，向土地伯公答谢神恩庇佑。

为了地方的安宁与祈求农作物可以丰收，各座土地伯公成了居民的守护神。在美浓除了散布在各处的土地伯公祭祀外，各个聚落以较早设立的伯公或庄头、庄尾伯公或以庄中主要的寺庙为首结坛举行年中的四大福会祭典。所谓"四大福"为新年福、二月初二、八月初二及满年福，定于正月十五举行者称"新年福"，二月初二、八月初二为"伯公生日"，"满年福"则择十一月下旬的吉日，也称大平福、冬成福。所谓"满年福"是和"新年福"相呼应的一个活动，在立春后，庄民为祈求上苍保佑整年的平安、五谷丰登，奉请庄内的所有土地伯公一起祭拜，名为"新年福"。在秋收后，同样邀集庄境的土地伯公拜谢，称为"满年福"，亦是自古以来的"春祈秋报"之意。

福会时由福首抬伯公轿奉请庄内的土地伯公集中供奉，以小竹牌贴红纸书写该座伯公的名称，在伯公坛前祭拜后拔取象征伯公的小竹牌上轿，迎请回坛所。在祭典后登席吃福，② 由于费用均是"公食公开"由庄内居民共同题缘，所以参与的人都非常踊跃。在没有掌声、没有新闻媒体的炒作焦点下，它依然循着季节交替进行着一份大地的子民对天地感恩的虔诚敬意。

在福会祭典中各庄头举办的日期有所重叠，举办地点以伯公会福德祠或本座伯公坛为主，或由庄内鸾堂以及庄内主要庙祠负责，兹将美浓地区各里四大福举办登席地点及日期作铺陈统计成表 4，以了解彼此的差异。

---

① 吴学明：《金广福垦隘研究》（上），新竹：新竹县立文化中心，1990 年，第226 页。

② 又称"吃伯公福"，题缘的范围为全庄，题缘者于登席当天要缴付登席费。

表4 美浓地区各里举办四大福登席地点及日期表

里名 (代号)	聚落名	新年福场所 (登席日期)	满年福场所 (登席日期)	境内伯公生、升座 祭祀登席
东门里 (A)	庄头 上庄	庄头伯公（正 月十四日）	庄头伯公 （十一月）	庄头（八月初二）
泰安里 (B)	中庄 横街	花树下福德祠 （正月十七日）	花树下福德祠 （十一月）	坑仔底（二月初二）
弥浓里 (C)	下庄	永安路上结坛 （正月十六日）	广善堂 （十一月初八） 永安路上结坛 （十二月二十五日）	莿桐坑（八月初二） 老圳底（九月初一） 德胜公（八月初二） 竹园（十一月二十七日）
中圳里 (D)	坤头下	圆山福德祠 （正月十六日）	圆山福德祠 （十一月）	圆山伯公（八月初二）
合和里 (E)	柚仔林	柚仔林福德祠 （正月十六日）	柚仔林福德祠 （十一月）	柚仔林福德祠（二月初 二、八月初二）
龙肚里 (F)	龙肚	清水寺（正月 十六日）	清水寺 （十一月）	清水寺（八月初二） 石头伯公（正月初一）
狮山里 (G)	河边寮、 大崎下	清水寺（正月 十六日）	清水寺 （十一月）	水仙王伯公（八月初二）
龙山里 (H)	横山尾	清水寺（正月 十六日）	龙狮福德正神祠 （十二月初三）	龙山小学前伯公（八月 初二）
广德里 (I)	竹头角	三山国王宫 （正月十六日）	三山国王宫 （十一月）	广兴开庄伯公（八月初 二）
兴隆里 (J)	竹头角	善化堂（正月 十六日）	劝化堂 （十一月）	大埤头庄头伯公（八月 初二）
广林里 (K)	九芎林	圣化堂（正月 十六日）	圣化堂 （十一月）	九芎林开基伯公（八月 初二）

（续上表）

里名 （代号）	聚落名	新年福场所 （登席日期）	满年福场所 （登席日期）	境内伯公生、升座 祭祀登席
中坛里 （L）	中坛		崇云宫（观音庙） 中坛庄头伯公 （十一月）	中坛南头河伯公 （二月初二）
	下竹园庄		下竹园伯公 （十一月）	
	太平庄		五谷庙 （十一月）	
禄兴里 （M）	中坛		善诱堂 （十一月）	中圳伯公（二月初二） 禄兴新伯公（八月初二） 九苓树伯公（八月初二）
	上竹园庄		上竹园桥头伯公 （十一月）	
福安里 （N）	山下	开基伯公（正月十九日）	开基伯公 （十一月）	蛮头罗伯公（八月初二）
	牛埔	福安妈祖庙	福安妈祖庙	福安庄头伯公（八月初二）
	仑仔顶			仑仔顶伯公（二月初二） 旗阳桥福德祠（九月初七）
德兴里 （O）	金瓜寮	德兴宫（观音庙）	德兴宫（观音庙） （十一月）	
	三降寮		三降寮庄头伯公 （十一月）	
清水里 （P）	清水港		紫云宫 （观音庙）	
吉和里 （Q）	和兴庄		永盛庄尾伯公 （十一月）	永盛庄尾伯公（二月初二）

（续上表）

里名 （代号）	聚落名	新年福场所 （登席日期）	满年福场所 （登席日期）	境内伯公生、升座 祭祀登席
吉东里 （R）	上九寨		六寨伯公（十一月） 关帝庙（帝爷坛）	关帝庙（二月初二）
	龙兴庄		关帝庙（十一月）	
吉洋里 （S）	吉洋庄		水德伯公坛 （十一月）	溪埔寨庄尾伯公（二月初二）

资料来源：田野调查统计。满年福举办日期均是请堪舆师择日而定。伯公生日为二月初二或八月初二，其他日期为伯公坛改建升座纪念日。

根据表4整理出美浓新旧部落土地伯公祭祀的差异，如表5。

表5　美浓新旧部落土地伯公祭祀的差异表

区域	美浓旧庄头	南隆地区新部落
观察聚落	永安庄、柚仔林、龙肚、广兴庄、九芎林、中圳、仑仔顶、港仔墘	南兴庄、六寨、下九寨、外六寨、溪埔寨、上竹园、下竹园、石桥、五只寨、太平庄、大顶寨
负责人	福首	炉主、福首
福首产生方式	公推；由值年福首自行找人传递；或掌厨者负责	全庄掷筶；分组轮流
祭典现场	福首及礼生进行	全庄庄民参与
仪典	新年福、满年福、伯公生	太平福、众神福、还福并祈福
祭坛	分上、中两界或上、下两界	分上、中、下三界
度孤	于祭典前之下午办理	于祭典中另摆供桌祭拜
祭品	由公账准备	公账准备外，家户自行准备牲礼、水果
祭仪	冷清	热络

（续上表）

区域	美浓旧庄头	南隆地区新部落
庆祝活动	八音（录音机播放）	八音（四人团吹奏）、戏班、布袋戏团、赛肥鸡、发新丁红包
奉请伯公	以小竹片或香代替，大部分庄头以香代替，伯公轿迎请	以小竹片书写伯公名号，伯公轿迎请
伯公数	奉请代表性的伯公	奉请境内全数伯公
登席	第二天中午，人数众多	第二天中午，人数众多

资料来源：田野观察调查统计。

从表 4 及表 5 明显看出美浓新旧部落的差异，南隆部落北起三降寮，南至荖浓溪畔，东至十坑庄，西至手巾寮和旗山镇交接，当年承租三五公司土地耕作而定居的部落，每年祭祀土地伯公的时间和方式，跟居住美浓北片与东片的"下南"客家人有着明显的区别。以下分别说明：

1. 新年福、满年福办理方式

美浓旧部落是在十一月至十二月二十五日举办满年福，在翌年正月十六日左右举办新年福，将新年福及满年福分开办理；南隆农场部落则是在秋收以后，选在十月下旬至十一月举行冬成福，没有办理新年福，采"还神随即祈福"。① 在弥浓庄、龙肚庄、广兴庄、柚仔林庄均在十二月二十五日"入年假"把境内伯公奉请入坛祭拜，称为满年福，到翌年正月十五晚上祈福，为新年福。但光复后，美浓烟农增多，春节前夕正是烟叶采收农忙时期，实在无暇参与登席活动，且两福会登席日太接近，是故把满年福的日程提早到十一月左右，目前只剩弥浓庄下庄仍维持在"入年假"后登席。② 而南隆部落把两个福会结合，称为冬成福或冬尾福，福会日期选择在十月下旬后，第二期稻作收成、烟叶育苗也结束的农闲时期。

2. 福会次数

美浓旧部落各庄头包括伯公生登席次数均为 3 次以上，而南隆部落均为 1~2 次，且为伯公生举办祭典登席的庄头少。

---

① 在十月之后，各庄头由地理师择定一个固定的日期，由福首周知庄民。在南隆地区，还福接着祈福的庄头有三降寮、太平庄、六寮庄、外六寮庄、龙兴庄（大顶寮庄）、上九寮庄、下九寮庄、清水港庄、溪埔寮庄。

② 柚仔林福德祠管理人何辛顺口述，时年 85 岁。

3. 奉请的伯公数

南隆地区的冬成福，把境内每一座土地伯公都奉请过来，如龙兴庄 7 座，甚者连邻庄交接的伯公也一并奉请，如金瓜寮德兴里冬成福时，由庄内德兴宫负责办理，除境内 17 座伯公都奉请外，连庄内私坛的观音及妈祖也一并奉请。反观美浓旧部落庄内福会奉请的只是具有代表性的伯公，弥浓庄满年福只奉请 7 座伯公而已，柚仔林庄有 33 座伯公却只奉请 7 座，或许旧部落的伯公分布广，且位于塘坳山径上，不容易奉请，而南隆部落的伯公均分布在平原区。从奉请的伯公来观察，可看出南隆部落土地伯公界定聚落意义强，在各聚落的冬成福祭祀时，以奉请的伯公位置明确区分聚落范围，庄民也以参加自己庄头的福会祭拜为主。如图 3 为吉洋区部分聚落伯公界定图，聚落中的伯公数明确，在冬成福祭典时，各聚落只奉请该聚落的伯公入座，土地伯公所圈定的聚落甚为明确。

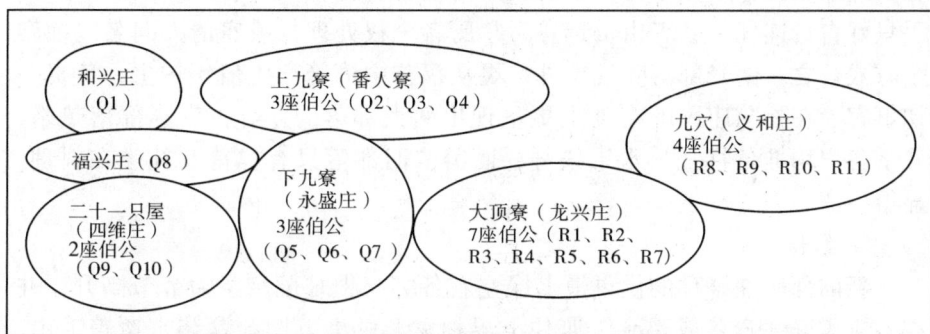

图 3　吉洋区土地伯公圈定聚落图

资料来源：根据田野调查划定，图中英文为伯公代号。

而美浓旧部落，或许聚落形成年代较久，因庄民的渐渐拓垦，陆续地形成数个小聚落，是故除参与小聚落伯公生福会外，亦参与更大范围的福会，奉请的伯公亦只是代表，以美浓开基伯公为例，一年举办新年福及满年福两次福会，祭祀圈涵盖美浓庄、牛埔庄、灵山下、仑仔顶庄。此祭祀圈内亦有 3 座伯公分别办理伯公生福会，且日期分别错开，也只奉请附近的伯公，但庄民均参与其福会，是故一年参与 5 次登席活动，如图 4 所示。

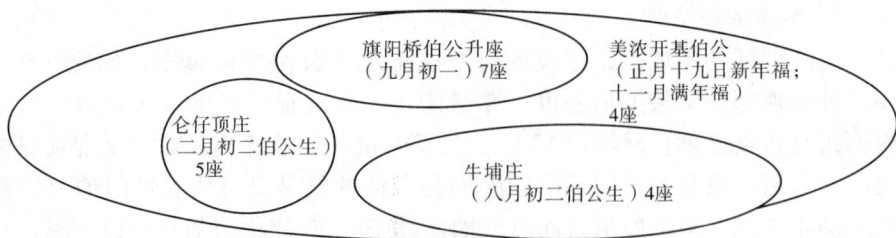

图 4　福安里土地伯公祭祀圈汇集图

资料来源：根据田野调查划定。

4. 祭祀组织

前文讨论了各庄头福首的产生方式，全庄列名、分组产生均为目前南隆部落各庄头的运作模式。而美浓地区就显得冷清了许多，有的庄头是由里长或邻长找伴凑数维持，有的庄头由福首自行找人接替，如找不到人接手只好自行连任；甚者由负责登席掌厨者全权处理，或雇请人问名以抽席金方式行之。南隆部落除福首外，更从福首中掷筊产生值年炉主，负责一切事宜。在参与庄民的态度上更呈现出两大部落的差异：南隆部落热络，几乎各户均准备牲礼、水果祭拜；而美浓旧部落只有福首及礼生在料理，显得冷清。

5. 结坛

新旧部落在祭拜的供桌最上层左右各绑一根甘蔗，意为节节高升，并绑一支撑开之鸾蓬或黑伞，遮住上界神龛。供桌下摆脸盆装水覆盖毛巾、镜子、胭粉、梳子、槟榔、烟。其中不同点为美浓旧部落结坛的四方桌搭成两阶，分上、下两界，上界供奉"昊天金阙玉皇大帝陛下暨列周天满汉星君宝殿前"，下界供奉"南无大慈大悲观世音菩萨莲下暨列尊神宝座前"，土地伯公属众尊神，是故福德正神神牌放在下界；① 而南隆部落结坛供桌搭成三阶，分上、中、下三界，上界供奉"昊天金阙玉皇大帝陛下暨列满汉星君宝座前"，中界供奉"南无太慈太悲观世音菩萨"，下界供奉"暨列五方福德正神香座位暨庄内福德正神香座位"，另外在露天摆一供桌，供奉"本境海陆无祀孤魂香座位"②。

6. 祭典现场与祭仪

美浓旧部落新年福、满年福祭仪参与者大都为福首，显得冷清，南隆

---

① 温廷辉，现年 91 岁，负责柚仔林庄满年福礼生。

② 刘添福，天云宫（茶顶山）堂主，负责 1990 年内六寮冬成福礼生。

部落虽只办理冬成福（还福接着祈福），但除了公账准备全猪、全羊、五牲礼外，几乎各家均备三牲或水果隆重祭拜福德正神，还以所准备的鸡举办肥鸡比赛助兴，显得热闹非常。

无论在美浓旧部落还是在南隆部落，福会登席都是采取"公食公开"方式，祭祀、宴客费用由参加者平均分摊包礼。由于答谢天恩的许愿者会寄附祭仪的猪、羊或白米（这些都作为登席的佐菜），所以各庄宴席金额差别很大，从 200 元到 500 元都有。正因为"伯公福"的席金是公食公开，并无充裕资金，各伯公坛平常并无正式组织，而都由各里长或里内热心公益、有公信力的人士充为管理人，几乎都没有余钱可以从事造福村民的"社会福利"事业。伯公坛的整修均以个别事件发起，捐款者从事之，如欲重修庙宇则设委员会或由里长等数人发起，处理其事。

伯公福是美浓地区庄民生活中的一件大事，不管仪式繁简，经由宗教祀典的进行，无形中有着整合庄民的社会功能，这也正是民间宗教与庄民生活密切相连的特质。

五、结论

社会的迅速变迁，尤其是快速的经济发展所引发的调适问题，也使现代社会产生许多光怪陆离的宗教信仰现象。美浓土地伯公原来的祭祀行为是单纯而隆重的，近来每月的初二、十六，均可发现在伯公坛或福德祠香案上摆着一捆金纸及一束香，慎重的会摆上鲜花、水果，美其名为供奉"财神"。

"大家乐"赌博兴起于 1985 年，[①] 大抵从台湾中部地区开始蔓延，逐渐扩及全台，其后的两三年间达到疯狂流行的地步。[②] 在"大家乐"赌博中，有许多所谓"明牌"提示中奖号码，这些明牌的来源很多，而其中又以孤魂野鬼之类的有应公被认为最灵。[③] 一时之间，荒野间的有应公庙小

---

① "大家乐"这一名词最早于 1985 年 8 月见诸报端，在此之前被戏称为"第八奖"，这是一种出卖"爱国奖券"商店所附带举办的猜奖赌博活动。从 1985—1986 年底，"大家乐"在台湾中南部变得非常流行，报纸称之为"疯狂赌博行为"。从社会文化学的立场看，"大家乐"的活动包括两个面相：其一是赌博押奖行为本身，其二是求神问上以期猜中得奖号码的行为。（胡台丽：《神、鬼与赌徒：大家乐赌戏反映之民俗信仰》，台北："中央研究院"民族学研究所，1989 年）。

② 瞿海源：《大家乐现象之成因与影响之研究》，台北："行政院"研究发展考核委员会，1987 年，第 1 – 3 页。

③ 胡台丽：《神、鬼与赌徒：大家乐赌戏反映之民俗信仰》，台北："中央研究院"民族学研究所，1989 年，第 401 – 424 页。

祠或土地伯公坛以及墓地的无主孤坟都成为"乐迷"夜半流连之所，不得不使人有鬼灵当道之叹。鬼灵在"大家乐"赌戏中大肆活动的情形，强烈地呈现出科学昌明、经济富裕的台湾社会中现代人的迷惘。心理学家杨国枢认为：现代人面临快速、复杂变迁的生活情况，觉得应接不暇，所以就产生相当大的情绪压力（emotional stress）。在这种压力之下，就产生退缩（regression）的现象。退缩的现象在心理学上，指人在碰到复杂、矛盾、压力的情况时，往往会退缩，回复到以前曾经用过的、成熟度不高、习惯的、呆板的方式。[1] 因此，若干传统信仰行为，不但没有绝迹，反而变本加厉。这些现象反映在将古老术数用之于签注"大家乐"、六合彩以及投资股票买卖等，并前往伯公坛请伯公出示"明牌"，这种行径已为众所周知的事，大家似乎也认为是有传统可循，见怪不怪，将其视为理所当然的事。这也正符应台湾民间宗教所追求的大多是现世功利，很少追求来世，且都是关于福禄寿等现世的功利。[2]

值此，美浓土地伯公俨然成为"乐迷"的最爱，尤其位在山凹塘里、人烟稀少处的土地伯公成为"乐迷"驻足的地方，位于龙肚里茶顶山上的茄苳数伯公，原为石碑，是伯公坛，20 世纪 70 年代就经过多次翻新，1987 年翻新成洗石立面地板的伯公坛并加搭铁皮，1993 年在石碑前放置了一尊二尺九寸高的伯公像，香炉、金炉亦更换数次，究其原因，均为"乐迷"中彩还愿所更新添加，改变了原先的信奉方式。

在祭拜的仪式上，近年亦有所转变。过去福会的进行均由礼生掌控，而地方礼生以三献礼或九献礼进行祭典，部分庄头由寺庙办理福会，自然引用道教或佛教的仪式，尤其在 20 世纪 60 年代伯公翻新改建成祠，塑立伯公像，伯公像升座有开光点眼的仪式，传统地理师不能胜任，于是用闽南道士开光仪典。[3]

在祭祀的对象上，也发生了变化，尤其是里社真官角色的改变。在永安庄满年福、新年福以及美浓二月祭的祭坛上，里社真官以神龛牌供奉于神桌上；在东门里的庄头伯公新年福、满年福的祭坛上，则和美浓暨列福德正神位同列于神龛牌上。但近年的一些祭典对其却有不同的诠释。在中坛里下竹园庄冬年福时，当天下午在美浓河与南头河交汇处的二洽水举办"度孤""祭河江"。在露天摆置的祭坛牌位书写"里社真官并水陆好兄弟

---

① 李亦园：《宗教信仰与迷信心态座谈》，《中国论坛》1977 年第 4 期，第 40 页。

② 吴学明：《现世功利——从历史观点看传统民间宗教信仰》，台南：台南县文化局，2001 年，第 235 页。

③ 张贵和口述，张先生时年 52 岁，为地理师兼伯公塑像师。

香位"；而美浓二月祭《祭河江文》在 2001 年时祭文书："致祭于河江伯公暨列诸位尊神座前"[1]，但 2002 年时祭文改书成："河江伯公里社真官暨诸尊神香座位。"[2] 对其位阶的转化，当地人觉得理所当然，这或许更反映了生活的实质面，毕竟河水对农村的重要以及人民对洪水无情之敬畏，通过虔诚的祭仪表达对其之祈愿，其神位的高低就不是那么重要了。

不过，现代工业化趋势出现之后，宗教的社群意义逐渐为个人意义所代替，而个人所需求的无非是现实的种种问题之解答与满足，这也就是功利主义趋势的轫始。依赖机运、利用机运，甚至于敢于借神灵的力量以满足投机冒险的心态。"大家乐"的兴起，让位于偏僻聚落的伯公，成为"乐迷"的最爱，许愿有成，就在伯公坛前添购香炉、更换金炉，境内多处伯公坛时时可见更替的香炉、金炉丢弃一旁。许愿不成，伯公坛所就成了泄恨的地方，庄头伯公石碑常常被人击断；矮山仔巍山伯公像曾多次被打断手臂；虎狮伯公碑石亦在 1990 年 3 月初遭人击裂；更常在伯公坛所看见被弃置的福德正神像、土地公塑像。

随着农村经济的发展，反映在伯公坛的修建上，也形塑出改变的风潮，自知对待土地公的翻新在意的不是笔者的想法，也不是别人的想法，在意的是"当地人的想法"，只有当事人才能决定某一特定与其相关文化的前途。[3] 土地公，不是为了古迹而存，它的存在意义、它的生命力乃表现在它与当地人的互动关系上，呈现在当地人的祭祀行为以及亲临场域的感受上。历史政权的多变也造成土地伯公信仰的变迁，宗教的变迁也牵引土地伯公的质变，诸此也正反映了民间宗教充满了生机，且与当地居民生活完全结合在一起。[4] 社会价值的变迁，对土地伯公的祭祀行为及虔诚态度或有渐淡，但是从伯公坛不断翻新重建的状况来看，受社会的世俗化、理性化及普遍化趋势影响巨深。土地伯公所扮演的社会功能角色，随着社会的需要不断在改变。

---

[1] 2001 年中坛上竹园庄冬成福《祭河江牌位》，炉主钟玉金提供。

[2] 美浓二月祭礼生为温廷辉先生，对于前后的改变，他认为里社真官为掌管河水之神，是故同列于河江伯公，至于何以用祭拜好兄弟之祭品，则认为好兄弟亦为神，是故一起祭拜。

[3] 管志明：《文化意象解读：新化老街现况考察报告》，《乡土文化研究所学报》1999 年第 1 期，第 93 页。

[4] 吴学明：《现世功利——从历史观点看传统民间宗教信仰》，台南：台南县文化局，2001 年，第 236 页。